ullstein

Bereits als Teenager machte sich Désirée Nosbusch einen Namen in der Radio- und Fernsehwelt und setzte sich mit ihrem jungen und frischen Stil in einer von Älteren dominierten Branche durch. Doch es folgten auch Jahre mit bitteren Erfahrungen, in denen sie sich immer wieder behaupten musste. Als erfahrene Frau gelingt ihr schließlich das, was nur wenige ihrer Kolleginnen vor ihr geschafft haben: der Durchbruch als beachtete, international anerkannte und gefeierte Schauspielerin.

Zum ersten Mal erzählt Désirée Nosbusch in ihrer beeindruckenden Autobiografie von ihrem besonderen Lebensweg, auf dem sie bestimmte Menschen und Erlebnisse für immer prägten.

DÉSIRÉE NOSBUSCH, geb. 1965, begann ihre Karriere mit zwölf Jahren beim Radio, später moderierte sie internationale Fernsehshows wie den Grand *Prix Eurovision de la Chanson*. Sie drehte Filme und Serien, für ihre Darstellung der Christelle Leblanc in *Bad Banks* bekam sie 2019 den deutschen Grimme-Preis. Sie lebt mit ihrer Familie in Luxemburg und den USA.

Désirée Nosbusch

Endlich noch nicht angekommen

unter Mitarbeit
von Jochen Siemens

Ullstein

Besuchen Sie uns im Internet:
www.ullstein.de

Wir verpflichten uns zu Nachhaltigkeit
- Papiere aus nachhaltiger Waldwirtschaft und anderen kontrollierten Quellen
- Druckfarben auf pflanzlicher Basis
- ullstein.de/nachhaltigkeit

MIX
Papier
FSC FSC® C083411

Ungekürzte Ausgabe im Ullstein Taschenbuch
1. Auflage August 2023

Umschlaggestaltung: zero-media.net, München, nach einer Vorlage von weyerdesign.lu
Umschlagabbildungen: Foto U1: © Xiomara Bender,
© Foto U4: © Privatarchiv Désirée Nosbusch
Satz und Repro: LVD GmbH, Berlin
Gesetzt aus der Gesetzt aus der Albertina MT Pro
Druck und Bindearbeiten: CPI books GmbH, Leck
ISBN 978-3-548-06783-4

Grazie, Mamma – Merci, Papa

Für
Luka & Lennon

Inhalt

Immer weiter

Es ist noch sehr früh am Morgen, und ich sitze auf einer Wiese hinter meinem Haus in Luxemburg und sehe meinem Hund Bowie zu, der sich wie immer nur bis zum Rand des nahe gelegenen Waldes allein traut, um sich dann umzuschauen, ob ich nachkomme.

Heute ist Sonntag, und es ist ein Familientag, wie ich ihn nicht oft habe. Meine Kinder sind aus den USA angereist, mein Mann ist da, meine Mutter. Und mein Bruder und seine Kinder werden am Nachmittag alle hier sein. Wir Nosbuschs. Solche Treffen sind bei uns deshalb selten, weil meine Kinder nicht so oft nach Europa kommen, mein Mann sehr viel unterwegs ist und ich auch. Wenn ich das über meinen Beruf sage, so ist das keine Klage, sondern es gehört dazu. Schauspielerei bedeutet ein reisendes Leben, was aber auch heißt, dass es ein erlebendes Leben ist. Es ist einerseits rastlos, andererseits hat es keinen Stillstand. Es ist die Abwesenheit von Gewohnheit, und das mag ich.

Ich habe die vergangenen Wochen in Litauen, Lettland und Italien verbracht, um dort Filme zu drehen. Und jetzt bin ich auch nur zwei Tage hier in Luxemburg. Dann werde ich für eine Woche nach Frankreich und danach für einen Monat nach Rumänien fahren, um in einem Fernsehfilm mitzuspielen. Es ist aber für mich mehr, als nur in einer Rolle zu sein. Es ist immer eine Verwandlung. In Litauen lebte ich wochenlang in engen Kostümen aus der Kaiserzeit und trug einen Turm aus Haaren auf dem Kopf. Dann war ich in Italien und spielte in einem Film eine krebskranke Frau, die kaum sprechen konnte. Ich hatte mir dafür von einem Zahnarzt extra eine Zahnschiene herstellen lassen, um auf eine ungewöhnliche Art zu sprechen. Und nun habe ich seit drei Wochen mit einem Sprachtrainer Rumänisch geübt, weil ich einige Textpassagen in dieser Sprache habe und es nicht wie aus einem Wörterbuch abgelesen klingen soll, sondern möglichst echt.

Wenn heute Nachmittag meine Familie hier sein wird, werden wir wie immer auf Französisch, Deutsch, Englisch und Luxemburgisch miteinander sprechen. Das geht dann alles durcheinander, aber durch meinen Kopf werden gleichzeitig auch rumänische Sätze fliegen, weil ich eine neue Sprache immer so trainiere. Ich habe dann immer so ein Gefühl, das ich schon sehr lange kenne. Es ist das Gefühl, nie ganz die zu sein, die ich eigentlich bin. Oder vielleicht doch? Vielleicht genau die, die ich bin oder die ich im Laufe meines bisherigen Lebens geworden bin. Und werden wollte. Die, die sich verwandeln kann und darf.

Vor vielen Jahren, als ich noch jung war, wurde mir immer gesagt: »Désirée, du musst immer so aussehen wie Désirée – egal, vor welcher Kamera oder auf welcher Bühne. Die Menschen wollen diese eine Désirée und keine andere sehen. Deshalb kommen sie ins Kino, ins Theater oder schalten den Fernseher ein.« Damals habe ich das auch geglaubt. Aber nicht gewusst. Das *ist* ein Unterschied, denn heute weiß ich, dass das nicht stimmte. Oder zumindest für mich nicht stimmte, denn mein Leben, mein Aussehen, meine ganze Art, eine bestimmte Désirée zu verkörpern, stellte für mich lange die Enge dar, mich nicht ändern und ausprobieren zu können. Das habe ich dann als junge Darstellerin immer wieder versucht. Ich war auf der Suche nach meiner Identität und kam dabei mit unterschiedlichen Menschen zusammen. Manche halfen mir, glaubten an mich, zeigten mir neue Wege auf und machten mir Mut, sie auch zu gehen. Andere missverstanden mich oder wollten mich nicht verstehen. Und wieder andere versuchten mich bei meiner Suche nach mir selbst auszunutzen.

Ich hatte als junge Frau noch nicht die Kraft und das Können einer Schauspielerin, mich immer wieder dagegen zu wehren. Heute weiß ich, dass ich auf eine, sagen wir, altmodische Weise ausgebildet wurde. Auf eine Weise, in der junge Frauen wie ich damals erst einmal alle diese üblichen Mädchenrollen überstehen, einigen Unsinn vor der Kamera machen und sagen mussten, was sich Regisseure und Autoren über eine Welt ausdachten, zu der sie nicht gehörten. Ja, ich war wirklich oft die Projektionsfläche von Vorstellungen anderer Menschen, meistens Männern. Und sie haben es ausgenutzt, dass wir jungen Frauen ausbrechen wollten, dass wir auf der Suche waren und noch in keiner Welt lebten, die ernst nahm, was wir dachten und sagten.

Als ich noch ein junges Mädchen war, habe ich im Fernsehen die *Sissi*-Filme mit Romy Schneider und Karlheinz Böhm nicht nur gesehen, sondern sie geradezu angebetet. Klar, es war Mädchenkram: Sissi, der Kaiser, der Hof und dieses Märchen, dass Liebe Grenzen überwindet. Eigentlich richtiger Kitsch. Aber ich habe auch Romy Schneiders weiteren Lebensweg verfolgt und ihr »Frau-Werden« in der Öffentlichkeit bewundert, weil es für mich wie ein Wegweiser war. Von dem Küken *Sissi* über *Die Dinge des Lebens* bis zur *Spaziergängerin von Sans-Souci*. Romy Schneider sagte später einmal: »Ich kann nichts im Leben – aber alles auf der Leinwand.« Ich mochte den Satz sehr, habe ihn für mich aber umformuliert, etwa so: »Ich kann viel im Leben und will das auch auf der Leinwand können.« Mich nämlich so verwandeln können, wie ich es in meinem Leben oft tat.

Wenn ich heute auf die bisherigen Jahre zurückblicke, dann ist es alles andere als eine Bilanz oder das Schließen einer Tür. Es ist viel mehr die Lust, die man manchmal hat, sich zu erinnern an das, was schon alles war. Sich dabei über manches noch mal zu freuen, aus Erlebtem zu lernen – und ja, auch wenn es schwerfällt, die schattigen und schmerzhaften Momente und Kapitel nicht auszulassen. Denn auch sie gehören immer zum Leben dazu. Es hilft nicht, sich selbst etwas vorzuwerfen oder sich zu verurteilen. Es war eben so, wie es war. »Hätte ich doch« oder »wäre ich doch« hilft einem nur, dieselben Fehler in der Zukunft zu vermeiden. Für die Vergangenheit sind sie uninteressant.

Wenn ich in Luxemburg morgens früh wach bin und noch niemand auf den Straßen zu sehen ist, ist mir manchmal, als gäbe es nur meinen Hund und mich auf der Welt. Das erinnert mich an die Tage meiner Kindheit, wenn ich den Sommer bei meinen Großeltern in Italien verbrachte und bereits ganz früh am Morgen auf den neuen Tag wartete. Ich war noch nie ein Mensch, der lange schläft, und bin es bis heute nicht. Ich glaube, ich warte schon im Schlaf mit Ungeduld auf den neuen Tag, der für mich wie eine frisch gewischte Schultafel ist. Sauber und bereit für Neues. Nun gab es aber immer sehr viel Neues in meinem Leben, und nicht alles davon war positiv, aber ich glaube, das allermeiste schon. Ich hatte immer große Pläne und Vorhaben. Ich suchte immer nach hohen Bergen, um sie zu besteigen. Und wenn ich mal abrutschte, na gut, dann unternahm ich einen neuen Versuch. Ich kann mich an keinen Moment erinnern, in dem ich aufgegeben hätte. Gut, manches, auch Privates, gelang nicht und scheiterte, aber ich habe deswegen nie kapituliert. Wenn mich heute jemand fragt, ob ich ein glückliches Leben hatte, kann ich das nicht beantworten. Ich bin ja noch mittendrin. »Immer weiter« ist die Überschrift jedes meiner Tage. Aber ich glaube auch, dass es an sich kein glückliches Leben gibt, sondern nur Glück im Leben, und wenn man es gut hinbekommt, auch eine ganze Menge davon. Die anderen, die weniger glücklichen Augenblicke brauchen wir ebenfalls, weil sie zu überstehen für mich die wirkliche Schule des Lebens bedeutet.

Ich habe beim Aufschreiben meiner Erlebnisse sehr oft an meine Eltern gedacht. Ja, ich glaube sogar, ich habe sie dabei noch einmal besser kennengelernt, und meine, sie heute besser zu verstehen. Mir fielen viele Momente aus meiner Kindheit ein, die mir nun nicht mehr aus dem Kopf gehen. Es sind vor allem die Szenen an unserem Küchentisch, in einer Arbeiterwelt, in der mein Vater, meine Mutter, mein Bruder und ich lebten. Ich war damals schon so anders als meine Familie, kaum zu bändigen. Ich hatte die ganze Zukunft noch vor mir, ungeahnte Möglichkeiten, unendliche Träume und Pläne. Ich wollte raus und nicht mehr länger warten. Meine Eltern waren ganz anders. Immer ein bisschen müde von der vielen Arbeit und auch von der stillen Gewissheit, dass ihre Welt, ihre Zukunft nicht mehr mit ungeahnten Möglichkeiten auf sie warten würden. Nicht, weil sie älter waren als ich, sondern weil dieses Sich-noch-mal-neu-Erfinden für sie damals nicht vorstellbar war. Wie für viele andere aus ihrer Generation auch nicht. Damals war es natürlich mein Privileg, jung gewesen zu sein. Aber heute gilt das nicht mehr: Egal, wie alt man ist – jeder hat immer die Chance, noch einmal neue Wege zu suchen und zu gehen. Ich bin nicht mehr so jung und habe zwei Kinder, die Mitte zwanzig sind. Zwei, die, wie ich damals, wunderbar unruhig sind, die noch viel von der Welt wissen und erobern wollen. Und es auch werden. Diese innere Unruhe habe ich beim Aufschreiben dieser Erinnerungen wiedererlebt. An mir selbst. Sie ist immer noch da, und sie wird es auch bleiben.

Im Schuhkarton

Es war ein Donnerstag kurz nach Mitternacht, der 14. Januar 1965. So fing alles an. Die Wetteraufzeichnungen sagen, dass es an dem Tag drei Grad kalt und der Himmel über Luxemburg grau verhangen war. Aus den Radios hörte man Roy Orbisons »Oh, Pretty Woman« oder »Pour moi la vie va commencer« von Johnny Hallyday, es waren damals die größten Hits. Und später in dem Jahr sollte die Sängerin France Gall, die für Luxemburg beim Eurovision Song Contest auftrat, dort mit ihrem Lied »Poupée de cire, poupée de son« zum ersten Mal gewinnen. Und wenn in den Radios gerade mal keine Musik gespielt wurde, so hörten die Menschen mittags die *Luxemburger Funkkantine* mit den Moderatoren Frank Elstner und Dieter Weidenfeld. Diese Sendung war für viele wie eine »Mittagspause zum Hören«.

Das Fernsehprogramm war in Europa noch in Schwarz-Weiß. Wer in Luxemburg deutsches Fernsehen schaute, kannte Inge Meysel aus der Familienserie *Die Unverbesserlichen*. Um Mitternacht war dann immer Sendeschluss, und dieses berühmte Testbild erschien, das heute keiner mehr kennt. In Farben konnte nur im Kino geträumt werden, wenn *Doktor Schiwago* mit Omar Sharif oder *Feuerball* mit Sean Connery als James Bond oder *Für eine Handvoll Dollars mehr* mit Clint Eastwood und Klaus Kinski auf großen Leinwänden gezeigt wurde. Wer damals jung war und die Welt verändern wollte, hatte wenig Möglichkeiten – man konnte es aber optisch zeigen. Jungs gingen zum Friseur und ließen sich die Haare so wie die Beatles schneiden.

Und wenn es wärmer wurde, liefen die ersten Mädchen in Miniröcken herum, die – wenn sie sich nicht die teuren aus London leisten konnten – sie sich selbst schneiderten. Die große Unruhe der Studentenbewegung, die 1968 ganz Europa vibrieren lassen sollte, war erst zart zu spüren; in Luxemburg fast noch gar nicht. Da hieß der Premierminister Pierre Werner, auf der einen Seite in Deutschland war der Kanzler Ludwig Erhard und auf der anderen Seite in Frankreich der Präsident immer noch Charles de Gaulle. Und in den USA wurde zum ersten Mal eine unbemannte Gemini-Raumkapsel in die Erdumlaufbahn geschossen. So also war die Welt, als ich am frühen Morgen 1965 geboren wurde. In meiner Familie war diese Welt aber weniger zu spüren.

Mein Vater Albert Nicolas Nosbusch und meine Mutter Rosa Maria, genannt Rosetta, Piccoli hatten vier Jahre vor meiner Geburt geheiratet. Mein Vater, ein großer und kräftiger Mann, dessen Familie mütterlicherseits aus dem Elsass kam, war Lkw-Fahrer, so wie es auch sein aus Luxemburg stammender Vater war. Aber er konnte noch sehr viel mehr, eigentlich alles, was mit Handwerk zu tun hatte. Er war ein großartiger Elektriker. Er konnte jedes Auto reparieren, er konnte tischlern und mauern. Und er baute, schon als er sechzehn Jahre alt war, Funksender zusammen, mit denen er sich später sogar mit Piloten, die in Flugzeugen über uns flogen, unterhalten konnte. Als Kind habe ich oft gedacht: Wenn irgendwo ein paar Ziegel, Zement und Holzlatten herumliegen würden, könnte mein Vater daraus sofort ein Haus bauen. Er dachte mit seinen Händen.

Dass dieser Albert Nosbusch nun irgendwann Ende der 50er-Jahre meine Mutter kennenlernte, war reiner Zufall, denn sie war zu der Zeit nur zu Besuch in Luxemburg. Sie ist Italienerin und kommt aus dem kleinen Ort Ormelle, aus der Nähe von Venedig. Die Familie Piccoli ist sehr groß: Es gibt viele Onkel, Tanten, Nichten, Cousinen und Schwager. Wenn alle zusammen waren, saßen wir mit ungefähr dreißig Personen an einem Tisch. Eine ihrer Tanten lebte damals in Luxemburg wie viele andere Italiener auch, die in den Stahlfabriken und Eisenerz-Bergwerken als Gastarbeiter arbeiteten. Da diese Tante auf einmal sehr krank wurde, reiste meine Mutter aus Italien an, um sie zu pflegen. Sie wohnte damals in der Rue de l'Alzette in Esch, nahe der Eisenbahnbrücke. Eine Straße, die ich immer sehr mochte, weil sie wie Miniatur-Italien wirkte. Die Türen der Häuser standen stets offen; davor saßen alle Dorfbewohner auf Plastikstühlen, die Frauen in bunten Schürzen. Die Kinder hießen Francesco oder Annarita. Es war immer laut, es wurde gerufen und gelacht, und es roch immer nach Kaffee oder italienischem Essen. Meine Mutter wohnte in diesem Viertel mit ihrer Tante über einem Gasthaus; wenn sie Zeit hatte, half sie im Lokal aus. Mein Vater lieferte in jener Zeit Geräte, unter anderem für ein Elektrogeschäft, das »Ricci« hieß, aus und sich in der Rue du Brill befand. Eines Tages sollte er eine Waschmaschine zu einem Kunden bringen. Aber er irrte sich in der Tür und stand in dem Lokal vor meiner Mutter. Es muss wohl Liebe mit den Augen gewesen sein, denn meine Mutter, damals einundzwanzig, sprach nur Italienisch und mein Vater, dreiundzwanzig, nur Französisch. Ich habe keine Ahnung, wie und worüber sie sich am Anfang unterhalten konnten.

Sie heirateten 1961, und meine Mutter wurde bald schwanger, mit einem Sohn. Doch der Junge kam leider als Frühgeburt auf die Welt und war so schwach, dass er in der Klinik nur ein paar Stunden überlebte. Meine Eltern haben mir und meinem Bruder die näheren Umstände seines Todes nie genau erzählt. Nach diesem Verlust ließen sie sich dann erst mal Zeit, bis meine Mutter 1964 wieder schwanger wurde. Mit mir. Und so kam ich im Januar 1965 zur Welt. Auch ich wurde, wie der Sohn davor, zu früh geboren: Ich wollte schon nach siebeneinhalb Monaten heraus. Eine richtige Frühgeburt. Meine Mutter sagte mir später einmal, ich hätte ausgesehen wie ein »nacktes Kaninchen«. Irgendetwas muss in mir aber sehr stark gewesen sein, denn ich hatte einen solchen Lebenswillen, dass ich nicht einmal in einen Brutkasten gelegt werden musste. Weil ich sehr klein war und es zu der Zeit noch keine Maxi-Cosis oder andere Babyschalen gab, besorgten sie in der Klinik einen Schuhkarton und polsterten ihn mit Tüchern aus. Darin brachten mich meine stolzen Eltern nach Hause. Sie waren sehr, sehr glücklich. Ich war ihr erstes Kind, und mein Vater wollte unbedingt, dass ich *Désirée* heißen sollte, die »Gewünschte«. Er hatte sich den Namen gemerkt, als er ein Buch über Napoleon gelesen hatte, der 1795 ein Jahr lang mit der Französin Désirée Clary verlobt gewesen war, die dann später Königin von Schweden wurde.

Nun ist es immer schwierig, sich an die ganz frühen Jahre seiner Kindheit zu erinnern, weil man alles, was man zum ersten Mal hört, sieht, riecht oder schmeckt, noch gar nicht verstehen kann und man für nichts ein Wort hat. Ich glaube, das geht allen so, und man erinnert sich wie ich nur an Bruchstücke. Kleine Szenen oder Bildausschnitte, die wie Momentaufnahmen in meinem Gedächtnis herumliegen. Mir fällt komischerweise etwas aus der Wohnung ein, in die meine Eltern ein Jahr nach meiner Geburt gezogen waren. Sie befand sich in der Rue Neuve in Beles, im Süden von Luxemburg, gleich neben einem Hochspannungswerk. Die Wohnung hatte keine Zentralheizung, sondern in zwei Zimmern diese Ölöfen, die man dauernd nachfüllen musste. Meine Eltern mussten dafür das Öl immer in einem Kanister aus dem Keller holen.

Unser Zuhause bestand aus einer Küche, einem Wohnzimmer und einem ganz langen Flur. Damals kam er mir bestimmt zwanzig oder dreißig Meter lang vor. An seinem Ende gab es noch zwei Zimmer, das Schlafzimmer meiner Eltern und ein kleines Zimmer, in dem ich schlief und mein Vater auch seine CB-Funkstation aufgestellt hatte. Ich erinnere mich – da war ich etwa fünf Jahre alt – noch gut an einen seltsamen Kasten, ein Mikrofon und ein knarziges Rauschen, wenn mein Vater versuchte, als »LX1AN« einen Kollegen über Funk zu erreichen. Unser damaliges Zuhause war also mein erstes Revier, das ich nach und nach genau erkundete. Ich erinnere mich noch an den Linoleumboden in der ganzen Wohnung und daran, dass ich auf dem Boden der Toilette eines Tages kleine silberne Tiere entdeckte, die überall herumkrabbelten und dann zwischen Fußleiste und Fußboden einfach verschwanden. Da es in der Toilette keine Heizung gab, war sie oft feucht, weshalb es auch diese »Silberfische« gab. Ich ekelte mich aber nicht vor ihnen, sondern fand sie ganz interessant. Damals saß ich immer lange vor ihnen und überlegte, wo sie denn hinverschwinden und ob sie unter dem Linoleum vielleicht wohnen würden.

Von der Toilette kam man wieder in unseren schmalen Flur. Dort stand gleich neben der Tür eine Art Musiktruhe. In Wahrheit war es ein alter Schuhschrank, in den mein Vater ein Radio, einen Plattenspieler und einen Lautsprecher eingebaut hatte. Zusätzlich gab es ein Fach, in dem sich dicke, zerbrechliche Schellack-Schallplatten stapelten. Und später, als ich wusste, wie man die Geräte bediente, saß ich oft allein vor dieser Truhe, mit dem Rücken an der Wand und den Füßen darunter. Ich drehte am Radio oder hörte Schallplatten. Das war mein erster kleiner Sehnsuchtsort. Ich hörte mir jede Platte an, von »Mein kleiner grüner Kaktus« bis zu den Liedern des italienischen Sängers Mario Lanza, den meine Mutter sehr mochte. Ich sang bei ihm dann auch irgendwann mit, obwohl ich nicht verstand, worum es in den Liedern eigentlich ging. Der Klang der Sprache gefiel mir. Es war ja die Sprache meiner Mutter.

So war sie, meine Entdecker-Kindheit. Jeden Tag wurde meine Welt ein wenig größer. Ich verstand zum Beispiel irgendwann, dass mein Vater morgens erst in einen Bus stieg, der bei uns vor dem Haus geparkt war, um Arbeiter in ein Hüttenwerk zu fahren. Das Anlassen des Dieselmotors war das Geräusch, das mich jeden Morgen weckte. Im Werk angekommen, stieg mein Vater dann in einen Lkw um und transportierte damit alles Mögliche durch Luxemburg. Abends brachte er die Arbeiter aus der Hütte wieder mit dem Bus nach Hause. Irgendwann stellte ich fest, dass sein linker Arm zwei Farben hatte: ganz weiß bis dahin, wo der kurze Hemdsärmel endete, und danach von der Sonne gebräunt, weil er beim Fahren immer den Arm im offenen Fenster liegen hatte.

Neben dem Dieselmotor gab es noch ein anderes Geräusch, das ich niemals vergessen werde: das Klackern und Surren der Singer-Nähmaschine, mit der meine Mutter abends, wenn ich schon im Bett lag, in der Küche saß und nähte. Es war meine Einschlafmelodie und beruhigte mich immer, weil ich dann wusste, dass meine Mutter da war. Das Schneidern oder Nähen war ihr Beruf, und sie arbeitete wirklich sehr, sehr viel. Auch wenn Aufträge erledigt waren, blieb sie wach und nähte Kleidung für mich. Zum Beispiel jedes Jahr mein Faschingskostüm für die Schule. Das war nicht irgendein Kostüm, nein. Einmal verkleidete ich mich als Frau Holle; das Kostüm war wirklich Haute Couture und sah wie eine richtige Wolke aus. Oder als der gestiefelte Kater. Ich war der schönste gestiefelte Kater, den es je gegeben hatte. Für diese Kostüme bekam ich sogar jedes Mal einen Preis.

Wir waren wirklich nicht reich, aber zum Glück schaffte es meine Mutter, mit ihrem Können und Geschick jede Kleidung irgendwie selbst herzustellen. Als später Jeanshosen modern wurden, die aber sehr teuer waren, nähte sie mir kurzerhand eine blaue Hose, die fast aussah wie eine echte Jeans. Mir war das natürlich peinlich, weil es eben keine Levi's- oder Lee-Jeans gewesen waren, und ich wollte sie eigentlich auch nicht anziehen. Aber ich brachte es nicht übers Herz, weil meine Mutter wieder eine Nacht durchgenäht hatte, damit ich, wie die anderen Jugendlichen auch, »so eine blaue Hose« haben konnte.

Und dann eines Tages zeigte mir mein Vater eine kleine Tanne, die in unserem kleinen, schmalen Garten hinter dem Haus wuchs. Er verriet mir, er habe sie an meinem ersten Geburtstag gepflanzt. Da war sie noch ein Stängel. Sie war also genauso alt wie ich. Ich bin dann als kleines Kind immer zu der Tanne gegangen und habe geschaut, wer schneller von uns beiden wuchs. Ich glaube, am Anfang waren wir eine Zeit lang gleich groß, aber dann enteilte mir die Tanne. Sie steht heute noch an derselben Stelle, ist mittlerweile riesig hoch gewachsen. Ich bin auch später noch ein paar Mal dort gewesen, immer mit dem Gedanken, dass der Baum und ich fast zur selben Zeit auf die Welt gekommen waren. Wenn ich an ihm hinaufsehe und den dicken Stamm umarme, mag ich aber nicht darüber nachdenken, dass er wahrscheinlich länger auf der Welt bleiben wird als ich selbst.

Als ich vier Jahre alt war, wurde meine Mutter wieder schwanger. Ich war sehr aufgeregt. Es hieß dann, es würde ein Junge werden, und ich freute mich wahnsinnig auf ihn, auf meinen Bruder. Dann, am Tag der Geburt, kam meine luxemburgische Oma zu uns; sie sollte auf mich aufpassen. Mein Vater sagte, er würde jetzt ins Krankenhaus gehen und mit meinem Bruder wiederkommen. Ich habe damals die ganze Zeit abwechselnd am Fenster und an der Tür auf sie gewartet. Dann, nach einer Zeit, kam er wieder. Aber ohne Bruder. Ganz allein. Und er sagte auch nicht viel, eigentlich gar nichts. Zunächst war ich dann erst mal gar nicht traurig; ich hatte natürlich nicht verstanden, dass mein Bruder wieder eine Frühgeburt und so schwach gewesen war, dass er nur ein paar Stunden gelebt hatte. Dass jemand kurz nach der Geburt sterben oder man überhaupt sterben könnte, war etwas, was ich noch nicht begriff. Ich war vielmehr wütend auf meinen Vater, der mir einen Bruder versprochen und nun sein Versprechen nicht gehalten hatte. Ich fühlte mich betrogen und fand das nicht gerecht.

Ein Jahr später, da war ich fünf, wurde meine Mutter noch einmal schwanger, und als das Kind geboren werden sollte, fragte mich mein Vater, ob ich mit ins Krankenhaus kommen wollte. Meinen Bruder abholen. Ich weigerte mich. Nein, er hatte mir schon einmal versprochen, dass ich einen Bruder bekommen sollte, und das würde doch diesmal wieder nicht passieren. Diese Enttäuschung wollte ich nicht noch einmal erleben. Dann ging ich aber doch, wenn auch nur sehr widerwillig mit. Jean-Luc, mein Bruder, war gesund zur Welt gekommen, auch zu früh, aber zum Glück schaffte er es.

Kaum hatte ich diesen Bruder nun bei uns zu Hause, veränderte sich mein Leben. Ich war so verliebt, stolz und in Freude über diesen Menschen, dass ich mich mit fünf Jahren nicht nur als seine Schwester, sondern auch als seine Nanny, Mutter, Freundin und Lehrerin fühlte. Meine Mutter erzählte mir später einmal, dass ich bereits in sehr jungen Jahren schon so tat, als wäre ich erwachsen. Ich wurde tatsächlich schnell sehr selbstständig, was nicht zuletzt daran lag, dass meine beiden Eltern viel arbeiteten und mich mit meinem Bruder alleine lassen mussten. Das war ich aber gerne, denn dann hatte *ich* Verantwortung, und das gefiel mir. Ich kochte für Jean-Luc, legte ihn mittags in sein Bett, räumte auf, wusch die Wäsche, setzte ihn nach dem Mittagsschlaf in den Laufstall und spielte mit ihm oder ihm etwas vor. An eine Szene aus jener Zeit kann ich mich bis heute erinnern: Mein Bruder krabbelte im Laufstall umher und wollte nicht aufhören zu weinen. Ich wusste aber nicht, warum. Also sprach ich mit ihm, nahm ihn in den Arm, aber er weinte immer weiter. Eine Show. Ich musste ihn mit einer Show ablenken, dachte ich mir und stieg auf einen Stuhl, um ihm eine Oper vorzusingen – also zumindest etwas, das ich dafür hielt. Ausladendes, lautes »lalalalaa« und so weiter. Bei einem dieser »Lalalaas« streckte ich dann sehr theatralisch die Arme in die Luft und traf dabei versehentlich die Küchenlampe, aus der zwei von drei Glaskugeln herunterfielen und auf dem Boden zersplitterten. Zum Glück trafen sie nicht meinen Bruder, dessen Weinen sofort in lautes Lachen umschlug. Als meine Mutter später dann nach Hause kam, sah sie den Schaden sofort und fragte mich besorgt, was passiert wäre. Ich versicherte ihr, dass ich keine Ahnung hätte. Erst viele Jahre später habe ich ihr dann gebeichtet, was wirklich geschehen war. Ich weiß nicht, warum mir diese Szene bis heute noch so deutlich in Erinnerung geblieben ist – als wäre sie erst gestern passiert. Vielleicht, weil es meine erste kleine Notlüge war, die ich lange mit mir herumgetragen hatte. Mein erstes Geheimnis.

Eine andere, heute noch sehr deutliche Erinnerung habe ich an mein erstes Schuljahr und mein erstes Diktat. Ich war in diesem Fach sehr gut, und der Lehrer schrieb eine »60« drunter, die in Luxemburg der Note 1 in Deutschland entspricht. Mit diesem Heft und der 60 bin ich dann nach Hause gelaufen – ganz stolz natürlich. Ich rannte in die Küche zu meiner Mutter. Sie schaute das Diktat an und fing plötzlich an, fürchterlich zu schimpfen. Sie hörte gar nicht mehr auf und befahl mir, in mein Zimmer zu gehen und die Tür zu schließen. Ich hatte für den Rest des Tages Hausarrest. Völlig verstört hockte ich nun in meinem winzigen Zimmer und wusste überhaupt nicht, warum. Als mein Vater abends nach Hause kam, hörte ich, wie meine Eltern in der Küche anfingen zu streiten. Es knallten Türen. Auf einmal stand mein Vater in meinem Zimmer und umarmte mich. »Deine Mutter«, sagte er, »hat überhaupt nichts verstanden.« In Italien wäre eine Sechs die schlechteste Note, und sie wusste eben nicht, dass das in Luxemburg genau umgekehrt war. Sie hatte wohl nur die »6« gesehen. »Sehr gut, Désirée, du hast alles richtig gemacht.« Es war das einzige Mal, an das ich mich erinnern kann, dass mein Vater mich so umarmte. Er war sonst nicht so. Er war sehr sparsam mit Zärtlichkeiten, auch mit gesprochenen. Deshalb war es für mich an diesem Abend eine Sensation, dass mein Vater mich umarmt hatte. Dieser knurrige, meistens wortkarge Mann hatte mir zum ersten Mal gezeigt, dass er mich, seine Tochter, liebt. Ich dachte damals, dass wir nun endlich ein neues Verhältnis zueinander bekommen würden. Und ich einen Papa, der mich umarmt und zur Begrüßung auf die Wange küsst. Am nächsten Tag bin ich deshalb mittags sofort nach der Schule nach Hause gerannt. Da ich einen langen Heimweg von fast einer Stunde hatte, kam ich schweißgebadet zu Hause an, weil ich da sein wollte, bevor er in der Mittagspause nach Hause kommen und mich bestimmt wieder umarmen würde, wir waren ja jetzt so miteinander. Ich hatte seine Pantoffeln geholt und vor der Wohnungstür auf ihn gewartet, auf meinen, neuerdings so herzlichen, Vater. Aber was passierte? Er kam, sah mich kaum an, brummte irgendetwas, setzte sich an den Küchentisch, aß und ging wieder weg, ohne ein Wort zu sagen. Für mich brach eine Welt zusammen.

Ich erzähle hier diese Geschichten, um zu beschreiben, wie unterschiedlich meine Eltern waren. Mein Vater konnte ein sehr lustiger und auch herzlicher Mensch sein, wenn er mit vielen Menschen zusammen war. Dann konnte er erzählen und amüsant sein. Dann lagen die Leute sogar manchmal vor Lachen auf dem Boden. Aber mit uns, seiner Familie, war er anders. Manchmal so, als ob er nicht zu uns gehörte und von nichts etwas wissen wollte. Da kam es mir so vor, als ob er an einen unsichtbaren Felsen gekettet wäre, von dem er nicht loskam. Viele Jahre später kam mir der Gedanke, dass mein Vater wahrscheinlich unter Depressionen gelitten hatte. Eine Krankheit, über die man zu jener Zeit und bei uns zu Hause sowieso nicht sprach. Ich kam irgendwann darauf, weil auch ich irgendwann eine tiefe Traurigkeit in mir entdeckte, die mir teilweise die Sprache verschlug und mich so isolierte, wie ich es von meinem Vater in Erinnerung hatte. Das passierte meistens in Phasen, in denen ich mir ganz viele Fragen über das Leben stellte, auf die ich keine Antworten fand. Ich glaube, mein Vater hat sich dieselben Fragen gestellt. Meine Mutter war das Gegenteil von ihm für mich. Wenn mein Vater am Tisch saß, hingen oft Wolken des Schweigens über uns. Meine Mutter war dagegen für mich der sprechende Sonnenschein. Sie waren wirklich sehr unterschiedlich, und ich habe später oft darüber nachgedacht, ob sie eigentlich gut zusammengepasst haben. Manchmal, glaube ich, nicht. Meine Mutter war viel mehr eine »Mama«, als mein Vater ein »Papa« war. Sie war und ist bis heute eine Frau mit offenen Armen und offenem Herzen. Eine Italienerin, die – das fiel mir schon als Kind auf – sich wie eine fast verwelkte Blume in einer Vase wieder aufrichtete und stolz aufblühte, sobald sie bei ihrer Familie in Italien war. Und so war es auch für mich.

Meine Mutter war auch immer ambitionierter als mein Vater. Sie wollte weiter, höher hinaus, mehr aus ihrem Leben machen. Sie versuchte, meinen Vater mitzuziehen. Er könnte doch in der Abendschule einen besseren Schulabschluss nachholen, sagte sie ihm. Immer wieder. Sie habe die Adresse, und die Kurse würden dann und dann anfangen. »Komm, Albert, das machst du.« Und Albert brummte: »Non.« Das wäre zu teuer, sie hätten das Geld nicht. Also lieh sich meine Mutter bei jemandem zweihundert Franken und legte sie ihm hin. »Mach doch diese Schule. Das Geld beschaffen wir uns wieder.« Doch mein Vater sagte nichts, ging auch nicht zu dieser Schule und verbrachte seine Abende weiter vor dem Fernseher.

So waren sie damals, meine Eltern. Mein Vater wie ein knorriger Baum, der sich nicht bewegte, und meine Mutter wie ein Wirbelwind, der um den Baum herumtanzte. Doch trotz aller Unterschiede haben sie die ganze Zeit etwas geschaffen, was für meinen Bruder und mich wichtig war: Wir fühlten uns immer sicher zu Hause. Wir wussten zwar, dass wir nicht reich waren und meine Eltern deshalb immer viel arbeiten mussten, aber wir wussten auch, dass es bei uns immer genug zu essen geben, wir nie frieren und auch immer etwas zum Anziehen haben würden. Ich habe mir als Kind bestimmt um dieses oder jenes Sorgen gemacht, aber ich hatte nie diese eine große Sorge: Ich hatte nie Angst um unsere Existenz. Ja, das ist es: Ich bin ohne große Angst vor irgendetwas aufgewachsen, und mehr noch, ich bin, auch durch meinen Vater, mit dem Verständnis groß geworden, dass sich Probleme lösen lassen und dass man Kaputtes reparieren kann. Natürlich bezog sich das bei ihm nur auf Handwerkliches. Doch wenn man das lernt, nimmt man viel für vieles im Leben mit. Dass zum Beispiel auch im Zwischenmenschlichen fast alles mit Ursache und Wirkung zu tun hat und die richtigen Worte auch etwas »reparieren« können. Sie können wie Werkzeuge sein.

Ich habe meinem Vater oft dabei zugesehen, wenn er wieder etwas baute oder instand setzte. Ich konnte deshalb schon als Kind mit vielen Werkzeugen umgehen, wusste früh, wie man Zement anmischt, einen Wasserhahn abdichtet oder warum ein Stromkabel drei Leitungen hat. Ich könnte heute noch ein Zimmer tapezieren oder eine Tür lackieren. Ich wusste schon früh, wo bei einem Auto der Vergaser sitzt und wie man einen Reifen wechselt. Ich kann heute noch einen Lkw fahren oder einen Bus einparken, und wenn ich an einer Baustelle vorbeigehe, sehe ich sofort, ob die Arbeiter die richtigen Stahlmatten im Beton verbaut haben. Und ich habe bis heute, wahrscheinlich anders als andere Frauen, eine stille, aber sehr innige Liebe zu Baumärkten behalten. Ich mag den speziellen Geruch in den Hallen, und ich mag all die Einkäufer, die alle etwas verschönern oder reparieren wollen. Ich denke bis heute: Das können keine schlechten Menschen sein. Ich kann in einem Baumarkt wirklich stundenlang herumlaufen, auch wenn ich nur eine Schraube oder einen Schwimmer für die Toilettenspülung suche. Wie mein Vater, der mit meiner Mutter manchmal am Samstag in einen Baumarkt ging, nichts kaufte, aber sich jede neue Bohr- oder Schleifmaschine ansah, in die Hand nahm und alle Schalter drückte. Meine Mutter stand dann daneben und sagte ungeduldig: »Albert, nun komm! Wir haben schon sechs Bohrmaschinen, und die da kann auch nur Löcher bohren.« Aber mein Vater meinte dann: »Nein, Rosetta, schau doch! Die hat ein ganz neues Schnellspannbohrfutter und auch Gangumschaltung.« Seine Augen leuchteten dann. Das waren seine Momente des Glücks.

Wenn ich es recht bedenke, so war es diese Schule des Pragmatischen, die Schule des Im-Alltag-Anpackenden, was mich sehr geprägt hat. Ich konnte damals sehr viel, ohne es wirklich gelernt zu haben. Es war Alltagskönnen, und zu diesem Alltag bei mir zu Hause gehörte auch, dass wir so gut wie nie Lebensmittel wegwarfen. Meine Mutter war und ist eine großartige Köchin, und sie kaufte immer genau so viel ein, wie wir verbrauchten. Und wenn doch etwas übrig blieb, wurde es, solange es ging, aufbewahrt. Später, als wir die erste Kühltruhe hatten, konnten wir dann einfrieren. Und so ist es bei mir bis heute: Ich kann auch nichts wegwerfen. Ich überlege mir dann, was man aus der restlichen Pasta kochen könnte. Das Essen in den Müll zu werfen würde mir wehtun. Ich habe Jahre später in Los Angeles viele Dinner-Galas und andere dieser Festessen erlebt und mitangesehen, wie bleistiftdünne Frauen zwei, drei Gabeln von einer Speise aßen, den Teller dann stehen ließen und alles im Müll landete. Ich war jedes Mal empört. Man wirft doch gutes Essen nicht einfach weg! Das ist Frevel. Und ich frage mich: Warum gehen Menschen zu einem Abendessen, wenn sie gar nicht essen wollen? Bei uns, meiner Mutter, meinem Vater, bei meiner ganzen Familie war Essen immer etwas, was mit Lebensfreude und ja, auch mit Hunger zu tun hatte, vor allem abends, weil tagsüber immer viel gearbeitet wurde. Gutes Essen war der Lohn für gute Arbeit.

Ich war damals und bin bis heute sehr froh, das Alltagsleben so gelernt zu haben. Es machte mich selbstständig und gab mir die Gewissheit, später überall schon irgendwie klarzukommen. Die ländliche Gegend Luxemburgs, das aus einer großen Stadt und vielen Dörfern besteht, half mir dabei. Ich hatte Freundinnen, mit denen ich viel unterwegs war, auf Bauernhöfen und Weiden. Damals fing ich auch an zu reiten. Heimlich natürlich. Ich hatte zuvor nie Reitstunden gehabt, und deshalb war es gut, dass es auf einem Hof Pferde gab, die es geduldig ertrugen, wenn ein Mädchen wie ich ihnen ein Seil durchs Maul schob, ohne Sattel auf ihnen saß und dann versuchte, sie zu lenken. Ich, wir alle wurden mit der Zeit immer besser, und später schaffte ich es auch, mit einem Pferd zu springen und auf Turnieren anzutreten. Erst als ich eines Tages einmal richtig böse von einem Pferd gefallen bin, erfuhren meine Eltern überhaupt erst, dass ich ritt. Und haben es mir sofort verboten.

Ich mochte es damals sehr, Verantwortungen zu suchen und zu übernehmen. Für den Haushalt, meinen Bruder, das Pferd, meine Umgebung. Ich fühlte mich schon im Alter von zehn Jahren für fast alles zuständig. Das brachte mir in meiner Familie den Satz ein: »Désirée schafft das schon.« Ich habe ihn etliche Male gehört; er hing bei uns sozusagen über der Haustür. Wenn man jung ist, ist das ein Satz, der einen stolz macht. Später, und das war bei mir so, kann er auch zu einer Last werden. Weil »Désirée schafft das schon« die Selbstverständlichkeit eines Motorantriebs beschreibt: sich drehen, laufen, etwas in Gang bringen. Alle anderen mussten dann eben nichts machen, weil ich ja … Und ich drehte, lief und machte alles, aber es blieb keine Zeit mehr für mich selbst. Kein Nachdenken, kein Träumen und kein inneres Ordnen. Manchmal ist das auch ganz gut, weil viele beim Sortieren ihrer Gedanken und Zweifel stecken bleiben und dann nicht wissen, wohin nun eigentlich. Doch ich kann aus eigener Erfahrung sagen, dass man in all dem Machen und Tun unterschätzt, was auf der Strecke bleibt: nämlich die Zeit, auch wenn man noch ganz jung ist, zu reflektieren. Sich selbst einmal mit Abstand zu betrachten. Wenn man Kind ist, tut man das noch nicht so richtig, weil man jeden Tag damit zu tun hat, man selbst zu werden, und keine Zeit hat, sich das »Bisherige« von außen anzusehen und über ein Ziel nachzudenken. Wer weiß denn mit zehn oder elf Jahren schon, wie oder wer er einmal werden will? Ich wusste es nicht. Gleichzeitig fühlte ich mich schon so erwachsen und sehr ernst, dass ich im Stillen viel darüber nachdachte, was aus mir, Désirée, mal werden würde. Von meinen Gedanken bekamen meine Eltern nicht viel mit. Mein Vater sagte immer nur, dass ich ja wohl die Schlaueste wäre und deshalb ganz sicher studieren und irgendwann mal Premierministerin werden würde. So weit gingen meine Ideen aber noch nicht, und ganz sicher wollte ich nicht Premierministerin werden. Ich war ein wenig wie in einem Rausch und gleichzeitigem Zweifel eines gerade erst angebrochenen Lebens und sie, meine Eltern, in der Tretmühle eines schon laufenden Lebens, von dem sie ahnten, dass es so oder so ähnlich weitergehen würde. Anders gesagt: Für mich bot das Leben noch eine Aussicht auf ungeahnte Möglichkeiten, für meine Eltern war es schon ein Rückblick auf verpasste Chancen und dünner werdende Träume.

So und so ähnlich ging es auch den anderen aus meiner Verwandtschaft. Wir waren eine sehr große Familie und lebten sie auch. In Luxemburg wohnten die Eltern meines Vaters und viele meiner Tanten und Onkels, die ich aber nicht alle kennengelernt hatte. Das lag zum Teil daran, dass einige untereinander über Generationen hinweg zerstritten waren. Und andere zählten sich zu den besseren Luxemburgern, zu denen wir nicht gehörten, weil wir aus dem Arbeitermilieu stammten. In Italien gab es eine noch größere Familie mit etlichen Cousins und Cousinen und anderen Verwandten. Meine Mutter hatte allein fünf Geschwister. Diese gesamte Verwandtschaft war für mich als Kind wichtig gewesen, auch und besonders in der Unterschiedlichkeit ihrer Welten. Ich war damals schon, wie gesagt, ein bisschen wie meine Mutter: Auch ich blühte in den Sommern in Italien anders auf als in Luxemburg. Es war dieses Leben auf dem Land, das mir wie ein großer Spielplatz vorkam. Wir wohnten dort in einem sehr einfachen, kleinen Haus meiner Großeltern, das in den ersten Jahren noch nicht einmal Strom und fließendes Wasser hatte. Mein Vater, wer sonst, verlegte dann in einem Sommer die Leitungen und schloss den Strom an. Die Toiletten waren »Plumpsklos«. Immer wenn ein Loch voll war, wurde ein paar Meter weiter ein neues gegraben und das Toilettenhaus einfach daraufgesetzt. Ich weiß noch, dass wir aus Luxemburg einmal eine Klobrille mit Deckel mitbrachten, damit man nicht mehr auf einem Balken sitzen musste. Ich und meine Cousins schliefen nicht im Haus, sondern in einem umgebauten Stall. Um ins Bett zu kommen, was nur aus stoffbezogenen Strohsäcken bestand, musste ich immer eine Hühnerleiter hinaufklettern. Jeder Tag war ein Abenteuer zwischen Hühnern und Enten, Gemüsebeeten und Maisfeldern, durch die wir tobten und deren Blätter mir immer die Arme zerschnitten. Das Brennen dieser Wunden, wenn ich sie abends ab duschte, war ein Gefühl, das ich bis heute nicht vergessen habe.

Und dann war da noch meine Oma, Nonna Teresa, die alle und alles dominierte. Sie nannte mich ihre »Principessa«, setzte mich morgens in den Anhänger ihres Fahrrads und radelte mit mir zum Tierfutterkaufen. Wenn ich heute an sie denke, dann ist es mit diesem kindlichen Gefühl großer und bedingungsloser Liebe, dieser »Oma-Liebe«, die man später nie wieder so hat. Ich habe immer noch vor Augen, wie sie mich anschaute. Meine Mutter sagte einmal zu mir, ich würde sie an Nonna Teresa erinnern – auch ich hätte manchmal diesen schönen, traurigen Blick wie sie. Zu dieser Liebe gehörte aber auch meine Wut auf sie, die ich hatte, wenn wieder eines der von mir geliebten Hühner von ihr geschlachtet wurde. Sie schnitt ihm einfach, zack, den Kopf ab. Ich werde nie vergessen, wie diese Tiere noch einen Moment lang ohne Kopf weiterlebten. Es war furchtbar, und ich habe jedes Mal sehr laut mit ihr geschimpft. Aber la Nonna meinte dann immer nur: »Ja, aber wenn's auf den Tisch kommt, dann schmeckt's euch allen.«

Für mich waren es sehr reiche Kindersommer in Italien, auch wenn ich mir nach den Ferien in der Schule immer ärmlich vorkam, da andere Kinder schon viel weiter weg verreisten. Ich selbst verglich mich und meine Familie eigentlich nicht mit anderen und habe das auch in späteren Jahren nicht gemacht. Es waren vielmehr die anderen, die mich und uns mit sich verglichen. Die anderen, für die ich nicht richtige Luxemburgerin war, sondern ein Kind einer italienischen Mutter und eines Vaters, der doch »bloß« einen Lastwagen fahren konnte. Wir lebten in einer noch sehr uneuropäischen Zeit: Italiener waren in Luxemburg die »Gastarbeiter«, die kamen und gingen, und eben keine Luxemburger waren. Ich selbst habe diese Ressentiments als junges Mädchen noch nicht so gespürt, aber sie sollten näher kommen. Doch ich fühlte eben immer diesen Schutz meiner wirklich großen Familie. Wenn alle da waren, saßen wir in Italien manchmal mit 30 Menschen am Tisch. In Luxemburg waren es weniger, vielleicht sieben oder acht Personen. Doch auch diese Welt, die Nicht-Ferien-Alltagswelt, war für mich reich. Was vor allem an zwei Menschen lag: an meinem Opa und meinem Onkel. Wenn alle anderen mein Erleben bunter und vielfältiger gemacht haben, waren es diese beiden, die ihm eine Tiefe gaben.

Mein Opa. Ich nannte ihn »Bopa«. Er war der Vater meines Vaters und hatte auch als Lkw-Fahrer gearbeitet. Ich habe damals von beiden gelernt, dass es ein Beruf ist, der einen stolz machen kann, und das waren sie. Heute würde man sagen, sie waren systemrelevant, denn Luxemburg war eben ein Industrie- und Bergbauland, ohne Transportmittel hätte das alles nicht funktioniert. Der Transport von Erzen, Stahl, Waren und Arbeitern, die in die Fabriken gefahren wurden. Ich habe damals oft mit meinem Vater und mit meinem Bopa in ihren Lkws gesessen, immer etwas höher als alle anderen Autos. Einen Lkw zu fahren ist nicht nur bloßes Autofahren. Es kann zu einer Kunst werden, wenn die Kurven eng, die Straßen schmal und die Brücken niedrig sind. Denn es bedeutet gleichzeitig einfädeln, jonglieren und die Räder fühlen – und das ist in einem 150-PS-Diesel-Lkw mit einigen Tonnen Ladung nicht leicht. Mein Vater und mein Bopa, sie konnten beide mit einem Blick sehen, ob der Wendekreis auf einer schmalen Straße ausreichte, und sehr gelassen diese schweren Wagen in die engsten Parklücken setzen, was mein Vater mir dann auch beibrachte. Man kann sagen, dass Lastwagenfahrer sehr empathische Menschen sein können, sogar auch sein müssen. Mein Bopa war es jedenfalls. Seine Empathie, seine humorige, gemütliche Bodenständigkeit gehören zu den schönsten Gefühlen, an die ich mich aus meiner Kindheit erinnern kann. Bopa kam mir zeitweise wie ein Buddha vor, wenn er mit mir in der Küche meiner Großeltern saß und mit mir Karten spielte. Er wurde »Jempy« genannt, weil Luxemburger französische Vornamen wie Jean-Pierre gerne abkürzen. Jempy saß in seinem weißen Arbeiter-Unterhemd, das in Luxemburg und Frankreich »petit Marcel« genannt wird, und spielte entweder stundenlang mit mir, oder wir schälten Kartoffeln oder Äpfel. Er zeigte mir, wie man sie, ohne das Messer abzusetzen, schält, um eine sehr lange Schale zu erhalten. Ich hatte irgendwann immer die längere, aber ich glaube, er ließ mich absichtlich gewinnen, wie er vermutlich auch sonst mein Kinderglück manchmal herbeischummelte. Eines Tages, ich war das erste Mal in meinem Leben im Kino, schaute ich mit Bopa und meiner Oma den Zeichentrick-Film *Bambi* an. Und klar: Danach wollte ich auch ein Bambi haben, ein kleines Reh, aber natürlich ein lebendiges. Ein paar Tage später, ich muss so vier oder fünf gewesen sein, sagte mein Bopa zu mir: »Komm, wir gehen in den Wald! Vielleicht finden wir ja ein Bambi für dich.« Nun gab es in den Wäldern Luxemburgs damals viele Rehe, und es dauerte tatsächlich nicht lange, bis wir auf einer Lichtung ein Rehkitz sahen, ganz in der Nähe einer Sitzbank. »Dési«, sagte mein Großvater zu mir, »wir kommen jetzt jeden Tag hierher und legen Futter dorthin. Dann kommt bestimmt das Bambi und isst es auf. Dann weißt du, dass es *dein* Bambi ist.« Ich war sehr aufgeregt. Wir kamen wirklich jeden Tag zu der Stelle, und ich legte Butterbrote und Äpfel auf die Bank. Und jedes Mal war das Essen am nächsten Tag angebissen, zerkrümelt oder komplett weg. Ich war das glücklichste bambibesitzende Mädchen von ganz Luxemburg. Erst Jahre später bekam ich heraus, dass sich mein Großvater immer heimlich zu der Bank zurückgeschlichen und die Brote angebissen, zerkrümelt oder mitgenommen hatte. So war er, mein Bopa: der größte und liebenswerteste »Mit-mir-Quatschmacher«, den es gab. Ich konnte ihn auf seine Couch legen, ihm sagen, »sei mal Mumie«, und ihn dann ganz mit Klopapier einwickeln. Er sprach dann »mumisch« mit mir, »müüüüfmf« oder so was. Oder ich stellte in der Kleiderkammer meiner Großeltern zwei Stühle auf und holte sie in mein »Theater«. Die Kleider waren mein Bühnenvorhang, und ich spielte ihnen irgendwelche Sketche vor, die ich im Fernsehen gesehen hatte. Ich könnte stundenlang von meinem Bopa erzählen. Er war so ein guter Schau-, aber vor allem Hörspieler.

Wenn ich bei meinen Großeltern übernachtete, bekam ich immer das Zimmer direkt neben ihrem, und weil die Wände sehr dünn waren, konnten wir uns vor dem Einschlafen immer alles Mögliche zurufen. Ich fragte dann immer: »Bopa, wer liegt denn da noch in deinem Bett?« Dann ertönten alle erdenklichen Geräusche und Stimmen von irgendwelchen Tieren oder unbekannten Wesen, die mein Großvater nun aber ganz schnell vertreiben oder aus dem Fenster werfen musste. Kaum waren sie weg, fragte ich: »Bopa, liegt jemand unter dem Bett?« Daraufhin hörte ich, wie er das Bett verschob und mir zurief: »Dési, stimmt! Da, da ist ja noch jemand. Nun aber raus mit dir!« Irgendwann ging dann meine müde Großmutter dazwischen und sagte: »Nun ist aber mal gut! Hier ist jetzt keiner mehr.« Bopa und ich lachten dann los, und ich bemerkte zum Schluss noch: »Och, wie schade« und schlief schließlich ein.

Ich kann mich noch genau daran erinnern, als mein Großvater sich als erster Privatkunde in Luxemburg einen neuen Lkw von Mercedes kaufte und dafür sogar einen Kredit bei der Bank aufgenommen hatte. Was war das für ein Erlebnis, als der lindgrüne, ich glaube, es war ein L 334, ein »Kurzhauber«, wie man damals sagte, mit tiefer liegenden Scheinwerfern vor der Tür stand. Auf dem Küchentisch lag dann der Schlüssel mit einem glitzernden Anhänger, den ich bewunderte. Mein Großvater meinte geheimnisvoll: »Siehst du, Dési, ich habe einen Schlüsselanhänger gekauft, und sie haben mir einen Lkw dazugegeben.«

Aber neben all dem großen Spaß, den wir zusammen hatten, war mein Großvater auch mein wichtiger Lebenslehrer. Denn ich lernte von ihm, dass alles, was einem begegnet, immer auch eine Tiefe hat. Und dass alles, was passiert, immer zwei oder mehr Seiten hat. Und irgendwie auch immer eine gute, die man zu sehen lernen muss. Egal, welche Unglücke oder Probleme einem ins Leben rutschen: Man löst sie, und noch besser löst man sie mit einem Lächeln. Ich habe damals immer gedacht: Egal, wie heftig einem die Welt auf den Kopf fällt oder alles schiefgeht, ich gehe immer zu Bopa. Dem fällt ganz sicher etwas ein. Leider, muss ich sagen, haben die Erkenntnisse dieser Lebensschule bei mir nicht immer funktioniert. Ich sollte in späteren Jahren Probleme bekommen, die ich lange Zeit nicht lösen konnte. Und die aus einer anderen Welt, aus einem anderen Leben stammten, sodass mein Opa sie vielleicht auch nicht verstanden hätte. Weil es keine guten Seiten an ihnen gab.

Es war dann 1987, als ich in Berlin einen Film drehte und mein Bopa mich eines Abends anrief. Er wollte mich zu seinem achtzigsten Geburtstag einladen, was seltsam war, weil er seine Geburtstage eigentlich nie gefeiert hatte. Leider konnte ich nicht kommen, weil der Filmdreh länger dauerte, aber ich verabredete mit ihm, ein paar Tage später zu kommen und seinen Geburtstag nur unter uns zu feiern. Dazu kam es leider nicht mehr: Eine Woche nach seinem Anruf war er verstorben. Ein Satz von ihm fiel mir sofort ein: »Dési, wenn ich mal sterbe, dann legt mich bloß nicht zu den Würmern!« Das wollte er nicht, weil er wirklich Angst hatte, in einem Sarg zu vermodern. Einäschern durfte man damals in Luxemburg noch nicht. Ich rief meinen Vater an, er sollte die Beerdigung bitte unbedingt noch hinauszögern. Ich hätte zuvor noch ein Versprechen einzulösen. Und dann telefonierte ich stundenlang herum, bis ich ein Unternehmen fand, das seine Grabstelle komplett ausbetonieren konnte. Und so wurde mein Großvater in einem Sarg in einem Grab beerdigt, in dem Würmer keine Chance hatten. »Siehst du, Bopa, die werden sich die Zähne ausbeißen«, flüsterte ich ihm zu, den Blick hoch zum Himmel gerichtet. Und mir kam es so vor, als hätte er gesagt, was er mir immer sagte, wenn ich traurig war: »Dési, es wird alles gut. Komm, wir machen Seifenblasen.«

Und dann gab es noch meinen Onkel Joseph. Er war genau genommen mein Großonkel, also der Mann der Schwester meiner Großmutter. Monni Jos, Onkel Jos, wie wir in Luxemburg sagen, war also angeheiratet und passte eigentlich so gar nicht in unsere Familie, denn er war Künstler, Intellektueller, Alleswissender: Jos Wampach, so sein richtiger Name, war der künstlerische Direktor des Stadttheaters in Esch und Gründer der städtischen Kunstgalerie. Es war eine besondere Galerie und ein besonderes Theater, und das muss ich erklären.

Esch ist die zweitgrößte Stadt in Luxemburg, die im Süden liegt, im sogenannten Luxemburger Erzbecken – dem »Minette«. Die Bürger von Esch haben den Stolz, alles mit ehrlicher Arbeit zu schaffen. Es ist dieser Stolz, den auch die Menschen im Ruhrpott einmal besaßen und der sie heute noch ausmacht. Mein Onkel Jos hatte nach dem Krieg und der Befreiung Luxemburgs von den Nazis die Idee eines kulturellen Neuanfangs – ähnlich, wie er es in Frankreich und seinen Kulturhäusern, den »Maisons de la culture«, gesehen hatte. Kunst, Theater, Kultur überhaupt sollte es nicht nur in der reichen Hauptstadt geben, sondern auch für die Arbeiter und ihre Familien in Esch. Und so wurde mein Onkel 1962 Direktor des neu gebauten Theaters in Esch, das einen Saal mit achthundert Plätzen hatte. Onkel Jos war weder gelernter Regisseur noch Schauspieler, aber er hatte diesen unbedingten Wunsch, große Kultur in die kleine Stadt zu holen. Er wohnte mit seiner Frau Anneliese in einer Wohnung über dem Theater, und so kam es, dass ich als junges Mädchen viel Zeit im Theater vor und hinter der Bühne verbrachte. Wenn ich bei meinem Onkel und meiner Tante übernachtete, durfte ich im Pyjama oft den Beginn einer Vorstellung aus der Beleuchterluke beobachten. Ich erinnere mich auch noch, dass ich als Kind eine Zeit lang Klavierunterricht erhielt, wir aber zu Hause kein Klavier zum Üben hatten. Mein Vater hatte mir zwar die Tastatur eines Klaviers auf eine Pappe gemalt, auf der ich am Küchentisch üben konnte, aber das brachte mich nicht weiter. So war es mein Onkel, der mir erlaubte, an einem Klavier im Theater zu üben, wenn nicht geprobt wurde und sonst auch niemand dort war. Ich werde das nie vergessen: ich allein an einem Flügel in einem großen, leeren Theatersaal. Es war irgendwie auch ein wenig unheimlich. Was ich bei diesen Besuchen am meisten mochte, war das Verbeugen auf der Bühne. Das übte ich fleißig. Das Verbeugen vor einem leeren Saal.

Ich liebte meinen Onkel Jos sehr. Er schenkte mir immer wieder Bücher, die ich unbedingt lesen sollte. Er brachte mir das Schachspielen bei und fuhr mit mir und meiner Tante als Geschenk zur Kommunion ein paar Tage nach Paris, für mich war es das erste Mal. Und in Paris liefen wir durch die Stadt, und mein Onkel erklärte mir die Geschichte jedes Theaters, an dem wir vorbeikamen. Er hielt mir sehr ausführliche Vorträge darüber, welche berühmten Schauspieler in welchen großen Inszenierungen hier und dort gespielt hätten. »Molière, das war ein besonderer Mann« zum Beispiel, und dann erzählte er dessen Lebensgeschichte. Meine Tante und ich hörten ihm zu und versuchten, alles zu behalten. Aber in Wahrheit war ich viel mehr von der Métro und ihren Eingängen mit den Treppenaufgängen beeindruckt. Eine unterirdische Eisenbahn, das kannte ich aus Luxemburg überhaupt nicht. Ja, mein Onkel Jos glaubte sehr an mich und wollte mich für die Kunst genauso begeistern, wie auch er es war. Wenn im Theater ein bedeutendes Stück Premiere hatte und der Großherzog mit seiner Frau selbst zur Vorstellung kam, stand ich im schwarzen Samtkleid und in Lackschuhen am Eingang mit einem Blumenstrauß und begrüßte die beiden mit einem Knicks. Besonders schön und wichtig war für mich auch, dass ich meinen Onkel Jos richtig »wichtige erwachsene Sachen« fragen konnte, die ich mir manchmal auch einfach nur ausdachte. Wie viele Theaterstücke Shakespeare eigentlich geschrieben hatte oder was sich Maler wie Monet oder Chagall eigentlich bei ihren Bildern gedacht hatten. Onkel Jos war der Einzige, den ich kannte, der solche Fragen dann oft eine halbe Stunde lang ohne Unterbrechung beantwortete. Er war so klug, dass meine Familie richtig Ehrfurcht vor ihm hatte. »Oh, der Moni Jos hat das gesagt«, hieß es dann immer, und nur mein Vater beschwerte sich manchmal, dass mein Onkel ja immer sehr viel reden würde. Mein Onkel hatte aber nie irgendeinen Dünkel. Nichts, was er sagte, kam von oben herab. Er wollte uns alle eben einfach mit seiner Begeisterung mitreißen, was er bei mir auch geschafft hatte. Was ich mir besonders merkte, war, dass mein Onkel nie von »Arbeit« sprach. Er stöhnte auch nie, wenn es mal sehr viel zu tun gab. Für ihn war jede Inszenierung, jedes neue Stück, jeder noch so komplizierte

Regisseur oder Schauspieler immer ein Geschenk. Er war auch der Einzige aus unserer Familie, der viel reiste, worum ich ihn immer beneidete. Er fuhr durch ganz Europa, um sich Theateraufführungen anzusehen und sie vielleicht nach Esch einzuladen. Einmal war er sogar in Moskau, was für uns ja unfassbar weit weg war. Von dort brachte er mir eine Matroschka-Puppe mit, die ich damals unglaublich fand und bei der ich immer wieder staunte, wie viele Puppen darin verborgen waren.

Jahre später, als mein Onkel pensioniert wurde, zogen er und meine Tante aus der Wohnung über dem Theater aus. Meine Tante wurde dann leider sehr krank und kam in ein Altersheim; von da an lebte mein Onkel allein in seiner Wohnung. Ich habe ihn oft besucht, und an den Wochenenden fuhren wir zusammen in das Altersheim meiner Tante, um mit ihr zu Mittag zu essen. Mein Onkel Jos holte dann vorher immer etwas Schmuck meiner Tante aus einem kleinen Tresor seiner Wohnung, den er ihr dann vor dem Essen anlegte. Leider, und das zerriss mir dann jedes Mal das Herz, war sie schon sehr dement, und wenn mein Onkel ihr eine Kette um den Hals legte oder Ringe auf die Finger streifen wollte, sah sie mich entsetzt an und fragte: »Wer ist dieser Mann? Ich habe ihn noch nie gesehen.«

So waren sie, die Jahre meiner Kindheit. Es waren Jahre leuchtender Augen, großer Neugierden, unendlicher Lebensspiele und kindlicher Reichtümer. Ich war gerne und gut in der Schule, ich konnte einen Haushalt führen – jedenfalls glaubte ich das. Ich konnte Zement anmischen, reiten, etwas Klavier spielen. Ich wusste, wer Shakespeare war und dass irgendwo im Wald auch mein Bambi herumlief. Ich war ein Kind ohne Angst und sollte nun ein junges Mädchen werden. Bald wurde ich dreizehn. Mein Leben sollte ganz anders werden. Denn ich betrat jetzt die freie Wildbahn.

Mikrofone

Pierre Brice. Mit ihm fing alles an. Mit Winnetou.

1978 stand ich auf dem Flughafen in Wien, über der Schulter ein 6,8 Kilogramm schweres silberfarbenes Nagra 4.2-Tonbandgerät, das sehr teuer war und viele Schalter und Anzeigen hatte. Ich trug ein viel zu warmes Kleid aus schwarzem Samt mit rosa Blümchen. Ich war dreizehn, und um meinen Hals hing ein Plastikschild der Fluggesellschaft mit den großen Buchstaben »UM« für »Unaccompanied Minor«, eine unbegleitete Minderjährige. Das war ich. Alles hat zufällig angefangen und eigentlich nur, weil ich Langeweile hatte. Aber nicht nur. Da war noch etwas anderes, Größeres.

1977. Ich war dreizehn, und es waren Sommerferien, Ende der sechsten Klasse. Das Zeugnis, wie immer sehr gut, keine Probleme. Ich spielte oben mit und hatte auch das Examen für das klassische Lyzeum Hubert Clément in Esch-sur-Alzette bestanden.

Die Ferien in Luxemburg dauern zwei Monate, und ich verbrachte sie in den Jahren davor immer bei meiner italienischen Großmutter und meinen Verwandten dort. Die Fahrt dahin war jedes Jahr ein mühsames Abenteuer: Wir fuhren immer mit den Zügen von Wasteels, einem belgischen Reiseveranstalter, der viele italienische Arbeiter aus Luxemburg über den Sommer in die Heimat brachte. Die Abteile waren meistens sehr voll, und ich werde nie ihren ganz speziellen Geruch vergessen. Einen Geruch von muffigem, sonnenwarmem Kunstleder und Schweiß, gemischt mit Gerüchen von Essenspaketen und Thermoskannen voll Kaffee. Die Züge fuhren nie ganz durch, sondern wurden an den Bahnhöfen umrangiert und neu zusammengekoppelt, und da konnte es schon mal passieren, dass in Mailand oder Venedig ein Waggon vergessen wurde. Ich höre heute noch das schleifende und quietschende Geräusch, wenn der Zug über Weichen oder durch Bahnhöfe rollte, und das Lachen, Schimpfen und Rufen der Mütter, die ihre Kinder in dem Durcheinander suchten. Und wie ich schon sagte, hatte ich jedes Mal wieder das Gefühl, »nur« zu meiner Großmutter zu fahren, während andere aus meiner Schule ja schon an spanische oder französische Strände reisten, in Hotels wohnten und davon erzählten, als hätten sie die ganze Welt gesehen. Ich hatte mich deshalb an jedem Bahnhof, an dem der Zug kurz hielt, in die Gegend hineingeträumt und nach den Ferien in der Schule behauptet, ich wäre in Strasbourg, Mailand oder Verona gewesen, um auch wie eine Weitgereiste zu klingen.

Das waren die Sommer meiner Kindheit vor 1977, doch dann sollte es anders kommen. Wir verreisten zum ersten Mal nur für vier Wochen zu meiner Großmutter, weil meine Eltern mit meinem Bruder und mir im Jahr davor ein neues Haus in der Rue du Centre in Ehlange/Mess, einer kleinen Stadt im Südwesten Luxemburgs, bezogen hatten. Meine Mutter nähte seither nicht mehr zu Hause, sondern hatte eine Arbeit als Näherin in einem Gardinengeschäft in Esch-Alzette angenommen. Denn um die Ratenzahlungen für unser Haus ableisten zu können, mussten meine Eltern beide arbeiten gehen. Das Haus hatten sie mit Freunden und Verwandten fast selbst gebaut. Als wir einzogen, war es noch gar nicht richtig fertig, die Wände waren noch nicht alle verputzt, überall fehlten noch Tapeten und Möbel. Aber ich hatte zum ersten Mal wirklich mein eigenes Zimmer, also ohne die CB-Funkzentrale meines Vaters, altes Bett und abgenutzte Stühle, sondern mit neuen, mit *meinen* Möbeln. Das war nicht nur deshalb etwas Wertvolles für mich, weil ich endlich meine eigenen vier Wände hatte, sondern auch, weil ich damals eine Art »Alleinerin« wurde. Ich fing an, viel mit mir selber auszumachen, und war gerne für mich. Wenn ich heute die Désirée von damals beobachten könnte, dann würde ich vermutlich ein Mädchen sehen, das nicht einsam war, aber auf dem Schulhof oder in den Straßen von Luxemburg eher immer einen Schritt abseits stand und ein kontemplatives Leben führte. Ich betrachtete lieber alle und alles aus der Ferne, als inmitten meiner lauten Schulfreunde oder anderer Menschen zu sein. Vielleicht lag es auch daran, dass ich mich erwachsener als die anderen fühlte. Ich ging auch nicht gerne auf Geburtstagsfeiern oder andere Partys, weil ich zwar nicht nach außen, aber in mir in Wahrheit unsicher und schüchtern war. Ein bisschen davon ist bis heute geblieben. Wenn ich irgendwo eingeladen bin und selbst genügen muss, also nicht moderiere oder irgendwie arbeite, sondern nur ich selbst sein soll, bereitet mir das heute noch Schwierigkeiten. Ich denke oft darüber nach, woran das liegen könnte. Ich glaube, ich habe in jungen Jahren nicht gelernt oder vorgelebt bekommen, mich selbst zu mögen. Für solche Dinge gab es bei uns zu Hause einfach zu wenig Zeit. Es war egal, was ich machte oder sagte, meine Eltern gingen irgendwie immer davon aus, dass ich es gut machen würde. »Die Désirée schafft das schon«, hieß es ja immer. Und wenn ich am Ende eines Schuljahres meinem Vater mein Zeugnis zeigte, was immer sehr gut war, sagte er meistens nur: »Ja, genau wie im letzten Jahr.« Mehr nicht. Meine Versagensängste oder Unsicherheiten musste ich also mit mir allein ausmachen. Vielleicht wollte ich auch einfach nur mal die Erlaubnis zum Schwachsein oder Scheitern bekommen. Ich weiß es nicht, und so kam es, dass ich nie genau wusste, wie ich mich in meiner Haut fühlen sollte. Das merke ich, wenn ich Bilder von mir aus der Zeit sehe. Dann habe ich dasselbe Gefühl wieder, obwohl es gar keinen Grund dafür gibt. Ich war zwar ziemlich dünn, aber ich sah eigentlich ganz okay aus, und ich frage mich bis heute, warum ich mich damals nicht mehr genossen habe. War aber so. Und so kam es auch, dass ich zu jener Zeit eigentlich kaum Freunde hatte, genauer gesagt: zwei. Der eine war ein Junge, der

Guy hieß und anders als die anderen Jungs war. Kleiner, unsportlicher und auch jemand, der lieber für sich blieb und ein Buch nach dem anderen las. Er war sehr klug, und das mochte ich. Denn ich wollte auch immer belesen sein und zu den ganz Klugen gehören. Ich mochte ihn auch deshalb, weil er wie ich ein Außenseiter war. Ich hatte dann nach der Schulzeit noch lange Kontakt mit ihm, auch wenn er mit den Jahren weniger wurde. Irgendwann vor einigen Jahren habe ich dann gehört, dass er bereits verstorben ist. Meine andere Freundschaft hatte ich mit einem Mädchen, das Sylvie hieß und das es nicht ganz leicht in der Schule hatte. Sie war groß, trug eine Brille und wurde deshalb von den anderen verspottet, was mich ärgerte, weil es meinem großen Sinn für Gerechtigkeit widersprach, also schützte und verteidigte ich sie. Sie war eben wie Guy und ich auch eine Außenseiterin, und sie gehört bis heute zu meinen besten Freundinnen. Ich hatte also keine, wie man früher sagte, »Clique« oder Ähnliches. Es war in Luxemburg auch so, dass viele der »gebildeteren« Luxemburger den Kontakt zu Kindern wie mir, Tochter eines Lkw-Fahrers und einer italienischen Mutter, die als Näherin arbeitete, mieden oder untersagten. Ich erinnere mich an ein Mädchen, das aus einer »besseren Familie« stammte. So nannte meine Mutter gerne die Familien, bei denen meist der Vater Anwalt, Arzt oder Uni-Professor war. Mit diesem Mädchen wollte ich befreundet sein. Deshalb versuchte ich immer wieder, mit ihr gemeinsam von der Schule nach Hause zu gehen. Eines Tages sagte mir dann ihre Mutter bei ihr vor der Haustür, dass der Kontakt zwischen ihrer Tochter und mir nicht erwünscht sei. Ich stand da, meine Schultasche auf dem Rücken, und dachte … ja, weiß ich gar nicht mehr. Ich, »nicht erwünscht«. Als Kind sind das Aussagen, die man dann irgendwie akzeptiert, obwohl sie schmerzhaft sind und man nicht weiß, warum. Aber man wehrt sich nicht oder protestiert irgendwie, weil man ja noch gar nicht die eigene Kraft hat oder kennt. Und bei mir zu Hause war es eben so, dass meine Eltern so etwas nie infrage stellten. Wenn dieses Mädchen nicht meine Freundin sein durfte, dann war es für sie nun mal so, basta. So war eben die Sozialhierarchie. Das alles nährte bei mir das Gefühl, einerseits nicht vollends akzeptiert oder gemocht zu werden und andererseits, dass ich die Welt, in der ich lebte, nicht mochte oder verstand.

Ich wollte ausbrechen. Ich wollte weit weg. Und deshalb war mein eigenes Zimmer für mich so wichtig. Es war ein Raum, in dem ich ungestört denken und fantasieren konnte, mich nicht irgendwie verhalten musste und meine Ausbruchsträume gedeihen konnten. Ja, und so saß ich im Juli 1977 in diesem Zimmer mit einem bretonischen Bett und einem einfachen Schrank, einer damals modernen grün-orange-braunen Tapete und einer Bettdecke in ähnlich grausiger Farbe und Plüschtieren. An der Wand ein paar gerahmte Bilder. Poster hatte mein Vater verboten. Die Aussicht, ganze vier Wochen Ferien zu Hause bleiben zu müssen, quälte mich. Neben meinem Bett stand damals eine orangefarbene Kühl-Campingbox, sie war mein Tisch, auf dem ein roter Radiowecker stand, den ich zu meiner Kommunion bekommen hatte. Dessen Sendersuchrad drehte ich immer ganz langsam, um zwischen dem Rauschen wirklich jeden Sender, den es gab, finden und hören zu können.

Ich kannte natürlich Radio Luxemburg. Den Sender hörten alle bei uns, aber eben auf Luxemburgisch oder auf Französisch. Und auf einmal hörte ich die Beiträge von Radio Luxemburg in deutscher Sprache, was ich bis dahin nicht gewusst hatte. An einem Nachmittag saßen Kinder aus Luxemburg im Studio, die erzählten, was sie in den Sommerferien in der Stadt machten. Das war für mich völlig neu, Kinder in meinem Alter im Radio zu hören, bei mir im kleinen Luxemburg

Für mich war das Radio schon immer Wundertüte und Geheimnis zugleich. Es war seit der Musiktruhe im Flur unserer früheren Wohnung mein erstes und lange Zeit einziges Medium, das mir die äußere Welt näherbrachte. Als ich fünf oder sechs Jahre alt war, hörte ich bereits immer Radio bei meiner luxemburgischen Großmutter. Sie hatte einen großen Apparat der Marke Schaub Lorenz aus braunem Holz mit einer Senderskala aus Glas mit exotischen Namen wie Hilversum, RIAS oder Toulouse, der heute in meiner Berliner Wohnung steht. Einmal bekam ich mit, dass sich Hörer ein Lied von Heintje gewünscht hatten, das dann auch gespielt wurde. Ich zerbrach mir tagelang den Kopf, wie man sich denn etwas im Radio wünschen könnte, und in einem unbeobachteten Moment setzte ich mich heimlich vor den Apparat und rief in den Lautsprecher hinein, dass ich mir irgendein Lied, ich weiß nicht mehr, welches, wünschte. Mehrmals hintereinander und immer mit »Bitte«. Aber es passierte natürlich nichts, was mir das Radio noch rätselhafter machte. Ich wusste zwar, dass es irgendwo in der Stadt ein Funkhaus geben musste, aber ich lebte in einem Vorort, in Esch. Meine Familie und ich fuhren fast nie in die Stadt, obwohl sie nur dreizehn Kilometer entfernt war.

Ich hörte also diesen Kindern im Radio zu, lief danach zu meiner Mutter in die Küche und erzählte ihr davon. Für mich war das eine unglaubliche Entdeckung. Es war, als ob in meiner Welt der Himmel plötzlich größer geworden wäre. Dass es Frequenzen, Funkwellen und einen Äther gab, verstand ich damals noch nicht wirklich. Ich kannte nur die Kurz- und Mittelwelle von meinem Radiowecker. Aber dass irgendwo Kinder wie ich saßen und nicht nur ich, sondern ihnen alle anderen Radiohörer lauschen konnten, war für mich ein anderes, wenn man so will, »Medienerlebnis«, als nur Musik im Radio zu hören. Es war das Erstaunen darüber, dass ich ja auch dort hätte sein können. Es auch meine Stimme hätte gewesen sein können, der andere Menschen zugehört hätten. Es war aber nicht so, dass ich das damals unbedingt wollte, ich war nur sehr neugierig, denn die Kinder im Radio sagten, dass sie eine Führung im Sender gemacht und sich alles angesehen hatten. Na ja, und meine Ferien waren dagegen langweilig. Meine Eltern arbeiteten die ganze Zeit, und ich suchte nach einem Abenteuer. Deshalb wollte ich den Sender auch besichtigen. Ich wollte sehen, wie das alles funktionierte. Meine Mutter schaute mich ratlos an, als ich sie fragte. Nein, das wisse sie jetzt auch nicht. Radio Luxemburg auf Deutsch? Die sind doch irgendwo in der Stadt. Sie zeigte auf unser Telefonbuch: »Schau doch da mal nach.« Luxemburg hatte damals ein Telefonbuch für das ganze Land, es war dick und schwer. Ich saß in der Küche auf einem Stuhl, das Telefonbuch auf dem Schoß, und blätterte. Der Eintrag war sehr lang, fast eine Viertelseite, und es war jede Abteilung aufgelistet, je nach Sprache. Mit dem Finger glitt ich über »Radio Luxemburg deutschsprachiges Programm« und schrieb mir die Nummer auf einen Zettel. Ich rief aber nicht an, mir fehlte noch der Mut. Erst Tage später, als ich meine Mutter in dieser Nähstube von Herrn Galletti besuchte, fragte ich, ob ich einmal telefonieren könnte. Bei RTL stellte mich dann ein Pförtner in die deutsche Redaktion durch. Es war eine Frau am anderen Ende der Leitung. Sie hieß Cilly.

Drei Tage später, an einem Freitag im Juli um 14 Uhr – das weiß ich bis heute – kamen wir an. *Wir*, das waren ich und eine meiner Freundinnen aus der Nachbarschaft, weil die Frau aus der Redaktion meinte, ich solle jemanden mitbringen. Ich trug eine dieser blauen Hosen, die einer Jeans ähneln sollte, aber eben nur eine von meiner Mutter genähte Hose war, und ein Sweatshirt mit der Aufschrift »UCLA«. Erst viele, viele Jahre später sollte ich erfahren, dass diese vier Buchstaben die Abkürzung von »University of California, Los Angeles« waren.

Meine Mutter hatte uns zum Sender gefahren, in die Villa Louvigny, ein großes Gebäude mit einem Turm, das sich damals im Stadtpark von Luxemburg befand. Heute ist RTL dort nicht mehr. Das Gebäude wurde 1996 an den Staat Luxemburg verkauft, seitdem ist es der Sitz des luxemburgischen Gesundheitsministeriums.

Wir zwei zwölfjährigen Mädchen wurden sehr freundlich begrüßt und herumgeführt. Erst durch den großen Saal für die Orchesteraufnahmen, und um zur deutschen Redaktion zu kommen, mussten wir auch durch das TV-Studio. RTL strahlte damals einmal in der Woche eine Sketch-Show aus, die ich natürlich kannte. Für mich war das alles sehr aufregend, weil mich das alles interessierte: die Studios, die Lampen, die Kabel. Auch die schallisolierten Räume beeindruckten mich, denn es drangen tatsächlich keine Geräusche nach außen. Nach der Führung saßen wir dann in einem Radiostudio, hatten Sennheiser-Kopfhörer auf den Ohren, und ein Moderator fragte uns, was wir denn in den Ferien unternahmen, und wir erzählten es. Ich glaube, ich habe mehr gesprochen als meine Freundin. Es kam mir alles so leicht und angenehm vor. Nach einer Stunde war alles vorbei, und als wir das Studio verließen, ging die Tür für den Fahrstuhl zum Turm auf, und Frank Elstner stand uns gegenüber. Damals leitete er das deutsche RTL-Programm; ich kannte ihn aber auch aus dem deutschen Fernsehen von *Die Montagsmaler*.

Er sah uns an und fragte, ob wir die waren, die er gerade im Radio gehört hätte. Das habe er sich gerne angehört. Und ob ich diejenige gewesen wäre, die so fließend Deutsch und Französisch sprach. Ich nickte und freute mich, dass jemand mir für meine Sprachen ein Kompliment machte. Er fragte mich weiter, ob ich ihm meine Telefonnummer dalassen könnte. Vielleicht würden sie eine wie mich mit meinem Sprachtalent mal irgendwann im Programm brauchen. Natürlich wollte er das aber vorher mit meinen Eltern absprechen und sie um Erlaubnis fragen. Ich schrieb ihm die Nummer meiner Eltern auf. Dann gingen wir wieder.

Meine Sprachen also. Als ich noch jung war, waren sie das Prädikat, das mich überallhin begleitete: Désirée mit den vielen Sprachen. So kam es auch, dass ich 1984 den *Grand Prix Eurovision de la Chanson* in fünf Sprachen moderieren konnte und später Filme auf Französisch, Italienisch und Deutsch drehte. Ich synchronisiere mich bis heute in TV-Produktionen selbst. Ohne die Sprachen wäre ich sicher nie so weit gekommen, wie ich gekommen bin. Ich kann das erklären. In Luxemburg spricht jedes Kind mindestens drei Sprachen: zu Hause Luxemburgisch, Deutsch von der ersten Klasse an und Französisch ab der zweiten. Ich spreche mit meiner Mutter bis heute Französisch, weil das die gemeinsame Sprache meiner Eltern war. Da ihre italienische Verwandtschaft aber groß ist, lernte und sprach ich von klein auf auch Italienisch. Als Kind lernt man Sprachen anders. Schneller und intuitiver. Man hört den anderen zu und spricht ihnen einfach nach. Ich habe zum Beispiel das Wort »Mela«, das italienische Wort für »Apfel«, nicht aus einem Wörterbuch gelernt, sondern weil meine Großmutter Apfelkuchen backte, Äpfel herumlagen oder einer der Cousins sie vom Baum pflückte. Als Kind lernt man eine neue Sprache auch deshalb so schnell, weil einen die anderen sonst nicht verstehen und man sie selbst auch nicht. Jedes neue Wort ist immer ein Gewinn, der einem die Welt größer macht.

So ähnlich erging es mir auch mit Deutsch. Ich lernte es in der Schule, sah aber auch sehr viel deutsches Fernsehen. Ich war ein Fan von *Disco*, *Starparade* oder *Hitparade* im ZDF. Das machten nicht alle, Luxemburg war damals sozusagen »fernsehgeteilt«, denn der eine Teil der Bevölkerung sah nur französische Programme. Der andere Teil nur deutsche. *Wir* schauten alles. Auf diese Weise lernte ich also die deutsche Sprache mit Ilja Richter und Dieter Thomas Heck. Das mag vielleicht seltsam klingen, aber es war eine gute Schule, klares Deutsch in einer Sendung zu hören, die ich auch noch mochte. Und weil ich die Sprachen von denen lernte, die sie als Muttersprache gelernt hatten und die ich aus dem Fernsehen kannte, hatte ich auch keinen Akzent. Das war ein Vorteil, weil ich in keiner Fremdsprache fremd klang. Aber ich musste mir als Luxemburgerin auch ein paar Sachen abgewöhnen, das luxemburgische »sch« zum Beispiel. In Luxemburg wird fast jedes »ch«, das Gaumen-»ch« bei »ich« oder »mich«, wie »sch« ausgesprochen, also »isch« und »misch«, das habe ich mir abtrainiert. Für mich war es völlig normal, einen Satz auf Deutsch anzufangen, die zweite Hälfte auf Französisch weiterzusprechen und danach auf Luxemburgisch fortzufahren und mich am Telefon mit meiner Großmutter auf Italienisch zu unterhalten. Ich musste mir im Kopf nichts mehr vorher übersetzen. Das letzte Mal, als ich Vokabeln lernen musste, war in der Schule für den Französisch-Unterricht. Nur in Englisch war ich nicht besonders gut, das sollte sich aber später ändern.

Es war aber noch etwas anderes. Vier Sprachen zu beherrschen hat mir schon als Teenager die Furcht vor der Fremdheit genommen. Ich konnte mich in fast ganz Europa frei bewegen und verstand immer, was die Menschen sagten. Ob in einem Café in Rom, einem Bistro eines Dorfes in der Provence oder am Münchner Hauptbahnhof: Ich konnte den Menschen zuhören und mit ihnen sprechen. Kein Hinweisschild, keine Bahnhofsdurchsage und kaum eine Speisekarte im Restaurant waren mir fremd. Ich habe mich nirgendwo als Tourist gefühlt. Grenzen waren für mich damals nur die Orte, an denen man Geld umtauschen musste. Deshalb fühle ich mich heute nur in den Ländern wirklich fremd, in denen ich die Sprache nicht verstehe. Aber ich versuche dann immer, so schnell wie möglich die Bedeutungen der Begriffe, die ich höre, herauszufinden und, so gut es geht, nachzusprechen, um der Identität der Menschen etwas näherzukommen.

Sprachen lernte ich immer schon am besten, wenn ich sie lebte. So war es auch, als ich 1981 nach New York ging. Mein Englisch war noch nicht besonders gut, aber ich versuchte sofort, die Sprache »anzuziehen« wie ein neues Kleid. Und anzuziehen hieß für mich, den anderen nicht nur genau zuzuhören, sondern auch die innere Haltung, den Ton und die Stimmung jedes Wortes zu verstehen. Ich weiß noch, wie ich in den ersten Tagen in der Stadt in einem Diner ein Sandwich bestellte und der Mann hinter der Bar das Sandwich belegte und mich nach »Pickles?« fragte. Ich verstand nicht.

»Pickel?«

»Yeah«, entgegnete er.

»Pickels?« Ich war völlig verunsichert und versuchte, in einem kleinen, verchromten Rand des Tresens unauffällig mein Gesicht zu untersuchen. Hatte ich etwa Pickel?

Da ich immer noch nicht verstanden hatte, zeigte der Mann auf die kleinen Gurken in einer Schale, und ich verstand endlich.

Sprache bedeutet für mich auch gesprochenes Theater. In New York entdeckte ich, dass Amerikaner das Wort »love« zum Beispiel viel öfter benutzen, als ich es kannte. In den USA wird jeder und alles ständig »geliebt«. Den ganzen Tag prasseln Sätze wie »love it«, »you will love it«, »I love the idea« auf einen ein. Und wenn man aus Luxemburg kommt, wo es den Satz »Ich liebe dich« auf Luxemburgisch gar nicht gibt, ist das natürlich eine Freiheit, mit dem Wort herumzuwerfen. Ich selbst fand dann auch auf einmal alles »lovely«: Ich »liebte« alles, jeden Kaffee, jede Pizza, jede Lektion an der Schauspielschule und jeden Menschen, den ich traf und sympathisch fand. Es dauerte dann ein wenig, bis ich verstand, dass nicht alles »love« ist und dass man die Sprache moderieren sollte und dass es auch noch »like« oder »appreciate« gibt. Aber so etwas lernt man nicht in Englischkursen, sondern nur, wenn man anderen zuhört und anfängt, Sprache zu fühlen.

Ich werde heute oft gefragt, in welcher Sprache ich denn denke oder träume, ob ich sozusagen eine Hauptsprache habe. Zu den Träumen kann ich nicht viel sagen, weil ich mich selten an sie und schon gar nicht an die Sprache darin erinnere. In welcher Sprache ich allerdings denke, das hat sich verändert. Früher war es Französisch und Luxemburgisch. Bis heute zähle ich Zahlen zum Beispiel oft noch auf Luxemburgisch, weil ich es so gelernt habe. Mit meinen Eltern sprach ich Französisch und dachte in derselben Sprache, weil ich die wichtigsten emotionalen Dinge in meinem jungen Leben auf Französisch erlebte: Streitereien mit meinen Eltern, meine wenigen Freundschaften, solche Dinge. Doch seit ich 1991 mit meinem ersten Mann nach Los Angeles in die USA gezogen war und Mutter wurde, hat sich mein Sprachdenken ins Englische und Deutsche verschoben. Die Erziehung der Kinder, ihre Schule, das Leben in Los Angeles, die Ehe und die Scheidung, also mein ganzes emotionales Erleben spielte sich im englischen Sprachraum ab. Und mit meinem damaligen Ehemann sprach ich auf Deutsch, und bis heute werden die meisten meiner

Filme auf Deutsch gedreht. Wenn ich heute mit meiner Mutter über meine Familie, Kinder oder mich spreche, dann muss ich im Französischen manchmal eine Sekunde über ein Wort nachdenken, das mir im Englischen oder im Deutschen mittlerweile sofort einfällt.

Ich weiß, dass ich mit diesen Sprachen und meinem im Vergleich zu vielen Menschen ja fast vierfach größeren Wortschatz sehr reich bin. Und es ist für mich immer interessant, festzustellen, wie manche Wörter, kaum passieren sie eine Grenze, eine andere Bedeutung bekommen. Das Wort »Ignorant« zum Beispiel. In Frankreich ist das jemand, der etwas *nicht weiß*, in Deutschland jemand, der etwas *nicht wissen will*.

Aber zurück in das Jahr 1977 und zu Frank Elstner. Der September verging, die Schule fing wieder an, das Jahr ging vorbei. Es hatte niemand angerufen. Erst im Frühjahr des nächsten Jahres klingelte bei uns das Telefon. Meine Mutter nahm den Anruf an, es war jemand von Radio Luxemburg, der ihr erzählte, dass ich ihnen im Radio so aufgefallen wäre, auch weil ich an jenem Nachmittag von den Winnetou-Filmen und Pierre Brice geschwärmt hätte. Nun hätten sie die Idee gehabt, dass ich diesen Pierre Brice interviewen sollte. Er sei ja auch Franzose, und Französisch könnte ich ja fließend sprechen. In *Wien*, weil er dort bei einem Karl-May-Gastspiel auftreten würde. Der Sender würde den Flug und auch ein Hotelzimmer bezahlen, es sei alles ganz sicher.

Meine Mutter konnte mit dieser Anfrage nichts anfangen. Interview, Pierre Brice, Wien, ihre Désirée: Das waren alles Nachrichten und Fragen aus einer Welt, die sie nicht kannte. »Rufen Sie bitte heute Abend wieder an. Dann können Sie meinen Mann fragen«, antwortete sie. Mein Vater war ebenfalls ratlos. »Na, wenn sie nichts in der Schule verpasst, meinetwegen«, sagte er zu mir und meiner Mutter und wollte nicht weiter darüber sprechen.

Meine Eltern hätten mir die Reise auch verbieten können. So wie sie mir verbaten, Poster in meinem Zimmer aufzuhängen, weil mein

Vater nicht wollte, dass die Wände Löcher bekämen. Aber das war in unserem Haus, in ihrem, unserem Reich. Radio Luxemburg, Wien, Pierre Brice waren weit weg, und ein Interview war nichts, das sie sich vorstellen konnten. Ich, ehrlich gesagt, auch nicht. Ich wusste nur, dass es diesen Mann gab, der Winnetou spielte und Franzose war. Dass Pierre Brice schon als Junge in Brest ein Botenjunge der französischen Résistance, dann Soldat in Indochina und im Algerien-Krieg Fallschirmjäger war, danach Schauspieler wurde, um mit Jean-Paul Belmondo in großen Filmen wie *Die sich selbst betrügen* zu spielen, und nur deshalb in Frankreich nicht den großen Durchbruch hatte, weil er seinem Freund Alain Delon so ähnelte, beschäftigte mich nicht. Warum auch? Für mich war er Winnetou. Damals wusste ich auch noch nicht, dass er diese Rolle eigentlich nicht mochte, weil Indianer, also die indianischen Ureinwohner Nordamerikas, in amerikanischen Filmen immer die Verlierer waren und sein Winnetou zu wenig Text hatte und ein viel zu ernstes Gesicht machte, wie er fand. Ich erinnerte mich nur an einen Satz meiner Mutter, den sie mir mal sagte und der nun nicht mehr stimmen konnte. Sie meinte nämlich einmal, dass nur Menschen, die in Amerika geboren wurden, Schauspieler werden konnten. Da war ich noch jünger und hakte die Idee, auch Schauspielerin werden zu können, sofort ab. Aber nun gab es ja den Beweis, dass es nicht stimmte.

Luxemburg, Flughafen Frankfurt, Wien. Ich war neugierig auf das alles, und die Neugierde war größer als jede Furcht, alleine zu reisen. Hinzu kam, dass es ja genau das war, was ich immer gewollt habe: ausbrechen und weit wegkommen. Nur in Frankfurt war ich für einen Moment lang nervös, weil ich mich in den langen Gängen der Terminals fast verlaufen hätte. Und dann Wien, Taxi, Hotel, das Hilton. Ich war noch nie zuvor in einem solch teuren Hotel gewesen. Überall war ich als »Kinderreporter« angekündigt, und so waren alle sehr freundlich zu mir. Ich sah aber eigentlich mit dem schweren silberfarbenen Nagra-Tonband um meine Schultern schon wie eine richtige Radio-Reporterin aus, nur eben mit einem Kindergesicht. Eine Nagra war damals ein Profi-Tonband, das Gespräche in hoher Qualität aufnahm, um sie im Radio senden zu können.

Am Abend sah ich mir in der Wiener Festhalle »Schatz im Silbersee« an und wirklich Pierre Brice als den Winnetou, den ich aus dem Fernsehen kannte. Gut, er sah älter aus als in den Filmen, und sein Pferd, da war ich mir als Kennerin der Filme damals sicher, war nicht Iltschi, der echte Rappe, aber ich war zum ersten Mal mit Winnetou in einem Raum, also in einer Halle.

Am nächsten Morgen traf ich ihn dann im Hotel zum Interview. Ich hatte mir ein paar Themen überlegt, aber keinen Zettel mit Fragen zurechtgelegt. Ich wollte ihn einfach fragen, was mich interessierte. Mein Zettel war meine Neugierde. Wie es denn ist, als Winnetou zu leben. Wie es ist, mal nicht Winnetou zu sein. Wie es ist, der Gute gegen die Bösen zu sein. Wo es Gutes und Böses auf der Welt gibt und was man dagegen tun könnte. Kindergedanken zum Thema Gerechtigkeit eben.

Pierre Brice war nicht im Winnetou-Kostüm gekommen, sondern als er selbst. Er war sehr, sehr charmant und freundlich, und er nahm alle meine Fragen ernst. Heute kann ich verstehen, warum er seinen Winnetou damals zunächst nicht mochte, der wenig sprach, immer ernst schauen musste und wirklich in den Filmen keine großen, sagen wir, »französischen Schauspielmomente« hatte. Die Rolle hatte ihn unterfordert, er war viel besser als der Apachen-Häuptling, den Produzent Horst Wendlandt aus ihm gemacht hatte. Das wusste ich zwar damals noch nicht, ich war nur ein Fan, aber ein Fan mit ernsten und, wie ich fand, klugen Gedanken und Fragen. Wir unterhielten uns auf Französisch und Deutsch, manche seiner französischen Antworten übersetzte ich sofort. Die Sprachen flossen richtig ineinander, und ich spürte, dass es ihn entspannte, nicht nach seinem Pferd oder Old Shatterhand, sondern nach dem Leben und der Welt gefragt zu werden. Mir gefiel es ebenfalls sehr, und ich merkte, dass mich etwas daran berauschte. Zum ersten Mal konnte ich einem Erwachsenen meine Fragen stellen, konnte erzählen, was ich denke, und bekam Antworten. Das kannte ich nur von meinem Onkel Jos, aber nicht von meinen Eltern und meinem Zuhause, wo man mir gar nicht geantwortet hat oder es hieß: »Was du dir wieder denkst!« oder »Was sollen denn solche Fragen?«. Aber in Wien mit Winnetou, oder Pierre Brice, bekam ich das Gefühl, dass meine Gedanken so dumm gar nicht sein konnten, wenn ein berühmter Schauspieler sie nachvollziehen und beantworten konnte. Vielleicht, denke ich heute, hat es ihm auch gefallen, weil ein Kind Winnetou Fragen stellte, die Pierre Brice beantwortete. Er, der Leben und Tod, Gut und Böse aus seinem Leben besser kannte und brutaler erfuhr als in seiner Rolle, in der er mit Perücke, Pferd und Platzpatronen-Büchse in den Bergen von Jugoslawien und vor einer Kulisse in einer Wiener Halle einen wortkargen Indianer spielte. Ich, das fragende Kind, und er, der neununddreißigjährige Ex-Soldat, waren uns, glaube ich, näher, als ich es damals erahnen konnte.

Pierre Brice hatte in elf Winnetou-Filmen mitgespielt, als wir uns trafen. Der letzte war schon neun Jahre her, und seither tourte er als Apachen-Häuptling durch Deutschland und Österreich und gab sich alle Mühe, auch in diesen Winnetou-Zirkusspielen immer wieder den Häuptling mit Würde darzustellen. Das war ihm ein Anliegen, wie er später oft sagte. Mit der anfangs ungeliebten Rolle hatte er über die Jahre seinen Frieden gemacht, auch deshalb, weil er spürte, wie sehr sein Publikum diese Figur liebte. In Frankreich kannte ihn damals fast niemand mehr; sein letzter internationaler Film war 1975 *Die Puppe des Gangsters* mit Sophia Loren und Marcello Mastroianni. Ich habe ihn dann Jahre später in deutschen TV-Serien wie *Das Traumschiff* gesehen und war mir nicht sicher, ob er diese Rollen wirklich gerne spielte. Ich kann mich noch erinnern, ihn irgendwann in einer Werbung für Käse, *Brie*-Käse natürlich, gesehen zu haben. Damals hatte er diesen Käse in der Hand, schwieg einen Moment und sagte dann: »Wir Bries verstehen uns.« Ich musste zwar schmunzeln, aber irgendwie war es auch traurig, meinen Winnetou nun als Käse-Verkäufer zu sehen.

Aber zurück ins Hotel Hilton in Wien. Hätte man damals bei dem Interview mein inneres Ich beobachten können, hätte man es aufblühen sehen können. Heute würde ich sagen, dass dieses einstündige Gespräch bei mir einen Schalter betätigt hatte, der mich zum Leuchten brachte. Ich war erst dreizehn, und trotzdem brachte ich einen wildfremden, offenbar berühmten Menschen zum Reden und Nachdenken. Und das nur, weil ich ihn fragte, was mich interessierte. Und diesen Moment wollte ich behalten, er machte mich glücklich und vertrieb zum ersten Mal diese leichte Melancholie oder Traurigkeit, mit der ich sonst auf mein Leben blickte.

Wieder zurück in Luxemburg, wurde das Band geschnitten und das Interview gesendet. Es war ein Erfolg. Es gab viele Zuschriften und Anrufe bei Radio Luxemburg. Viele fragten, wer ich denn sei, und sagten, dass sie mehr von mir hören wollten. Es gab aber auch ein paar Zuhörer, die mich als dummen Teenie beschimpften, doch auch daran sollte ich mich noch gewöhnen. Für die meisten war ich eine junge Stimme mit jungen Fragen und mit einer anderen Art des Respekts gegenüber der Welt der Erwachsenen. Das aber sollte noch längere Zeit ein Affront bleiben, wie ich später zu spüren bekam. Aber für mich war es trotzdem der größte Gewinn meines dreizehnjährigen Lebens: Ich traute mir ab diesem Zeitpunkt zu, jeden zu interviewen. Jeden, von dem ich mir große Antworten und Weisheiten versprach. Und es sollten noch einige kommen, nur mit den Weisheiten sollte ich noch lernen, dass es davon reiche, aber auch arme gibt. Aber der erste Reiche war Pierre Brice.

Das Foto mit uns beiden hing lange in meinem Zimmer.

Gerahmt.

Von Menschen und Schatten

Ich könnte jetzt erzählen, dass es weiterging. Dass ich weiter aufblühte und fast jeden Tag von einem RTL-Mitarbeiter von der Schule mit dem Auto abgeholt wurde und viele Nachmittage im Senderstudio verbrachte. RTL bekam den Erfolg von Kinder- und Teenagersendungen vor allem in Deutschland zu spüren. Es kamen Waschkörbe voll Post in der Zentrale an, das Telefon stand nicht still, und bald moderierte ich ganz alleine Sendungen wie *Moment mal* und *10-vor-7-Sache* und später dann *Hits von der Schulbank*. Oder ich sprang für andere Kollegen ein, wenn die nicht moderieren konnten, oft auch gerne mal am Wochenende. Die Villa Louvigny wurde fast mein zweites Zuhause. Ich blieb auch, wenn ich nicht moderierte, und hörte anderen Moderatoren wie Oliver Spiecker einfach zu. Oder ich kletterte im Schallplatten-Archiv die Regale hoch, um Platten zu finden, die ich im Radio spielen wollte oder die sich Hörer gewünscht hatten. Alles, was ich machte und was ich vor dem Mikrofon sagte, kam aus meinem Selbstverständnis, dass mich alle so hören wollten, wie ich war. Ich selbst habe mich damals nie – wie ich später oft über mich las – als besonders frech oder aufsässig empfunden. Ich sagte, was ich sagen wollte, und fragte, was ich wissen wollte, und wenn die Antworten in den Interviews nicht gut oder ausweichend waren, sagte ich das und hakte nach. Es hat mich auch nie besonders nervös gemacht, dass ich in einem Studio vor einem Mikrofon saß und ganz Deutschland mir zuhören konnte. Ich sprach nicht anders als auf dem Schulhof oder zu Hause.

Ich muss hier ein wenig RTL erklären, denn es war damals ein Sender, der anders war als die öffentlich-rechtlichen Stationen in Deutschland. Er war der erste Privatsender Europas und startete bereits 1933 zunächst in französischer Sprache, dann bald auf Englisch und ab 1957 auch auf Deutsch. Aufgrund der Rundfunkgesetze in allen europäischen Ländern, die kein privates, also kommerzielles Radio zuließen, war RTL neben den Sendern BFBS und AFN für die Soldaten der Besatzungsmächte der einzige Sender, der nicht öffentlich kontrolliert wurde. Das schaffte damals Freiheiten, mehr Musik, Unterhaltungsprogramme oder Spielsendungen zu produzieren, als es die staatlich verwalteten Sender konnten. Das heißt, RTL konnte mehr, länger und jüngere Musik spielen als die Sender in Deutschland und war deshalb vor allem beim jungen Publikum beliebt. Das lag aber auch daran, dass RTL frühzeitig seine Moderatoren prominent machte und diese dann in Luxemburg viele Zuhörer kannten, weil die Sendungen nach ihren Namen benannt wurden und jeder Moderator die Platten spielen konnte, die ihm gefielen. Ich weiß noch, dass ich manchmal einen Song irre gut fand und ihn in meiner Sendung spielen wollte, ich aber nichts, wirklich gar nichts über den Künstler wusste. Internet, Wikipedia oder sowas gab es ja noch nicht, und so blätterte ich alle Musikzeitschriften und andere Magazine durch, um etwas über einen Sänger oder eine Band herauszufinden. Das war oft schwer.

Es kamen auch viele Musiker extra nach Luxemburg, um im Studio über ihre neuen Songs oder Tourneen zu sprechen. Die Plattenfirmen liebten den Sender, weil er die beste Verbreitung und Werbung für ihre Musik war. Lange vor meiner Zeit waren sogar einmal die Beatles in der Villa und schrieben ihre Autogramme an diesem Studiotisch wie auch alle anderen Musiker, die interviewt wurden. Als RTL später umzog, wusste erst niemand, wohin mit dem Tisch. Ich hatte es leider versäumt, »hier« zu rufen. Ich weiß nicht, wo er geblieben ist.

RTL war damals eine Art Kirmes und Disco zugleich und sehr international. Ich legte zum Beispiel auch Platten französischer oder italienischer Musiker auf. Aber das Beste war, dass RTL neue Musik immer vor allen anderen Sendern spielte und deshalb als »junger und wilder Sender« galt, im Gegensatz zu den öffentlich-rechtlichen Anstalten wie NDR oder WDR, die eher wie Volkshochschulen klangen. Ja, das war die Sonnenseite meines damaligen jungen Lebens. Ich ging in der Villa ein und aus. Und weil es keine Kantine gab, kochte ich in der Kaffeemaschine nicht nur Kaffee, sondern machte auch mal Würstchen heiß.

Bezahlt wurde ich für meine Arbeit damals nicht, ich war eine Art Kinderpraktikantin, aber das störte mich nicht. Ich war im Rausch von diesem Leben, in dem ich ernst genommen wurde und mit Erwachsenen in einem Sender arbeiten durfte. Frank Elstner wurde dabei für mich zu einem Mentor und manchmal auch zu einem Lehrer, der streng auf Regeln achtete. Aber man konnte mit ihm gut diskutieren. Einmal rief er morgens im Studio an und fragte mich, was für Musik ich gerade spielen würde. Es war Booker T. Jones mit »Knockin' On Heaven's Door«. Ich antwortete ihm, dass mir das Lied gefiele und ich es deshalb spielte. Nein, das ginge nicht, das wäre völlig an unserem Publikum vorbei, meinte er daraufhin. Frank Elstner dachte immer an das Publikum. Er war Senderchef, er musste so denken. Dann wieder rief er an und sagte mir, dass ihn die Mutter einer Schlagersängerin weinend angerufen hätte, weil wir in meiner Sendung *Hits von der Schulbank* ein paar Wochen lang eine Platte ihrer Tochter die »Kotz-Platte der Woche« genannt hätten. Nun muss ich kurz zu dieser Sendung sagen, dass es nicht nur um ungeliebte Platten ging, sondern uns auch Schüler ihre Lieblingsplatten, die Lieblingsplatten des Lehrers und eben die, die sie nicht so mochten, auflisteten. »Na ja, Frank, was soll ich machen?«, antwortete ich. »Das entscheiden die Schüler jede Woche.« »Ja, aber muss es denn ›Kotz-Platte‹ heißen?«, entgegnete er. In der nächsten Sendung habe ich dann ganz ironisch Folgendes anmoderiert: »Und hier die *Brech-Platte*, die unsere Schulklasse in dieser Woche nicht so mag.«

Radio Luxemburg und meine Sendungen waren wie ein großer Spielplatz für mich, auf dem ich vieles ausprobieren konnte. Ich lernte damals auch Christiane Brehl kennen, die an den Kindertagen von RTL als Gast im Sender war und mitmachte. Sie wurde eine sehr gute Freundin, die ich bis heute immer anrufe, wenn mir irgendwas aus der Zeit damals nicht einfällt, Christiane weiß es immer. Und weil alle um mich herum Erwachsene waren, hatte auch ich das Gefühl, schneller erwachsen zu werden. Aber das war, wie gesagt, die Sonnenseite. Schattenseiten gab es auch.

In der Schule versuchte ich lange, meine Arbeit beim Radio geheim zu halten, weil ich nicht wollte, dass andere Schüler oder meine Lehrer sich in diese, meine neue Welt einmischten. Ich wollte sie für mich allein haben und nicht von anderen kommentiert wissen. Wenn man im Radio arbeitete, war man unter den besser gestellten Luxemburgern damals nicht sehr angesehen. Schlimmer war noch, beim *deutschen RTL-Radio* zu arbeiten. Das hatte mit der Vergangenheit des Landes zu tun.

Luxemburg versuchte, im Zweiten Weltkrieg ein neutraler Staat zu bleiben, aber es gab, muss man leider sagen, antisemitische Strömungen im Land. So wurden zum Beispiel Juden, die aus Deutschland nach Luxemburg fliehen wollten, an der Grenze abgewiesen. 1940 wurde Luxemburg dann mit dem Angriff auf Frankreich von der Wehrmacht überrollt und besetzt. Der Plan der Nationalsozialisten war, Luxemburg zu annektieren und zu germanisieren. Deshalb wurden sofort alle französischen Wörter verboten. Man durfte weder »Bonjour« noch »Merci« sagen, und Männer, die »Henri« hießen, mussten ihren Namen in »Heinrich« ändern. Genauso war es mit allen Straßennamen, aus der »Avenue de la Liberté« wurde zum Beispiel die »Adolf-Hitler-Straße«. Im September 1940 schafften es dann noch viele luxemburgische Juden, nach Frankreich zu emigrieren. Doch nach der Zerstörung der Synagogen 1941 wurden die meisten verbliebenen Juden in Lager in den Osten deportiert, wo nur wenige überlebten. In Luxemburg selbst gab es zunächst wenig Widerstand gegen die Deutschen, was auch daran lag, dass der kleine Staat keine Armee und keine Waffen besaß. Doch 1942 traten die Arbeiter in einen Generalstreik, den die Nazis unter dem Gauleiter Gustav Simon mit unbeschreiblichem Terror beantworteten. Es gab Tausende Verhaftungen, Standgerichte, es wurde gefoltert, und Hunderte wurden ermordet. Das »Hauptquartier des Terrors« war die Villa Pauly im Stadtzentrum, und jeder Luxemburger, der heute daran vorbeiläuft, weiß das. Erst 1944 wurde Luxemburg von den amerikanischen Truppen befreit. Die wirkliche Rolle vieler Luxemburger während der Besatzungszeit ist bis heute nicht vollständig aufgearbeitet. Nach Kriegsende gab es zwar über 5000 Prozesse gegen Einheimische, die mit den Nazis kollaboriert hatten, aber es kam nur zu 2257 Verurteilungen.

Es war eine grauenhafte Zeit, und ich erfuhr später eine Geschichte über meinen Vater, die mich lange beschäftigte. Er hatte wohl als Kind mitbekommen, dass seine Mutter eine Affäre mit einem deutschen Soldaten hatte, wie ernst sie war und wie lange sie andauerte, das weiß ich nicht. Zu Hause wurde nie darüber gesprochen. Als ich dann aber anfing, für das deutsche RTL zu arbeiten, und immer öfter nach Deutschland fuhr, sagte er einmal traurig: »Jetzt ist sie auch bei den Deutschen.« Und mein Onkel, der Theaterintendant, fragte mich einmal, auf die französische Grenze bei uns in Esch zeigend: »Désirée, warum gehst du in die andere Richtung?«

Es hatte sich dann in den 70er-Jahren vieles normalisiert. Deutschland war für viele ein Nachbarland geworden, aber das Misstrauen war bei denjenigen, die die deutschen Soldaten und die SS erlebt hatten, noch präsent. Ich war zwar damals noch zu jung, um das alles genau zu verstehen, aber ich spürte das Toxische und die Abneigung gegenüber allem Deutschen überall. Auch deshalb wollte ich meine Arbeit beim deutschen Sender in der Schule verheimlichen. Viele wussten es zum Glück auch nicht, weil sie den deutschen Sender gar nicht hörten. Aber als ich dann immer häufiger von einem Wagen mit großer Aufschrift »RTL« abgeholt wurde und ich mal wieder im Unterricht fehlte, wenn ich für den Sender unterwegs war, fiel es stärker auf. Das mochten meine Lehrer nicht, sie sprachen von meinen »Eskapaden«. Meine Mitschüler reagierten noch heftiger. Jemand malte mir auf meine neue Jacke mit Kreide ein Hakenkreuz, andere verbreiteten, ich sei eine »Nutte, die mit den Deutschen rummacht«. Immer mehr Menschen gingen mir aus dem Weg. Wenn ich also nicht im Sender war, fühlte ich mich auf den Straßen von Luxemburg immer beobachtet und deshalb nicht wohl. Ich fürchtete bald auch die Schule, in der ich die Jahre davor noch so gerne gewesen war.

Aber es war auch ein Gefühl, das mir nicht völlig fremd war. Ich kannte es schon seit der Grundschule. Wir waren wie gesagt eben keine »richtigen« Luxemburger, die Mutter meines Vaters kam aus dem Elsass, meine Mutter aus Italien. Wir waren Fremde. In der Schule riefen sie mir auch »Spaghettifresser« nach oder meinten, wir würden zu Hause doch bestimmt Polenta essen – etwas, was man doch sonst nur den Schweinen zum Fraß vorwerfen würde. Und zu meinem jüngeren Bruder sagten seine Mitschüler, er wäre ein »Mafia-Kind«, und verprügelten ihn. Das machte mich so wütend, dass ich mich nach der Schule oft in einem Gebüsch versteckte, um selbst die Kinder zu verhauen, die meinem Bruder etwas antun wollten.

Das Sich-fremd-Fühlen war das Gefühl meiner Kindheit. Aber eben auch mein Stolz. Ich war stolz auf diese Familie mit den vielen Sprachen. Ich war stolz, schon als Kind längst über die engen Horizonte meiner Mitschüler hinwegsehen zu können. Und so konnte ich auch das Gerede, ich würde mit den Deutschen »rummachen«, ganz gut ignorieren. Ich war es gewohnt, nicht dazuzugehören. Der Alltag wurde dann doch schlimmer, als ich mit sechzehn den Film *Der Fan* drehte, *Bravo* und andere Magazine daraus einen Skandal machten und die Fotos von mir natürlich in der Schule kursierten. Wenn ich mich heute daran erinnere, war mein Gefühl in der Zeit, als ich dann im Radio war, wieder, eine Ausgestoßene zu sein. Doch auch wenn ich dieses Gefühl nicht mildern will und kann, so gelingt es mir heute zumindest besser nachzuvollziehen, wie es dazu kam.

Luxemburg und Deutschland hatten damals noch nicht die Jugendkultur, die später und heute allgegenwärtig war und ist. Ich war in Luxemburg das erste Kind und später der erste Teenager, der im Radio und im Fernsehen moderierte und Interviews führte, Fragen stellte und sich nichts vorschreiben ließ. Es gab kaum andere, die etwas Vergleichbares machten. Das Radio und Fernsehen wurden von Mittzwanzigern und Älteren, meistens Männern, dominiert. Kinder wie ich kamen höchstens mal als Gäste im Kinderprogramm vor, die dann aber auch wieder gingen. Ich aber blieb, und das war für eine Zuhörer- und Zuschauergesellschaft fremd. Teenager wie ich gehörten für sie in die Schule, machten danach eine Ausbildung und übten dann einen »richtigen« Beruf aus. Berühmte Kinder im Fernsehen waren für Ältere damals höchstens wie der holländische Sänger Heintje, der das Lied »Mama« sang, der rührend und vor allem brav war. Brav war ich nicht. Im Gegenteil, ich drehte auch noch Filme, in denen ich nackt zu sehen war, und selbst die *Bravo* – ein Blatt, das mich eigentlich sehr mochte – schrieb: »Désirée, musste das sein?«

Ohne es zu wollen, überschritt ich viele kleine und auch größere Grenzen im Empfinden der Älteren, die, weil sie es nicht anders kannten, nur mit Strenge und Ablehnung reagierten. Für sie war ich ein ungezogenes Arbeiterkind, das wohl keine Moral hatte. Später, als es dann MTV und VIVA gab, wurden junge Menschen im Fernsehen allgegenwärtig, und heute haben sie auf YouTube längst ihre eigene, selbstbestimmte Medienwelt. Aber ich war damals allein und lebte das erste Mal in einer Zerrissenheit, die sich leider noch fortsetzen sollte. Denn auf der einen Seite gab es meine Heimat, die Menschen in Luxemburg, von denen ich mich nicht gemocht und geliebt fühlte. Dabei ging es mir doch genau darum: gemocht und geliebt zu werden.

Und auf der anderen Seite waren Radio RTL und meine Sendungen, für die ich Applaus bekam und mit denen ich so erfolgreich war, der Grund, dass ich Angebote für Filme, Moderationen und andere Projekte bekam. Dabei war das Radio ja eigentlich gar nicht mein Ziel gewesen. Ich war nur zufällig dorthin geraten und machte etwas, was ich mir weder erarbeitet noch gelernt hatte. Ich war nur ich selbst. Manchmal fragten mich damals Menschen, was ich denn später mal machen wollte. Ich wusste es nicht, aber weil ich eben am Mikrofon Erfolg hatte, der sich für mich wie eine, sagen wir, namenlose Liebe anfühlte, blieb ich erst mal dabei. Ich hätte, um aus dieser Zerrissenheit wieder herauszukommen, auch den Sender verlassen und wieder nur zur Schule gehen können, aber davon war ich schon zu weit entfernt. Dass die Schattenseite, in der ich auch lebte, noch sehr viel größer werden würde, ahnte ich ja noch nicht. Obwohl sie vom ersten Tag an vor mir stand.

Denn es trat jemand in mein Leben, der dort nie hingehört hätte. Und bei dem ich lange Zeit brauchte, um mich wieder von ihm zu befreien. Es fällt mir nicht leicht, das zu erzählen, auch wenn es lange her ist und ich mich nach der Befreiung noch mal neu als die Désirée Nosbusch, die Mutter und die Schauspielerin, die ich heute bin, finden konnte. Ich habe heute noch einen Kloß im Hals und Steine im Bauch, wenn ich an die Zeit von damals denke. Es sind Jahre meiner Jugend, von denen diese Person mir viele genommen hatte.

Was er mir nicht nehmen konnte, war mich selbst. Ich schaffte es, mich in den Jahren in dem, was ich konnte, wie ich sprach, wie ich moderierte, wie ich Filme drehte oder ganz einfach, wie ich war, zu bewahren, zu schützen. Die Person, ein Mann, konnte mir nicht nehmen, Schönes zu erkennen, Kluges interessant zu finden, mich in meinen ersten Mann zu verlieben, Freunde zu finden und mich später auch in meinen zweiten Mann zu verlieben. Anders gesagt: Er konnte mich nicht zerbrechen. Dafür war er einfach zu schlecht und zu schlicht. Er hat nicht verstanden, welche Stärke ich, oder der Teenager, der ich damals war, haben konnte. Trotzdem gab es Verletzungen und eine Art von Eingesperrtsein. Und er kam mir sehr viel näher, als ich es je wollte. Ich würde eigentlich gerne bei dieser Formulierung bleiben, aber sie sagt nicht, was wirklich war. Es ist ein Satz, bei dem ich mich schwertue, ihn auszusprechen, weil ich ihn nie im Zusammenhang mit mir lesen oder hören wollte. Ich wollte mich noch nicht einmal mehr daran erinnern. Aber ich denke an all die anderen Mädchen und jungen Frauen, die Ähnliches erlebt haben, denen vor Gericht oder in der Familie nicht geglaubt wird und denen solche Männer gegenübersitzen, die sagen: »Das war doch einvernehmlich.« Oder »Wir haben uns doch geliebt.«

Nein. Dieser Mann hat mich vergewaltigt. Ich weiß noch, wo und wann. Ich wollte es nicht, und was Liebe war, wusste ich nicht. Und danach hatte ich es schwer, es zu lernen. Ich habe es aber geschafft. Es war sehr harte Arbeit an und mit mir selbst. Und wenn diese Zeilen auch nur einer jungen Frau Mut machen, es auch auszusprechen, dann hat sich der Schmerz, es hier aufzuschreiben, gelohnt. Ich versuchte auch, nach so vielen Jahren den Namen zu vergessen, ihn nicht mehr auszusprechen, ich will es einfach nicht, auch hier nicht. Es war auch so, dass ich ihn eines Tages endlich aus meinem Leben warf, aber er versuchte immer wieder, sich wieder hineinzudrängen. Er verfolgte mich, er stellte mir nach, er stand unerwartet vor der Haustür und tauchte an Orten auf, die meine waren, selbst als ich schon zum ersten Mal verheiratet war. Es nahm irgendwann ein tragisches Ende, als er getötet wurde. In einer Wohnung, in der ich auch mal gelebt hatte. Aber wie kam es dazu, zu diesen Jahren?

Es fing schon 1978 an. Zu den vielen Menschen, mit denen ich bei Radio Luxemburg zu tun hatte, zu Frank Elstner und zu den Redakteuren, gehörte auch dieser Mann. Er war dreißig Jahre älter als ich und der Leiter der Kinderredaktion von Radio Luxemburg. Er erfand die sogenannten »Kindertage«, bei denen Kinder einen Tag lang das Programm gestalten konnten. Das war damals in Europa einzigartig und gab dem Sender ein junges und freches Image. Auf diese Weise war er auch mein Chef und Verantwortlicher aller meiner Sendungen. Er war beliebt; ob ich ihn mochte, weiß ich gar nicht mehr. Er gehörte eben zu dieser RTL-Familie, von der ich mich insgesamt beschützt fühlte. Für mich war er zunächst wie ein Trainer oder Betreuer, er organisierte meine Termine, und weil ich unbedingt weitere Interviews nach Pierre Brice führen wollte, suchte er nach Personen, mit denen ich sprechen sollte. Mit meinen vierzehn Jahren dachte ich nicht darüber nach, ob sich in seinem Kopf etwas ganz anderes abspielte. Er war ja verheiratet und hatte Kinder. Alle Signale, die man heute sicher erkennen würde, machten ihn damals noch nicht verdächtig. Jedenfalls für mich als Jugendliche nicht. Ob es jemand bei RTL hätten spüren müssen, mag ich heute nicht beurteilen. Die Gerüchte waren laut genug. Und ich weiß auch, dass ich nicht die Einzige war, die er für sich benutzte. Es gab aber Menschen, die es deutlicher ahnten, wie zum Beispiel ein früher bekannter deutscher Sänger, der ihn bei einem Mittagessen am Kragen packte und flüsterte: »Dafür gehörst du ins Gefängnis.« Ich saß daneben.

Es fing so an, dass er mich nicht mehr nur im Sender betreute und meine Termine vereinbarte, sondern immer öfter direkt mit im Studio saß und anfing, mich zu begleiten, wenn ich außerhalb des Senders Aufnahmen hatte. Und je mehr ich arbeitete, umso mehr Anfragen gab es. Kinder, oder eben Teenager wie mich, die keine Kamerascheu hatten und mit Spaß moderieren konnten, gab es noch nicht so viele, die Nachfrage war aber groß. So kam es, dass auch das deutsche Fernsehen mich entdeckte und zusammen mit Anke Engelke die »Internationale Funkausstellung« 1979 in Berlin moderieren ließ. Ich war damals allein in Berlin, es gab nur eine Frau vom Fernsehen, die mich betreute. Es war wunderbar abenteuerlich, ich wohnte in der »Pension Börse« am Kurfürstendamm, und ich sollte um zehn Uhr im Bett sein. Ich fand aber ein Fenster zum Hinterhof, kletterte hinaus und spazierte über den leuchtenden abendlichen Kurfürstendamm. Ich kam aus Luxemburg, so ein Leben wie dieses nächtliche Berlin hatte ich noch nie gesehen.

Zwei Jahre später bekam ich dann mit *Music-Box* meine erste Sendung im ZDF. Sie war ähnlich wie *Hits von der Schulbank* eine Pop-Musik-Show mit Musikern wie Kim Wilde, Nina Hagen und Udo Lindenberg, die bei mir im Studio waren. *Music-Box* gab es über ein Jahr lang, in sieben Folgen. Gleichzeitig kamen erste Anfragen für Filmrollen, ich wurde interviewt und fotografiert, die *Bravo* machte eine Geschichte über mich in Luxemburg, aber langsam wurde ich in Deutschland und in Frankreich bekannter als in Luxemburg. Und verhandelt und eingefädelt hatte das alles er. Er machte die Verträge, er sprach mit meinen Eltern, er verwaltete mein Geld, und er reiste mit. Nach außen sah das erst mal so aus, als ob er mein Manager wäre, und er nannte sich auch so. Aber nach innen wurde es mit der Zeit anders. Zudringlicher, besitzergreifender und manipulativer. Ich wusste ja, dass er verheiratet war, und kannte auch seine Frau, aber er sprach selten über sie. Später ließen sie sich scheiden, was ich erst später erfuhr.

Meinen Erfolg benutzte er gegen mich. Denn es gab Meinungsverschiedenheiten zwischen uns und auch Streit. Es waren meine Versuche, mich aus der Umklammerung zu befreien. Doch er sagte dann immer, ich wäre überhaupt nichts ohne ihn, er habe mich zu der gemacht, die ich war, ohne ihn würde sich kein Sender und kein Regisseur für mich interessieren. Ich weiß heute nicht, ob ich ihm das damals wirklich geglaubt habe. Irgendwie ja und irgendwie nein. Ich war ja noch sehr jung und hatte einfach nicht die Kraft und die Mittel, mich daraus zu befreien. Und ich hatte keine Erfahrungen mit Konflikten. Ich wusste nicht, dass sie auch laut und hässlich sein können, man sie aber gewinnen und das Leben hinterher besser sein kann.

Er hatte das Herrschaftswissen über meine Arbeit, zumindest behauptete er es. Das durchschaute ich eben nicht. Ich hatte in den

Jahren nie einen Vertrag gesehen, ich wusste nicht, wie hoch meine Honorare und Gagen waren. Wenn wir unterwegs waren, zahlte er meistens alles, und wenn ich mir etwas kaufen wollte, gab er mir Geld. Er hatte immer Bargeld in der Tasche. Er wohnte in meinem Leben, und ich versuchte, das irgendwie zu ertragen. Ich wusste, dass es falsch war, doch ich fand den Weg nicht, es zu beenden. Auch weil ich nicht wusste, wohin ich hätte fliehen sollen. Zu meinen Eltern traute ich mich nicht, weil ich Angst hatte, das alles erzählen zu müssen. Und weil ich mich auch schämte, ihnen diese Lüge zugemutet zu haben. Denn natürlich war ihnen das, was sie sahen, unheimlich. Ein Mann, fast so alt wie mein Vater, bestimmte das Leben ihrer Tochter. Und mein Vater und meine Mutter waren machtlos. Ich fand auch die Kraft nicht, um Hilfe zu rufen, weil ich dachte, dass mir keiner glauben oder es niemanden interessieren würde. Es war einfach so, und so redete ich mir selbst ein, ich könnte nicht alles haben, für das Leben vor der Kamera, meine Filme und meine Moderationen müsste ich das eben in Kauf nehmen.

Später erfuhr ich, dass viele Verdacht schöpften und dass es sogar Zeitungen gab, die Details über unser Leben recherchierten und erfragten. Aber es gab ja keine Beweise, sondern nur Gerüchte. Es war eine Zeit, in der das Leben von Teenager-Stars und ihren Managern oder Eltern nicht so hinterfragt wurde wie heute. Denn ansonsten wäre – nicht nur in meinem Fall – sehr viel Schmutz ans Licht gekommen, der ein ganzes System und seine Verantwortlichen, eine ganze Kultur von Teenagern vor der Kamera, auf der Bühne oder auch im Sport infrage gestellt hätte. Es war und ist sicher auch heute noch ein vielfacher seelischer Missbrauch, wenn nicht mehr. Ich weiß, wovon ich spreche. Ich habe später selbst karrierehysterische Eltern erlebt, die ihre Kinder vor jede Kamera zerrten, um selbst in irgendeinem Ruhm zu glänzen. Eltern, die ihre gescheiterten Biografien, ihr kleines Dasein als Versager von irgendeinem Talent ihrer Kinder aufwiegen lassen wollten. Ich habe Agenten und Manager erlebt, die junge

Künstler, Sänger oder Schauspieler in alles hineinpeitschten, was Geld versprach. Immer mit der Panik, dass es morgen schon wieder vorbei sein könnte. Ganz zu schweigen von den vielen Künstlern, die jung berühmt wurden und sich vor diesem an allem zerrenden und überfordernden Leben in Alkohol und Drogen flüchteten und in den Schatten von Depressionen abglitten.

Ich war nach den Jahren mit dieser Person auch ein Wrack, ein emotionales Wrack. Aber kein körperliches. Ich habe mich nicht in Drogen oder zu vielen Flaschen Wein verloren. Ich blieb, wenn auch verstört, an Deck.

Als er nach seiner Scheidung anfing, zu erzählen, wir seien ein Paar, bekam ich es gar nicht mit oder wollte es einfach nicht hören. Ein Paar waren wir ganz sicher nie. Es waren Jahre voller Qualen. Ich moderierte und drehte so viel es ging, weil ich dann von ihm entfernt sein konnte. Er war auch nicht wirklich fleißig oder für meine Arbeit eine Hilfe. Manchmal setzte er sich bei Fotoshootings einfach dazu, damit es so aussah, als ob er mein Erfinder wäre. Aber jedes Bild war nur eine Show.

Es gab dann auch viele Tage und Geschäftsreisen, auf denen ich und ein Team erst mal alleine unterwegs waren. Er kam dann oft später nach, ging dann aber am Strand spazieren oder setzte sich in Bars. Und trank. Was mir seltsamerweise angenehm war, denn wenn er getrunken hatte, ließ er mich in Ruhe. Und es gab auch andere Mädchen, für die er sich interessierte, und ich war schon so verzweifelt, dass ich, wenn er mir ein anderes Mädchen vorstellte, innig hoffte: Ja, nimm die! Tausch mich endlich aus! Das tat er aber nicht.

Wenn ich heute auf diese Zeit blicke, denke ich an zwei Leben, die ich damals geführt habe. Das eine leuchtend vor der Kamera, mit großartigen und auch abenteuerlichen Gesprächspartnern. Dann denke ich an meine Filmrollen wie Mabel Bonanno in *Good Morning, Babylon* unter der Regie der Gebrüder Taviani oder Susanne Moder in Wolf Gremms Film *Nach Mitternacht*. Ich war noch gar keine richtige

Schauspielerin – das sollte ich erst später lernen –, doch ich fing an, daran zu arbeiten, eine andere Person zu werden. Eine Rolle zu spielen, nicht in einem Kinderfilm, sondern in Verfilmungen von historischen Geschichten und Dramen. Ich mochte es, weil es der ernsten, melancholischen Seite meines Ichs entsprach. Es gab leider auch andere Filme, die ich besser nicht gemacht hätte, aber dazu komme ich noch.

Das andere Leben, das dumpfe, das war das Leben mit ihm. Es war eine Zeit, und sie war leider lang, die ich wie in Trance zu überstehen versuchte, in manchen Momenten wie ein Roboter, der sich in einer Kulisse kaum bewegte. Wir wohnten dann sogar zusammen in einer Wohnung in Düsseldorf, die wir gemeinsam finanzierten. Er arbeitete allerdings in der Zwischenzeit nicht mehr bei RTL, und das war *die* Chance, ihn zu verlassen, auszubrechen. Frank Elstner sagte mir damals auch, dass er mich gerne bei RTL behalten wollte. Aber ich folgte dem Mann. Idiotisch, ich weiß. Doch ich glaubte ihm ja irgendwie: dass mein Erfolg von ihm abhing. Und ich hatte wie gesagt keinen Plan, wohin ich hätte gehen können. Irgendwann im Frühsommer 1990 flogen wir zusammen nach New York, und ich traf dort meine Freundin Anna, die mir eindringlich sagte: »Hau ab! Beende es endlich.« Es war die Zeit, als ich schon längst ohne ihn arbeiten und bestehen konnte. Die Zeit, als ich sehr vielen anderen Menschen begegnet war, Freunde hatte und auch einem bestimmten Menschen begegnet war. Ich hatte ganz in der Ferne ein vages Ziel. So kam es, dass ich den Entschluss fasste, es zu beenden. Es wirklich zu beenden. Wir flogen dann zurück nach Deutschland und kamen früh in Düsseldorf an. Ich hatte einen Plan. Endlich.

Ich sah, dass wir keine Milch mehr im Kühlschrank hatten, und fragte ihn, ob er welche kaufen könnte. Die Milch war ein Vorwand, ich wollte, dass er aus der Wohnung verschwand. Ich sah ihm aus dem Fenster nach, nahm das Telefon und bestellte ein Taxi, das zwei Straßen weiter auf mich warten sollte. Ich nahm nur eine Tasche mit, eben die, mit der ich aus New York gekommen war, lief zum Auto und ließ mich zum Flughafen Düsseldorf bringen. Dort gab es ein Reisebüro, das mich und ihn kannte, denn er buchte dort alle unsere Reisen. Ich fragte nach einem Flug nach Venedig. Ich wollte zu meinen Eltern, die dort bei meiner italienischen Familie zu Besuch waren. Es gab einen Flug über Frankfurt, wo ich acht Stunden auf den Weiterflug warten musste. Es war mir egal. Ich wollte weg. In den Stunden in Frankfurt war ich nervös: Ich hatte Angst, er würde mir nachkommen und mich wieder einfangen. Aber er kam nicht. Ich ging zu einem Münztelefon und rief meine Eltern, die in Italien waren, an. »Bitte, helft mir. Ich habe ihn verlassen und will nie wieder zurück. Ich komme jetzt zu euch«, sagte ich. Ich hatte große Angst, dass meine Eltern es nicht verstehen würden. Sie wussten ja nicht, was sich eigentlich alles abgespielt hatte. Aber meine Mutter sagte nur mit einer ganz warmen, ruhigen Stimme: »Alles gut, Désirée, komm zu uns. Wir helfen dir.«

Auch wenn ich mich in den Jahren davor nie getraut hatte, meinen Eltern zu erzählen, was wirklich war, weil ich mich geschämt hatte, ausgerechnet sie nie um Hilfe gerufen zu haben, wusste ich, dass ich in großer Verzweiflung am Ende doch immer zu ihnen kommen konnte. Sie waren – und das wussten ich und auch mein Bruder – immer für uns da, egal, was passiert war.

Ich weiß noch, wie ich aufatmete, als das Flugzeug in Richtung Venedig abhob. Ich war raus. Endlich.

Ich ließ die Wohnung und mein Vermögen, von dem ich nicht wusste, wie hoch es eigentlich war, zurück. Ich, Désirée Nosbusch, war endlich frei, und das kam mir wie ein ganz anderer, neuer Reichtum vor. Aber auch in meiner Freiheit ließ er mich nicht in Ruhe. Er verfolgte mich, nur war er nun nicht mehr der Starke. Er hatte ja alles verloren und ich mich selbst gewonnen. Deshalb konnte ich mich wehren. Aber es war tragisch, ihn so zu erleben. Wenn ich manchmal auf einer Bühne stand, saß er auf einmal in der ersten Reihe. Ein anderes Mal wartete er in meinem Hotel unangekündigt in der Lobby auf mich. Ich sagte ihm jedes Mal, dass es keinen Sinn machte, mir nachzustellen, es wäre einfach alles vorbei. Irgendwann hörten seine Verfolgungen auf, und ich hörte nichts mehr von ihm. Bis zu der Nachricht 1995 von seinem Tod. Mehr ist dazu nicht zu sagen.

Ich habe mich noch viele Jahre mit Selbstvorwürfen, nicht früher aus dieser Geschichte geflohen zu sein, gequält. Ich habe tief in mir nach den Ursachen gesucht: Manches konnte ich mir erklären, anderes nicht. Natürlich kenne ich all diese Fragen: »Warum hast du denn nicht …?« und »Wieso bist du …?« und so weiter. Aber es ist schwer, diesen seltsamen Kosmos zu beschreiben, in dem ich lebte und natürlich ein Opfer war. Ich hatte gedacht, ich könnte meine Energie und mein Selbst so umleiten und bewahren, um es zu ertragen. Aber wenigstens, und das ist, wenn man so will, meine kleine Gewissheit, habe ich mir nur selbst und niemand anderem geschadet. Die Person lebt nicht mehr, und so ist es für mich dreißig Jahre später eine Zeit meines Daseins gewesen, die so war, wie sie war.

Und ich muss auch damit leben, dass der Satz »Ich war jung und verliebt« in meinem Leben nicht vorkommt. Denn ich war es nie. Ich kann es nicht mehr ändern. Die Erinnerung daran wird immer ein Schatten sein und hat viele meiner Filme und Interviews, die ich damals machte, in meinem Gefühl so verdunkelt, dass ich sie bis heute selten oder gar nicht mehr anschauen kann. Aber es gab sie, und wenn ich heute daran denke, fällt mir die Dissonanz auf, in der sie entstanden sind und auch davon erzählen. Ich war bis dahin die »süße« oder auch »freche« Désirée aus dem Teenager-Programm, aber das reichte mir nicht mehr. Es lag sicher an der Radikalität der Pubertät und dem Willen, auch von diesem Mann loszukommen. Und dass ich in meinen Sendungen nicht nur Teenie-Popper ansagte, sondern auch Künstler im Studio hatte, die mir ganz andere Lebensentwürfe zeigten, die aus allen Konventionen ausgebrochen waren und ihre eigenen Wege gingen. Nina Hagen war so. Oder auch Udo Lindenberg. Das elektrisierte mich, und ich suchte mir damals Extreme, um mich neu zu erfinden. Meine Begegnung mit Klaus Kinski war so eines und der Film *Der Fan* ein anderes.

Es war 1980. Ich hatte meinen ersten Film *Nach Mitternacht* mit dem Regisseur Wolf Gremm gedreht, kann aber nicht behaupten, dass ich damals schon eine Schauspielerin war. Es gab Interviewanfragen, für die ich dann nach der Premiere in einer Frankfurter Hotellobby saß und Reporterfragen beantwortete. Dort saß damals etwas weiter entfernt ein Mann, den ich aus dem Fernsehen und Filmen kannte und von dem viele sagten, er sei ein großer Schauspieler, aber auch ein nicht zu bändigendes Tier: Klaus Kinski. Ich hatte noch eine andere Verbindung zu dem Namen, weil mir manche Menschen sagten, dass ich sie mit meinem Aussehen an seine Tochter Nastassja Kinski erinnern würde, was ein schönes, aber viel zu hoch gegriffenes Kompliment war. Nastassja Kinski war für mich schon damals eine ganz andere Liga.

Das Interview ging also weiter, und in der Lobby spielte ein kleines Musikerensemble, eine Art Kammerorchester, wie es sie in vielen Hotels gab. Irgendwann, die Lobby leerte sich langsam, die Musiker spielten aber weiter, sah ich Klaus Kinski auf einmal ausholen und eine Scheibe Roastbeef nach den Musikern werfen. Er brüllte: »Kann das Gedudel endlich mal aufhören! Verdammt noch mal!« Kurzes Schweigen im Saal, die Musiker blickten sich an und packten ihre Instrumente ein. Ich weiß noch, wie ich mir Kinski aus der Ferne länger ansah. Ich fand ihn interessant, seinen Roastbeef-Wurf aber ein unmögliches Benehmen. Man schmeißt nicht mit Lebensmitteln. Und auch nicht auf Künstler, die ihren Job machen, fand ich schon damals.

Etwa eine halbe Stunde später stand ich an der Rezeption des Hotels, als ich bemerkte, dass er mich beobachtete. Mit seinen großen Augen, den Mund halb offen. Dann kam er und stellte sich neben mich, als wollte er auch an der Rezeption etwas fragen. Wir sahen uns länger an, und ich weiß nicht, welcher Teufel mich geritten hatte, als ich ihn einfach fragte: »Herr Kinski, ich würde mich gerne mit Ihnen unterhalten.« Und Kinski? Sagte nichts. Schaute mich nur mit diesem Kinski-Blick an. Einem langen Kinski-Blick. Ich weiter: »Herr Kinski, ich würde Sie gerne mal interviewen.« Diesmal kurzer Blick. »Ja gut, das machen wir.« Dann nahm er einen Notizzettel und schrieb mir seine Telefonnummer auf. Eine lange Nummer. USA, bei San Francisco, wie ich heute weiß. Ich fragte noch mal: »Jetzt wirklich?« Er nickte. »Ja, ja, ruf an.« Und dann ging er.

Ich hatte also nur diese Nummer und ein loses Versprechen von Klaus Kinski, damals 54. Er galt als Interview-Schreck, unberechenbar, beleidigend und jähzornig. Er hatte kurz vorher mit Werner Herzog den Film *Fitzcarraldo* im Dschungel am Amazonas gedreht, und in der Filmwelt erzählte man sich überall, es sei kurz vor Mord und Totschlag gewesen. Herzog dokumentierte das später in seinem Film *Mein liebster Feind*. Ich hörte also von allen Seiten, »Oh Gott, der Kinski«, »das wilde Tier«, und deshalb biss ich mich in der Idee fest. Vielleicht musste man ihn, so wie ich, nur höflich fragen und ihn neugierig machen. Vielleicht schaffte ich etwas, was andere nicht hinbekommen hatten. Ich verstand dieses mögliche Interview als eine Herausforderung und wieder als etwas, an dem ich hoffte, zu wachsen und zu lernen.

Ich rief ihn nach einiger Zeit wirklich an und fragte, ob er sich erinnere. Wir hätten eine Verabredung. Er antwortete tatsächlich: »Ja, natürlich, dann komm vorbei! Ruf mich an, wenn du in San Francisco bist.« Ich meine: Kinski, *der* Klaus Kinski, sagte zu mir, sechzehn Jahre alt, »komm vorbei«, das machen wir. Ich dachte damals: Ja, Hauptgewinn, das kauft jeder. Nur hatte ich damals keinen Sender, der mich beauftragen konnte. Also habe ich die ganze Sache auf eigene Faust geplant. Ich hatte meine Gage aus meinem ersten Film und beschloss, 15 000 Mark zu investieren. Ich konnte ja nicht alleine fahren, ich brauchte ein Team für Kamera und Ton, musste Flüge buchen, ein Hotel finden. Alles ganz alleine von unserem Haus in Luxemburg aus.

Zum Glück kannte ich zwei gute Leute, die mitkommen wollten. Also San Francisco. Kaum im Hotel angekommen, rief ich Kinski an.

»Hallo, hier ist Désirée.«

»Wer ist da?«

»Na, *ich*! Désirée! Wir sind doch verabredet.«

»*Wer* bist du?«

»Herr Kinski, das ist jetzt nicht lustig. Wir sind doch zu einem Interview verabredet, morgen und übermorgen.«

»Ich mache keine Interviews.«

Und so ging das weiter. Ich erklärte ihm, dass das jetzt nicht ginge, ich sei mit einem Team extra wegen ihm angereist. Er murrte und schimpfte mich an. Aber dann meinte er, ich solle erst mal alleine kommen, ein Taxi nehmen, über die Golden Gate Bridge und dann weiter. Fahrzeit etwa vierzig Minuten. Ich solle dann an einer bestimmten Bar halten und ihn von dort aus einer Telefonzelle anrufen.

Also fuhr ich dorthin. Mir war zwar nicht wohl dabei, denn auch diese Bar, die eher ein Saloon war, lag an einer einsamen Straße. Ich rief Kinski von dort wieder an. Dann kam er nach einer Weile in einem alten Pick-up. Wir fuhren einen Hügel hinauf und mussten dreimal halten, weil es drei Gattertore gab, die er mit Ketten und Zahlenschlössern gesichert hatte und aufschließen und hinter uns wieder zuschließen musste. Am Ende der Straße stand dann sein Blockhaus, was sehr einsam gelegen und sehr schön war. Sein einziger Mitbewohner war sein Schäferhund.

Er wirkte wirklich verschroben. Erzählte mir, wie ökologisch er lebte, in seinem Garten und mit dem eigenen Gemüse. Dass jeder andere Konsum »scheiße« sei und diese Industrie sowieso. Dann zeigte er mir seine Hemden und Jacken, aus denen er jedes Label herausgeschnitten hatte. Dann sollte ich Salat fürs Essen schneiden, und das Gespräch wurde irgendwie normaler – bis er mir manchmal etwas zu nahe kam, was ich ihm sofort sagte. »Haste Angst, ich geh dir an die Wäsche? Haste Angst, oder?«, fragte er und lächelte etwas irr. Ich weiß nicht, aber Angst hatte ich, glaube ich, keine. Er war Klaus Kinski, ein berühmter Mann, der wird dir hier nichts antun, dachte ich. Und außerdem wollte ich dieses Interview, von dem wir noch keine Minute gesprochen hatten. Mein Team wartete ja immer noch im Motel, und Kinski klang nicht danach, dass es wirklich stattfinden würde.

Nach dem Abendessen sprang er plötzlich auf, sagte, er müsste noch einmal weg, ich sollte dableiben. Wie? Weg? Ich wollte mitkommen. Nein, ich sollte hier warten. Sagte es, ging raus, schloss die Tür ab und fuhr davon. Nur sein Hund lag vor der Tür. Ich war in dieser Blockhütte eingeschlossen. Es war Abend. Und er kam nicht wieder. Eine Stunde, zwei Stunden. Ich lief durch das Haus und hatte jetzt doch etwas Angst. Ich wusste ja nicht einmal, wo ich genau war. Ich wusste nur, ich musste da draußen die Straße herunter, durch drei Gattertore und irgendwann zu diesem Saloon mit der Telefonzelle. Ich fand dann in Kinskis Haus das Telefon und rief mein Team im Motel an, erklärte die Situation und sagte ihnen, sie sollten ein Taxi zu dem Saloon bestellen. Es sollte dort warten. Ich ging dann in seinem Haus in den ersten Stock und fand ein Fenster, das offen stand. Ich kletterte hinaus und sprang hinunter, es war nicht sehr hoch, aber ich weiß noch, dass mir das Knie oder der Fuß wehtaten. Und dann lief ich in der Dunkelheit den Hügel hinunter, kletterte über die Zäune und war irgendwann an der Telefonzelle, wo wirklich ein Taxi wartete.

Wenn ich das, und das, was noch kommt, heute erzähle, hört sich das wie ein Abenteuer an, ein vielleicht sogar amüsantes. »Ach, der Klaus Kinski, hat sie eingeschlossen und verschwand! Der war eben so.« Heute kann ich darüber lachen. Ich vermute, Regisseur Werner Herzog könnte viel schlimmere Geschichten erzählen. Aber damals, als ich in diesem Taxi saß, das mich ins Motel brachte, wollte ich das Interview absagen, aufgeben. Ich wollte einfach mit diesem Mann nichts mehr zu tun haben. Ich sagte das auch meinem Team: »Das wird nichts. Macht euch zwei schöne Tage!« 15 000 Mark in den Wind geschossen. Scheiße.

Ich saß in dieser Nacht in meinem Zimmer und war weniger traurig, sondern wütend. Da hatte einer, ein angeblich großer Künstler, ein Erwachsener, eine Verabredung mit mir gebrochen, die ich ganz ernst gemeint hatte. Für die ich ein Team eingestellt hatte und über den Atlantik geflogen war. Ich wollte, ähnlich wie bei Pierre Brice, nicht über diesen oder jenen Film, nicht über seine Frauen oder so reden, sondern über das, was er fühlt und wer er ist. Einfach mit ihm sprechen. Ich wollte ihm die Chance geben, nicht in seiner ewigen Bad-Boy-Fassade herumzubellen, sondern es eben nicht zu tun. Als ich einschlief, war mir klar, dass wir wieder abreisen würden. Und das wollte ich auch. Am nächsten Morgen rief Kinski an, früh.

»Na, haste Angst gekriegt? Haste Angst gekriegt in dem Haus, oder?«

Ich war ganz ruhig. Nein, Angst hätte ich nicht gehabt, aber jetzt auch kein Interesse mehr. »Wir sollten das lassen«, sagte ich. Er schwieg eine Weile.

»Okay, ich geb euch zwei Stunden. Heute. Mehr nicht. Wir treffen uns …« Er nannte einen Ort, der nicht sein Haus war. Eine Bucht am Meer in einem Nationalpark. Und legte auf.

Zwei Stunden. Wir hatten mal *zwei Tage* verabredet, wollten seine Umgebung, sein Haus, seine Welt zeigen. Das hatte er zugesagt. Ich saß in diesem billigen Motel, das ich gebucht hatte, und überlegte. Na gut, dann machen wir die zwei Stunden. Ich wollte ihn einfach reden lassen, so wirr und irr, wie er am Abend vorher mit mir gesprochen hatte. Soll sich doch Kinski selbst entlarven, soll er sich doch in seinem »Ich und ich und ich« verrennen. Er kannte ja nichts anderes als sich selbst. Sollte er sich doch darin verheddern. Besser mit zwei Stunden Material wiederkommen als mit gar nichts. Ich sagte meinem Kameramann und dem Toningenieur, sie sollten einfach draufhalten. Nichts weiter.

Und so war es dann auch. Wir trafen uns an einer Klippe, unten tosten die Wellen des Pazifik. Kinski trug eine feuerrote Windjacke, und seine dichten weißblonden Haare wehten ihm dauernd ins Gesicht.

Ich: »Guck mal. Wenn zu Hause deine Wasserleitung kaputtgeht, dann bist du doch auch froh, wenn ein Handwerker ...«

Kinski: »Ich muss einen Scheißdreck. Ich bin überhaupt nicht froh! Ich zahl ihm sein Geld, okay? Und wenn er seine Arbeit nicht gut macht, dann fliegt er raus ... Wie kann ... wie kann jemand sagen, ich bin froh, dass ein Klempner kommt? Erstens kann ich das auch alleine, okay?«

Ich: »Warum machst du es d ...?«

Kinski: »Ich mach es ja auch alleine! ... Und außerdem: Was ist das für eine Unverschämtheit ...?«

Später legte er dann auf dieser Klippe seinen Kopf in meinen Schoß. Ich hätte mich nicht gewundert, wenn er eingeschlafen wäre, aber er redete einfach weiter.

Kinski: »Oh Gott, ist ja geradezu rührend, wie dumm du bist.«

Ich: »Du verstehst wieder nicht, wovon ich rede.«

Kinski: »Warum ich das hier überhaupt mache? Das war nur ein Vorwand, um mit dir zusammen zu sein.«

Und so ging es immer weiter. Ich ließ ihn einfach seine Wörter herausspucken. Zwischendurch versuchte ich, meine Fragen zu stellen, die er immer wieder unterbrach. Doch mit der Zeit wurde Kinski etwas ruhiger, er schimpfte und bellte nicht mehr und versuchte sogar, charmant zu sein, was ihm auf eine spezielle Weise sogar manchmal gelang. Und auf einmal hielt ein Wagen der Parkaufsicht an, und ein Wärter in Uniform fragte, was wir dort machten und ob es sich um einen kommerziellen Film handelte, denn dafür bräuchten wir eine Dreherlaubnis. Kinski ging sofort auf ihn zu, wurde sehr höflich und sogar auf eine etwas kindliche Art eitel, als er dem Mann erklärte, dass wir jungen Leute extra aus Europa gekommen seien, um ihn, ja *IHN*, zu interviewen. Extra aus Europa für das Fernsehen, aber das sei nicht kommerziell. Der Wächter gab sich damit zufrieden und fuhr wieder weg. Und wir setzten uns in der Nähe auf eine Blumenwiese und sprachen weiter. Es wurde dann am Ende des Interviews sogar etwas lustig, Kinski sprach von seiner Verachtung für Männer, die Hosenträger und Gürtel gleichzeitig trugen. Einen wirklichen Mann, meinte er, würde man nur an der Art, wie er einen Gürtel trage, erkennen. So ging das genau zwei Stunden lang.

Es war nicht das Interview, das ich mir vorgestellt hatte, er beantwortete meine Fragen entweder gar nicht oder schweifte ins Nirgendwo ab. Ich dachte die ganze Zeit: Lass ihn sprechen, irgendwie bauen wir daraus etwas. Ich wusste aber nicht genau, was eigentlich. Dann stand er auf, verabschiedete sich sehr höflich und fuhr davon. Mein Team und ich schauten uns an. Uff. Aber plötzlich rief der Tonmann panisch: »Scheiße, er hat das Mikro noch an der Jacke! Scheiße, das ist teuer!« Zwei Minuten später sahen wir Kinskis Wagen zurückkehren. Er stieg aus, gab uns das Mikro zurück und fuhr wieder davon.

Ich habe Klaus Kinski nie wieder gesehen. Er starb am 23. November 1991 an einem Herzinfarkt in seinem Haus in Lagunitas, nördlich von San Francisco – genau in dem Haus, in dem er mich eingesperrt hatte. Die Obduktion ergab, dass er schon mehrere Infarkte gehabt haben musste.

Als mein Team und ich ein paar Tage nach diesem Nachmittag wieder in Deutschland waren und das lose Material zu einem Film zusammengeschnitten war, wollte ihn kein Sender haben. »Zu unflätig.« »Zu vulgär«, zu viel Kinski-Geschimpfe – alle hatten ihre Gründe und Ausreden. Dass es einfach nur ein Zeitdokument über einen der berühmtesten deutschen Schauspieler war, der sich hinter seiner Fassade verstiegen hatte und nicht mehr aus ihr herauskam, also so, wie ich den Film gemeint hatte, verstand ihn erst mal niemand, was für mich wie eine Ohrfeige für mein Selbstverständnis war. Ich dachte:

Ja, Désirée, da hast du mal ganz allein den schwierigen Kinski zwei Stunden lang vor die Kamera geholt und scheiterst damit.

Erst fünf Jahre später, 1985, wurde das Interview im Rahmen meiner Reihe *Zeit zu zweit* in der ARD gesendet und vor der Ausstrahlung im *Spiegel* so angekündigt: »Mit ihrer kindlichen Ausfragemanier hat sich das hübsche Nichts Désirée Nosbusch erneut an einen älteren Herrn herangemacht: Sie bat den Mimen-Maniac Klaus Kinski zum Treff auf einer Blumenwiese, und der war sicherlich so wild nach ihrem Erdbeermund.« Tja, »das hübsche Nichts« hat keine Chance, dachte ich damals. Nach der Ausstrahlung fiel dann auch noch die *Abendzeitung* so heftig über mich her, dass ich dachte, dem Fernsehen etwas angetan zu haben.

Damals wie heute weiß ich eigentlich nicht genau, was ich über Klaus Kinski dachte oder denke, weil ich nicht weiß, wie viel vom wirklichen Klaus Kinski ich oder auch andere erlebt hatten. Ich weiß nicht, wie viel von seinem ganzen Leben Pose, Schauspiel oder Neurose war. Die Momente in unserem Gespräch, in denen er leise und ehrlich klang, wenn er zum Beispiel erzählte, schon als Kind wegen seiner großen Augen und seines großen Mundes angestarrt worden zu sein und seine Mutter ihm gesagt hätte, er solle nicht so viel schreien, das würde seinen Mund nur noch größer machen. Diese Momente waren zu wenige, um einen vielleicht wahren Kinski zu erkennen. Und vielleicht war sein ganzes Gebrüll und vor allem sein lautes, irgendwie kalkiges Lachen am Ende seiner Sätze, als ob er zubeißen wollte, auch nur ein Schutz, um nicht wirklich erkannt zu werden. Für mich waren diese Stunden der erste Zusammenprall mit einer Welt der Älteren, der Künstler, der interessanten Menschen, die mir zum ersten Mal zeigten, wie verworren, verstört und abgründig sie sein konnten. Ich habe das auch später immer wieder erlebt. Diese Brüche und die Fassaden bei Künstlern und Fernsehleuten gesehen, die ich eigentlich bewunderte und bei denen ich, je näher ich sie kannte, auf einmal erlebte, wie mühsam sie ihre Fassaden aufrechterhielten. Und wie erschöpft sie in dem Gefängnis saßen, immer die gleiche Figur darstellen zu müssen und der ewige Irgendwer sein zu müssen. Das kann sehr unglücklich machen, und es darf ja keiner merken. Mit Klaus Kinski erlebte ich auch das erste Mal, wie Regeln und Verabredungen nicht galten oder einer wie Kinski damit machte, was er wollte. Heute kenne ich diese Unternehmen sehr viel besser und weiß, dass Regelverletzungen manchmal gut und notwendig sind, um einen eingefahrenen Betrieb aus Fernsehen und Shows auf den Kopf stellen, neue Welten eröffnen und verjüngen zu können. Aber damals war ich jung und merkte nicht, dass ich mich mit Kinski nun in einer Welt wilder Tiere befand. Denn es ging so weiter. Ein Jahr später suchte ich mir das nächste Extrem.

Wie schon gesagt, spielte ich 1980 im von Wolf Gremm gedrehten Film *Nach Mitternacht* die junge »Sanne« Moder, die 1935 vor den Nazis aus Deutschland flieht. Mein erster Film, meine erste Hauptrolle, aber ich war damals viel zu unerfahren, um wirklich alle Nuancen der Rolle zu verstehen und auch spielen zu können. Die Kritiken waren demnach auch eher mittelmäßig. Ein Kritiker schrieb, ich würde »betont frech, eher oberflächlich und in vielen Szenen unglaubwürdig« wirken. Ich glaube, Wolf Gremm, den ich sehr schätzte, wollte mit mir einfach ein neues, frisches Gesicht zeigen und mir eine Chance geben. Kurz darauf kam dann die Anfrage eines jungen, damals wilden Regisseurs aus München, ob ich in seinem Film ein Mädchen spielen wollte, das sich wie wahnsinnig in einen Musiker verliebt, ihm überall nachreist, dann in einer Nacht von ihm verführt wird und am nächsten Morgen einfach sitzengelassen wird, woraufhin das Mädchen den Musiker ermordet und seine Leiche zerstückelt. Es war ein bizarrer Stoff, den ich aber irgendwie mochte, weil ich ihn jung und, bis auf den Mord, auch realistisch fand. Ich hatte zu jener Zeit mit der *Musik-Box* etliche Mädchen erlebt, die von Musikern nach dem Konzert in ihre Hotels abgeschleppt wurden und am nächsten Morgen mit verheulten Augen aus den Zimmern geworfen wurden. *Der Fan* war also nicht weit vom wirklichen Leben entfernt und diese Szene der Ermordung stand auch als völlig übersteigerte Sequenz eines Traumes im Drehbuch, nachdem das Mädchen bei der ersten Begegnung mit ihrem Idol in Ohnmacht gefallen war. Sollte auch so gedreht werden, als ob sie davon träumt, es zu machen, aber eben nicht wirklich mordet. Außerdem sollte Bodo Staiger den Popstar spielen, der Sänger der damaligen NDW-Band Rheingold. Das wirkte also alles authentisch, und mich interessierte die Grenzüberschreitung, nicht die süße Désirée, sondern einen Fan zu spielen, der sich mörderisch rächt. Ich dachte, dass es meine Schauspiel-Charaktere erweitern würde und, ja, ich mochte auch die Provokation.

Ich hatte zur selben Zeit noch ein Angebot, in dem Film *Radio Powerplay* mit Thomas Gottschalk und Mike Krüger mitzuspielen, dem Vorgänger der *Supernasen*, den sie danach drehten. Eine Klamotte des Produzenten Karl Spiehs, der mich dafür unbedingt haben wollte. Ich weiß noch, dass ich damals Rudi Carrell fragte, was ich machen sollte. Er antwortete mir: »Willst du Moderatorin oder Schauspielerin werden? Schau mal, ich wollte nie Schauspieler werden und habe mich dennoch zu Komödien wie *Wenn die tollen Tanten kommen* überreden lassen. Wenn Du allerdings ernst zu nehmende Schauspielerin werden willst, dann nimm den unbequemeren Weg.«

Der Film wurde in München gedreht, und ich könnte jetzt einiges über diese Wochen erzählen, in denen sehr, sehr viel passierte. Hinzu kam Privates, denn ein Mitglied meiner Familie hatte einen Unfall mit lebensbedrohlichen Folgen, ich war nächtelang am Telefon mit meinen Eltern. Dann wurde diese Traumszene gedreht, in der ich sehr lange völlig nackt vor der Kamera war, was so nicht im Drehbuch stand und zu der ich mich überreden ließ. Als ich danach den Film sah, war ich schockiert und wollte, dass sie die Szene wieder herausschneiden. Es kam zu einem Prozess, den ich dann verlor. Es war für mich, damals sechzehn, eine hässliche Zeit, die ich hier aus juristischen Gründen nicht im Detail erzählen kann, auch jetzt, fast vierzig

Jahre danach nicht. Aber was soll's, es war nur ein Film, der auch nicht erfolgreich war.

Aber noch ein paar Sätze darüber, nackt vor einer Kamera zu stehen. Es gab auch schon davor in *Nach Mitternacht* eine Szene, in der ich nackt aus einem Dachfenster schaute. Eine kleine Szene nur, aber die wurde schon so skandalisiert, dass das ZDF nicht mehr mit mir arbeiten wollte, weil ich ein schlechtes Vorbild für die jungen Zuschauer gewesen wäre. Nackt, schlechtes Vorbild, na ja. Es war nicht so, dass ich solche Szenen gerne spielte, ich musste mich selbst immer dazu zwingen und war jede Sekunde sehr verkrampft. Ich wollte damals nur nicht, dass man mich für prüde oder langweilig hielt. Es war die Zeit, als nackte oder halbnackte Auftritte in Filmen als selbstbewusst und cool galten, und das wollte ich ja auch sein. So wie Nastassja Kinski in *Cat People* oder andere junge Schauspielerinnen in anderen Filmen. Wobei ich mich heute manchmal frage, ob sie das alle so frei und selbstbewusst gespielt haben, wie es aussehen sollte. Sich vor einer Kamera auszuziehen, während etliche Männeraugen einen dabei anblicken, und man nicht weiß, wie nahe die Kamera den eigenen Körper zeigt, ist kein angenehmer Moment.

Ich erinnere mich noch an die Nacktszene in *Nach Mitternacht*, bei der ich ein Dachfenster öffnen sollte. Sie wurde in einem Studio gedreht, und man versicherte mir, dass es ein »closed set« sein würde. Das bedeutet, dass nur ich, der Kameramann und der Regisseur dabei sein würden. Das Zimmer, in dem die Szene gedreht wurde, befand sich in einem Studio, und als ich dann dieses Fenster öffnete, saß ein Teil der Filmcrew auf den Leuchterbrücken über mir und schaute mir interessiert zu. Ich musste mich auch später noch in anderen Filmen jedes Mal zu solchen Momenten zwingen, denn ich hatte, wie die meisten jungen Frauen, Scham und Stolz. Mein Körper gehörte mir und sollte nicht von jedem begafft werden, nur weil Regisseure oder Produzenten so etwas für »Filmkunst« oder »Avantgarde« hielten. Aber es war noch etwas anderes. Ich hatte damals kein Verhältnis zu meinem Körper, er war für mich das, was unterhalb meines Halses war, meine Hände zum Irgendetwas machen, meine Beine zum Laufen. Sonst eigentlich nichts, denn seit dieser Körper missbraucht worden war, lebte ich mit ihm und versuchte, jede Sinnlichkeit zu betäuben. Er war halt die Hülle, in der ich war, und ich glaube, deshalb machte es mir auch nicht so viel aus, mich vor der Kamera nackt zu zeigen, jedenfalls in dem Moment vor der Kamera nicht. Mich dann später auf der Leinwand zu sehen und zu spüren, wie alle meinen Körper anstarrten und sich sonst was dabei dachten, war eine andere Sache, denn dabei fühlte ich mich wieder beraubt.

Nach *Der Fan* kamen Jahre später bei anderen Dreharbeiten noch Menschen auf mich zu, die damals in der Filmcrew gearbeitet hatten, und mir sagten, dass ich recht gehabt hätte, man habe mich damals nicht fair behandelt.

Der Fan war in meinen Augen ein Trash-Film, der trotz des Skandals dieser Szenen, deren Bilder natürlich überall veröffentlicht wurden, eben kein großer Erfolg war. Was mich aber mehr verstörte, war, dass es schon mein zweiter Zusammenprall mit einer Erwachsenenwelt war, zu der ich ja irgendwie gehören wollte und der ich vertraute und die mich ausgenutzt hatte. Es wurde einfach mein persönliches Recht, darüber zu entscheiden, ob, wie und wer meinen Körper besichtigen darf, missachtet. Ich wurde um mein Intimstes enteignet, und das kannte ich nicht. Und was mich noch mehr verstörte, war die Tatsache, dass ich wieder etwas allein und unabhängig von allen entschieden hatte und gescheitert war.

Das Ganze ist jetzt fast vierzig Jahre her. Ich kann zwar über das Geschehene bis heute nicht, wie über manch anderes aus der Zeit, lachen, aber ich will auch keine ewige Klage führen. Es war eben nur ein Film. Später lernte ich, dass sich schon viele, heute gute Schauspieler in jungen Jahren, aber auch später in schlechten Filmen verlaufen hatten. Man lernt dabei, einen Instinkt zu entwickeln, nicht wieder in solche Fallen zu laufen und nicht immer zu glauben, was einem andere erzählen. Und ich habe gelernt, mir jedes Mal vertraglich zusichern zu lassen, was und wie viel ich bei solchen Szenen von mir vor der Kamera zeige. Jenen Regisseur habe ich in den Jahren danach ab und an mal bei Premieren oder Filmtreffen gesehen, und in Los Angeles haben wir einmal miteinander gesprochen, aber nicht darüber. Ich hatte manchmal gedacht, mit dem zeitlichen Abstand, diese Sache vielleicht nicht versöhnlich, aber einmal sachlich anzusprechen. Aber dazu kam es nie. Ich sehe es so, wie ich über vieles aus der Zeit denke: Es war, wie es war. Ich kann nichts mehr daran ändern.

Aber das waren sie noch nicht, meine frühen 80er-Jahre. Ein paar Monate später wurde ich, nachdem mich das ZDF nicht mehr beschäftigte, auch von der ARD vor die Tür gesetzt, nachdem ich an einem Abend mit Polizeischutz aus einem Studio gebracht werden musste. Ich war siebzehn und hatte meine Arbeitsplätze verloren. Und das nur, weil ich im Fernsehen gesagt hatte, was jeder sehen konnte. Dass nämlich Franz Josef Strauß nicht beurteilen sollte, wer ein zu dicker Mensch ist und wer nicht.

Auf freier Wildbahn

Um zu erzählen, wie es dazu kam, muss ich ein wenig zurückgehen. Nicht weit, so ungefähr ein Jahr. Es begann an einem Abend in der Küche unseres Hauses in Luxemburg. Ich war kurz vorher von der Berliner Funkausstellung zurückgekommen, wo ich zusammen mit Anke Engelke die *Spielexpress*-Sendung für das ZDF moderiert hatte. Ich saß mit meinen Eltern beim Abendbrot und versuchte, mich wieder an den normalen Tagesablauf bei uns zu Hause zu gewöhnen, als das Telefon klingelte. Meine Mutter ging in den Flur, nahm ab und hörte einen Moment lang zu. Dann kam sie wieder in die Küche und sagte: »Désirée, das ist für dich. Da ist einer, der behauptet, er sei Udo Jürgens.« Natürlich wussten wir alle, wer Udo Jürgens war. Er hatte schon 1966 mit »Merci, Chérie« am *Grand Prix d'Eurovision* in Luxemburg teilgenommen, und seine Lieder wie »Ein ehrenwertes Haus« oder »Griechischer Wein« wurden oft im Radio gespielt. Außerdem machte mein kluger Onkel Jos, der Schlager eigentlich überhaupt nicht mochte, nur bei Udo Jürgens eine Ausnahme, denn er hielt ihn für einen großen Künstler. Die Stimme am anderen Ende war etwas undeutlich, und es rauschte sehr im Hintergrund. »Bonjour, Désirée«, begrüßte mich eine sehr charmante Männerstimme und meinte, er habe heute in einer großen Zeitung einen Artikel über mich gelesen, mit der Überschrift »A star is born«. Er wollte mir gratulieren. Ich saß auf der Marmortreppe im Flur, während in der Küche meine Nudeln kalt wurden, und dachte mir, also, veräppeln kann ich mich selbst. Ich kam aber gar nicht dazu, etwas zu antworten, denn die Stimme sagte weiter: »... sollte die Verbindung gleich schlechter werden oder gar abrechen, dann liegt das daran, dass ich unter einer Brücke durchfahre ...« Dieser Satz hatte mir gereicht. Ich sah den Hörer irritiert an und legte auf. In meiner Welt fuhr man nicht telefonierend unter einer Brücke durch. Unser Telefonkabel war höchstens einen Meter lang. Deswegen musste man auch immer auf der kalten Treppe sitzen und riskierte bei langen Telefonaten eine Blasenentzündung.

Ich ging kopfschüttelnd zurück in die Küche. Das Thema war für mich damit erledigt. Ich merkte an diesem Abend noch nicht, dass sich für mich die Welt vor der Tür zu ändern anfing. Ein paar Jahre später habe ich Udo Jürgens dann zum ersten Mal persönlich getroffen. In Zürich, in seinem Lieblingslokal Die Kronenhalle. Er sah mich ein paar Tische weiter sitzen, kam zu mir und sagte: »Désirée, du bist die einzige Frau, die mich am Telefon nicht hat ausreden lassen, sondern einfach aufgelegt hat.« Ich habe sehr gelacht, aber ich weiß nicht mehr, ob ich ihm erklärt habe, wie unglaublich ich den Moment fand. Autotelefon, unter einer Brücke, und dass Udo Jürgens etwas über mich in der Zeitung gelesen hatte. Ich dachte damals ja, dass nur die Polizei so was wie Autotelefone hatte. Ein paar Tage nach diesem Telefonat mit Udo Jürgens, es war noch früh am Morgen, rief mich meine Mutter. Ich sollte herunterkommen, denn da wäre ein Zelt in unserem Garten. Es waren die letzten Tage meiner Schulferien in Luxemburg, und ich stolperte noch verschlafen in die Küche ans Fenster. Und war sofort hellwach. Meine Mutter hatte nicht übertrieben, in unserem Garten, rechts vom Gemüsebeet, mitten auf der Wiese befand sich ein blaues Zelt. Wir standen beide eine Weile am Fenster und sahen auf es hinunter. Irgendwann traute ich mich auf unseren Küchenbalkon und wollte gerade etwas rufen, als sich der Reißverschluss des Zeltes öffnete und ein fremder Kopf herausschaute. »Hallo, ich bin Kai-Uwe aus dem Taunus.« Der Fremde war vielleicht sechszehn oder siebzehn Jahre alt, hatte lange wirre Haare, eine große

Nase und trug eine Brille. Er kroch aus seinem Nachtlager, lächelte verlegen und sah mich die ganze Zeit nur an. Auch ich war ziemlich sprachlos und bekam nur ein »Und warum zeltest du in unserem Garten?« heraus. Er meinte, er wäre aus Deutschland hierhergetrampt. Er wäre ein Fan von mir und wollte mich nur einmal sehen und »Hallo« sagen. Er hätte, sagte er dann noch, mich bei der Funkausstellung im Fernsehen gesehen und alles von mir im Radio gehört. Dann druckste er herum. Kai-Uwe aus dem Taunus war zweihundertfünfzig Kilometer weit gefahren, um mitten in der Nacht sein Zelt in unserem Garten aufzustellen.

Wir standen damals ganz normal mit Nummer und Adresse im Telefonbuch, jeder, der wollte, konnte mich finden. Meine Eltern und ich machten uns damals noch keine großen Gedanken darüber. Außer der vielen Post, die mir geschickt wurde, war ja noch nie etwas passiert. Aber nun stand Kai-Uwe mit seinem Zelt in unserem Garten, und wir wussten nicht genau, wie wir damit umgehen sollten. Meine Mutter meinte nur zu mir: »Komm wieder rein und mach die Terrassentür zu.« Kai-Uwe verschwand wieder in seinem Zelt. Als später mein Vater von der Arbeit nach Hause kam, erzählten wir ihm von dem Gast im Garten. Mein Vater sagte trocken, der sollte ruhig mal ins Haus kommen, es wäre doch bestimmt feucht auf der Wiese. Und so landete Kai-Uwe an unserem Küchentisch und aß mit uns zusammen zu Abend. Er erzählte dann, er wäre Bäckerlehrling und hätte gerade Urlaub. Er könnte gerne für uns backen, Brot oder Brötchen vielleicht. Er blieb. Mein Vater bot ihm an, in meinem Zimmer zu übernachten, und ich zog zu meinem Bruder in sein Zimmer. Kai-Uwe stand jeden Morgen um fünf Uhr auf, wenn mein Vater zur Arbeit fuhr, backte Brötchen oder Brot, saß dann in unserer Küche oder ging im Dorf spazieren. Ich wusste überhaupt nicht, wie ich mit der Situation umgehen sollte, und versuchte, so oft wie möglich nicht zu Hause zu sein. Nach einigen Tagen sagte meine Mutter zu meinem Vater: »Könntest du dem Jungen vielleicht mal sagen, er solle bitte wieder nach Hause fahren? Immerhin hast du ihm ja angeboten, hier zu wohnen.« Und so packte Kai-Uwe nach einer Woche sein Zelt wieder ein, und wir fuhren ihn zum Hauptbahnhof. Ich habe ihn nie wiedergesehen. In diesen paar Tagen lernte ich allerdings, dass sich wohl etwas in meinem Leben verändert hatte. Dass es Menschen gab, die sogar bis zu mir nach Hause trampten. Das kannte ich bis dahin nicht und verstand es auch nicht. RTL verschickte zwar schon Autogrammkarten von mir, aber die hatten andere Moderatoren auch. Ich sah sie immer eher als eine Art Grußpostkarten aus dem Sender an. Durch die *Bravo* wusste ich auch, dass sich in Deutschland wohl viele Leserinnen und Leser für mich und RTL interessierten. Ich dachte mir, dass die meisten ja nur meine Stimme kannten und vielleicht mal ein Bild von mir sehen wollten. Fans, also richtige, die vor den Konzerthallen warteten, meistens Mädchen, die kreischten, weinten und so aussahen, als ob sie den Verstand verlieren würden, hatten für mich nur die wahren Stars, Musiker, Sänger oder Schauspieler. Aber ich? Ich war nur ein Mädchen aus Esch, nichts weiter. Dass sich Menschen wie Kai-Uwe für mich interessierten oder mich sogar auf eine Art verehrten, nur weil sie meine Stimme im Radio gehört oder mich im Fernsehen gesehen hatten, verwirrte mich. Sie kannten mich doch gar nicht. Ich war ja selbst noch dabei, mich kennenzulernen oder zu finden. Ich war so etwas wie eine pubertäre Baustelle. Was war denn daran so bewundernswert oder interessant? Es war wieder dieses Asynchrone, das sich in meinem Leben fortsetzte. Ich war damals noch zu jung, um es zu merken. Ich machte damit weiter, was mir Spaß machte, ohne zu spüren, wie diese Gleise meines Lebens immer weiter auseinandergingen.

Wie gesagt, stand bei uns zu Hause unser Telefon im Flur an der besagten Marmortreppe, auf einem kleinen Mauervorsprung. Es war beige und hatte eine Wählscheibe, und daneben lag ein Block mit Stift. Als ich noch nicht beim Radio arbeitete, stand wenig auf dem Zettel. Höchstens mal »Oma hat angerufen« oder Ähnliches. Als ich nun aber bekannter wurde, rief oft der Sender bei uns an, später dann auch jemand vom ZDF oder von der ARD oder Plattenfirmen, die einen Interviewtermin besprechen wollten. Wenn ich nicht da war, schrieb meine Mutter alles auf, der Block war dann während der Woche schnell vollgeschrieben. Sie konnte sich irgendwann die verschiedenen Anrufer und Sendeanstalten nicht mehr merken und notierte dann nur noch »der Rundfunk« oder »das Fernsehen hat angerufen«. Vor allem die Interviewtermine waren mir wichtig, weil ich dann aus Luxemburg herauskam. Und auch wenn es nur eine Fahrt nach Dortmund war. Wie an diesem Tag, an dem ich Bob Marley treffen sollte. Dass es der Tag meiner ersten Drogenerfahrung werden sollte, ahnte ich nicht.

Es war der 13. Juni 1980, und Bob Marley spielte mit seiner Band The Wailers in der Dortmunder Westfalenhalle, wo ich mit dem Zug hinfuhr. Ich und wie immer die schwere Nagra über der Schulter. Die Westfalenhalle war mit über 18 000 Zuschauern ausverkauft. Es war Marleys letztes Deutschland-Konzert seiner Tour und wurde vom WDR für den *Rockpalast* gefilmt. Weil ich noch so jung war, hatten RTL und die Plattenfirmen die Interviews immer *vor* den Konzerten geplant, auch damit ich noch in der Nacht wieder nach Hause fahren konnte. Bob Marley interessierte das aber nicht, denn als ich in der Westfalenhalle ankam, hieß es: Nein, er spräche erst nach dem Konzert mit Interviewern. Ich war sofort einverstanden, denn so konnte auch ich das ganze Konzert miterleben.

Bob Marley and the Wailers! Ich war damals eigentlich noch kein richtiger Fan. Dadurch, dass ich ganz unterschiedliche Musik im Radio vorstellte, hatte ich ein distanzierteres Verhältnis zu den einzelnen Interpreten, auch wenn es schon im Stillen Idole für mich gab. Und Bob Marley gehörte dazu. Er war für mich eine Art Musikbotschafter. Ich hörte Reggae, und ich fühlte eine Freiheit, eine Sehnsucht nach Ferne, die ich mit Bob Marleys Musik bis heute verbinde. Wenn ich heute mit meinem fünfundzwanzigjährigen Sohn, Musiker in Los Angeles, über diese Jahre spreche, findet er, dass nur wegen meines Treffens mit Bob Marley sich ja mein Leben schon gelohnt habe.

Das Konzert dauerte lange. Marley war auf der Bühne wirklich eine Erscheinung, wie ich sie noch nie zuvor erlebt hatte. Ich hörte seine Lieder wie »I Shot The Sheriff« oder »No Woman, No Cry« noch mal völlig neu. Erlebter, authentischer. Und ich inmitten dieses Publikums und der seltsam riechenden Rauchschwaden, die wie Nebel in der Hallenluft hingen. Ich spürte zum ersten Mal den Reggae und hörte ihn nicht nur.

Nach dem Konzert wurde ich neben der Bühne abgeholt und durch die Gänge der Halle zu einem großen Raum geführt. Es war sehr voll, die gesamte Band war da, die Freundinnen und Frauen. Es war laut, es wurde getrunken und so viel geraucht – ich dachte Zigaretten, jamaikanische wahrscheinlich –, dass in der Luft blaugraue Rauschschwaden lagen und ich mit den Händen wedeln musste, um etwas zu erkennen.

Marley saß am Ende des Raums auf einem Stuhl: Er war das Zentrum. Wir wurden einander vorgestellt. Er lachte, kurz und sanft. Es war kein Auslachen, eher ein Hey-sister-welcome-Lachen. Aber zwischen diesen großen Rastafaris in ihren bunten Sachen und in dieser schwankend dösenden Luft sah ich mit meinem Aufnahmegerät und mit meiner Ernsthaftigkeit, nun ein Interview führen zu wollen, bestimmt sehr fremd aus. Aber Bob Marley spielte mit und sprach in dieser sanften Diktion eines Predigers. Es ginge um Leben und um Leben im Glück. Mein Englisch war noch ziemlich dürftig, deshalb hatte ich mir Fragen aufgeschrieben, auf die er antwortete. Heute weiß ich nicht mehr genau, worüber wir eigentlich sprachen; ich habe ihn auch manchmal nicht genau verstanden. Meine Hoffnung war, das Gespräch auf dem Tonband besser verstehen zu können.

Sein Blick spazierte immer wieder durch den Raum. Ich war von seiner Sanftheit wie gefangen und versuchte die ganze Zeit, die imposante Struktur seiner Rastahaare mit meinen Augen zu erforschen. Ich hatte solche Haare nie zuvor in echt gesehen. Fingerdicke, verfilzte Dreadlocks, nie geschnitten, irgendwie biblisch, Zeichen seines Glaubens. Je länger ich aber bei ihm saß, umso komischer wurde mir. Ich schwankte ein bisschen, und meine Augen fingen in dem Nebel an zu tränen. Ich glaube, nach einer halben Stunde etwa sagte Marley höflich »Danke« und fing an, sich mit anderen zu unterhalten. Zwischen uns wehten immer mehr süß-erdig duftende Schwaden. Als ich zum Ausgang wollte, fühlte ich mich auf einmal wie auf einem leicht schlingernden Schiff. Vor der Halle standen zum Glück noch Taxis, und ich ließ mich zum Bahnhof fahren, in der Hoffnung, noch einen Zug Richtung Luxemburg zu bekommen. Am Bahnhof angekommen, war dann aber Ende bei mir. Mir war schwindelig, ich musste mich immer wieder festhalten. Und dann passierte es: Ich musste mich heftig übergeben. Wenn ich hochschaute, drehte sich und schwankte alles. Für mich ein völlig neues Gefühl, denn ich trank keinen Alkohol und war deshalb noch nie zuvor betrunken gewesen. Deshalb machten mir diese sich drehende Welt und meine Übelkeit irgendwie Angst, die aber auch nicht wirklich durchdrang, weil mein ganzes Empfinden wie wattiert war. Es war mein erster Kontrollverlust, und ich wusste damals nicht, woher er kam. Und natürlich fuhr kein Zug mehr nach Luxemburg. Als ich wieder ein bisschen geradeaus schauen konnte und das Sich-Drehen-der-Welt aufgehört hatte, lief ich durch den Bahnhof, der fast menschenleer war. Der nächste Zug in meine Richtung sollte erst gegen 5.30 Uhr fahren, Geld für ein Hotel hatte ich nicht. Also ging ich in den Wartesaal, in dem ein paar Menschen dösten oder schliefen, und setzte mich auf eine Bank, immer die schwere, silberschimmernde Nagra dabei. Sch …, und wenn die dir einer klaut?, dachte ich bei mir. Also stellte ich das Gerät auf die Bank und setzte mich davor und wartete, ohne zu schlafen. Ein Zug fuhr mich dann am nächsten Morgen nach Luxemburg, und ich verpasste wieder einen Tag in der Schule.

Was mir genau an diesem Abend bei Bob Marley passiert war, verstand ich erst viel später. Das, was ich für jamaikanische Zigaretten gehalten hatte, waren natürlich dicke Joints oder schmale Spliffs mit Marihuana gewesen, was sie in Jamaika auch »Wisdom weed« nennen und um Marley herum und auch in der Halle fast jeder rauchte und was auch die schläfrig-lässigen Augen und dieses Zeitlupenhafte an ihnen erklärte. Und wenn man wie ich, die damals weder rauchte noch Drogen kannte, fast eine Stunde diesen Nebel inhaliert hatte, zeigte das Wirkung. Ich war also zum ersten Mal bekifft, ohne es zu wissen. Mein Sohn lacht sich über diesen Teil meiner Begegnung mit Bob Marley heute noch kaputt.

Was damals niemand wissen konnte, war, dass es Bob Marleys letztes Konzert in Deutschland sein würde. Er war fünfunddreißig und hatte sich drei Jahre zuvor bei einem Fußballspiel schwer am Fuß verletzt, wollte die Wunde aber nicht behandeln lassen, weil es seinem Rastafari-Glauben widersprach. Die Ärzte stellten dann schwarzen Hautkrebs bei ihm fest, der schon weit fortgeschritten war. Marley kam für Wochen in eine Klinik nach Bayern an den Tegernsee, die auf solche Krankheiten spezialisiert war. Doch die Behandlung blieb erfolglos. Marleys letzter Wille war dann im Frühjahr 1981, über Miami nach Jamaika zu fliegen, um dort zu sterben. Er war aber mittlerweile so geschwächt, dass er den Weiterflug von Miami nicht mehr nehmen konnte und in einem Krankenhaus verstarb.

Wenn ich heute an diesen Abend denke, dann nicht an ein Horrorerlebnis. Nein, es war für mich ein weiterer Schritt in eine Welt, die mir real und erwachsen erschien und die es mit all den Zutaten des Lebens auch war. Natürlich war mir schon damals klar, dass in der Musik alle möglichen Drogen kursierten, und ich wusste, dass Janis Joplin oder Jimi Hendrix und andere Künstler bereits daran zugrunde gegangen waren. Ich war nie in die Nähe dieser Welt und dieser Drogen gekommen, ich wusste es nur aus der Ferne und hatte davon gelesen oder gehört. Diese kiffernebelige Begegnung mit Bob Marley und den anderen Rastafaris und mein Schwindelgefühl am Dortmunder Bahnhof waren für mich deshalb wie ein Schweif dieser Wirklichkeit. Es war wie ein »Ach, so fühlt sich das also an«-Gedanke, an den ich bis heute keinerlei euphorische Erinnerung habe. Und ich verstehe bis heute auch nicht, was am Kiffen bereichernd oder erleuchtend sein könnte. Mir war nur schlecht, weshalb ich Marihuana auch nicht wieder angerührt habe. Aber traumatisch war diese Nacht auch nicht für mich, die Folgen waren ja eigentlich harmlos.

Das war bei einem anderen Erlebnis anders. Es dauerte eigentlich nur wenige Minuten, beschäftigte mich aber wirklich wochenlang und stellte bei mir etwas auf den Kopf. Es war wieder so eine Expedition eines sechzehnjährigen luxemburgischen Teenagers in eine Welt, die so völlig fremd und für mich verstörend erwachsen war.

In dem damaligen Fall hieß der Expeditionsleiter Udo Lindenberg. Ich kannte ihn, seit er in einer der ersten Sendungen in meiner *Music-Box*-Show aufgetreten war. Und wer dort auftrat, musste immer irgendein Geschenk, Andenken oder Ähnliches mitbringen, das am Ende der Sendung versteigert wurde. Udo brachte eine enge schwarze Hose mit, die aussah, als wäre sie aus Leder, obwohl sie aus Plastik war und einen Klettverschluss hatte. Ich fand sie großartig und fragte Udo, ob er mir auch so eine besorgen könnte. Er schaute mich an und nuschelte in seiner Udo-Art: »Na, logo! Kannst gleich die hier behalten, ich hab noch eine Zweite dabei. Aber die halten nicht so lange. Wenn du Neue brauchst, komm einfach in Hamburg vorbei.« Udo halt.

Es war dann ein paar Wochen später, als ich für irgendeine Veranstaltung in Hamburg war und wirklich bei Udo anrief und nach neuen Hosen fragte. »Ja, komm doch da und da hin«, nuschelte er wieder, und ich fuhr, wie sich dann herausstellte, zu ihm nach Hause. Udo war nicht allein. Udo war nie allein. Einer seiner Freunde überreichte mir im dunklen Hausflur zwei »Plastikhosen«, und aus dem Hintergrund hörte ich Udo rufen: »Désirée, geh doch heute Abend mit uns allen essen! Treffpunkt um 20 Uhr im Cuneo bei der Davidwache.« Also stieg ich abends aus einem Taxi vor diesem Restaurant in der Nähe der Davidwache, der Fahrer wünschte mir noch viel Spaß auf St. Pauli. In dieser Trattoria fühlte ich mich gleich wie zu Hause, es klang und roch wie in Italien bei meiner Oma. Das Lokal gibt es heute noch, und es ist einer meiner liebsten Orte in der Stadt. Ich freue mich immer, die Tochter des ehemaligen Besitzers zu sehen, die das Lokal heute führt, in dem sogar ein Foto von mir an der Wand hängt. Aber zurück zu meinem ersten St.-Pauli-Besuch.

Udo saß mit ein paar Mitgliedern seiner Band an einem runden Tisch. Einige von ihnen kannte ich bereits, da sie auch in Peter Maffays Band spielten und öfters schon in meiner Sendung zu Gast gewesen waren. Nach einem großen Teller Pasta und Tiramisu zum Dessert sagte Udo: »So, jetzt zeigen wir dir mal die Reeperbahn.« Ich kannte die Reeperbahn nur vom Namen und wusste auch nur, dass es eine bekannte Straße in Hamburg war, die mit Nachtleben und Rotlicht zu tun hatte, was mir damals noch nicht viel sagte. Ich kannte den Namen von meiner luxemburgischen Oma, die ein großer Hans-Albers-Fan gewesen war und oft das Lied »Auf der Reeperbahn nachts um halb eins« vor sich hinsang. Sie erzählte uns Kindern, das wäre ein »Matrosenlied« … Wir, also Udo, ein paar aus seiner Band und ich, spazierten aus dem Lokal heraus und waren schon mitten in der Reeperbahn-Welt. Ich trug eine grüne Punk-Sonnenbrille, eine Jacke von der Heilsarmee und meine Plastikhose mit Klettverschluss. Erste Station war die Herbertstraße, für Frauen verboten, so die Regeln der dort arbeitenden Prostituierten, die wirklich in Schaufenstern saßen. Udo nuschelte nur: »Zieh den Kragen hoch und mach auf Junge!« Es dauerte aber keine zwei Minuten, bis jemand mir nachbrüllte: »Wer so schöne Augen hat wie du, Désirée, sollte nicht so eine hässliche Brille tragen!« Als Nächstes flog eine Bierflasche, und jemand rief: »Raus hier!« Udo, wie er eben so ist, meinte nur: »Keine Panik, lass uns woandershin gehen.«

Wir zogen weiter und landeten in einem Revue-Saal, der *Salambo* hieß. Es war auf den ersten Blick ein plüschiges Theater und auf den zweiten ein Sex-Varieté, an der Großen Freiheit gelegen. Im hinteren Teil gab es eine Bar, von der aus man auch die Bühne sehen konnte. Ich bestellte eine Cola und sah mir diese, für mich eigenartigen, halb nackten Männer und Frauen um uns herum an und wunderte mich über die grauenhaft scheppernde Musik. Ich dachte noch einen Moment, wenn meine Mutter sehen würde, in was für eine Welt ihre Tochter geraten war, würde sie ein Stoßgebet zum Himmel schicken. Und genau bei diesem Gedanken blickte ich zur Bühne, wo sich eine Person komplett nackt auszog, und, ja, ein Mensch, der unten Mann und oben Frau war.

Ich war fassungslos. Mir blieb die Luft weg. Das Bild brannte sich sekundenschnell in meinen Kopf ein. Der ist ja oben … und unten … wie geht das denn? Nicht nur, dass ich so etwas noch nie gesehen hatte. Ich konnte mir auch nicht vorstellen, dass es so etwas überhaupt gab. Alles, was in meinem jungen luxemburgischen Gemüt in Mann und Frau, Geschlecht und Körper bis dahin geordnet war, geriet völlig durcheinander. Ich saß da und versuchte, irgendwo anders hinzublicken, sprechen konnte ich kaum noch, und wenn, dann hätte ich wohl gestottert. Und ich glaube, Udo und seine Freunde merkten das irgendwie, jedenfalls bestellten sie mir ein Taxi, das mich zurück ins Hotel brachte.

Ich bekam den Anblick nicht mehr aus dem Kopf, monatelang nicht. Ich erzählte es auch niemandem, weil ich nicht wusste, wie man über solche Sachen überhaupt spricht. Und ich grübelte, was anatomisch an dem Menschen nun echt und falsch war, also war er ein Mann mit Busen oder eine Frau mit Penis? Und war der Mensch so geboren, oder war das, na ja, »gebaut«? Ich hatte damals von all diesen Dingen keine Ahnung, jede erotische Kultur oder Subkultur war für mich unbetretenes Gelände. Mir war es auch völlig unbekannt, dass Menschen sich so, wie soll ich sagen, umbauen lassen können. Ich hatte ja noch nicht einmal von Brustvergrößerungen gehört. Und in Luxemburg lebte ich noch mehr in der Ahnungslosigkeit, denn es wurde nicht einmal über Homosexuelle gesprochen. Bei mir zu Hause nicht, bei RTL nicht, nirgendwo. Ich hatte zwar mal gehört, dass es Männer gibt, die Männer lieben, aber was damit genau gemeint war, wusste ich nicht. Es war aber nicht so, dass Udo oder seine Musiker mich als die »Kleine« aus Luxemburg mal richtig schockieren wollten. Ganz sicher nicht. Es war halt die Reeperbahn. Hier verstand man unter Freiheit, dass sich jedes Geschlecht zeigen und ausleben und Sex auch Teil einer Show sein konnte. Natürlich war das damals auch schon kommerziell und die Reeperbahn eine Straße der Zuhälter und Mädchenbesitzer, also wirklich nichts, was zum Romantisieren taugt. Aber sie war, und das weiß ich heute, auch ein Ort der »Genderfreiheit«. Wo sonst auf der Welt hätte sich vor vierzig Jahren ein Mensch, gleichzeitig Mann und Frau, auf eine Bühne stellen und sich feiern lassen können?

Bei aller Verwirrung und Verstörung war diese Nacht auf der Reeperbahn für mich wieder ein neues, wenn auch bizarres Erleben dieser Welt des Erwachsenseins, in der es erneut vieles zu entdecken gab, was die damals noch junge Ordnung in meinem Kopf durcheinanderbrachte.

Ich bin mit Udo Lindenberg befreundet geblieben, bis heute. Ich war immer wieder in Hamburg, und wir haben uns getroffen. Wir haben in New York zu Abend gegessen, ich habe viele seiner Konzerte in Luxemburg gesehen, und ich habe bis heute kein einziges dummes Wort aus seinem Mund gehört. Im Gegenteil, Udo ist einer der integersten Männer, die mir je begegnet sind. Bestes Benehmen, eigener Stil und nie mit irgendeiner Zweideutigkeit. Einer, den ich bis heute immer anrufen kann, egal, weshalb. Davon kenne ich nicht viele. Meine damalige Vorstellung war, dass alle diese Menschen – Künstler, Schauspieler, ja, Legenden, die ich interviewte – hoch seriöse und irgendwie auch weise Personen sein müssten. Und dass meine Vorstellung von ihnen doch deckungsgleich mit ihrem wirklichen Ich sein musste. Aber so war es eben nur manchmal. Udo ist so ein Mensch. Und Curd Jürgens auch.

Curd Jürgens. Er war eine Legende – bereits für meine Großmutter, meinen Vater und für mich aus der Ferne gesehen, eine Art Fels im Schauspiel. Und ich war über seine Zusage ein wenig überrascht, als ich bei ihm anfragen ließ, ob er sich mit mir für die Sendung *Désirée darf das* eine Stunde für ein Gespräch vor die Kamera setzen würde, und er gleich zusagte. Also fuhr ich zu ihm nach Saint-Paul-de-Vence, in die Nähe von Nizza, wo Jürgens mit seiner Frau Margie damals lebte. Ich blieb vier Tage. Wir sprachen lange, und eigentlich war es irgendwann kein Interview mehr, sondern eher für mich die Chance, all meine Pläne über meine Zukunft, meine Zweifel und meine unsicheren Überlegungen, vielleicht wirklich Schauspielerin werden zu wollen, vor diesem großen Curd Jürgens, damals schon fünfundsiebzig, ausbreiten zu können. Ja, es war eine Art *Ausbreiten*. Er fragte immer wieder nach, wollte alles über mich genau wissen. Manchmal sagte er: »Nein, das machst du besser nicht.« Und dann wieder: »Ja, geh diesen Weg. Du hast das Zeug dazu.« Alles Ratschläge von einem in sich ruhenden, weisen Curd Jürgens, der meist eine Pfeife rauchte und dabei väterlich lächelte. Hinzu kamen die Herzlichkeit seiner Frau Margie, die Landschaft Südfrankreichs und dieses großartige Haus, in dem die beiden lebten. Irgendwann zeigte er mir einen großen Raum. Der Boden war aus Metall; er sah aus wie aus Kupfer. Jürgens flüsterte dann: »Ich zeig dir mal was.« Und drehte an einem Schalter, der Boden schob sich zur Seite, und ein Pool kam zum Vorschein. Jürgens liebte solchen Luxus. Ich wusste auch, dass er teure Autos sammelte. Aber er gab mit nichts davon an. Er besaß diese Dinge nur für sich selbst und seine Frau. Hier, dachte ich damals, stimmt einfach alles. Als wir, also das Fernsehteam und ich, nach vier Tagen zusammenpackten, sagte Margie zu den anderen und zu Curd Jürgens: »Ach, lasst das Kind doch noch hier. Die braucht mal eine Pause. Oder, Curd?« Er nickte und sah mich an, als ob er sagen wollte: »Geh deinen Weg, den du dir wünschst. Du kannst das, und du schaffst das.«

Ich habe später und vielleicht sogar bis heute nie wieder so einem Rat und einer Zuversicht vertraut, wie der von Curd Jürgens. Ich weiß noch, dass ich auf dem Rückweg nach Luxemburg zwar noch keinen wirklich festen Plan hatte, aber zum ersten Mal ein Ziel vor mir sah.

Ich mag jetzt nicht behaupten, dass ich die wenigen integren Menschen wie Udo oder Curd Jürgens, die mir begegnet sind, an den Fingern abzählen könnte. Das wäre ungerecht, weil sich viele auch verändert haben. Manche, die mir zunächst sympathisch waren, zeigten erst später andere Gesichter. Und manche anderen verstand ich erst nach einer gewissen Zeit besser, und sie wurden mir sympathischer, je länger ich sie kannte. Aber ich lernte mehr und mehr, wie viele Personen sich hinter Masken versteckten und wie viele Leben nicht so sonnig waren, wie sie scheinen sollten. Ich selbst wusste damals noch nicht, dass ich mich in ein asynchrones und dissonantes Leben hineinlebte. Ich war erstaunt, wie oft das bei vielen anderen, die ich traf und interviewte, schon der Fall war.

Ich weiß noch, wie ich eines Tages Hans-Joachim Kulenkampff in seinem Haus bei Salzburg gegenübersaß. Ich war damals zu ihm gefahren, weil ich ihn unbedingt interviewen wollte. Wir saßen bei Kaffee und Kuchen, und während des Gesprächs merkte ich auf einmal, dass auch der große Kuli – der größte Charmeur des deutschen Fernsehens – Brüche in seinem Leben hatte, die ihn in seinem Innersten zu einem traurigen Mann gemacht hatten. Viele Jahre zuvor, 1957, war sein Sohn Till bei einem Autounfall ums Leben gekommen. Das hatte in Kuli eine Bitterkeit gepflanzt, die, wenn man, wie ich, vor ihm saß, nicht zu übersehen war. »Fernsehen? Der große Kuli? Ach …«, er wischte das weg. Er sei der »Unterhaltungs-Fuzzi«, nichts weiter. Er war freundlich und auch auf eine Art väterlich zu mir. Doch mir schien er manchmal sarkastisch und zynisch, wie er über sich, andere und vor allem über das Fernsehen im Allgemeinen sprach. Das irritierte mich damals. Ja, zu meinen vielen ersten Malen gehörte auch das: Ich erlebte, dass einer wie Kuli vor der Kamera ein ganz anderer war als im wirklichen Leben. Dass er lachen konnte, obwohl ihm eigentlich zum Weinen zumute war und der Zorn in ihm wohnte. Dass er vor der Kamera mit manchen Menschen grenzenlos charmant umgehen konnte, egal, was er von den Personen hielt. Kuli war nämlich keiner, der sein Publikum, seine Kandidaten oder Stars, die bei ihm auftraten, verachtete. Nein, ich glaube, es war der Betrieb Fernsehen, den er manchmal verachtete. Ein Betrieb mit Regeln und Grenzen, die nicht nur streng und sehr politisch waren, sondern bei dem kleinsten Verstoß auch bestrafend bis vernichtend sein konnten. Kuli hatte damals schon manche dieser Grenzen verletzt, wenn auch nur ein wenig. Er hatte Ende der 50er-Jahre zum Beispiel seine Zuschauer einmal mit »Guten Abend, meine Damen und Herren in der Bundesrepublik und in der DDR …« begrüßt und heftige Kritik von CDU und SPD bekommen, weil er nicht »sowjetisch besetzte Zone« gesagt hatte. Und später, und das war für einen Showmaster damals skandalös und unerhört, unterstützte Kuli offiziell den Kanzlerkandidaten Willy Brandt, was ihm massive Vorwürfe einbrachte. Für seinen Mut und das Teilen seiner Meinung wurde selbst ein so großer Entertainer, wie es Kuli war, im deutschen Fernsehen bestraft. Aber nicht nur von den Sendern, sondern auch von Teilen des Publikums, die in Briefen und Anrufen gegen ihn protestierten. Heute würde man das Shitstorm nennen. Als ich bei ihm saß, wusste ich nicht, wie bald ich selbst einen solchen erleben würde.

Bei mir zu Hause in Luxemburg begannen sich die Anrufe, die meine Mutter entgegennahm, und die Anfragen, die beim Sender ankamen, zu ändern. Ich war nicht mehr nur eine Moderatorin, sondern zunehmend eine junge Prominente. Ich sollte also nicht mehr nur Fragen stellen und Sendungen moderieren, sondern selbst befragt werden.

Über mich Auskunft geben oder mich öffentlich zeigen. Für mich war das neu. Es war eine Art Seitenwechsel, von dem ich nicht wusste, ob ich ihn wollte. Eigentlich eher nicht, und ich geriet dann in so manches hinein, das ich erfolglos versucht habe, zu vergessen. Zum Beispiel die Rateshow *Die Pyramide*, die von Dieter Thomas Heck moderiert wurde. Ebendieser Dieter Thomas Heck, von dem ich als Kind bei der *Hitparade* auch Deutsch gelernt hatte. Warum ich dort auftrat, weiß ich bis heute nicht. Wenn ich mir die Sendung heute ansehe, habe ich den Eindruck, dass es die Désirée, die da damals im Studio stand, auch nicht wusste. Ich wirkte wie in Trance und habe, glaube ich, die Sätze, mit denen mich Heck vorstellte, auch versucht, zu überhören. Ich sei, sagte er, ja »eine freche und vorlaute Person«, aber so seien die jungen Leute ja heute. »Aber, liebe Zuschauer, glauben Sie mir: Sie ist in Wahrheit ein ganz sympathisches Mädchen.« Ich stand neben ihm und entgegnete irgendwas wie »hmm« oder »ja«. Aber dann, ohne Vorwarnung, küsste mich Dieter Thomas Heck plötzlich direkt auf den Mund, so richtig. Vor laufenden Kameras. Ich zuckte unwillkürlich zurück. Man konnte es zwar nicht hören, aber innerlich muss ich »ieeeh« geschrien haben. Man muss sich nur mal vorstellen, irgendein älterer Moderator würde heute eine Sechzehnjährige im Fernsehen ungefragt auf den Mund küssen, die Karriere wäre – zu Recht – beendet.

Wenn ich mich heute, oft ungern, an solche Momente erinnere, merke ich erst, dass ich wie ein Spielzeug herumgereicht wurde. Das deutsche Fernsehen hatte damals noch kein junges, TV-erfahrenes Personal, keine junge Prominenz außer mir und wenigen anderen. Darüber hinaus war ich natürlich auch durch meine Filmrollen, die vermeintlichen Skandale interessant, als Luxemburgerin eine Exotin und eben vielsprachig. Ich selbst fand mich nicht besonders interessant. Im Gegenteil, mein inneres Ich grübelte und zweifelte immer, und deshalb war ich bei diesen TV-Auftritten, wie ich fand, kein großer Bringer. Anders war es dann allerdings bei Joachim Fuchsberger, der mich in seine Talkshow *Auf Los geht's los* einlud. Ich sollte nicht als Teenager-Dekoration herumstehen, sondern »Blacky« wollte sich mit mir unterhalten. Über mich und meine weiteren Pläne und ob ich nicht eigentlich auf die Schulbank gehören würde. Außer mir war neben der Sängerin Lena Valaitis eine junge Frau aus Bayern im Studio, die nicht als Beamtin eingestellt werden sollte, weil sie angeblich zu dick war. Und genau zu diesem Fall sollte der damalige Ministerpräsident Bayerns, Franz Josef Strauß, am Autotelefon befragt werden. Ich war hellwach und widersprach sofort Fuchsbergers Meinung, dass ich doch eigentlich lieber zur Schule gehen müsste, und reagierte nicht auf seine Andeutungen, was denn alles auf den »Frontseiten« der Zeitungen über mich geschrieben werden würde. Wir wurden dann unterbrochen, weil der Ministerpräsident Bayerns am Telefon war. Die junge Frau – sie hieß Anna-Maria – sollte, muss man sich mal vorstellen, dem Ministerpräsidenten erst mal ihre Größe und ihr Gewicht sagen, was der armen Frau sichtlich peinlich war und sie ins Schwitzen brachte. Und dann sagte Strauß weiter, Beamte müssten auch Disziplin lernen, und wenn sie so weitermachte, würde sie ja bald über hundert Kilo wiegen. Also sollte sie doch erst mal abnehmen, und dann könnte man ja weitersehen.

Ich saß da, den dicken Strauß vor Augen, und war empört. Und sagte, dass ich das alles »sehr blöd« fände »und Disziplin lernen, ob das damit zu tun hat, ober einer dick oder nicht dick ist, da kann ich nur sagen, das tut mir alles sehr leid«. Und außerdem, wenn das so wäre, wie Strauß es sagte, ja die Hälfte der Menschen in Deutschland nicht mehr arbeiten dürfte. Strauß selbst ja auch nicht, aber das verkniff ich mir. Ich saß auf dieser Ledercouch und war die Einzige, die etwas dazu sagte. Die anderen schwiegen. Nur Fuchsberger meinte dann sehr väterlich zu mir: »Désirée, lass mich das so sagen, du musst noch lernen: Ein Moderator hat nie eine Meinung zu haben, sondern er hat immer die Meinung seiner Gäste gelten zu lassen.« Das war ein Rat, der mir egal war. Und mir war auch egal, dass ich im Fernsehen war und Franz Josef Strauß öffentlich kritisierte. Es widersprach einfach meinem großen Gerechtigkeitsgefühl, wie mit dieser Frau umgegangen wurde, die gerade mal zwei Jahre älter als ich war und so gerne Beamtin werden wollte. Es war dasselbe Gefühl, mit dem ich meine Freundin in der Schule verteidigt oder die Jungs, die meinen Bruder verhauten, selbst verprügelt hatte. Ich hielt meine Meinung für selbstverständlich und wunderte mich, dass Lena Valaitis nicht auch etwas sagte, aber wenigstens das Publikum applaudierte. Gleich danach, das erfuhr ich später, klingelten im Sender noch während der Sendung die Telefone heiß. Zuschauer pöbelten, schimpften und drohten, »das junge Ding« gehöre »ermordet«. Erst als die Sendung zu Ende ging, sah ich Polizisten in Uniform hinter den Kameras stehen und spürte, wie alle etwas nervös wurden. Als die Sendung dann zu Ende war, wurde ich sofort von Polizisten umringt, die mich aus dem Studio begleiteten. Zu meinem Schutz, wie es hieß. Es habe Drohungen gegeben. Die Eskorte brachte mich dann in mein Hotel, in dem ich aber mein Zimmer nicht betreten durfte, bevor es nicht zwei Beamte durchsucht und gesichert hatten.

Der Skandal war groß, und die Schlagzeilen der nächsten Tage waren so laut, dass die ARD beschloss, mich zumindest für ein Jahr nicht mehr zu beschäftigen. Ich war sozusagen arbeitslos. Mit sechzehn. Es gab dann noch ein Nachspiel, das eigentlich gut gemeint, aber rückblickend eine meiner dümmsten Entscheidungen gewesen war. Heute sehe ich es so.

Blacky Fuchsberger hatte es sehr bedauert, was passiert war. Es tat ihm alles sehr leid. Er hatte zwar nie gesagt, dass ich vielleicht auch recht gehabt habe, aber die Reaktionen hatten ihn auch erschreckt. Und so kam er auf eine Fuchsberger-Idee: Ich sollte in der nächsten Sendung wiederkommen und mich entschuldigen. Ich mich entschuldigen? Wofür? Das wollte ich nicht. Ja, wir machen das wie in der Schule, sagte er, du warst unartig, und dafür gibt es eine natürlich nur symbolische Strafe. Ich weiß wirklich nicht mehr, warum ich mitmachte, auch wenn es nur ein Zwanzig-Sekunden-Auftritt war. Und der war furchtbar. Blacky sagte zu den Zuschauern: »Viele haben gefragt, warum hast du diesen Grünschnabel, diese Rotznase nicht einfach übers Knie gelegt und ihr den Arsch versohlt?« Dazu musste ich mich über seine Knie legen – man sah nur meinen Hintern –, und Blacky sagte: »Das mache ich aber nicht, weil ich gegen körperliche Züchtigung bin. Man muss jedoch einem jungen Menschen die Chance geben, zu sagen: ›So habe ich das nicht gemeint.‹« Und dann sagte ich: »Ich weiß, ich habe eine Strafe verdient, und ich bitte um eine gehörige solche.« Mein Gott, was ich dabei dachte, weiß ich nicht mehr, aber ich hatte das sicher nicht ernst gemeint. Und ich war froh, dass dieser dämliche Auftritt im deutschen Fernsehen schnell vorbei war. Aber geholfen hat mir dieser »Canossa-Moment« leider auch nicht: Es blieb beim Auftrittsverbot im Fernsehen. Und ich sagte danach manchmal wieder meine Bilanz vor mich hin. »Rotznase, Grünschnabel, hübsches Nichts«, wie *Der Spiegel* schrieb, und arbeitslos. War's das?

Abschließend noch ein paar Sätze zu Joachim Fuchsberger: Er wurde mir später ein Freund. Er bedauerte wirklich, was seine Sendung ausgelöst hatte, und versuchte vieles, um mir zu helfen. Ich glaube, die hysterischen und so feindlichen Reaktionen auf meinen Auftritt hatten auch ihn verstört. Blacky war ein Menschenfreund, ein Vermittler, und seine Idee mit der »Bestrafung« war seine joviale Art, Menschen wieder an einen Tisch zu bringen. Hass und Streit waren ihm fremd. Wir blieben immer in Kontakt, wir schrieben uns Briefe. Als mein Sohn später an Diabetes erkrankte, meldete er sich und bot Rat und Hilfe an, weil er die Krankheit selbst von einem Familienmitglied kannte. Wie gesagt, viele integre Menschen sind mir nicht begegnet, aber Blacky Fuchsberger war einer von ihnen.

1981. Ich hatte eigentlich fast nichts mehr zu tun. Es gab noch ein paar Radiosender, Zeitungen und Zeitschriften, für die ich arbeitete. Aber nichts davon hatte mit dem zu tun, was ich eigentlich wollte. Ich fühlte mich »feel op der Platz« – nicht am richtigen Ort. In Luxemburg ging ich kaum aus dem Haus, suchte aber nach jeder Gelegenheit, von dort wegzukommen. Ich fuhr einmal ein paar Tage nach Westberlin und spazierte am Abend über den Ku'damm, vorbei am Bahnhof Zoo, und sah die Lichter des »Zoopalast«-Kinos. Dort lief der Film *Fame*. Ich hatte von dem Film schon gehört und kaufte mir eine Karte. Zum Glück. Denn es war dieser Film, und es waren die Worte von Curd Jürgens, die er mir eingepflanzt hatte. Désirée, dachte ich mir, geh hier weg. Und glaub, was Curd Jürgens dir gesagt hat. Du schaffst es, und du hast das Zeug dazu. Und ich verließ Deutschland. Ich verließ Europa.

Ich wäre heute nicht diejenige, die ich bin, wenn ich an diesem Abend nicht in dieses Kino, in *Fame*, gegangen wäre. »I got more in me and you can set it free«, heißt es in *Fame*.

Also, los.

Fliegen lernen in New York

Welche Sitzreihe es war, weiß ich nicht mehr. Popcorn hatte ich auch keines gekauft. Das Kino war voll. Ich war ganz froh, alleine da zu sitzen. Es gibt Filme, in denen man lieber alleine mit seinen Gedanken ist, um sich ihnen ganz hingeben zu können. Damals hatte ich nicht den Mut gehabt, mit Freunden darüber zu sprechen, was mich wirklich beschäftigte. Ich war ein Teenager zwischen den Stühlen der Generationen, der Jahre und der Leben. Dann kann manchmal ein Film zum Freund werden, und *Fame* wurde in dem Moment mein bester Freund. Es klingt vielleicht seltsam, doch dieser Film vermittelte genau das Gefühl, das ich zu dem damaligen Zeitpunkt gesucht hatte. Ein Gefühl, das all den ungeordneten Gedanken, Wünschen und Sehnsüchten bei mir mit Bildern und Musik genau diesen Tritt gab, die Zweifel, die im Weg lagen, zu vergessen. Es ist eine emotionale Kraft, ein »Ja, so kann es sein« und »So kannst du werden«, die genau die Portion Mut liefern, einen sehr großen Sprung zu wagen.

Fame war ein Film des Regisseurs Alan Parker und erzählt von einer Gruppe Studenten, die an der High School of Performing Arts in New York vier Jahre lang Musik, Tanz und Schauspiel lernen und dabei alle, nach anfänglichem Scheitern und persönlichen Niederlagen, über sich selbst hinauswachsen, weil sie lernen, an sich und ihre Fähigkeiten zu glauben. Für jemanden wie mich, die ich als Teenager im Kino saß, fast keine Arbeit mehr und den Traum von der Schauspielerei wie eine bereits vertrocknete Blume im Kopf hatte, war das wie ein unerwarteter Regenguss voll Zuversicht. In der Welt vor mir auf der Leinwand fehlte ich, und ich wäre am liebsten aufgestanden und gleich im Kino hineingestiegen. Es war ein Lebensgefühl, das ich aus Luxemburg und meinem dortigen Leben überhaupt nicht kannte. Ich fühlte mich sofort wie eine Freundin von Coco, Bruno und Leroy, dem schwarzen Tänzer. Ich wusste damals schon, dass diese Filmschauspieler alle echte Studenten an dieser Highschool waren, ich sah mir also ihr echtes Leben an. Und dann kam die berühmte Szene, in der Brunos Vater, ein Taxifahrer, vor die Schule fährt, mit Lautsprechern auf seinem Autodach, um den Song »Fame« seines Sohnes laut zu spielen. Nach den ersten Tönen stürmen alle aus der Schule auf die Straße und tanzen auf den Autos. Das hatte ich noch nie gesehen, dieses laute Leben seines Traumes, einzigartig zu sein. Ich war so mitgerissen und klar im Kopf, dass ich ernsthaft überlegte, wo ich in der Nacht noch ein Flugticket nach New York bekommen könnte. Ich weiß noch, wie selbst das nächtliche Berlin mir auf einmal klarer, leuchtender und funkelnder vorkam, als ich an dem Abend aus dem Kino kam.

Ich hatte ja schon selbst in Filmen mitgespielt. Ich kannte die Technik, wie Szenen entstehen. Kinofilme waren mir nicht mehr fremd. Ich wusste, dass Filme nie so gedreht werden, wie sie dann auf der Leinwand zu sehen sind. Alles ist unterteilt in Schnitt und Gegenschnitt. Eigentlich entsteht der Film erst am Schneidetisch, wenn alle Szenen, Einstellungen, Ton und Musik zusammenkomponiert werden. Auch wenn man das alles, wie ich damals, weiß, lässt es einen nicht kalt gegenüber der Wucht und der Emotion, die entstehen. Ich kann heute noch im Kino weinen und lachen, wenn mich eine Geschichte richtig berührt, obwohl ich weiß, was der Regisseur wahrscheinlich gesagt hat, welches Licht von wo kam und über welchem Kopf das Mikrofon schwebte. Ich weiß auch, wenn auf der Leinwand zwei Menschen unter sich sind, sich küssen und das Intimste ihrer Gefühle zuflüstern, in Wahrheit sehr viele Menschen dabei zuschauen. Die Gesichter sind geschminkt, jede einzelne Haarsträhne ist frisiert, und nach dem Kuss ruft der Regisseur: »Cut!« Und: »Das machen wir jetzt noch mal von der anderen Seite.« Eine Liebesszene zu drehen ist wirklich der unromantischste Moment, den man sich vorstellen kann. Entscheidend ist, was sie auslöst und was über die Leinwand hinweg einen Weg und eine Sprache in einem selbst findet. Ich glaube, dass dieser Zauber unterschätzt wird, weil man ihn nicht sehen oder zählen kann. Denn Kinoerfolge werden fast nur an Zuschauerzahlen und Einspielergebnissen gemessen und manchmal daran, wie viele Preise sie bekommen haben. Wie vielen Menschen sie aber Mut geben, ihr Leben zu verändern, wie es bei mir *Fame* getan hatte, den Mut, an mich selbst zu glauben, weiß niemand. Es dauerte dann wirklich nicht lange.

Zurück in Luxemburg, ging ich ein paar Tage später in ein Reisebüro in Esch/Alzette und kaufte ein Billigticket nach New York. Mit Iceland Air, Zwischenstopp in Reykjavík, ich ganz allein. In ein Notizbuch hatte ich mir nur die Adresse der amerikanischen Jugendherberge YMCA und die Adresse der High School of Performing Arts, der Schule aus dem Film, 120 West/46th Street, aufgeschrieben. Und eine Telefonnummer von Werner Baecker, dem damaligen ARD-Korrespondenten in New York City, die mir jemand mal gegeben hatte. Es war nicht mein erster langer Flug über den Atlantik, ich war zwei Jahre zuvor schon einmal mit einer Gruppe auf einer Rundreise in den USA gewesen. Eine Produktionsgesellschaft hatte mich und eine andere junge Schauspielerin zu einem Screentest nach Los Angeles eingeladen, der aber erfolglos war. Wir blieben dann auch noch zwei Tage in New York City. Wirklich gesehen und gespürt hatte ich die Stadt damals nicht, denn wir blieben immer in der Gruppe und hasteten durch die Straßen wie eilige Besucher und waren von der Größe und der Wucht der Stadt auch überfordert. Das war diesmal ganz anders. Ich war allein und wollte auch nicht als Besucher kommen – ich wollte bleiben. Als ich nach dem langen Flug dann in New York

City gelandet war und die umständliche Prozedur der Einreise hinter mir hatte, stand ich erst mal einen langen Moment am Ausgang des Flughafens JFK.

Amerika. Ich holte tief Luft. Sollte das die Luft meiner nächsten Monate, vielleicht Jahre werden? Klingt es hier anders? Ich hörte das erste Mal genauer hin. Die Motoren der Autos, das laute Bremsen der Busse, das Schlagen der Türen und die Stimmen. Ja, fremd, aber nicht völlig, denn ich konnte schon etwas Englisch sprechen, ich hatte ja auch in meiner Zeit bei der *Music-Box* englische und amerikanische Musiker interviewt. Ich versuchte, mir jedes neue Wort zu merken und zu verstehen.

Ich stand am Ausgang des Flughafens, meinen Koffer neben mir, einen Stadtplan in der Tasche und einen festen Plan im Kopf. Ich war sogar etwas stolz auf mich, denn mit nur siebzehn Jahren hatte ich das alles bisher ganz alleine geschafft. Und dann versuchte ich, irgendwo in der Ferne die Hochhäuser New Yorks zu sehen, der Flughafen war aber zu weit außerhalb. Ich nahm eins dieser gelben New Yorker Taxis und musste an Brunos Vater aus dem Film denken. Und als die Taxe sich dann New York näherte, ich die glitzernd leuchtende Skyline Manhattans erkannte und wir über die Brooklyn Bridge fuhren, stieg in mir ein Gefühl von Vertrautheit auf. Ich war ja schon einmal dort gewesen und kannte New York auch aus zahlreichen Filmen. Doch dieses Mal wollte ich von diesem Gebilde aus Häusern, Straßen, Menschen und großen Träumen aufgenommen werden. Ich, zwei Adressen in der Tasche, sonst nichts. Mein Plan war vage. Ich wusste ja nicht, ob mich die Schule einfach aufnehmen würde. Ich wusste nicht, wo ich in New York länger wohnen könnte. Ich wusste sehr vieles nicht, und hinzu kam, dass es November war und die Stadt in kaltem grauen Regen vor mir stand. Das YMCA lag in der Nähe des Central Park in der 63. Straße, es war eben die preiswerteste Unterkunft, die ich im Reisebüro gefunden hatte. Mein Zimmer im fünften Stock war klein und kalt, Teppich und Bettdecken hatten Brandlöcher, und im Bad huschten die Kakerlaken in die Ecken, wenn ich das Licht einschaltete. Mein Stolz, den ich am Flughafen noch hatte, weichte auf einmal und wurde zu Unsicherheit und Verzweiflung. War das alles doch zu groß für mich? War ich so naiv gewesen, zu glauben, die Stadt würde mich erwarten, nur weil ich einen Film gesehen hatte, in dem in New York die Sonne schien? Ich stand am Fenster und sah auf die regennassen Straßen hinunter, fror, ekelte mich vor den Kakerlaken und fühlte mich verdammt alleine. Ich fing an, zu weinen. Sehr zu weinen. Vielleicht war es auch nur die Anspannung dieser Reise, die Ungewissheit, alles das, was sich in mir löste. Und auch, dass ich mit niemandem sprechen konnte, ich kannte niemanden in der Stadt, und es gab noch keine Mobiltelefone oder E-Mails. Das YMCA hatte nur ein Münztelefon unten am Eingang, und ich hatte keine Ahnung, wie man damit nach Luxemburg telefonieren konnte.

Es waren in dieser Nacht wieder diese zwei Désirées in mir: die eine, die mal wieder dachte, zu scheitern, wie sie immer gescheitert war, wenn sie mal etwas alleine machte. Und die andere, die sich aber genau dagegen stemmte. Das hier ist nicht Deutschland oder Luxemburg. Es ist nicht die Welt, die dich nicht haben will. Du hast es alleine bis in dieses Zimmer mit Kakerlaken im Bad geschafft, jetzt schaffst du das andere auch noch. Es war das erste Mal, dass ich dieses Gefühl hatte. Heute weiß ich, dass es der erste zarte Keim einer anderen Désirée war.

Am nächsten Morgen nahm ich meinen ganzen Mut zusammen: Also los. Also los zur *High School of Art and Performance*. Und dann sah ich das erste Mal richtig New York. Die Straßen am Central Park, die wirklich vielen, oft hupenden Autos, die Sirenen der Polizei oder der Krankenwagen, die großen Straßenschluchten, in denen aus Gullydeckeln weißer Dampf quoll. Das Geräusch, wenn an den Kreuzungen die Autos über die Stahlplatten der Gullys rollten, und einen Himmel, von dem man zwischen den Häusertürmen immer nur einen schmalen Streifen sehen konnte und man daher nie wusste, ob es in den nächsten zehn Minuten wieder regnen würde. Und die Menschen, die alle eilig über die Straßen liefen und vor der Kulisse dieser hohen, wirklich hohen Häuser auf einmal winzig wirkten. Ich hatte eine so große und hohe Welt aus Häusertürmen in Europa noch nie gesehen, ich glaube, dass man bis heute New-York-Neulinge daran erkennt, dass sie immer wieder nach oben schauen und irgendwann eine Straßenampel oder einen Mülleimer übersehen, ich weiß, wovon ich spreche.

Ich lief ein paar Straßen, »Blocks«, bis zur nächsten großen Straßenkreuzung, und obwohl ich zum ersten Mal ein Gefühl der Fremde hatte, weil ich nicht alles von dem verstand, was auf Schildern und in den Schaufenstern geschrieben war und die Menschen redeten, spürte ich etwas, was mich auch später noch für Amerika begeistern würde: Offenheit. Ich war zwar fremd, niemand kannte mich, und ich kannte niemanden, aber dieser Menschenstrom nahm mich wie selbstverständlich auf. Niemand nahm von mir Notiz oder starrte mich an, weil ich eine Luxemburgerin war, denn alle anderen kamen auch irgendwoher: Latinos, Schwarzafrikaner, Asiaten, Europäer. Und auch, als ich in der U-Bahn fragte, wie man diese Ticket-Münzen, »Token«, für eine Fahrt kaufen müsste, waren die Antworten der Frauen am Schalter freundlich, lächelnd und manchmal mit der Neugierde verbunden, »Darling, where you come from?«, und wenn ich erleichtert antwortete, »Laxemborg«, war die laut gelachte Antwort, »never heard. Is that a country or a city? On this planet?« Ja, und dann ging ich in ein »Diner«, eine Art Café, das ich auch nur aus Filmen kannte, und die erste Frage des Mannes oder Frau an der Theke war: »Hello, how are you today?« Und als ich freundlich nickend einen Bagel mit Creamcheese und einen Kaffee bestellte, war die Antwort: »Enjoy, sweetheart. You want cream for your coffee?«

Cream. Es gibt kaum ein schöneres Wort, um die Fremde freundlich zu machen. Ich fühlte mich, wie soll ich sagen, schon nach wenigen Stunden New York City so, als ob ich in eine große Familie aufgenommen worden wäre. Ich sprach Englisch, wie gesagt, noch nicht so fließend, um antworten zu können, wie ich wollte. Ich hätte mich in der U-Bahn oder im Diner sofort festgeredet, weil mich die Freundlichkeit der Menschen so beruhigte. Dass das alles Rituale waren, dass sich in Wahrheit niemand dafür interessierte, wie es mir wirklich ging, lernte ich erst später. Aber das war und ist mir, ehrlich gesagt, bis heute egal. I loved it and still do!

Und mir fiel in diesen ersten Stunden noch etwas anderes auf. Etwas ziemlich Banales, was mich aber eine Weile beschäftigte. Eier. Die New Yorker aßen morgens immer Eier, »scrambled«, also Rührei, oder »sunny side up«, was bis heute die schönsten Wörter für ein Spiegelei sind. Und nicht eines, sondern einen Berg Rührei oder drei gebratene Eier mit Bratwurst und manchmal auch mit Steak. Ich staunte wirklich, in jedem Diner diese gelben Berge auf den Tellern zu sehen. Aus Luxemburg kannte ich das nicht, da aß man einmal in der Woche ein gekochtes Ei zum Frühstück oder mal ein Spiegelei, wenn überhaupt. Eines. Und ich wusste von meiner Großmutter auch, dass Hühner höchstens alle ein, zwei Tage ein Ei legen. Wo zum Teufel kamen dann in New York diese unfassbaren Mengen von Eiern her? Und jetzt nicht lachen, ich hatte einen Verdacht. Schon auf meinem ersten Weg zur Highschool fiel mir an diesem Morgen ein graues, großes und fensterloses Gebäude an der Seite des Times Square auf. Ich schaute nicht länger hin und ging weiter, später dachte ich, es sei vielleicht ein Stromwerk oder so was. Bis ich dann irgendwann mal kurz überlegte, ob das Gebäude vielleicht eine riesige Legebatterie für Hühner sein könnte, irgendwo mussten diese Tausenden Eier in der Stadt ja gelegt werden. Kindisch, ich weiß, und so richtig habe ich es auch nicht geglaubt, aber man kommt auf solche Ideen, wenn man sich etwas erklären will. Oder besser, *ich* kam auf solche Ideen.

Und dann sah ich sie. Die High School of Performing Arts: ein Gebäude, damals in der 46. Straße, mitten in Manhattan, ganz in der Nähe vom Times Square. Ein Gebäude aus braunem Stein mit einem ziemlich kleinen Eingang. Ich dachte erst, ich wäre an der falschen Adresse, weil sie nicht wie die Schule aus dem Film aussah. Später erfuhr ich dann, dass Alan Parker keine Drehgenehmigung für die Schule bekommen hatte und stattdessen *Fame* in einer damals leer stehenden Schule ein paar Häuser weiter gedreht wurde.

Okay. Ich holte tief Luft und ging zum Sekretariat der Schule und erzählte einer Frau, dass ich aus Europa gekommen wäre und hier Schauspiel studieren wollte. Und wenn es gehen würde, jetzt gleich. Mein Traum zerplatzte schnell, es reichten ein paar Sätze. Dies wäre eine Highschool, sagte mir die Frau, und das bedeute, dass nur Schüler, die in den USA wohnten und zur Schule gegangen wären, sich bewerben könnten. Keine Chance? Sie schüttelte den Kopf. War's das schon? Nein, ich wollte nicht aufgeben. Die Stadt hatte mich in der kurzen Zeit schon umarmt, und ich witterte einfach, dass hier meine Chance sein würde. Ich rief Werner Baecker an.

Heute wissen das nur noch wenige, aber Werner Baecker war damals der Mann im Fernsehen, der den Deutschen New York zeigte und erklärte. Seine Sendung *New York, New York* gab es seit 1960, sie lief wöchentlich. Ich kannte natürlich die Sendung, aber nicht Werner Baecker. Nur seine Stimme, die damals so unglaublich unaufgeregt von einer aufregenden Stadt erzählte.

Baecker war zunächst überrascht, als ich ihn anrief, aber auch sofort sehr freundlich und höflich. Er sagte, er könnte mir sicher von anderen Schauspielschulen in der Stadt erzählen, und lud mich zu sich ein. Baecker wohnte nicht weit vom YMCA, am Columbus Circle, direkt am Central Park. Wir unterhielten uns lange, und in seiner Wohnung staunte ich zunächst über die vielen amerikanischen Fernsehprogramme, die er mir zeigte: Es waren sechsundzwanzig, in Deutschland gab es drei. Baecker war damals dreiundsechzig Jahre alt und hatte auch privat diese unaufgeregte Art und diesen, wie ich fand, amerikanischen Optimismus, den ich bisher nicht kannte. Er druckte aus seinem Telex-Drucker dann eine Liste aller Schauspielschulen

New Yorks aus und meinte: »Geh einfach los. Das machen hier alle so. Wenn du es nicht versuchst, dann findest du deine Chance auch nicht.« New York, ich mochte es immer mehr.

Die Liste war nicht lang: Es waren nur drei Schulen. Die erste war die Lee-Strasberg-Schule. Strasberg selbst lebte damals schon nicht mehr, aber seine Schule war weltberühmt. Sie folgte, wie viele andere Schulen auch, der Schauspiellehre des russischen Lehrers Konstantin Stanislawski, der einen extremen Naturalismus und die Forderung nach dem inneren Erleben der Rolle begründet hatte. Strasberg nannte das »Method-Acting«, eine Methode, mit der Stars wie Marlon Brando oder Marilyn Monroe berühmt wurden. Ich hatte zuvor davon gehört und auch, dass eine solche Methode verlange, für Rollen die eigene Kindheit nach Erinnerungen und Emotionen umzugraben. Ich war skeptisch, denn wenn ich eines nicht wollte, dann war es das. Aber ich ging trotzdem dorthin und wartete mit anderen Bewerbern in einem kleinen Saal, und es wurde uns als Erstes ein Film über Lee Strasberg gezeigt und dann die Kurse näher erklärt. Es gab keine Aufnahmeprüfungen, und jeder, der bezahlte, konnte, wenn Plätze frei waren, die Schule besuchen. Das klang alles gut, aber mir kam es damals sehr routiniert vor. Ich wollte es mir noch überlegen und mir noch die anderen Schulen ansehen. Die Nächste auf der Liste war das *HB Studio*.

Das *HB Studio New York* war die Schauspielschule von Herbert Berghof, einem in Wien geborenen Österreicher, der dort sehr jung am Theater Karriere gemacht und bereits mit Stars wie Zarah Leander gespielt hatte. 1939 floh er vor den Nazis in die USA und fing in New York an, als Schauspiellehrer zu unterrichten, stand aber selbst auch am Broadway auf der Bühne, wo er ein guter Freund von Lee Strasberg wurde. In den 50er-Jahren holte dann Hollywood Berghof als Schauspieler vor die Kamera, er spielte 1963 in dem Monumentalfilm *Cleopatra* die Rolle des Theodotos an der Seite von Richard Burton und Liz Taylor. Herbert Berghof war also damals bereits eine Legende, was ich nicht wusste. Seine Schule wurde aber auch deshalb so geschätzt, weil er sie zusammen mit seiner Frau Uta Hagen führte. Uta Hagen kam aus Deutschland und war schon 1924 mit ihren Eltern in die USA ausgewandert, wo sie eine große Karriere als Bühnenschauspielerin machte und mit Stars wie Marlon Brando auf der Bühne gestanden hatte. Die Schule ist bis heute in der Bank Street im Greenwich Village. Dort angekommen, ging ich zuerst durch eine unscheinbare orangefarbene Tür und musste dahinter eine steile Treppe hinaufsteigen, bis ich in einem kleinen Büro stand. Dort wurde ich dann ausgefragt, wo ich herkäme. Ob ich Erfahrungen hätte. Warum ich das machen wollte, und so weiter. Ich fühlte mich mal wieder willkommener als bei jedem Vorstellungsgespräch in Deutschland oder Luxemburg. Hier war man es gewohnt, dass Menschen wie ich mit großen Träumen und starkem Willen durch die Tür kamen. Träume und Wille waren der Motor bei allem. Dass ich meine Schule in Luxemburg nach der Mittleren Reife abgebrochen, dass ich im Radio gearbeitet und mich dann leider in schlechten Filmen verlaufen hatte, interessierte hier keinen. Nur Talent, was auf Englisch »talent« heißt, interessierte. Aber »talent« hat eine andere Bedeutung als das deutsche Talent, »talent« bedeutet kurz übersetzt »Wille und Können« und hat nichts mit dem deutschen »Aus-der-könnte-mal-was-werden«-Talent zu tun. Uta Hagen sagte später einmal zu uns: »Wenn ihr hier seid, dann deshalb, weil euer Leben davon abhängt. Wenn das nicht so ist, dann denkt noch mal darüber nach, ob ihr hier richtig seid.« Es stimmte, denn als ich an jenem Morgen da saß, dachte ich wirklich, dass mein Leben von dieser Ausbildung abhängen würde. »Okay«, sagte jemand zu mir. »Morgen vorsprechen bei Herbert Berghof.« Ob ich einen Text hätte? Ja, ich hatte mir eine Szene aus dem Film *Mädchen in Uniform* ausgesucht, eine Szene, die im Film von Romy Schneider gespielt wurde. Okay, aber auf Englisch natürlich. Ich schluckte. »Ja, sure.« Und es wurde mal wieder kurz kompliziert. Ich lief los und klapperte jeden Buchladen ab, bis ich irgendwann »Child in Uniform«, ein Theaterstück von Christa Winsloe, fand. Und dann in mein kleines, kaltes YMCA-Zimmer zurück, zu den Kakerlaken, die mein Publikum waren. Die Szene, die ich auf Deutsch auswendig konnte, musste ich nun die ganze Nacht lang auf Englisch proben und mir alles in Lautschrift neben den Originaltext schreiben, Satz für Satz. Ich glaube, es wurde schon hell, als ich die Szene in meinem nachgesprochenen Englisch auswendig konnte. Ich war mir aber nicht sicher, ob ich sie gut genug konnte. Egal, ich hatte in New York eine Chance. Es war jetzt mein *Fame*-Moment, denn zum ersten Mal dachte ich nicht daran, zu scheitern. Sondern, es zu schaffen.

Herbert Berghof saß in seinem »Klassenzimmer«, einem Raum mit Backsteinwänden und einer Empore. Als er mich ansah, etwas lächelte und die Augenbrauen hob, erinnerte er mich an meinen Großvater. Berghof war damals einundsiebzig und hatte, so wurde erzählt, sich dieses Haus für seine Schule von der Gage für *Cleopatra* gekauft. Er fragte mich ein paar Sachen, welche Szene ich spielen wollte, und nickte dann nur: »Go ahead.« Ich weiß nicht mehr, ob ich wirklich gut war. Ich las und spielte die Szene. Es war ein Monolog. Ich dachte daran, wie Romy Schneider sie in dem Film gespielt hatte, und gleichzeitig aber auch daran, die englischen Wörter richtig auszusprechen. Und eigentlich war ich ganz ruhig, weil ich wusste, ich gebe hier alles, mehr kann ich daraus nicht machen. Und wenn es nicht reicht, dann ist das eben so. Berghof lächelte mich nach meinem Auftritt leicht an und nickte vor sich hin. Dann sollte ich vor der Tür einen Moment warten. Als ich wieder in das Zimmer kam, sagte er nur: »Willkommen. Du bist aufgenommen. Morgen früh um neun Uhr geht es hier los.« Ich brauchte einen Moment. Wie? Ich bin an der Berghof Schule angenommen worden? An der Schule, an der auch Robert De Niro und Barbra Streisand gelernt hatten? In New York? Die nächsten drei Jahre? Ich hatte es geschafft? Ja. Aber wie es so ist, wenn man überrascht wird, als Siebzehnjährige aus Esch in Luxemburg, antwortete ich, dass ich erst mal noch nach Hause, nach Luxemburg, müsste, alles vorbereiten und so. Berghof sah mich nur an und sagte: »Du kommst morgen um neun Uhr, oder du kommst gar nicht.«

Für mich als Schauspielerin wurden es die wichtigsten Jahre meines Lebens. Ich wäre ohne diese Zeit heute nicht die, die ich bin. Aber es war noch mehr: Ich, die kleine Désirée Nosbusch, verbreiterte mein ganzes Leben und Können und stellte mich endlich auf die beiden Beine, mit denen ich durchs Leben gehen konnte und wollte. Ich weiß, wie gesagt, nicht, ob ich bei diesem Vorsprechen wirklich gut gewesen war, aber ich glaube, Herbert Berghof ging es gar nicht darum. Es ging ihm vielmehr darum, in jemandem Können und Willen, also ein Feuer für die Sache, zu erkennen. Ein »talent« eben. Den Rest, das Handwerk Schauspiel, würde er einem schon beibringen. Ich fing tatsächlich am nächsten Tag an. Es war November, und bald würde die Weihnachtspause kommen, in der ich dann nach Hause fliegen konnte. Ich hatte viel Glück, denn Werner Baecker half mir. Er hatte Freunde, die eine Wohnung im Stadtteil Chelsea, 23. Straße, besaßen, aber dort selten wohnten, weil sie die meiste Zeit in Europa unterwegs waren. Solange sie verreist waren, konnte ich dort wohnen. Drei Zimmer, zehn Blocks von der Schule entfernt, was in New York nicht weit entfernt ist. Bis die Wohnung frei werden würde, sollte ich im Chelsea Hotel wohnen, das ihr fast gegenüberlag.

Das Chelsea Hotel. Janis Joplin hatte dort lange gewohnt. Robert Mapplethorpe und Patti Smith. Das Hotel war eine Legende, wenn auch schon damals eine mit schiefen Türen, zugigen Fenstern und natürlich Kakerlaken.

Ich flog im Dezember zurück nach Luxemburg, um richtig zu packen und einiges vorzubereiten, aber vor allem, um mit meinen Eltern zu sprechen. Ihre Tochter, die ihnen schon in Europa entglitten war, wollte nun nach New York, wo sie beide noch nie waren. Erstaunlicherweise waren sie erleichtert. Sie waren erleichtert, weil ich endlich wieder auf eine Schule gehen sollte. Sie hatten es lange nicht verstanden, dass ich die Schule nach der Mittleren Reife abgebrochen hatte.

Sie machten sich Sorgen. Aber dass ich nun auf eine Schule gehen würde, auf der ich einen Beruf lernte und die mir auch noch eine fünfte Sprache beibrachte, bedeutete für meine Eltern, dass ich wieder auf einem Weg war. Ich weiß noch, dass mir mein Vater, der nie eine richtige Schreibschrift beherrscht hatte, sondern alles nur in Druckbuchstaben aufschrieb, zu meinem achtzehnten Geburtstag einen Jahreskalender schenkte, auf den er ein Gedicht geschrieben hatte. In Schreibschrift, meine Mutter erzählte mir später, dass er sie extra dafür geübt hatte.

Es wurde heller in meinem Leben, und der Himmel wurde größer. Als ich dann wieder in New York landete, fühlte ich mich gedanklich schon wie zu Hause.

Ich war in der Berghof-Schule in einer Klasse, in der wir uns am Anfang alle nur von den Vornamen her kannten. Wir kamen aus vielen verschiedenen Ländern: England, Argentinien, Frankreich, Schweiz, USA, alles war dabei. Und es waren Sally, Emma, Francesco und Alexander und wie sie alle so hießen, wie in *Fame* eben. In den ersten Tagen wurde Sally meine Partnerin bei den Proben. Sally Burtenshaw, eine großartige Frau, die heute Schauspielerin und Regisseurin an einem Theater in Houston ist. Erst nach einer Weile, nach vielen gemeinsamen Pausen im Diner oder Sprechproben in kleinen New Yorker Wohnungen, erzählte Francesco von seinem Vater, Anthony Quinn. Und Emma von ihrer Mutter, Julie Andrews, die ich als Mary Poppins aus dem Kino kannte. In einer Klasse war ein Mädchen, das die Patentochter von David Bowie war, und manchmal lief eben auch Bowie durch die Schule. Ich freundete mich sehr mit Alexander an, der mir auch irgendwann verriet, dass sein Nachname »Bernstein« wäre. Ja, Leonard Bernstein war sein Vater. Aber es war völlig egal, wer welche Eltern oder welche Vorgeschichte hatte, interessierte niemanden, und niemand machte sich etwas daraus. Mit Alexander probte ich *Die Glasmenagerie* von Tennessee Williams, ich als Laura und Alexander als Jim. Mit anderen Schülern probte ich Fassbinders *Die bitteren Tränen der Petra von Kant*. Und mit Alexander dann wieder irgendein amerikanisches Stück, und als wir eines Tages Unterricht hatten, stand auf einmal Robert De Niro hinten in der Klasse, lachte und sagte zu Herbert Berghof: »Wollte nur mal sehen, ob du noch lebst.«

So war das. Wir waren eben nur Désirée aus Luxemburg und Alexander aus New York und so weiter. Wir waren alle gleich und vor allem alle gleich in der Leidenschaft, dieses Handwerk Schauspiel zu erlernen und dann auszuüben. Das »Fliegen zu lernen«, wie es Uta Hagen uns einmal sagte.

Ja, und was lernte ich? Vor allem, dass Schauspiel ein Handwerk ist, das man als Ganzes verstehen muss. Wir hatten keinen Unterricht, in dem man »richtig weinen« oder »furchtbar wütend« sein lernte. Schauspiel ist ein Handwerk wie viele andere auch, man kann es nicht unterteilen. Alles ist wichtig, die Intuition, die Vorbereitung, die Stimme, die Art, sich zu bewegen und den Körper das machen zu lassen, was die innere Stimme sagt. »Schauspielen heißt, nicht nachzudenken«, wie es uns Berghof oft predigte. Oder auch: »Im Deutschen gibt es das richtige Wort für das, was wir hier machen: Proben.« Im Englischen gibt es das Verb nicht, sondern nur »die Probe«, the rehearsal. Und er meinte das Proben, das Immer-wieder-Ausprobieren. Wir lernten zum Beispiel, uns die »vierte Wand« vorzustellen. Das heißt, jede Bühne hat drei Wände und den Blick auf die Zuschauer. Zimmer, Räume, überhaupt die Welt, haben aber immer vier Wände. Also lernten wir, uns die Zuschauerseite als Wand vorzustellen, als Wand, an der ein Bild hängt, vor dem ein Telefon steht oder die ein Fenster hat, hinter dem das Meer oder die Berge zu sehen sind. Der Trick ist der, dass man als Schauspieler auch in die Richtung agiert, in der sich eigentlich nichts befindet oder eben die Zuschauer. Dann lernten wir, auf der Bühne zu telefonieren, also einen Dialog als Monolog zu spielen. Wir sollten auf der Bühne zum Beispiel drei verschiedene Telefonate führen: ein verheimlichtes, ein wütendes und ein völlig irres. Für das irre Telefonat sprach ich dann einfach Luxemburgisch, was für die anderen wohl wirklich wie die Sprache einer Irren klang. Später, in einem anderen Kurs, den ich bei Nina Foch, einer bekannten Schauspiellehrerin in Los Angeles, machte, gab es eine Übung, die mit »switchen«, also mit »umschalten« zu tun hatte. Dazu sollte jeder einen persönlichen Gegenstand mit auf die Bühne nehmen und ihn zunächst ganz sachlich beschreiben. Ich nahm einen Teddy aus meiner Kindheit mit, den ich aus Luxemburg mitgebracht hatte, und beschrieb ihn. Braun, dunkle Glasaugen, so und so groß, das linke Ohr schon etwas beschädigt. Und »switch«: was er mir bedeutete, das Umklammern als Kind, wenn es gewitterte, den Namen, den ich ihm gegeben hatte, und so weiter. Und wieder »switch«: »Ja, am Bauch ist schon die Naht geplatzt.« Nicht-Emotion und Emotion voneinander zu trennen, darum ging es.

Es gab in der Schule keine Hierarchie und keine Noten. Nach jeder Probe oder Übung saßen alle zusammen, während Berghof oder Hagen uns erklärten, was gut gewesen war und was nicht. Wichtig war, dass zwar jeder immer besser werden wollte, aber eben gemeinsam, jeder wollte jeden mitziehen. Natürlich waren wir nicht alle gleich gut, dazu waren wir viel zu verschieden. Aber es ging vielmehr darum, seine eigenen Stärken zu finden oder Schwächen zu erkennen. In einer Probe versuchte ich mich einmal an einem Text von Shakespeare. Berghofs knapper Kommentar danach war: »Du solltest Shakespeare nicht zu dir herunterzerren, sondern versuchen, dich zu ihm zu erheben.« Okay, dachte ich, vielleicht wird Shakespeare nicht so mein Ding.

So gingen die Tage. Wir hatten immer eine Woche Zeit, eine neue Szene zu lernen und zu proben, was ich dann mit meinem jeweiligen Partner nachmittags oder abends machte. Dafür fuhr ich oft mit der U-Bahn kreuz und quer durch New York, weil viele in Brooklyn oder Queens wohnten und wir uns dann dort in Cafés oder auf Parkbänken trafen. Nach einer Weile war mein Partner dann meistens Alexander

Bernstein. Wir wurden die besten Freunde. Er war nicht sehr groß, hatte sehr dichte, lange Locken und damals eine Vorliebe wie viele andere Künstler: Er rauchte viel. Sein Vater Leonard Bernstein gehörte auch zu den Unterstützern der »HB Studios«, er war ein Freund von Herbert Berghof und Uta Hagen und so kam es, dass unsere halbe Klasse einmal bei ihm zu Hause war, um von dort die *Macy's Day Parade*, die jedes Jahr zu Thanksgiving durch Manhattan zieht, vom Balkon aus zu sehen.

Die Wohnung war in dem berühmten Dakota-Building an der 72. Straße und Central Park – in dem Haus hatte auch John Lennon gelebt, der etwa ein Jahr zuvor unten vor der Tür erschossen worden war. Auch Alexander wohnte dort lange mit seinem Vater, seiner Mutter und seinen beiden Schwestern, dann zog Leonard Bernstein eine Weile aus, er war bisexuell und hatte sich in einen Mann verliebt. Als dann Alexanders Mutter schwer erkrankte, kam der Vater zurück, die Mutter starb aber 1978.

Die Wohnung war sehr groß, und wir schauten vom Balkon alle auf die Parade, die vorbeizog, und überlegten, ob Yoko Ono, Lennons Witwe, ein Stockwerk über uns, auch zusah. Und dann ging die Tür auf, und Leonard Bernstein kam herein, sagte: »Hello, bonjour, buona sera« und winkte mit einer Flasche Whisky. Er war, na ja, imposant, was soll ich sagen, die grauen Haare, das wirklich markante Gesicht, Filmstar, sein Lächeln und die Sanftheit jeder seiner Sätze. Seine Aura bestimmte sofort den Raum, es war, als ob sich auch jeder Stuhl nach ihm umdrehen würde. Er war sehr freundlich, fragte jeden von uns, wer wir seien, setzte sich irgendwann ans Klavier, spielte und fragte: »Will jemand von euch?« Ich hätte mich nicht getraut, aber ich konnte auch nicht gut genug Klavier spielen. Aber Anna, eine Freundin aus meiner Klasse, setzte sich ans Klavier und traute sich wirklich, vor Leonard Bernstein etwas von Chopin zu spielen, und sah ihn danach unsicher an. Er lächelte und sagte: »Great. I have another one you should try«, stellte sein Glas auf den Flügel, setzte sich und spielte, ich glaube, etwas von Mozart. Ich weiß es nicht mehr, aber den Anblick werde ich nie vergessen, wir so jungen Studenten um einen Flügel, an dem Leonard Bernstein mit offenem Hemdkragen spielte und dann wieder meine Freundin Anna ansah, »now you again«.

Das war wirklich etwas, was ich aus dieser Zeit gut in Erinnerung behielt: eine Zeit ohne Ehrfurcht, ohne Schranken. Egal, ob jung oder alt, ob klug oder unwissend, berühmt oder nicht, wir waren auf diesem kleinen Planeten alle gleich. Ob De Niro im Klassenzimmer, Bernstein am Klavier, es wurde für mich so normal. Ich habe das später, als ich wieder in Europa lebte, kaum jemandem erzählt. Ich hatte Angst, dieses Normale, was es ja in meinem Europa nicht gab, nicht gut vermitteln zu können, und dass mich alle für eine Angeberin halten würden. Ich kannte damals und auch heute noch viele Namedropper, die angeblich mit halb Berlin, Paris oder Hollywood befreundet sind. Wir aus der Schauspielklasse Berghof/Hagen waren aber wirkliche Freunde, und ich bin es mit vielen aus der Zeit heute noch. Und weil ich schon damals diese, meine, Welt nicht von anderen zerfleddert wissen wollte, habe ich vieles aus der Zeit für mich behalten. Für das, was man Karriere nennt, war das vielleicht nicht immer förderlich. Ich kenne schon einige, die sich lauter auf die Brust trommelten und herumposaunten, wen sie alles kennen und anrufen könnten, und damit schneller auf der Überholspur an Filmprojekte rankamen, aber die Spur war und ist oft kurz. Kennen ist eben nicht können. Und über das Kennen sprachen wir in New York nie. Nur über das Können.

Später nahm Leonard Bernstein seinen Sohn und mich einmal mit in die Met, das berühmte New Yorker Opernhaus. Es wurde die Oper »Carmen« von Georges Bizet aufgeführt. Bernstein erklärte uns vorher jeden Akt und jede Arie. Er hatte damals eine Fernsehsendung, die *Young People's Concerts* hieß, in der er jungen Menschen das Wesen von Melodien und Symphonien so sympathisch schilderte, dass sicherlich viele Kinder unbedingt Musiker werden wollten. Ich jedenfalls habe »Carmen«, von Bernstein erklärt, nie wieder so eindrücklich verstanden wie an diesem Abend.

Ich war noch oft bei den Bernsteins, zum Abendessen, oft mit Freunden aus der Klasse, sogar am für Amerikaner heiligsten Feiertag, an Thanksgiving. Und es war dann auch Alexander, der eines Tages zu mir sagte, ich müsste unbedingt Robert Lantz, seinen und den Agenten seines Vaters, kennenlernen. Wenn er und ich später ernsthafte Schauspieler werden wollten, bräuchten wir einen Agenten. Ohne Agenten gehe am Theater oder beim Film überhaupt nichts. Robert »Robby« Lantz sei einer der besten. Na ja, ich fühlte mich noch etwas zu jung, um schon einen Schauspiel-Agenten zu beschäftigen, und ich war davon überzeugt, dass Robby Lantz sicher eine Nummer zu groß für mich wäre. Aber ich war immer neugierig auf alle diese Menschen und erstaunt, dass Lantz mich tatsächlich empfangen wollte. Die Adresse weiß ich noch bis heute: Sixth Avenue und Central Park, die Avenue of the Americans, mitten in Manhattan. Das Büro war gar nicht groß und Robert Lantz ein freundlicher, damals sechsundsechzigjähriger Mann mit Brille und weißen Haaren, der, als ich dort war, die ganze Zeit hinter seinem Schreibtisch zwischen Bücherbergen und Wänden voller Fotos saß. Und natürlich war auch er ein Eingewanderter, geboren in Berlin, der 1935 vor den Nazis erst nach London und dann nach New York geflohen war. Er war schon damals ein Agent alter Schule, machte mit seinen Kunden keine Verträge, sondern bei ihm galt noch der Handschlag. Er erklärte mir den großen Unterschied zwischen Stars und Prominenten: Stars liebte er und arbeitete mit ihnen; Prominente interessierten ihn nicht. Das erzählte er mir alles, immer mit einem feinen Lächeln um den Mund und keiner Boshaftigkeit in der Stimme. Und sein Assistent hieß David Riva, ein Enkel von Marlene Dietrich. Und an der Wand hingen Fotos von Richard Avedon, der ebenfalls sein Klient war. Und in dieser Kulisse saß Lantz, der ab und zu das Telefon abnahm, wenn es klingelte, und

»Ach, Liz, sei nicht hysterisch!« raunte, wenn Liz Taylor anrief. Oder »Bette, nun beruhig dich!«, wenn er Bette Davis tröstete. Da kam ich mir als Achtzehnjährige aus Luxemburg wieder wie ein kleines Mädchen in der Welt der Großen, der für mich Unvorstellbaren vor, die aber am Telefon mit diesem Mann ganz normale Personen waren. Im Laufe des Gesprächs erzählte er mir dann, dass Liz Taylor mal bei ihm im Büro gewesen war, um ihm ihren fünften Ehemann vorzustellen. Sie fragte, ob Lantz ihn nicht auch vertreten könnte. Es war Richard Burton. Lantz zeigte dabei auf meinen Stuhl, denn dort hätte er gesessen.

Ich war dann in den kommenden Jahren immer wieder mal bei Robby Lantz. Alle paar Wochen rief mich Riva an und fragte, ob ich Zeit hätte. Lantz, der Schäfer, wollte mal wieder von seiner Herde hören.

Robby Lantz hat mich damals übrigens nicht vertreten, weil es noch nichts für mich gab. Er machte mir auch keine falschen Versprechen, die Zeit würde schon noch kommen, sagte er. Und das sollte sie auch. Aber ich hatte das Gefühl, dass Robby Lantz mir väterlich beim Erwachsenwerden zusehen wollte. Mich hier und da vor Fehlern warnte oder mir riet, etwas zu wagen. Es war nicht so, dass ich mir seine Ratschläge aufschrieb, sie wurden eher zu einer Grundierung meines jungen Schauspiellebens. Und zu einer Einsicht, wie normal, banal und menschlich auch das Leben der ganz großen Namen sein konnte. Manchmal, wenn ich im Büro saß und das Telefon klingelte, sah er erst mich an und dann das Telefon, lächelte und sagte: »Mal sehen, was Liz wieder auf dem Herzen hat.« Und dann? War Yul Brynner am Apparat

Robby Lantz und ich blieben immer in Kontakt. Er blieb so etwas wie ein Hirte für mich. Und so, durch das Zuhören und Zusehen, was ich am Anfang schon einmal sagte, lernte ich auch sehr schnell Englisch. Ich hatte schon damals, wie heute, ein sehr gutes Gedächtnis und konnte mir alles, was Robby Lantz an diesen Nachmittagen erzählte oder was ich woanders hörte, sofort merken. Jeden Abend ging ich mit einem Haufen neuer englischer Wörter im Kopf nach Hause. Das Langenscheidt-Wörterbuch, das ich in den ersten Monaten wirklich gebraucht hatte, ließ ich bald liegen. So wie manches andere auch. Meinen Hausstand zum Beispiel. Das muss ich erklären, weil es viel darüber sagt, was ich bei Herbert Berghof und später bei Uta Hagen gelernt habe.

Es gab in der Schule ziemlich wenig Requisiten. Ein paar Stühle und Tische, vielleicht noch zwei Tassen oder einen Eimer, mehr nicht. Wenn wir jungen Schauspielschüler aber Szenen probten, in denen zum Beispiel ein Telefon, Bücher, Tassen und Teller oder sonst was gebraucht wurden, mussten wir diese Gegenstände selbst mitbringen. Junge Berghof-Schüler erkannte man also daran, dass sie morgens mit großen Taschen und Kartons zur Schule kamen. Mich konnte man vor allem an einem Wäschewagen aus den Münzwaschsalons erkennen, den ich mir ausgeliehen hatte und mit Büchern, Geschirr, Bildern, Kleidern, Zimmerpflanzen, Schuhen, Kerzen, manchmal auch Stühlen vollgepackt hatte und über die vielen Straßen von meiner Wohnung zur Schule schob. Bei den Requisiten war ich immer sehr genau, deshalb sah es immer wie ein Umzug aus. Aber je mehr wir lernten, desto mehr verstanden wir, aus dem wenigen mit unserem Schauspiel viel zu machen; dass man zum Beispiel auch überzeugend ein Telefonat spielen kann, ohne ein Telefon in der Hand halten zu müssen. Je mehr sich also die Szene, die Dramaturgie in unserer Körperhaltung, unserer Mimik und unseren Worten abspielten, umso unwichtiger wurden die Requisiten. Bei Uta Hagen sollte ich einmal eine Szene aus einem Stück, das *Sommerzeit* hieß, mit meinem Mitschüler Carlos Matero spielen. Die Szene schien einfach, war aber kompliziert. Ich sollte nach einem Unfall eine Verletzung am Bein vortäuschen, und Carlos, der in seiner Rolle in mich verliebt war, wollte mir helfen. Ich aber hoffte in meiner Rolle, dass der Arzt kommen würde, in den ich in Wahrheit verliebt war. Ich musste ihm also diplomatisch erklären, dass ich lieber auf andere Hilfe warten wollte, ohne ihn zu kränken. Requisite: fast null. Holzboden, zwei Kisten. Je mehr ich also lernte, zu spielen, umso weniger schob ich morgens meinen halben Hausstand in die Schule. Und irgendwann überhaupt keinen mehr. Und wie das bei jungen Schülern so ist, je mehr wir lernten, umso kritischer schauten wir Filme im Kino oder im Fernsehen an, immer auf der Suche, Fehler in den Dialogen oder bei der Regie zu finden. Ich weiß noch, dass wir einmal eine Folge der Serie *Dallas* anschauten und dachten: Nee, das ist nicht realistisch. So viel wie J. R. Ewing in der Szene trinkt, so viel kann ein Mann gar nicht trinken, ohne umzufallen. Um das zu prüfen, schauten wir uns gleich auch noch die nächste Folge an, und jedes Mal, wenn J. R. wieder einen Whisky runterkippte, tranken auch wir einen und waren natürlich irgendwann ziemlich betrunken. Als wir das Herbert Berghof erzählten und meinten, »Dallas« sei so was von unrealistisch, lachte er nur und fragte: »Und das hat J. R. in der Folge alles an einem Tag getrunken?« Wir überlegten. »Nein, ähh … schon über drei oder vier Tage hinweg …« Erst dann erkannten wir unseren Irrtum.

Dass in jener Zeit auch Uta Hagen meine Lehrerin wurde, war nicht selbstverständlich, sie war die strengere Abteilung in der Schule, und zu ihr kam man nur, wenn man zu einem erneuten Vorsprechen eingeladen war – man konnte sich nicht selbst einladen. Ich war eines Tages geladen, und ich weiß noch, dass ich nicht sehr aufgeregt war. Sicher, ich wollte unbedingt in ihren Unterricht, aber mittlerweile fühlte ich mich so im Fluss mit der Schule und mit dem Handwerk, das ich hier erlernte, dass ich, glaube ich, mit einem neuen Selbstbewusstsein in das Vorsprechen ging. Es fiel mir nicht schwer, ich konnte schon vieles anwenden, was ich gelernt hatte. Uta Hagen sah mich nur lange an und sagte: »Welcome.« In der Schule sprachen wir nur Englisch miteinander, aber als wir uns später ab und zu in ihrem Haus in Montauk trafen, sprachen Hagen und ich auch auf Deutsch. Sie kochte viel und sehr gut, und ich werde nie vergessen, mit welcher

Wonne sie das Wort »Kartoffelsalat« aussprach. Als Lehrer waren Berghof und Hagen sehr unterschiedlich. Herbert Berghof war gelassener und ließ uns proben, spielen, proben. Er machte seine Scherze, konnte sehr ironisch und nicht ernst gemeint »You wanna fuck me?« sagen.

Uta Hagen war anders, mütterlicher, wenn auch strenger, und sie verlangte Disziplin. Als sie einmal nach mir gefragt wurde, antwortete sie, ich wäre eine sehr gute, sehr intensive Zuhörerin. So eine Schülerin hätte sie noch nie gehabt. Ich weiß bis heute nicht, was sie eigentlich genau damit gemeint hatte, aber ich weiß, wie viel ich von ihr beim Zuhören gelernt hatte. Einmal erzählte sie mir von dem alten, damals sehr berühmten deutschen Schauspieler Albert Bassermann, einer Legende der Theaterbühne, mit dem sie in Deutschland gespielt hatte. Als es bei einer Szene mit ihm darum ging, dass es regnen sollte, und sie das mit ihm besprechen wollte, wie sie das darstellen könnten, sagte Bassermann zu ihr: »Wenn *ich* auf die Bühne komme, dann regnet es.« Das waren so Geschichten, die ich alle nie vergessen werde, auch weil ich immer mal wieder »Regen« bei blauem Himmel nur für mich probte.

Wenn ich mir heute Bilder von mir aus jener Zeit ansehe, dann sehe ich eine Désirée, die den Flaum, oder besser, diese Verzagtheit ihrer Jugend hinter sich gelassen hat. Wer mich damals nicht so gut kannte, sieht das vielleicht auf den ersten Blick nicht, äußerlich hatte ich mich nicht sehr verändert. Aber ich erkenne auf den Bildern ganz genau, dass ich mich souveräner fühlte. Ich lache anders. Mein Blick ist weniger zögerlich und weniger verträumt und stattdessen wissender. Es gab einen Fotografen, der mich damals einmal für eine deutsche Zeitung besuchte und Fotos machte, auf denen ich, das war damals gerade die Mode, sehr sportlich und aerobic-gymnastisch bunte Leggings und Laufschuhe angezogen hatte. Ein wenig klischeehaft, aber es gab auch einen Grund. Ich wurde in der Großstadt sportlich, weil ich mir New York »erlief«. Wenn auch eher aus Sparsamkeit, denn auch wenn ich gut von meinem Geld leben konnte, so musste ich die Dollars zählen, die das Leben dort verlangte, ich hatte in Europa ja kaum noch Arbeit. Wenn eine U-Bahn-Fahrt damals 50 Cent kostete, dachte ich mir, die sechs, sieben, acht Blocks kannst du auch laufen. Wenn man das den ganzen Tag so macht, hast du am Ende vier Dollar gespart, die für ein Mittagessen reichen. Und ich suchte mir auch Jobs. Das machte jeder in der Schule, um sich das Leben in dieser Metropole leisten zu können. Ich kellnerte in einer Bar, die *White Horse Tavern* hieß und in der Nähe meiner Wohnung lag. Sie sah aus wie ein englischer Pub und war jeden Abend voll und eng, und natürlich arbeitete auch ich dort illegal, weil ich keine Arbeitserlaubnis in den USA hatte. Und weil ich auch noch minderjährig war, durfte ich keinen Alkohol ausschenken, sondern nur das Essen aus der Küche an die Tische bringen. Ich wurde nach jeder Schicht bar bezahlt, und ich mochte es, weil es zwei Schulen in einer waren: Schauspiel, weil ich immer so tun musste, als ob jeder Gast mein bester und ersehntester wäre. Sprache, weil ich anfing, auch lallende New Yorker Jungs zu verstehen. Und auch die Menschen, für die die Stühle in einer Bar in Wahrheit Beichtstühle waren und ich mir mit meinen Burger- oder Steak-Tellern in den Händen alles über zerplatzte Träume, zerbrochene Herzen oder große Pläne anhören konnte. Es gibt das *White Horse Tavern* heute immer noch, und als ich einmal mit meiner Tochter in New York war, habe ich ihr gezeigt, wo und wie ihre Mutter damals Geld verdiente. Eine andere Chance, Geld, und zwar ziemlich viel Geld, zu verdienen, lehnte ich dann aber ab. Es war jemand vom damals noch sehr jungen Musiksender MTV, der mich anrief und fragte, ob ich Interesse hätte, bei ihnen zu arbeiten. MTV gab es damals zunächst nur in den USA, und der Sender hatte seine Studios in New York. Sie waren wohl auf mich gekommen, weil sie meine *Music-Box*-Sendungen und andere meiner Moderationen aus Deutschland gesehen hatten und jemanden suchten, der mehrere Sprachen sprechen konnte. Das Angebot interessierte mich, und ich ging zu den MTV-Studios zu einem Casting.

Es war erstaunlich einfach. Ich stand in einem kleinen Studio, ein paar Videoclips liefen über einen Monitor, und ich sollte zu jedem ein paar Worte sagen. Oder eigentlich noch weniger, ich sollte sie einfach nur anmoderieren. »And now we will see Dire Straits with their new song ...« Blablabla. Dann sollte ich ein fiktives Interview mit Madonna führen, sollte mir also vorstellen, Madonna säße vor mir und ich stellte ihr Fragen. Ich kannte damals nur ihren ersten großen Hit »Like a virgin«, der aus den Transistorradios kam, die die Bauarbeiter in einer Straße, durch die ich täglich ging, auf ihr Gerüst gestellt hatten. Also befragte ich die imaginäre Madonna. Es war wirklich sehr simpel, und ich überlegte, ob das wirklich alles war, was sie von einer Moderation verlangten. Ein paar Tage später kam das Angebot: ein Einjahresvertrag, inklusive Arbeitserlaubnis, eigener Wohnung und 100 000 Dollar Honorar für das Jahr. Wumm, oder? Ich erzählte davon einigen wenigen Freunden, und alle meinten, ich wäre verrückt, wenn ich das nicht machen würde. Ich überlegte wirklich, aber nicht lange. Natürlich hätte ich die Schule für ein Jahr unterbrechen müssen, aber ich hätte eine Arbeitserlaubnis, viel Geld und eine Wohnung in New York gehabt. Und trotzdem sagte ich MTV ab. Es wäre für mich ein Rückfall in eine Welt, in ein Leben gewesen, das ich bereits kannte und aus dem ich ja herauskommen wollte. Ich mochte die Leute bei MTV ganz gerne. Sie waren jung und wollten eben auch ein anderes, ein neues Fernsehprogramm machen. Aber das war eben nicht mein Plan und widersprach auch meiner Disziplin einer Schule gegenüber, die mich gerade erst aufgenommen hatte und an der ich dabei war, Freunde und Kollegen zu finden. Die wollte ich nicht gleich wieder verlassen. Ich weiß, dass es auch eine große Leistung ist, Fernsehzuschauer am Bildschirm zu halten, indem man sie richtig unterhält, und später habe ich auch bei MTV wirklich großartige Moderationen gesehen. Aber das war Jahre später, als die Videoclip-Ansager selbst zu Persönlichkeiten wurden. Als ich damals vorgesprochen hatte, galt MTV noch als ein Clip-Abspielsender, und niemand ahnte, welche Größe, Macht und kulturellen Einfluss er einmal auf die Welt haben würde. Ich fürchtete damals einfach, als dieses Mädchen vom Musiksender – wie hieß die noch? – irgendwann vergessen zu werden.

Und so ging mein Leben in New York weiter. Ich fing an, mich nicht mehr als Besucher zu fühlen, sondern jeden Tag mehr als ein Teil dieser Stadt. Ich glaube, man wird die Mechanik dieser Stadt nie ganz verstehen, weil sie ganz eigene ungeschriebene Gesetze hat. Es gab in New York damals sichere, nicht ganz so sichere und auch riskante Gegenden. Das lernte ich sehr bald, weil man es spürte, wenn man mal irgendwo aus einer U-Bahn-Station ans Tages- oder Nachtlicht kam. Nachts durfte man zum Beispiel, das wusste man, nie durch den Central Park gehen. Von anderen hatte ich gelernt, immer einen 20-Dollar-Schein in der Tasche zu haben, den ich nie ausgab. Es war der Schein, den man bei einem Überfall oder Straßenraub sofort zücken und »Sorry, mehr habe ich nicht dabei« sagen sollte. Straßendiebe haben es immer eilig, die wollen nicht diskutieren und eigentlich auch keine Gewalt anwenden. Also lieber schnelle 20 Bucks als Ärger oder gar nichts. Ich weiß nicht, ob es funktioniert hätte, ich wurde nie überfallen. Aber ich hatte auch an keinem Tag in dieser Stadt wirklich Angst, sondern eher Vertrauen, weil ich mich wie viele andere fühlte. Denn die wenigsten Leute, die ich kannte, waren hier geboren und damit richtige New Yorker, sondern wie ich Eingewanderte aus irgendeinem Teil der Welt, die hier versuchen wollten, einem Traum und sich selbst näher zu kommen. Ich weiß, es sind wirklich diese Klischees von »if I can make it there, I'll make it anywhere«, und ich weiß auch, wie viele dort scheiterten, verarmten und irgendwann wieder lautlos verschwanden, weil New York auch gnadenlos sein kann, wenn du ein Verlierer bist. Aber damals fühlte ich mich in manchen Momenten wie in *Fame*, zumindest innerlich, weil ich gemocht wurde, neue Freunde hatte, bei Herbert Berghof und Uta Hagen wirklich viel lernte und, das war das Wichtigste, ich die kleine, sagen wir, tapsende Désirée hinter mir gelassen hatte. Ich war kein Mädchen mehr, sondern eine Frau. Hinzu kam, dass ich in New York endlich ein Verhältnis zu meinem Aussehen fand. Ja, ich konnte mich ohne, also zumindest nicht ohne große, Zweifel im Spiegel ansehen. Dort war ja niemand, der das kommentierte. Ob ich wirklich hübsch, schön oder attraktiv war, konnte ich nicht sagen, aber das konnte ich auch die nächsten Jahre nicht. Das können in Wahrheit die wenigsten Frauen, weil wir, egal, wie geschminkt oder in welchem Kleid, immer etwas finden, was nicht stimmt. Und selbst wenn irgendwie alles stimmt, ist es nur die Fassade, denn sich schlecht zu fühlen kann einen auch hässlich machen. In New York war es so, dass es an der Schule Freundinnen gab, die mir sagten, geh mal zu einer Agentur, die suchen immer Gesichter wie dich, du bist schön. Also ging ich an einem Nachmittag zu der Agentur *Elite* – einer noch jungen Agentur, die mit neuen Models der großen Mutter-Agentur Eileen Ford Konkurrenz machen wollte. Das lag auch daran, dass sich Anfang der 80er-Jahre die Modewelt und ihr Markt verändert hatten. Alles wurde jünger, und die Mode fing an, ihre aristokratische Bedeutung zu verlieren, nur die oberen Zehntausend teuer anzuziehen. *Vogue* oder *Harper's Bazaar* waren nicht mehr die alleinigen Bibeln, die die Modetrends vorgaben, sondern es kamen andere Blätter wie *Glamour* oder *Mademoiselle*, die jünger und frischer waren, auch weil sie mit jüngeren und unbekannten Models arbeiteten. Und das war wieder New York, bei *Elite* sah mich keiner musternd oder von oben herab an. Nein, es war völlig normal, dass eine junge Frau wie ich von der Straße hereinkam, um sich zu bewerben. Die Leute der Agentur machten Polaroids von mir, sagten, ich sähe »great« und »beautiful« aus und – ja, sie würden sich melden. Und sie meldeten sich ein paar Tage später, »Désirée, your first job«. Ich sollte am nächsten Tag in der Fifth Avenue bei einem großen, gerade eröffneten Hochhaus eines Millionärs sein. Nicht zu verfehlen, das Haus hätte einen goldenen Schimmer. Und es wäre noch ein anderes Model dabei. Ein junges Talent. Eine Tschechin. Als ich am nächsten Tag dort ankam, las ich am riesigen Hauseingang einen Namen, den ich nicht kannte: *Trump*. Es war der Trump-Tower, gerade eröffnet und schon damals sogar für New Yorker Verhältnisse etwas zu viel in Marmor und goldene Farben verpackt. In der Eingangshalle sollten ich und das andere Model vor den Fahrstühlen in verschiedenen Kleidern fotografiert werden. Es war ein sehr schönes Mädchen, mit langen dunklen Haaren, anmutig und irgendwie geheimnisvoll. Sie machte den Job schon länger, sagte sie mir, und das merkte man auch, sie war eindeutig die Hauptfigur von uns beiden. Ich beneidete sie um die Selbstverständlichkeit, mit der sie sich vor der Kamera bewegte. Ihr Name war Paulina Porizkova, und sie wurde ein paar Jahre später das erste der sogenannten »Supermodels«, und ich sah sie in fast allen Zeitschriften lange als das Gesicht der Kosmetiklinie von Estée Lauder. So weit bin ich nie gekommen, wollte es aber auch gar nicht. Zu modeln war für mich damals eine gute Gelegenheit, zusätzlich etwas Geld zu verdienen, als Beruf konnte ich mir das aber nicht vorstellen. Ich erhielt damals für einen solchen Nachmittag 120 Dollar. Models wie Paulina sicherlich mehr, aber dennoch war die Modeindustrie damals noch ein paar Jahre von den Millionengagen entfernt, die später an Supermodels wie Cindy Crawford oder Naomi Campbell gezahlt wurden. Ich war nur eine Besucherin in dieser noch jungen Industrie und wurde auch nur für sogenannte »Editorials« gebucht, also Modestrecken für Zeitschriften, aber nicht für Werbekampagnen. Aber ich hatte gut zu tun und traf manche Fotografen immer wieder. William King, den alle »Bill King« nannten, war einer von ihnen und wuchs mir ans Herz. Ich arbeitete oft mit ihm, und ihn zu treffen war für mich auch jedes Mal ein Ausflug in eine New Yorker Subkultur, die mir bis dahin verborgen war. Bill war schwul und nahm wohl viele Drogen. Er war wie eine Kerze, die an beiden Seiten brannte. Er starb 1987 an den Folgen von Aids.

Dann gab es die jungen, wilden Fotografen, die völlig neue Bilder versuchten. Steven Meisel, mit dem ich arbeitete, gehörte zu ihnen.

Andererseits gab es aber immer auch noch die älteren New Yorker Fashionfotografen, mit denen ich auch arbeitete, es war, wie gesagt, ein Generationswechsel. Ich weiß noch, wie ich bei Bert Stern gebucht war. Damals schon eine Legende, weil er einer der letzten Fotografen von Marilyn Monroe war. Sie ließ sich mit ihm in ein Hotelzimmer einschließen und fast nackt fotografieren. Bei meinen Shootings nahm sich Stern viel Zeit und erzählte mir viel. Dann sah er mich an und meinte, es wäre für Schauspielerinnen besser, wenn die Augen leicht nach außen zeigen würden, das wäre das Geheimnis, auf einer großen Leinwand zum Star zu werden. Fand ich interessant, nur zeigten meine Augen leider nicht nach außen. Dann, und das machte Bert Stern immer, erzählte er von Marilyn, ich glaube, er war sehr verliebt in sie. Ihr fotografisches Geheimnis, und dabei holte Stern Fotos von ihr hervor, sei immer dieser leichte Flaum auf ihrem Gesicht gewesen. Ein Flaum, der das Licht reflektierte und ihr Gesicht auf Bildern anders und heller strahlen ließ, so, als ob sie selbst von innen leuchten würde. Ich hatte solche Geschichten bisher noch nie gehört. Doch weil sie in meiner New Yorker Welt so selbstverständlich wurden und ich mit meinen achtzehn Jahren, aus Esch in Luxemburg, am nächsten Abend bei den Bernsteins zu Leonard Bernstein am Tisch hätte sagen können: »Also, Bert Stern hat mir gestern von Marilyns Flaum im Gesicht erzählt …« und so weiter, fand ich die prominenten Namen überhaupt nicht mehr aufregend. Das war ein schöner Effekt, denn es deeskalierte bei mir die Hysterie des Ruhmes, die bei mir sowieso nie so ausgeprägt war. In der Welt, aus der ich kam, allerdings sehr. Ich glaube, über das kleine Fernsehabenteuer mit Franz Josef Strauß, das zu Skandal, Morddrohungen, Polizeischutz und einem Auftrittsverbot geführt hatte, hätten sie in New York nur knapp gelächelt. Wenn überhaupt, denn Strauß war noch nicht einmal unterhaltsam, »not entertaining«, wie sie in New York sagen. Ganz so weit weg oder abgekoppelt von Europa war ich dann doch nicht. Das deutsche Fernsehen hatte mich zwar vergessen, aber

Werner Baecker nicht. Er half mir immer, wenn ich Probleme hatte. Irgendwann drehte er mal einen *New York, New York*-Beitrag über mich, filmte mich in der Schauspielschule und mit meinen Freunden auf New Yorker Straßen. Und auch in Deutschland hatte mich eine Person nicht vergessen. Ein Moderator bei NDR-Radio, ein Kollege, mit dem ich früher einige Sendungen zusammen moderiert hatte. Er war ein Freund, und es war ihm sehr egal, dass ich aus dem deutschen Fernsehen verbannt worden war. Er setzte im Sender einfach durch, dass ich eine monatliche *New York Radio Show* produzieren und moderieren konnte, was ich gerne machte, denn auch das Honorar stimmte. Von einem anderen Sender bekam ich eine Nagra geliehen, und aus meiner Zeit bei der *Music-Box* kannte ich ein paar Leute bei Plattenfirmen, die mir beim Zugang zu Konzerten, Clubs und auch mit Interviewanfragen weiterhalfen. Also zog ich abends wieder los, die Nagra über der Schulter und hinter die Bühnen der Stars. Die Aufnahmen – Interviews, Konzertausschnitte und meine Moderation – konnte ich danach in einem kleinen Studio eines Rundfunk-Kollegen vom WDR schneiden. Das Studio, das ich auch nachts benutzen konnte, befand sich bei ihm in der Wohnung. Und es dauerte manchmal bis zum Morgengrauen, bis das Band für die Sendung fertig war, oft erst in der letzten Minute. Und »letzte Minute« hieß nicht »letzte Minute vor dem Senden«, sondern »letzte Minute vor Versenden mit der Luftfracht«. Denn das war damals alles, verglichen mit heute, steinzeitlich. Das fertige Band, also eine ziemlich große Tonbandspule, sicher verpackt, musste zum Flughafen gebracht und bei der Luftfracht nach Hamburg aufgegeben werden, damit sie am nächsten Tag beim NDR ankommen konnte. Nun verpasste ich manchmal den Kurier, der das Band abholen sollte, und fuhr deshalb selbst mit Bus oder Bahn zum Flughafen. Es passierte aber dann auch, dass die Luftfracht bereits geschlossen hatte. Also lief ich außer Atem zum Check-in der Lufthansa und fragte Passagiere, die nach Hamburg reisten, ob sie die Spule mitnehmen könnten. Das war immer ein wenig riskant, weil ich die Personen ja nicht kannte und ein solches Paket auch schwer war. Es hat aber, soweit ich mich erinnere, immer funktioniert.

Die Folgen der *New York Radio Show* waren erfolgreich, und ich bin dem NDR bis heute für diese Chance dankbar, auch wenn meine Leidenschaft für diese Arbeit sicherlich nicht mehr so groß war wie früher einmal. Es war, ohne das jetzt kleinreden zu wollen, eine Routine aus Zeiten, in die ich eigentlich nicht mehr zurückwollte. Es war die Désirée-Stimme von früher, mit der ich sprach, dabei konnte ich mit dieser Stimme mittlerweile so viel mehr. Sie hörte sich mittlerweile tiefer an, und ich war dabei, zu lernen, sie zu meinem Instrument zu machen. Das musste ich auch, denn durch die Radiosendungen und meine Moderationen war ich eigentlich mikrofon-»verdorben«, was ich erst auf der Schauspielschule merkte. Denn ich war es bisher gewohnt gewesen, mit dem Mikrofon immer das Zentrum mit der lautesten, weil verstärkten Stimme zu sein. Und so sah auch meine Kopfhaltung aus, die verriet, dass ich unbewusst immer das Mikrofon suchte. Meine Stimme hatte nicht gelernt, sich allein durchzusetzen, was sie aber auf Bühnen muss. Ich sprach deswegen am Anfang entweder zu leise oder zu laut. Ich musste viel üben, bis ich eine natürliche, durchgehende Lautstärke und den richtigen Ton fand. »Du musst lernen, dass man auch dein Flüstern in der letzten Zuschauerreihe versteht«, sagte Uta Hagen zu mir. Ich merke heute noch sofort an meiner Stimme, wenn ich unsicher bin. Sie geht dann eine Oktave höher.

Die Schauspielausbildung sollte drei Jahre dauern, wobei es in jedem Sommer zwei Monate Pause für uns gab, in der die Schule Schauspielkurse für Gäste anbot. Wir nannten sie »Touristen« und lachten über sie. Nur zwei Monate mal schnuppern, wer sollte denn da etwas lernen? Außerdem war es im Sommer heiß und stickig in New York, und es kam hinzu, dass die Besitzer der Wohnung, in der ich lebte, meist in die Stadt zurückkehrten und ich für diesen Zeitraum umziehen musste. Ich machte dann oft »Couch-Hopping«, schlief also mal hier und mal da bei Freunden. Einmal flog ich sogar zurück nach Europa, um in dem Film, der in Deutschland den blöden Titel *Super Biester* hatte, mitzuspielen. Es war eine typisch französische Kinokomödie, die im Original *Une glace avec deux boules* hieß und von einer Familie erzählte, die vom Vater verlassen worden war – wegen einer jüngeren Freundin. Und deshalb lassen sich die Töchter viel einfallen, ihn wieder zurückzuholen. Ein nicht wirklich großartiger Film, aber eine dieser sympathischen Komödien, die Franzosen mit einer Mischung aus Herz, Humor und leichtem érotisme gut können. Wir drehten im Sommer auf dem Land. Dort lernte ich auch Valérie Kaprisky kennen, die drei Jahre älter als ich war. Sie sollte in Frankreich noch eine große Karriere machen, und wir würden uns bald auch noch wiederbegegnen. Ich mochte sie damals. Sie kam aus einer polnischen Familie, war in Paris geboren und in Cannes aufgewachsen. Wir gehörten beide zu dieser sehr kleinen Gruppe junger Schauspielerinnen, die schon Frauen, aber irgendwie auch noch Mädchen waren und eben nicht nur französisch, deutsch oder englisch, sondern europäisch, was damals amerikanische Produzenten sehr interessierte. Und so kam es schon ein Jahr später zu meiner zweiten, wenn auch kurzen Begegnung mit Valérie auf einem Flur im Pariser Hotel George V. Ich lebte immer noch in New York, es war Sommer, und ich bekam einen Anruf aus Los Angeles, ich wäre zu einem Casting für einen Hollywood-Film eingeladen. »Große Nummer! Die wollen dich sehen«, sagte die Agentur. Geplant war ein amerikanisches Remake eines französischen Filmklassikers, vielleicht sogar *des* Filmklassikers der Nouvelle Vague: *Außer Atem* von Jean Luc Godard aus dem Jahr 1960 mit Jean-Paul Belmondo und Jean Seberg. Godard hatte den Film damals eigentlich als Hommage an die schwarzweißen Crime-Movies mit Humphrey Bogart gedreht, und nun wollte der amerikanische Regisseur Jim McBride sozusagen eine Hommage auf die Hommage drehen und nannte sie *Atemlos*. In der Hauptrolle der damalige junge Wilde Hollywoods, Richard Gere. Und in der Umkehrung der weiblichen Hauptrolle, die bei Godard Jean Seberg als junge Amerikanerin in Paris spielte, sollte es diesmal eine junge Französin in Los Angeles sein.

Natürlich war ich aufgeregt, es war eine Chance, obwohl ich nicht ganz sicher war, schon in der Liga bestehen zu können. Das Casting sollte nicht in Los Angeles, sondern in Paris stattfinden. Also flog ich dorthin. Es war ein professionelles Casting, was bedeutet, dass am Ende wirklich die Hauptdarstellerin gefunden werden soll. Das Ganze war im Hotel George V, ich bekam eine Uhrzeit, wann ich dort sein sollte. Nun kannte ich *Außer Atem* und konnte mich gut an Jean Seberg und ihren sehr reduzierten, basic-american Stil mit ihren kurzen Haaren, Jeans und Ringel-T-Shirt erinnern. Sie spielte eine Studentin, die auf der Straße die *Herald Tribune* verkaufte und dabei den Klein-Ganoven, von Belmondo dargestellt, kennenlernte. Also dachte ich, mach dich basic, schlicht, Jeans, T-Shirt, Jacke, Pferdeschwanz. Ich weiß noch genau, wie ich in die Hotellobby kam und die anderen sah. Es waren nicht sehr viele. Ich kannte ein paar von ihnen vom Sehen, aber ich kannte vor allem Valérie Kaprisky, die dort saß. Ich freute mich. »Hey, Valérie!« Sie war erstaunlicherweise etwas reserviert, schaute mich kurz an, sagte »Hallo«, aber viel mehr auch nicht. Damals dachte ich, dass es die Nervosität eines Castings war oder dass sie mich nicht mehr als Freundin, sondern als Konkurrentin sah. Mag aber auch sein, dass es die Verschlossenheit war, die Franzosen haben können, wenn es um sie als Franzosen geht. Denn das war ich ja nicht. Und ich ahnte auch gleich meinen Fehler, so simpel und zurückgenommen aufzutreten. Denn im Gegensatz zu mir hatten die anderen, die dort warteten, alle Register, junge Französinnen zu sein, gezogen. Kurze Röcke, neue Frisuren, aufwendiges Make-up, diese ganze Pariser junge »élégance« dick aufgetragen. Und dann war es wie bei einem Arzttermin, man wurde hereingerufen, Valérie war vor mir an der Reihe, und sie kam nach zwanzig

Minuten sehr lächelnd wieder heraus, sagte aber nichts. Dann ging ich in das Zimmer, wurde sehr freundlich begrüßt, man gab mir einen kurzen Text, und aus einem Nebenzimmer trat plötzlich Richard Gere. Damit hatte ich nicht gerechnet. Dass der Hauptdarsteller bei ersten Castings dabei ist, war eigentlich ungewöhnlich. Ich war verwirrt, sagte bestimmt ein paarmal »Oh« oder »Ach, das wusste ich jetzt nicht«, aber Gere hatte eine so einnehmende, wie soll ich sagen, beruhigende Freundlichkeit und solch einen Witz, dass wir die kleine Szene, die ich ablesen musste, ganz en passant, also wirklich in einem leichten Schwung, in den er mich führte, spielen konnten. Wir sollten uns kurz streiten, umarmen und küssen, und das alles floss so dahin. Ich konnte viel mit ihm lachen. Aber dann, wie es bei Castings so ist: »Danke, Désirée, wir melden uns.« Sie meldeten sich Tage später und bedankten sich, aber sie hätten sich für Valérie Kaprisky entschieden. Ich wäre wirklich ganz beeindruckend gewesen, aber wirklich noch sehr jung, um nicht zu sagen: zu jung. Ich habe später lange darüber nachgedacht, ob es mein Fehler war, mir diese amerikanische Unschuld einer Jean Seberg anzuziehen. Denn genau das suchten sie wohl nicht. Sie suchten diese in einem kleinen Winkel der Seele auch verruchte und eben nicht unschuldige junge französische Frau. Es war eine Variante, die ich auch gekonnt hätte, aber als ich auf diesem Gleis Jean Seberg war, kam ich nicht wieder herunter, denn dann wäre ich unglaubwürdig geworden. Vielleicht lag es auch daran, dass ich immer noch in meiner Zwiespältigkeit lebte und sie deshalb nicht darstellen konnte – oder wollte. *Breathless*, also *Atemlos*, kam 1983 ins Kino; ich habe den Film in einem New Yorker Kino gesehen. Die Kritiken waren nicht gut; mir gefiel er auch nicht sonderlich, ich fand ihn etwas zu eilig und flach erzählt, und ich wunderte mich über Valéries seltsamen Akzent. Ich wusste ja, dass sie eigentlich viel besser Englisch sprechen konnte, als in dem Film verlangt wurde.

1983. Da gab es noch etwas anderes, was ich über die Jahre, wie so vieles, fast vergessen hatte. Es fiel mir irgendwann wieder ein, als ich Erinnerungen aufräumte. Fotos, Zeitungsartikel, Briefe, solche Sachen. Und dabei fand ich ein Foto von mir, jung, wie ich damals war, vor einer Fernsehkamera stehend. Das war im Studio Hamburg, ich spielte in der Komödie *Der Raub der Sabinerinnen* von Franz und Paul von Schönthan die Rolle der Paula Gollwitz, der Tochter des Gymnasialdirektors Gollwitz. Die Regie führte damals Rolf von Sydow, und das Stück ist wirklich ein klassischer »Schwank«, der schon oft verfilmt wurde. Der Grund, warum ich das hier erzähle, ist der Schmerz, den ich noch heute spüre, wenn ich die Szenenfotos von damals sehe. Denn ich spielte mit Gert Fröbe und Martin Held, zwei der größten deutschen Schauspieler bis heute. Es waren Dreharbeiten, von denen man heute sicherlich sagen würde, sie wären »oldschool«. Wir hatten aber großen Spaß: Fröbe und Held nahmen mich »Küken« wie zwei Väter an die Hand und führten mich durch das Stück. Und alle Kollegen im Studio machten mir nach den Dreharbeiten Mut, ich wäre großartig gewesen und hätte sicherlich noch eine große Zukunft vor mir. Rolf von Sydow, Gert Fröbe und Martin Held, ich hatte die größten Lehrer überhaupt. Was mich bis heute so schmerzt, ist, dass ich denke, diese, wie auch einige andere Chancen, nicht erkannt und nicht wahrgenommen zu haben. Es geht darum, dass ich davon, neben Fröbe und Held vor der Kamera zu stehen, nichts mitgenommen hatte. Nicht den Mut, mich selbst neu zu formulieren und mein fremdbestimmtes Leben zu verlassen. Und auch nicht die Erkenntnis, dass andere sehr an mich glaubten, dieser Glaube sich aber bei mir nicht fortsetzte. Heute denke ich, mein Gott, was hätte ich aus diesen Chancen schon damals machen können? So war es aber eben nicht. Es war in Wahrheit so, dass ich deshalb alles spielte und drehte, dass ich all das tat, nur um diesem Schatten in meinem Leben zu entfliehen. Heute denke ich manchmal, dass ich wie eine Ertrinkende jede Sandbank und jede kleine Insel gesucht habe, um Luft zu holen. Und mit dem Luftholen so beschäftigt war, dass ich nicht darüber nachdachte, mir ein Boot oder ein Floß zu bauen, um nicht mehr ins Wasser zurückzumüssen. Und bevor ich überhaupt darüber nachdenken konnte, war es auch schon wieder da. Wie die Flut.

Zum Jahreswechsel 1983/1984 war das Ende der Schauspielschule in Sicht. Es lagen nur noch ein paar Monate vor uns. Danach hätte ich zwar manche Kurse wiederholen können, aber eigentlich war die Ausbildung beendet. Ich glaube, viele von uns wären gerne länger geblieben, aber Herbert Berghof sagte: »No, now it's time to fly.« Wir sollten hinaus ins Leben, an die Theater, vor die Kameras, denn die beste Ausbildung nützt nichts, wenn man sie nicht anwendet und sich nicht ausprobiert. Lernen würden wir jetzt nicht in dieser Schule, sondern auf den Bühnen oder vor den Kameras. Ich war aber in drei Jahren New Yorkerin geworden, ich sprach ein gutes Englisch, fühlte mich in der Sprache sicher, hatte viele Freunde. Ich kannte mich in der Stadt, auch in den abseitigen Gegenden von Chelsea und Greenwich Village aus, hatte volltrunkenen New Yorker Brokern ihre Tuna-Melt-Sandwiches serviert. Ich hatte vor etlichen Kameras gestanden und konnte am Kiosk Zeitschriften mit Fotos von mir, die Steven Meisel oder Bert Stern gemacht hatten, kaufen. Das Telefon in meiner Mietwohnung klingelte immer, wenn ich da war, ich hatte angefangen, Wurzeln zu schlagen. Ich, New York, Wurzeln.

An einem dieser letzten Tage lud Uta Hagen mich und Alexander in ihr Haus in Montauk zum Essen ein. Nur uns beide. Wir fühlten uns sehr geehrt. Da saßen wir an einem großen Tisch, es gab sehr viel zu essen und zu trinken, viele Kerzen leuchteten, und wir sprachen alle durcheinander, es war wie ein Konzert aus Stimmen und Geschichten. Für mich legten sich in dem Moment eine Wärme und ein Licht auf diese Szene, die ich nie vergessen werde. Ich dachte an meine erste kalte Nacht im YMCA, an die Kakerlaken und meinen großen Zweifel, ob ich mal wieder etwas falsch gemacht hatte. Und dann, drei

Jahre später, wusste ich, nichts falsch gemacht zu haben. Und ja, ich saß da und dachte: Désirée, jetzt bleib hier. Du bist glücklich. Ich wäre geblieben. Doch dann ein paar Tage später ein Anruf aus Luxemburg. Das war Anfang 1984, die Schauspielschule sollte in ein paar Wochen zu Ende sein. Ob ich den *Grand Prix Eurovision de la Chanson* moderieren könnte. Das Fernsehereignis überhaupt. Ganz Europa würde zuschauen, und das könnte nur ich schaffen, in vier Sprachen gleichzeitig. Ich dachte lange nach und sagte schließlich zu. Ich weiß bis heute nicht, ob es die richtige Entscheidung gewesen war. Aber ich flog dann nach Luxemburg, moderierte den *Grand Prix* und kam noch einmal zurück und blieb bis zum letzten Tag in der Berghof-Schule. Doch dann war es vorbei.

Ich packte alle meine Koffer und ging zum letzten Mal durch die Wohnung, fasste alles noch einmal an und sah auf die Straße. Meine Straße. Dann brachte ich die Koffer hinunter, die Wohnung lag in einem Innenhof mit einem Zugang zur Straße. Ich werde das Bild des Abschiedes nie vergessen. Meine Blicke wanderten noch ein letztes Mal über die Backsteinwände der Häuser, über die offenen Fenster und über die Feuerleitern, die an jedem Haus hängen. Es war wirklich wie die Kulisse der *West Side Story*, aus der ich nun aussteigen würde. Dann kam das Taxi, und der Fahrer hatte Mühe, alle Koffer, Taschen und auch die Nagra, die ja ausgeliehen war, in das Auto zu bekommen. Für meine Eltern hatte ich noch einen Anrufbeantworter gekauft, denn fast jeder, der damals in den USA unterwegs war, brachte einen Anrufbeantworter nach Europa mit, weil sie sehr viel preiswerter waren als die klobigen, teuren Geräte zu Hause. Die Taxe fuhr mich zum Flughafen JFK, am Terminal war es voll und eng. Der Taxifahrer holte mein Gepäck aus dem Kofferraum und stellte es vor den Eingang, ich bezahlte, und er fuhr weg. Etwas eilig und wortlos, wie ich fand. Erst dann merkte ich, dass er die Nagra nicht mit ausgeladen hatte. Sie war weg, einfach so. Ich stellte mir vor, wie er am Abend ratlos vor dem schweren Gerät mit all den Schaltern und Reglern sitzen würde. Mein Problem war, dass sie fast 4000 Mark wert war und ich sie ersetzen musste.

So hörte es auf, mein Leben in New York.

Schreie in Paris

Ich war, wie gesagt, noch in New York, als meine Mutter mich anrief und sagte, ein Herr Steichen habe sich gemeldet und gefragt, ob er meine Nummer haben könnte. Ein Herr Steichen von RTL. Ich wusste, wer das war.

René Steichen war ein Regisseur von RTL-Fernsehen. Ich war bereits als Kind ein Fan von ihm gewesen, weil er eine *Hitparaden*-Sendung moderierte, in der er schon lange vor MTV die Musiktitel mit selbst gedrehten, damals sehr modernen Videoclips bebilderte. Er war ein Enkel des sehr berühmten Luxemburger Fotografen Edward Steichen, der in die USA ausgewandert war. Aber persönlich kannte ich ihn nicht; wir waren uns bei RTL nie begegnet. Er rief wenige Tage später nochmals an, sagte etwas erschöpft, dass Luxemburg nun schon zum vierten Mal Veranstalter des *Grand Prix Eurovision de la Chanson*, wie es damals noch hieß, sei und er eigentlich keine Lust dazu hätte, aber sich dafür mal etwas Neues ausdenken wollte. Und das aber nur mit mir machen wollte. Außerdem sei es auch ein historischer Tag, weil unsere Sprache, Luxemburgisch, nun nicht mehr ein Dialekt sein sollte, sondern als offizielle Sprache anerkannt werden würde, was aber mit dem *Grand Prix* nichts zu tun habe. So ungefähr redete er sehr freundlich, aber ohne Punkt und Komma auf mich ein, atemlos, alles in einem Satz. Ich saß in meiner New Yorker Wohnung und wollte eigentlich sofort »Nein« sagen. Nein, weil ich in dieses Moderatorenleben, in dieses Luxemburg und diesen Sender RTL nicht mehr zurückwollte. Es war meine Vergangenheit und sollte es auch bleiben. Und dann dachte ich noch, wie erkläre ich das Herbert Berghof, Uta Hagen und meinen Freunden? Ich geh mal kurz nach Europa, um einen Schlagerwettbewerb zu moderieren? Ich, die gerade *Die bitteren Tränen der Petra von Kant* von Fassbinder probte? Nein. Aber René Steichen war gut, er ließ nicht locker. Er sagte, es wäre doch unsere Chance, das Fernsehen zu revolutionieren. Eine ganz neue Show, eine ganz andere Art der Moderation. Schneller und mehr den Künstlern überlassend, also keine Interviews mit den Sängern zwischen den Songs, die sowieso nicht viel sagen wollten. Keine Quälerei, sondern mal einen ganz anderen Drive. »Und, Désirée, das kannst nur du«, sagte er. Wir, also er und ich, würden dafür eine wirklich europäische Sprache erfinden, die alle verstehen. Also in einem Satz fließend Französisch, Deutsch, Englisch, Italienisch, Luxemburgisch ineinander übergehend, das habe es noch nie gegeben. Und dann würden wir noch ein paar Sätze Russisch lernen, weil die Sowjetunion das erste Mal auch überträgt. Fünfhundert Millionen Zuschauer, das könne Fernsehgeschichte machen. Wir sprachen Luxemburgisch miteinander und sponnen so vor uns hin. Ich schlug ihm vor, noch Oliver Spiecker von RTL dazuzuholen. Und es fing an, dass mir die Idee gefiel. Es war kurz vor Weihnachten, und ich sollte für die Vorbereitung schon bald nach Luxemburg kommen. Sie würden die Flüge bezahlen. Sicher, dachte ich, wird es für die Sendung auch ein Honorar geben. Es war eben doch eine Versuchung, es würde ja nicht mein altes Leben, in einem Radiostudio oder bei der *Music-Box,* sein. Es sollte eben die größte europäische Fernsehshow werden, die es jemals gegeben hatte. Ich würde also nicht als die kleine Désirée zurückkommen, sondern als jemand anders. Und, wie Steichen sagte, sie bräuchten mich, das könne niemand anders. Ich glaube, Steichen und auch viele andere wussten damals, dass das meine weiche Stelle war. Und war sie ja auch. Désirée, komm und hilf, das kannst nur du und so. Heute bin ich damit nicht mehr immer zu überreden, weil ich den Trick kenne. Aber egal, ich bin René Steichen bis heute dankbar, denn es war eine große Bühne und eine große Chance. Ich sagte also zu, flog über Weihnachten nach Hause, und schon ein paar Tage später fuhren wir mit dem Auto nach Paris. Ich sollte ein Kleid für den Abend bekommen, ein richtig wuchtiges Abendkleid. Wir gingen in die Ateliers von Dior und Mugler und trafen sogar extra die Designerin Sonia Rykiel, die Legende. Überall probierte ich Kleider an, es wurden etliche Fotos gemacht, und am Ende entschied man sich für ein pompöses dunkles Kleid mit Blumenmustern. Ich hatte so etwas noch nie zuvor getragen. Das Kleid wurde an mir abgesteckt; es sollte ein paar Tage vor der Sendung geliefert werden.

Der *Grand Prix* fand am 5. Mai 1984 statt. Ich reiste ein paar Tage zuvor wieder aus New York an und probte mit Oliver Spiecker und René Steichen im großen Theater von Luxemburg die Moderation in verschiedenen Sprachen. Dann wurde das Kleid gebracht, ich sah es und wusste, das ziehe ich nicht an. Es war für die Bühne, auf der wir eine junge, moderne Show veranstalten wollten, völlig falsch. Zu pompös, zu steif und ja, auch zu alt. Für mich jedenfalls. Wenn ich das anziehe, bin ich nicht ich selbst, dachte ich. Und sagte das auch laut. »Wie? Das willst du nicht anziehen? Das ist extra für dich angepasst worden.« Dann wurden alle etwas aufgeregt und nervös, das Kleid wäre doch so festlich wie der Anlass und doch auch schön. Es redeten viele auf mich ein, aber ich blieb dabei: »Das ziehe ich nicht an.« Ja, es war nur ein Kleid, und einen Abend darin hätte ich auch überlebt, aber die Show und alles, was wir uns ausgedacht hatten, hätten mit dem Kleid nicht überlebt. Ich blieb entschieden. Und das war neu an mir. Und ich spürte auch, dass es alle anderen irritierte. So kannten sie mich nicht. Und ich hatte auch sofort eine neue Idee. Ich rief Thomas Heurich an, einen Designer, den ich kannte und der in Zürich lebte. Nicht Dior, nicht Rykiel, nein, kein großer Name, aber eben einer von uns. Ich beschrieb ihm das Problem, dass ich irgendetwas anderes zum Anziehen bräuchte, es aber nur noch wenige Tage Zeit gab. Thomas Heurich kam noch in der Nacht nach Luxemburg, ich zeigte ihm das Kleid, er schaute es kurz an, dann mich und sagte: »Ich verstehe.« Am nächsten Morgen fuhr er zu jedem Stoffhändler und zu jedem Atelier in Luxemburg, kaufte verschiedene Stoffe in mehreren Farben ein, packte sein Auto voll und fuhr wieder nach Zürich. Ich hatte volles Vertrauen in ihn, alle anderen eher nicht. Zwei Tage später kam Thomas dann wieder. Er hatte mir ein Kostüm designt, sehr die Silhouette der 80er, was modern war. Damals. Ein heller grauer Stoff, viel zu groß, der Rock ging noch sehr züchtig weit über meine Knie, die Kostümjacke hatte Schulterpolster, und die Bluse war in demselben Rot wie die große »4«, die zur Bühnendekoration gehörte und eben 1984 symbolisieren sollte. Und natürlich krempelte ich die Ärmel der Jacke mit den Ärmeln der Bluse halbhoch, was damals sehr modern war, warum auch immer. Oversized, das war eben die Zeit, die Hälfte der Popstars auf MTV lief auch so herum. Gut, wir hatten noch einen Tag bis zum *Grand Prix*. Das eine Problem hatte ich gelöst und mich durchgesetzt. Das nächste Problem kam danach. Ich fragte endlich mal, ob ich eigentlich für den Abend bezahlt werden würde, und Steichen schickte mich zum Produktionsleiter, einem Flamen. Der sah mich an, nickte und fragte, wie viel ich mir denn vorgestellt hätte. Na ja, ich dachte in deutschen TV-Honoraren und sagte »5000 Mark?«. Der Mann lachte noch nicht einmal, blätterte in Papieren und schlug mir dann ein so niedriges Honorar vor, dass ich gleich sagte: »Dafür mache ich das nicht.« Ich kann mich nicht genau an die Summe erinnern, aber gefühlt war es ein besseres Taschengeld. Es war auch gar nicht unbedingt die niedrige Zahl, die mich empörte, sondern die Geringschätzung und Missachtung meiner Arbeit, von der der Mann wahrscheinlich dachte, na ja, mit einem Mikrofon auf der Bühne ein paar Sänger anzusagen … Was ist daran denn Arbeit? Ich sah ihn an und blieb standhaft. »Kein Problem«, meinte er, »dann moderiert es jemand anders. Ihr Ersatz saß ja schon die ganze Zeit mit im Saal.« Er spielte auf eine Kollegin von RTL an, die ich während der Proben auch gesehen, mir aber nichts weiter dabei gedacht hatte. Gut, dann eben nicht. Ich hatte mich mit dem Kleid durchgesetzt, mit dem Honorar nun nicht. Aber ich wollte diesen Kompromiss nicht eingehen. Ein so kleines Honorar für die Moderation einer Sendung, die weit über Europa hinaus Zuschauer haben und die ich in vier Sprachen moderieren würde, das war so weit unter Wert, dass ich das nicht machen konnte. Ich sprach dann mit René Steichen und erklärte ihm, warum ich gehen wollte. »Désirée«, sagte er, »die wollten dich eigentlich gar nicht hier haben. Ich war es, der darauf bestanden hat. Wir drei – du, Oliver und ich – sind das Team, und bitte, sieh es als Investment. Wenn du jetzt gehst, haben die gewonnen und nicht wir.« Ich überlegte. Ich wollte diese Summe nicht auf mir sitzen lassen. »Okay«, sagte ich zu René Steichen. »Wir machen das, und ich werde es umsonst machen. Ich will überhaupt kein Geld, das ist jetzt mein Stolz.« Und genau das sagte ich auch dem Produktionsleiter, der, ganz Bürokrat, aber meinte, dass das umsonst auch nicht ginge. Ich müsste das Honorar annehmen. Ich weiß, wenn ich das heute erzähle, klingt das alles nach Kleinigkeiten. Ein falsches Kleid, ein kleines Honorar gegen die Chance, erstmals eine so große und damals wichtige Sendung zu moderieren. »Ein Investment«, wie Steichen sagte. Ich versuchte, das so zu sehen, war aber trotzdem der Meinung, dass einen solchen Abend zu moderieren keine Routine bedeuten würde. Kein »Ach, ich sag mal was ins Mikrofon«, sondern schon ein Handwerk, das man mit Instinkt und Gefühl leisten muss. Es ist auch ein Handwerk, das eigene Gesetze hat und eine gewisse Kunst verlangt. Aber dazu komme ich noch. Auf alle Fälle gehört auch dazu, dass es einer Moderatorin selbst egal sein muss, ob nun fünfhundert Millionen, fünfhunderttausend oder nur fünfhundert Personen zusehen. Für mich war und ist es immer derselbe Job mit derselben Leidenschaft. Was ich aber beim *Grand Prix* wollte, war, mich und meine Vorstellung durchzusetzen. Ich fühlte mich nicht als ein austauschbares Stück

Personal, sondern als die Désirée, zu der ich in New York geworden war und die eben einen Willen hatte.

Dann kam der 5. Mai, 20 Uhr, im Théâtre Municipal, das größte Theater Luxemburgs. Über neunhundert Zuschauer waren im Saal, und hinter der Bühne war es eng, weil die Sänger und Sängerinnen und teilweise auch Begleitmusiker aus neunzehn Ländern nach einem sekundengenauen Zeitplan auf die Bühne mussten. Ich kannte die meisten der Künstler nicht, ich sah aber Mary Roos, die für Deutschland den Titel »Aufrecht geh'n« singen sollte, und ich bemerkte auch Johnny Logan, der das Lied für Irland geschrieben hatte. Meine Garderobe lag etwas abseits, und ich musste mich erst durch einen langen Gang zwängen und dann genau hinter der Bühne über eine wackelige Holztreppe hochsteigen, um dann auf der Bühne von einem Podest genau vor der leuchtenden »4« eine Treppe wieder hinunterzusteigen.

Es ging los. Die Eurovisions-Fanfare ertönte, die ich später in meinem Leben noch so oft hören würde, dass ich bis heute automatisch »Guten Abend, meine Damen und Herren« vor mich hinsage, wenn ich sie höre. Dann Applaus, ich nahm die Stufen, sagte »Quelle atmosphère! This is one of my greatest moments in my young life …«, dann atmete ich laut aus,… »Herzklopfen nennt man so was. Kann man das hören?«, und hielt mir das Mikrofon ans Herz, und von da an lief es. Ich schaute in die Zuschauerreihen. Irgendwo mittendrin saßen auch meine Eltern. Und dann sah ich auch Erzherzog Jean von Luxemburg, das Staatsoberhaupt. Ich hatte nicht damit gerechnet, dass er hier sein würde. Die musikalische Leitung des Orchesters, das vor mir im Graben vor der Bühne saß, hatte Pierre Cao, der am Konservatorium in Luxemburg mein Musiklehrer gewesen war. Ich genoss es kurz, ihn vorzustellen und auf ihn hinunterzublicken.

Und ja, es lief wirklich. Ich hatte keine Probleme, vier, fünf Sprachen abwechselnd zu sprechen. Das war für mich wie Alltag, so sprach ich auch auf den Straßen in Luxemburg. Die erste Moderation, also die Begrüßung, war nach sieben Minuten vorbei, und ich zwängte mich wieder durch den engen Gang in meine Garderobe, in der ein Monitor stand. Von nun an traten die neunzehn Interpreten auf, deren Länder jedes Mal in wirklich guten, kleinen Clips von René Steichen vorgestellt wurden. Nach anderthalb Stunden waren alle Länder mit ihren Beiträgen durch, und mein Job ging weiter. Ich stand auf der Bühne und musste mit jeder der neunzehn Länderjurys sprechen und deren Punktevergabe wiederholen. »Hello, good evening, Sweden. Your votes, please.« Und dann: »England four points, Germany six points« und so weiter. Das nächste Land, Italien: »Francia quattro punti, Norvegia sei punti.« Und dann Deutschland: »Schweiz fünf Punkte, Schweden zwölf Punkte.« Dann Frankreich: »L'Espagne neuf points, Pays-Bas cinq points« und so weiter. Die höchste Punktzahl waren zwölf Punkte, und wenn ich »douze points« ansagte, dann gab es Applaus. Ich habe nie wieder in meinem Leben auf einer Bühne so oft »Punkte«, »points«, »punti« und »points« gesagt wie an diesem Abend. Und dabei versuchte ich auch noch, jede Punktevergabe anders zu betonen, also zwölf Punkte wie einen Hauptgewinn und zwei Punkte wie einen Trostpreis. Es dauerte eine gefühlte Ewigkeit, aber es machte mir Spaß. Irgendwann wurde klar, dass Schweden die meisten Punkte einsammelte, und tatsächlich gewann das Land auch, und ich wartete dann mit der Trophäe in der Hand auf der Bühne. Erst kamen der Komponist und der Songwriter zu mir, dann drei blonde Jungs in weißen Hosen und goldenen Schuhen, die Herrey's. Ihr Song mit dem seltsamen Titel »Diggi-loo, Diggy-ley« erzählte auch irgendetwas von goldenen Schuhen. Die Jungs, so eine frühe Form einer Boyband, kamen zwar aus Schweden, waren aber in den USA aufgewachsen, hatten dort diesen stürmischen Tanz-Pop gelernt und gehörten außerdem noch den Mormonen an. Sie waren ganz lustig, und ihr Lied war so ein bubblegum-fröhlicher Hit, der in Schweden lange in den Charts blieb, in Europa aber keine weitere Bedeutung hatte. Ich habe mit ihnen kaum gesprochen. Sie nahmen den Preis, sangen das Lied noch einmal, dann kam auch schon der Abspann. Ich blickte noch einmal auf die Punktetafel: Italien war auf Platz fünf, Frankreich auf acht, Luxemburg auf zehn, und Mary Roos hatte es für Deutschland auf den dreizehnten Platz geschafft. Für die meisten Musikerkarrieren waren diese Plätze damals wie heute egal. Bis auf ABBA, die 1974 gewannen und danach eine Weltkarriere starteten, hatte man die meisten anderen Sieger oft schnell vergessen. Es ging um das Spektakel, das damals wirklich einzigartig für Europa war. Millionen Menschen aus neunzehn Ländern saßen zur selben Zeit wegen derselben Sendung vor dem Fernseher, das war schon sehr verbindend. Es war auch lustig, peinlich oder einfach nur interessant, zu hören, mit was für Liedern sich Länder wie Jugoslawien oder Finnland präsentierten. Wir hatten ja keine Ahnung, was dort so im Radio gespielt wurde.

Der Saal und die Gänge hinter der Bühne leerten sich dann schnell. Ich zwängte mich zurück in meine Garderobe, zog das Kostüm aus und mich wieder an und merkte auf einmal, dass ich ziemlich alleine zu sein schien. Ich lief herum und entdeckte nur Oliver Spiecker, der zu mir sagte: »Ich glaube, es lief ganz gut, oder?« Dann suchten wir René Steichen, der aus einem der Übertragungswagen kletterte und auch nur nickte: »Also, ich fand, das haben wir gut gemacht.« Wir standen herum und überlegten, wo wir in Luxemburg noch etwas trinken gehen konnten, als Edy Geiben, ein Assistent von René, atemlos zu uns kam und »Wo seid ihr denn alle? Die warten auf euch im Foyer!« rief, er war sehr aufgeregt. Was sollten wir im Foyer? Die Tür zum Foyer, also zur Eingangshalle des Theaters, war so eine Schwingtür, und kaum hatte Edy sie geöffnet, wurden wir entdeckt und hineingezerrt. Es war laut, bestimmt 400 Leute, viele riefen »Bravo!«, Johnny Logan stürmte auf mich zu, umarmte mich und sagte immer wieder »a star is born«. Etliche andere Hände zerrten an mir, während ich meinen Vater entdeckte, der neben Prinz Albert von Monaco stand und sehnsüchtig auf das Glas Bier des Prinzen schaute. Ich konnte kaum Luft holen, da wurden mir bereits die ersten Mikrofone vor mein Gesicht gehalten, und es prasselten Fragen über Fragen auf mich ein und immer wieder »Désirée, Désirée, Désirée!«. Ich hatte keine Ahnung, aber wir hatten es wohl nicht nur ganz gut gemacht, sondern wohl noch viel mehr. Aber was genau, wusste ich an diesem Abend auch nicht. Es war doch nur eine Moderation, dachte ich mir. Vor der Tür des Theaters warteten alle Fernsehstationen der beteiligten Länder, und ich musste in der Nacht noch fast jedem Fragen beantworten.

Und so ging es weiter. Ich fuhr in der Nacht erst sehr spät nach Hause, konnte aber nicht lange schlafen, weil am nächsten Morgen ab sieben Uhr bei uns das Telefon klingelte. Ich glaube, ich habe bis zum Nachmittag bei uns auf dieser kalten Treppe am Telefon gesessen. Ich weiß nicht mehr genau, was die mich eigentlich alle fragten, und auch nicht mehr, was ich alles antwortete. Ich hatte nur dieses eine glückliche Gefühl, rehabilitiert zu sein, in ganz Europa. Keiner fragte mehr nach *Der Fan* oder dem Skandal mit Franz Josef Strauß, was ich mit meinem neuen Selbstbewusstsein auch souverän hätte beantworten können. Aber es war, als ob das endlich weit hinter mir läge und die Menschen auch vergessen konnten.

Die Anrufe und Fragen gingen noch Tage so weiter und hörten auch nicht auf, als ich wieder für die letzten Wochen in New York war. Es wurde mir irgendwann unheimlich, auch weil eine Désirée gefeiert wurde, von der ich mich ja eigentlich entfernen wollte. Ich hatte eine Sendung moderiert, na und? Es war einfach nicht der Wert, für den ich anerkannt werden wollte. Ich war schon woanders und wollte etwas ganz anderes. Viele Jahre später stieg ich einmal in ein Flugzeug, suchte meinen Platz, und eine Stewardess half mir. Sie sah auf mein Ticket, nickte und lachte. »Wissen Sie, meine Tochter heißt Désirée. Uns gefiel der Name, nachdem wir Sie damals beim *Grand Prix* im Fernsehen gesehen haben.« Und auch mein Punktezählen wurde ich lange nicht los. Noch Jahre nach dem *Grand Prix* wurde ich oft als »Désirée, douze points« vorgestellt.

Im Sommer 1984 verließ ich dann New York endgültig und kehrte nach Luxemburg zurück. Ich war, ja, eigentlich Schauspielerin, aber ich hatte das Gefühl, durch den *Grand Prix* wieder vom Weg abgekommen zu sein. Ich blieb aber nicht lange, sondern packte nach wenigen Wochen wieder meine Koffer und flog nach Los Angeles. Robby Lantz in New York hatte Marion Rosenberg, die für ihn in L. A. arbeitete, gebeten, »sending her out«, wie man dort sagt. Also mich herumzuschicken und mich bei Castings und Agenten vorzustellen. Es gab zwar noch nichts Konkretes, aber ich wusste, wenn ich dabeibleiben wollte, musste ich mich dort bewegen. Aber es war noch etwas anderes: Ich hatte im Grunde kein Zuhause. Ich war eine Reisende und Suchende. Natürlich blieben Luxemburg und das Haus meiner Eltern meine Heimat, aber ich wollte weg, nur wusste ich erst mal nicht, wohin. Deshalb Los Angeles, natürlich die Filmstadt, aber ich war Realistin genug, nicht sofort die großen Rollen oder überhaupt etwas zu erwarten. Aber einfach nur abzuwarten hätte zu nichts geführt. Das, was ich wollte, kam nicht zu mir. Da musste ich schon selber hin. Ich hatte mir für die Zeit ein Guest House, ein kleines Haus im Garten einer älteren Witwe in Woodland Hills, gemietet. Und, kaum angekommen, auch den Führerschein gemacht und mir bei »Rent-a-wreck« einen alten knallorangefarbenen Buick gemietet. Ich konnte endlich mit meinem eigenen Auto fahren, was mir wichtig war. Also ich im Auto durch Los Angeles, am Anfang noch vorsichtig, auch wenn man dort nicht so schnell fährt und die meisten Straßen und Kreuzungen breit sind. Und um mich nicht zu verfahren, hatte ich mir einen Ausschnitt des Stadtplans auf das Lenkrad geklebt, was ich eine super Idee fand. War es aber schon bei den ersten großen Kurven nicht mehr, weil ich meinen Kopf ja nicht mit dem Plan drehen konnte.

Marion Rosenberg kümmerte sich sehr um mich und riet mir, meinen Namen in Désirée Becker zu ändern. »Nosbusch«, meinte sie, wäre für die Amerikaner zu kompliziert auszusprechen und zu merken. Außerdem würde es wie »Nutbush« klingen, das Nest in Tennessee, in dem Tina Turner aufgewachsen war und von dem sie in einem

Hit ja auch singt. Becker war der Name meiner Großmutter, ich blieb also in der Familie. Aber so richtig hatte ich diese Namensänderung nie gemocht und später auch schnell wieder weggelassen. Doch zunächst stand ich nun auf den Casting-Listen als Désirée Becker. Ich ging dann zu vielen Castings und traf mich mit vielen Leuten. Dieses Vorsprechen war mühsam, meistens wurden wir, die Namenlosen, nur so durchgeschleust, ein, zwei Blicke, zwei, drei Fragen. »Danke, die Nächste, bitte.« Jeder hoffte auf den »Callback«, also darauf, noch mal kommen zu können, eine Runde weiterzukommen. Viele dieser Termine waren auch deshalb mühsam, weil man dafür sehr viel und manchmal auch weit mit dem Auto fahren musste. Los Angeles ist eine Stadt auf einer sehr großen Fläche, weshalb man für Verabredungen oder Termine ein, zwei Stunden Fahrzeit einplanen muss, dann noch im Stau stehen kann oder keinen Parkplatz findet. Ich machte bei den Castings aber Fortschritte, winzige zwar, doch ich spürte die Bewegung nach oben. Und irgendwann rief mich Marion Rosenberg tatsächlich an und sagte diesen goldenen Satz: »You got the part.« Es war eine größere Nebenrolle in einer TV-Mystery-Serie von HBO, die *The Hitchhiker* hieß und damals sehr bekannt war. Die Folgen waren immer dreißig Minuten lang, und es ging um unheimliche Morde, Verfolgungen und düstere Geheimnisse. Ich sollte in der Episode »Out of the night« eine von drei geheimnisvollen Frauen spielen, die einem Mann auf seiner Flucht begegnen. Die anderen Frauen wurden von Kirstie Alley und Elizabeth Ashley gespielt. Der Regisseur war Brian Grant, der damals durch seine Musikvideos für Tina Turner bekannt geworden war. *The Hitchhiker* hatte damals den Ruf, ganz guter Halb-Trash mit avantgardistischem Charme zu sein. In anderen Episoden hatten schon Willem Dafoe und sogar Klaus Kinski mitgespielt. Unsere Folge wurde in Vancouver in Kanada gedreht, wo ich mit dem Filmteam hingebracht wurde. Meine erste Gage: immerhin fünftausend Dollar. Wir drehten, glaube ich, zwei Wochen. Es war meine erste Arbeit mit einem amerikanischen Team, und es lief gut. Mich beeindruckte, wie professionell sie dort auch TV-Produktionen drehten, es gab einfach einen großen Respekt gegenüber den »talents«, also gegenüber jedem, der dabei war. Und jeder war immer gut vorbereitet, selbst die Beleuchter hatten die Drehbücher gelesen, was ich aus Europa nicht kannte. Auch deshalb fand ich es schade, als der Dreh vorbei war und ich mit den anderen Schauspielern am Flughafen stand. Mein Gepäck war schon eingecheckt. Nun muss man wissen, dass sich die amerikanischen Einwanderungskontrollen noch auf der kanadischen Seite befinden. Ich wurde nicht durchgelassen. Als Einzige. Erst kontrollierten sie mein Handgepäck. Dann wollten sie wissen, ob ich in den USA Geld verdienen wollte. Ich hatte damals noch keine Greencard. Dann waren sie erstaunt, dass ich eine goldene Amex-Kreditkarte besaß. Schon klar, das war etwas ungewöhnlich. Sie stammte aus der Zeit, als ich einmal von Annie Leibovitz für die American-Express-Werbung fotografiert wurde und die goldene Karte eine Zugabe zu meinem Honorar gewesen war. Das versuchte ich den Grenzbeamten zu erklären, aber sie hatten schon einen anderen Verdacht. »Handeln Sie mit Drogen?«, fragte mich einer der Officer und wedelte mit der Karte in der Luft. »Nein, natürlich nicht!« Keine Chance, ich wurde in Handschellen abgeführt, in ein Hotel gebracht und mit meiner Karte der nächste Flug von Vancouver nach Paris gebucht. Am nächsten Morgen holten sie mich dann im Hotel ab, und zwei Beamte brachten mich wirklich in Handschellen bis zu meinem Sitzplatz im Flugzeug. Ich vergesse nie die etwas unruhigen Blicke der anderen Passagiere. Zwölf Stunden später stand ich am Pariser Flughafen – wie aus Amerika zurückgeworfen – ohne Gepäck. Aber ich kannte mich mittlerweile ein wenig mit Pässen und Visa aus und meldete mich noch im Pariser Flughafen bei der Polizei und behauptete, dass mein Pass gestohlen worden wäre. Was natürlich nicht stimmte, aber ich brauchte einen neuen Pass ohne die vielen Bemerkungen und Stempel, die der Officer in Vancouver im Pass hinterlassen hatte und mit denen ich wohl nie wieder in die USA hätte einreisen können. Mit der

Diebstahlsanzeige fuhr ich dann nach Luxemburg zu meinen sehr überraschten Eltern und ging dort schon am nächsten Morgen zum Einwohnermeldeamt, wo man mich kannte und mir freundlich und unbürokratisch noch am selben Abend einen neuen Pass ausstellte. Nun, kurz gesagt, war ich drei Tage später wieder in Los Angeles, die Grenzkontrolle ließ mich ohne Probleme einreisen, und bei »Lost and found« stand dann auch noch mein Gepäck. Ein teures und vor allem verdammt überflüssiges Abenteuer.

Die Erfahrung, *The Hitchhiker* zu drehen, tat mir gut. Ich zählte es als ersten kleinen Schritt in die Richtung, für die ich nun drei Jahre auf der Schauspielschule gelernt hatte. Es war ein bisschen wie bei einem Glücksspiel: Man setzt eine Zeit lang etwas ein, erst passiert nichts, und dann kommt der erste und nicht mal ganz kleine Gewinn, es waren ja fünftausend Dollar. Ja, denkt man, es geht doch, man kann gewinnen. Und ich dachte eben, jetzt kommt bald die nächste Rolle und dann die nächste und so weiter. Aber es dauerte.

Wieder Castings und keine Zusagen, wieder warten und hoffen. Und es kam etwas hinzu, das ich nicht so beherrschte wie andere Kollegen aus der Film- und TV-Welt Amerikas. Es ist etwas, was wir in Europa nie so gelernt hatten. Wenn man mich damals gefragt hätte, ob ich mich für eine gute Schauspielerin halten würde, hätte ich gesagt: »Das hoffe ich. Ich tue mein Bestes. Ich arbeite daran.« In Amerika lautet die Antwort auf so eine Frage: »Ich? Eine gute Schauspielerin? Machen Sie Witze? Ich bin die absolut Beste und Größte für die Rolle, und Sie machen den Fehler Ihres Lebens, wenn Sie mich nicht besetzen, okay?« Das ist breitbeinig, eitel und laut, ja, sicher. Aber wenn du nach oben willst, wollen sie in den USA von dir so überzeugt sein, wie du es selbst von dir bist. Auch wenn das vielleicht gar nicht stimmt und du genau weißt, was deine Schwächen sind, sag es nie. Es ist die Show, die zählt. »You never get a second chance to leave a first impression«, heißt es. Du bekommst niemals eine zweite Chance, aus deinem ersten Eindruck herauszukommen. Ich habe in einem Buch mal einen Dialog gelesen, den man so und so ähnlich jeden Tag in Hollywood hören kann: Sitzen ein Schauspieler und ein Produzent an einem Tisch. Sagt der eine: »Du lügst!« Und der andere: »Ich weiß, aber lass mich ausreden.«

Ich, allmächtig. So zu denken hätte ich lernen müssen, aber ich konnte das nicht. Jede Bugwelle, jeder Tusch auf mich selbst war mir fremd. Ich wollte ja aus dem gegenteiligen Grund Schauspielerin sein. Ich wollte die Aufmerksamkeit endlich von mir weglenken. Ich bewundere bis heute Schauspieler und Schauspielerinnen, die so in ihren Rollen aufgehen und sie so realistisch verkörpern, dass man vergisst, wer die Rolle eigentlich spielt. Heute, nach vielen Jahren, weiß ich, dass auch die ganz großen Namen und Stars in Hollywood, aber auch in Europa, eigentlich in zwei Rollen leben. Die eine ist die vor der Kamera oder auf der Bühne. Die zweite ist die als Schauspieler oder Star, die sie abseits von Kamera und Bühne für die Produzenten, Fans oder die Presse spielen. Und erst wenn das alles vorbei ist, sinken viele richtig in sich zusammen und werden zu den stillsten, manchmal zurückgezogensten Menschen, die tagelang denselben Jogginganzug tragen, nicht in den Spiegel sehen und sehr ungewöhnlichen Leidenschaften nachgehen. Tom Hanks zum Beispiel sammelt alte Schreibmaschinen. Man sieht ihn manchmal, kaum zu erkennen, auf Flohmärkten nach ihnen suchen. Ich habe diese sehr private und stille Seite bei vielen sehr bekannten Menschen Jahre später in Los Angeles selbst kennengelernt, aber dazu komme ich noch.

Nun war es so, dass ich in meinem kleinen Guest House nach ein paar Wochen, weiteren Castings und halben Zu- und ganzen Absagen nervös wurde. Es ging nicht weiter bergauf, wie ich es erhofft hatte. Die Nachfrage nach Schauspielern und Schauspielerinnen wurde zwar immer größer, und es wurde durch den Boom der Videokassette auch immer mehr produziert, aber das Angebot wurde auch immer größer. Aus ganz Amerika und auch aus Europa zogen so ehrgeizige Träumer wie ich nach Los Angeles, die Schauspielschulen und Castingstudios waren voll, in denen man jeden Tag die große Konkurrenz beobachten konnte. Und von jedem Einzelnen dachte ich auch noch, dass er oder sie es besser konnte als ich. Man muss sich vorstellen, dass jeder Tankwart und jede Kellnerin davon spricht, eigentlich Schauspieler zu sein und nur noch auf die große Rolle zu warten. Auf den Durchbruch. Manche, die noch nicht einmal eine Wohnung hatten, schliefen bis dahin in ihren Autos, und andere machten fast jeden Job, um bloß dort bleiben zu können. Brad Pitt zum Beispiel, als er noch jung und völlig unbekannt war, stellte sich in einem Hühnerkostüm an die Straße, um für einen Imbiss zu werben. Es ist in Hollywood ein wirklich verdammt langer Weg von »null« zu »klein-klein« zu »klein« und dann vielleicht zu etwas »größer«. »Klein-klein« ist vielleicht, in einem Werbespot mitzuspielen, dann als Statist in einer TV-Serie und schließlich in einer kleinen Rolle mit drei Sätzen in einer TV-Serie. Und so weiter. Es gibt Ausnahmen, aber wirklich nur ganz, ganz wenige, die als Tankwart entdeckt werden, um dann eine Rolle in einem großen Film zu spielen.

Und es gibt natürlich auch trügerische Wege und in Hollywood nicht wenige: die Macht, die Hingabe und das Ausnutzen des Körpers. Ich habe das in der Zeit damals gesehen, gespürt oder geahnt, es war unmöglich, es nicht zu spüren. Mir selbst ist es nie passiert, aber es gab solche Situationen. Casting Calls, Hotel am Sunset Boulevard, 15 Uhr, Room 265, in dem mich ein Produzent oder Regisseur in seiner Suite im Bademantel empfing. Das fand ich damals seltsam, weil ich pünktlich zur Verabredung erschienen war und mich fragte, wieso er vorher noch duschen musste. Doch wie soll ich sagen? Hotelzimmer, ich und ein Mann allein, ich hatte diese Lektion schon lange hinter mir, und sobald ich ein solches Szenario spürte, fiel bei mir die Klappe der Verschlossenheit, ich drehte mich um und ging. Höflich lächelnd. »Danke, hat sich erledigt, bin hier wohl falsch.« Es kann auch sein, dass ich in meiner Verschlossenheit zu jung und zu unnahbar wirkte und mich das am Ende schützte. Ich wurde nicht angefasst, auch weil ich mich einer denkbaren Nähe sofort entzog. Ich blieb gleich in der offenen Tür stehen und drehte mich um. Mag sein, dass mir damit Chancen entgingen und ich manche Situationen falsch verstanden habe, aber es war mein Reflex. Heute, nach dem Harvey-Weinstein-Skandal, gibt es solche Treffen oder Castings zu zweit in Hotelsuiten nicht mehr. Es ist immer jemand dabei, der aufpasst. Ich hatte damals viele solcher Treffen und oft auch nur zu zweit, und ich kann sagen, dass die allermeisten korrekt waren und die Bademäntel selten. Nach dem Weinstein-Skandal wurden viele Schauspielerinnen kritisiert, dass sie zu solchen Treffen überhaupt gegangen seien, das hätten sie doch ahnen können. Ich kenne die Einzelfälle zu wenig, um es beurteilen zu können, aber sich mit einem Regisseur oder Produzenten in einem Hotelzimmer zu treffen war üblich und meist auch folgenlos. Es war ja auch so, dass Regisseure aus anderen Städten oder Ländern angereist waren und das Hotelzimmer einer der Orte war, in denen man etwas vertraulich besprechen konnte. Was hätten die Schauspielerinnen denn ahnen sollen? Ich will damit nichts verharmlosen, im Gegenteil, ich weiß, dass es nicht nur einen Weinstein und es Rollen gab, die auf diesem Weg besetzt wurden, und dass zum Schweigen erpresst wurde. Es war ein System im System, das mit Gewalt den Körper enteignete. Ich hatte vielleicht auch nur das Glück, mich in einem anderen Teil des Systems bewegt zu haben, oder wurde einfach nicht als Beute wahrgenommen. Ich hatte damals nicht die Unbedingtheit, und habe sie bis heute nicht, mich auf alles einzulassen, um weiterzukommen. Und damit meine ich schon gar nicht den Weg durch ein Bett, sondern auch die Sisyphos-Arbeit, sich von kleinen Rollen zu wieder kleinen Rollen zu hangeln und zu hoffen, am Berg wenigstens zentimeterweise weiterzukommen. Ich hatte lange diese Hoffnung und stand vor den Kameras seltsamster Filme. Einmal in Mexiko für eine amerikanische TV-Serie, deren Namen ich nicht einmal mehr weiß. Mein Part war nicht schwer, das Pech war nur, dass mich auf dem Weg zum Drehort ein Moskito neben mein linkes Auge stach, das sofort anschwoll und am nächsten Tag rot und dick war. Ich dachte eigentlich, ja, Pech, dann spielt das jemand anders, doch sie hatten keinen Ersatz, und so kam es, dass ich in der Szene die ganze Zeit nur von der Seite gefilmt wurde. Wie das am Ende aussah, weiß ich nicht, ich habe den fertigen Film nie gesehen. Und auch Jahre später, 1999, hatte ich das Angebot, in *Contaminated Man*, der auf Deutsch *Bei Berührung Tod* hieß, mitzuspielen. Ein internationaler Film mit William Hurt in der Hauptrolle, dessen Ehefrau ich spielen sollte. Das klang erst mal gut, doch in meiner Rolle sollte ich gleich am Anfang nach drei Minuten sterben. Ich glaube, ich hatte drei, vier Sätze Dialog, und dann sollte ich umfallen. Nein, dachte ich, das ist wirklich zu klein. Andererseits, William Hurt, ein großer Name und sehr guter Schauspieler. Nur seinetwegen sagte ich dann zu. Es war ein Drehtag in Budapest, abends waren wir fertig. Danach ging ich mit William Hurt Gulasch essen, was sehr lustig war, weil er mir erzählte, mit was für kleinen und unwichtigen Rollen er einmal angefangen hatte, nur um bei einem Film dabei zu sein. Aber wie gesagt, damals in Los Angeles hatte ich diese Geduld nicht. Andere hatten und haben sie und viele eben auch nicht. Und genau das sah ich damals in Los Angeles auch bei mir. Ich bin mir bis heute nicht sicher, ob ich es mit einem längeren Atem vielleicht irgendwann dort weiter nach oben geschafft hätte, keine Ahnung. Aber ich war ja noch jung, und ich hatte in Europa bereits Erfolge, wenn auch nicht die, die ich gerne gehabt hätte.

Dann kam ein Anruf. In meinem Guest House, ein Mobiltelefon hatte ja noch niemand. Ein Mann, dessen Namen ich nicht mehr weiß, stellte sich vor, ein Franzose aus Paris, sehr höflich. Er riefe im Namen seines Kollegen und Freundes Jacques Marouani an, Musik- und TV-Produzent in Paris, der mich etwas fragen wollte. Oder eigentlich ein Angebot machen wollte, ob er und ich sich einmal treffen könnten. Er schlug vor, sich im Le Dome am Sunset Boulevard zu treffen, damals das Edel-Restaurants Hollywoods, Miteigentümer war Elton John. Wer dort aß, stand meistens weit oben auf den Filmplakaten.

Der Mann machte keine großen Umwege und sagte sofort, worum es ging. Es gab in Frankreich damals eine sehr bekannte Samstagabend-Show, die *Champs-Élysées* hieß und von Michel Drucker präsentiert wurde. Ich wusste, wer er war. Drucker war in Frankreich so bekannt wie Frank Elstner in Deutschland. Er war der Star des Senders Antenne 2, der heute France 2 heißt. Und Michel Drucker wollte sich für ein Jahr, ein Sabbatical, zurückziehen, und nun würden sie für eine neue Show, die *Demain c'est dimanche* heißen sollte, eine Moderatorin suchen. Und eigentlich würden sie auch nicht mehr suchen, sondern hätten sie schon gefunden: mich. Nach dem *Grand Prix* im Mai würde auch in Frankreich viel über mich gesprochen. Ich wäre wirklich die beste Besetzung. Dazu für ein Jahr eine Wohnung in Paris, ein Auto und gute Bezahlung.

Paris. Ich kannte Paris, aber nicht sehr gut. Und Frankreich auch nicht. Ich erinnerte mich an meinen Onkel, der mit mir einmal an der luxemburgisch-französischen Grenze saß, nach Frankreich zeigte und mich fragte: »Warum gehst du nach Deutschland? Das ist die falsche Seite. Das hier ist die richtige.« Also, warum jetzt Paris? Nach Luxemburg, New York, ein paar Monaten in Los Angeles jetzt weiterziehen? Und wieder Fernsehen machen, mit dem Mikrofon vor der Kamera irgendwelche Sänger und Künstler befragen? Immer in dieser ewig guten Fernsehlaune, mit einem Lachen auf den Lippen, obwohl einem vielleicht nach Weinen zumute ist? Und wieder die Kameras auf mich, Désirée, öffentliche Figur, unter Beobachtung und bitte keinen Fehler machen? Einerseits. Andererseits. Ich wollte wieder etwas tun und nicht jeden Morgen in Los Angeles mit dreißig, vierzig anderen Bewerberinnen bei einem Casting sitzen und danach vergeblich auf eine Rolle hoffen. Mir war auch das Guest House unbequem und fremd geworden. Der Mann am Telefon sagte, sie würden sich um meinen Rückflug kümmern und ich könnte in Paris ja die Details, den Vertrag und alles andere mit Jacques Marouani besprechen.

Ein paar Tage später packte ich meinen Koffer zum letzten Mal in den Leihwagen, schloss das Guest House ab und flog nach Paris. Ich wusste nicht, was mich dort erwarten würde, doch ich merkte, wie ich endlich aus dem Gefühl des Stillstandes herauskam. Ich wusste damals noch nicht, dass es ein Gefühl war, dem ich noch sehr oft in meinem Leben begegnen und davor entfliehen würde. Eigentlich bis heute.

Paris. Ich traf mich gleich mit Jacques Marouani, der in Frankreich ein sehr bekannter Produzent und Agent vieler französischer Künstler war. Ein sehr freundlicher, schmaler Mann. *Demain c'est dimanche*, auf Deutsch »Morgen ist Sonntag«, sollte eine Samstagabend-Show mit französischen Stars und gespielten Sketchen sein, also pure Unterhaltung. Wie in anderen Ländern auch war in Frankreich der Samstagabend ein entscheidender Sendeplatz, und, wie es in Deutschland damals hieß, das Fernsehen war an diesem Abend das Lagerfeuer für die ganze Familie. Es war auch nicht schwer, Stars wie Dalida oder den in Frankreich sehr berühmten Johnny Hallyday, den französischen Elvis, in die Sendung zu bekommen. Marouani wollte mit mir auch gar keine Proben oder Tests. Nein, er und sein Team waren sich mit mir sicher, und schon nach zwei Wochen stand ich vor der Kamera. Der Sender hatte mir eine Wohnung in Neuilly-sur-Seine, einem Villenviertel im Westen von Paris, besorgt, gleich neben dem Park Bois de Boulogne, und mir ein Auto, einen kleinen Peugeot, vor die Tür gestellt. Es war alles so einfach.

Das Studio war neben dem Espace Cardin in der Nähe der Avenue des Champs-Élysées. In der Sendung sprach ich mit Hallyday, Dalida, Julien Clerc, Mireille Mathieu, Patrick Bruel, eigentlich mit allen, die sich damals in den französischen Hitparaden an der Spitze befanden. Es waren allerdings fast nur französische Interpreten, und ich dachte, man sollte die Sendung etwas europäischer machen und auch mal andere, italienische oder deutsche Sänger, in die Sendung einladen. Das sagte ich auch in einer Redaktionskonferenz. Ja, kein Problem, ob ich eine Idee hätte. In Deutschland gab es ein Gesangs-Duo, das damals seinen ersten großen Hit hatte. Modern Talking mit *You're my heart, you're my soul,* und ich schlug vor, das Duo in die Sendung zu holen. Dazu kam es dann aber nie.

Demain c'est dimanche war sehr erfolgreich, und für so etwas lieben sie einen in Frankreich sofort und überall. Ich wurde auf der Straße angesprochen, beglückwünscht, und manchmal wurde auch geklatscht, wenn ich ein Bistro betrat. Franzosen sind mit ihrer Zuneigung immer sehr direkt, aber gleichzeitig auch nicht aufdringlich.

Ich lebte mich in der Stadt schnell ein, was aber auch an meiner Art des Einlebens lag, das war ja immer schon bei mir so: Ich höre genau zu, sehe genau hin, und dann versuche ich immer gleich, viel zu übernehmen, um nicht mehr fremd zu sein. Ich ziehe mich anders an, spreche anders und versuche, schnell in diese Welten hineinzuwachsen, jedenfalls für eine gewisse Zeit. Das war in New York so, in Paris, und auch wenn ich nur ein paar Wochen in Rom bin, wird irgendetwas an mir römisch. Das gelang mir bisher eigentlich überall, nur mein Verhältnis zu Paris blieb immer etwas fremd. Ich hatte zwar eine wirklich schöne Wohnung, ich mochte die Bistros und Brasserien, mochte die Spaziergänge entlang der Seine. Und ja, alle behandelten mich wie eine Prinzessin. Weil ich im Fernsehen auftrat, war es selbstverständlich, dass ich bei Dior, Chanel oder Saint-Laurent an Kleidung ausleihen konnte, was ich wollte. Für das Make-up wurde mir im Studio alles geliefert, und die besten Visagisten und Coiffeure arbeiteten für mich. Es war eigentlich mehr als perfekt, und doch fehlte etwas, was ich erst nach einiger Zeit spürte. Wärme. Oder anders gesagt, in Paris wird alles getan, damit dein Mund schön aussieht. Aber wenig, um dir wirklich zuzuhören. Sie sind Meister der Fassade.

Ich sah irgendwann, dass die Stadt aus sehr vielen Fassaden bestand. Fassaden von Häusern, Palästen, Kirchen, Museen. Aber eben auch aus Fassaden der Menschen, die sich genauso monumental aufführten wie die Gebäude, aber dahinter sehr überschaubar sein konnten. In New York sagte Uta Hagen einmal zu mir: »Wenn du ein anderes Land oder eine andere Stadt verstehen willst, schau dir an, wo und wie sie ihre Toiletten haben. Welchen Raum sie also ihrem Intimsten geben.« Ja, und in Paris war ich in prächtigen Häusern und Wohnungen, Marmor auf dem Boden, Louis-XVI-Möbel, Kristallgläser, alles »très chic« und »très cher«. Aber die Toiletten waren in der hintersten Kammer, Toilette und Bidet, karg nebeneinandergesetzt, oft ungepflegt, als ob es der lästigste und unwichtigste Ort für die Bewohner und Gäste wäre.

Ich spürte diesen Mangel an Wärme aber auch anders, weil er sich anfühlte wie Hunger oder einfach wie etwas, was mir fehlte. Denn anders als in New York nahm mich Paris zwar wahr, aber nicht auf. Ich hatte nicht das Gefühl, Teil einer Familie zu sein; nie das Gefühl, in der Metro eine von allen andern zu sein, sondern ein Tourist oder Durchreisender. Und obwohl Paris eine Stadt mit sehr vielen Einwanderern ist und diese Menschen aus vielen Nationen und Kulturen kommen, das, was Paris ausmacht, hat sich die Stadt oder der Pariser an sich mir nie geöffnet. Ich hatte zum Glück kein sprachliches Problem, aber ich fand es schon damals ignorant, wie die Pariser darauf bestehen, dass man ihre Sprache sprechen muss. Es gab noch jahrelang die Vorgaben im Radio, nur so und so viel Prozent englische oder andere internationale Musik zu spielen. Selbst McDonald's durfte seine »Burger« so nicht nennen. Es ist ja verständlich, eine Kultur und eine Sprache schützen zu wollen. Aber es ist, glaube ich, nicht richtig, sie einzuschließen und den Wandel der Zeit, der ja auch ein Wandel der Sprachen ist, auszuschließen. Aber gut, ich konnte die Sprache, und es konnte auch charmant sein, wie in Paris die, mit denen ich zu tun hatte, mit mir sprachen. Aber der Charme hatte meistens etwas Übertheatralisches und Übertriebenes. In Frankreich nennt man so etwas »brodé«, was auf Deutsch »aufgestickt« heißt, was aber besser mit »überverziert« beschrieben ist. Es war zum Beispiel, und ich sage das mal so, dass ich das Gefühl hatte, dass jeder Mann, mit dem ich sprach, eigentlich nur mit mir ins Bett wollte. Es war ein Dauergeflirte mit Komplimenten und Andeutungen, mit Augenzwinkern und zu vielen flüchtigen Berührungen. Das strengte mich an, weil ich mich immer irgendwie verhalten musste, die Andeutungen überhören, nicht zu viel lächeln und die Körperhaltung immer kontrollieren. Entspannt war ich nur bei Männern, die älter und gelassener waren und einfach den Charme alter Schule, also den Charme als Spiel, beherrschten. Gilbert Bécaud war so ein Mann: Auch er war Gast in meiner Sendung, und es war so eine Begegnung, wie ich sie mit Curd Jürgens oder Leonard Bernstein erlebt hatte: Charme ohne Hintergedanken und einen Flirt wie ein kleines Theaterstück. Bécaud konnte das wirklich gut. Dass er nach unserer Begegnung ein Lied schrieb, das *Désirée* hieß und in Frankreich ein Hit wurde, sorgte natürlich für Gerüchte um ihn und mich, weil viele Franzosen immer in der Währung Bett rechnen und denken. Aber da war nie etwas, und als ich das Lied zum ersten Mal hörte, fühlte ich mich am Anfang, wenn er sang, auch nicht gemeint: »Du bist so wie die Musik, zu der du tanzt, bist Gewalt, Takt und Dekadenz, Roboter, Rebellin, Muttergottes der Lautstärke, zwei große metallische Augen wie ein Himmel ohne Sterne.« Nur weiter hinten im Song, wenn es heißt, »du hast Angst vor allem, vor dir selbst, vor der Zukunft, verbirgst deine Furcht hinter deinem Lachen«, dachte ich für mich, Bécaud könnte doch etwas an mir erkannt haben.

Was ich an Bécaud auch sehr mochte, war, dass er in erster Linie Franzose war. Er kam ursprünglich aus Toulon und war als *Monsieur 100 000 Volt* einer, der *ganz Frankreich* liebte – und nicht nur Paris. Pariser sind anders. Sie halten sich und die Stadt für das Zentrum von allem. Was nicht aus Paris kam oder wer nicht in Paris war, war uninteressant. Marseille? Hafenloch im Süden. Cannes? Sollen froh sein, dass unsere Filme dort einmal im Jahr gezeigt werden. London, Berlin, Wien, Rom? Ja, Städte, aber eben nicht Paris. Es war eine Ignoranz, mit der ich schon immer Probleme hatte, weil ich mich als Luxemburgerin als Erstes europäisch fühlte. In Paris sagte man mir auch oft nach, ich wäre zu deutsch. Zu spröde, zu genau. Wahrscheinlich aber auch deshalb, weil ich ihrem Geflirte nicht auf den Leim ging. Was viele, glaube ich, ärgerte, denn jede neue junge Frau in ihrer Welt war erst mal der neue »pot de fleur«, der Blumentopf in der Stadt, der verführt, erobert, besessen werden musste. Was ich auch bald selbst spüren sollte.

Wenn ich nicht im Sender bei Antenne 2 auf Konferenzen oder bei Proben war, traf ich Menschen, die im französischen Film arbeiteten, Schauspieler, Regisseure und solche Leute. Ich hatte ja diese französische Komödie *Die Super-Biester* gedreht und kannte noch einige aus jener Zeit. Aber ich hatte großen Respekt vor dem typischen französischen Film, der *Nouvelle Vague*, die das Kino so verändert hatte. Das war für mich wahre Kunst und hatte etwas ganz anderes, etwas Wahrhaftigeres als die Filme, die ich kannte oder bei denen ich mitgespielt hatte. Godard, Truffaut, Chabrol, der Schauspieler Michel Piccoli und über all ihnen Romy Schneider, die für mich mehr war als ein Idol. Sie war alles, was ich vor der Kamera können wollte. Jede Geste, jeder Blick und jeder Satz von ihr waren so, wie ich als Frau einmal werden wollte. Doch die *Nouvelle Vague* war 1985 schon lange vorbei. Was noch lebte, war der Mythos der Filmstadt Paris und des Autorenfilms, was immer neue Regisseure, auch aus Osteuropa, wo sie nicht arbeiten konnten, in die französische Hauptstadt trieb. Der Pole Roman Polanski beispielsweise, der wegen eines Vergewaltigungsverfahrens aus den USA geflohen war, lebte schon seit zehn Jahren in Paris. Ich selbst kannte auch ein paar Filme von Andrzej Zulawski, der ebenfalls seit zehn Jahren in Paris lebte. Seinen Film *Nachtblende* mit Klaus Kinski und Romy Schneider hatte ich natürlich gesehen. Und da rief mich eines Tages Georges Beaume an und sagte mir, dass dieser Zulawski mich gerne treffen würde. Es ginge um eine Hauptrolle in seinem neuen Film. Georges Beaume war ein in Paris sehr bekannter Agent, der auch schon Romy Schneider und Alain Delon vertreten hatte und ein Freund von Robby Lantz in New York war. Das war wirklich etwas absurd: Ich, die jeden Samstagabend in bonbonfarbenen 80er-Jahre-Kleidern eine leichtfüßige Musikshow im französischen Fernsehen moderierte, sollte die Hauptrolle in einem Film eines etwas verstiegenen, dem Existenzialismus anhängenden Regisseurs Zulawski spielen. Es schien, dass sich meine vielen leeren Tage in Los Angeles und das Warten doch gelohnt hätten. Zulawski jedenfalls wollte mich sehr bald treffen. Ich hatte auch Zeit, denn nach vier Monaten und vierzehn Sendungen *Demain c'est dimanche* hatte Michel Drucker sein Sabbatical vorzeitig beendet und wollte mit seiner *Champs-Élysées-Show* wieder auf den Sendeplatz. Antenne 2 bedauerte das mir gegenüber, aber immerhin behielten sie mich als TV-Reporterin.

Ich war etwas nervös auf dem Weg in ein Café in St. Germain, weil ich nicht wusste, wie man mit so einem Regisseur spricht. Ich hatte vieles über ihn gehört und dass er anstrengend und fordernd sein könnte und überhaupt etwas speziell. Und er hatte zuvor *Die öffentliche Frau* gedreht, mit Valérie Kaprisky in der Hauptrolle, die, glaube ich, drei Viertel des Films nackt spielte. Und danach *L'amour braque* mit Sophie Marceau, ein Film mit viel Gewalt und ebenfalls vielen Nacktszenen. Zulawski hatte nach *L'amour braque* eine Affäre mit Marceau, von der aber noch niemand wusste. Sie blieben dann siebzehn Jahre zusammen. Ich ahnte also, was Zulawski von mir erwarten könnte. Ich hatte mit nackten Szenen, wie schon gesagt, eigentlich nicht so ein großes Problem, auch wenn ich sie nicht gerne spielte. Die Nacktheit in Zulawskis Filmen hatte aber selten etwas Natürliches oder Angenehmes, wie es eben zu einer Liebesgeschichte im Kino gehören kann. Bei ihm war sie wirklich eine Obsession. Es gab immer disparate und gestörte Verhältnisse zwischen seinen Figuren, und die Nacktheit und der Sex sollten immer Schutzlosigkeit, Macht oder Verzweiflung zeigen.

Das ging mir durch den Kopf, als ich bei diesem Café ankam. Andrzej Zulawski war kein bulliger, aber ein präsenter Mann. Er wirkte auf mich nicht sonderlich groß, er hatte etwas Schweres an sich. Er war sehr freundlich und interessierte sich sehr für mich. Er hatte, so sagte er, meine wenigen Filme alle gesehen. Er war natürlich nicht allein zu unserem Treffen gekommen, sondern war von einer Entourage aus Assistenten umgeben. Er betrachtete mich sehr genau, prüfte mich, überlegte und erzählte mit eindringlicher Stimme, die schnell sprach und gewohnt war, nicht unterbrochen zu werden. Der Film sollte *Maladie d'amour* heißen, und meine Rolle sollte die einer Frau sein, die in einem Friseursalon für das Waschen der Haare zuständig war. Sie hieß Juliette und wurde von zwei Ärzten, einem sehr jungen und einem älteren, abwechselnd geliebt. Viel mehr, sagte Zulawski, könnte er noch nicht sagen, da der Film noch im Entstehen sei. Und dann sah er mich an und fragte, ob ich bereit wäre, geformt zu werden. Ich müsste mit ihm noch sehr viel lernen, mich selbst loszulassen und den Charakter in mich und zu mir kommen zu lassen. Das würde sicher ein paar Wochen dauern. Mich interessierte es, obwohl es nicht die Art Schauspiel war, die ich kannte und vor der ich mich immer etwas gefürchtet hatte. Ich sollte dafür, sagte Zulawski, erst einmal mit Francis Huster arbeiten. Huster war ein in Frankreich berühmter, für seine Exzentrik bekannter Schauspieler an der Comédie-Française. Und danach sollte ich mit Harmel Sbraire, einer Schauspiel-Trainerin, weiter an mir arbeiten.

Ich fand das schon etwas seltsam, war aber neugierig, es auszuprobieren. Auch wenn mir Zulawski und seine Entourage auf einmal irgendwie sektenhaft vorkamen und er sich für meinen Geschmack etwas zu ausführlich als Genie darstellte. Er würde, sagte er, sich nun jede Woche mit mir treffen, um meine Fortschritte zu besprechen.

Dass Schauspieler sich für ihre Rollen lange, manchmal wochen- oder monatelang vorbereiten, ist nicht ungewöhnlich. Es kommt immer darauf an, wie nah, entfernt oder fremd einem das Leben ist, das man darstellen will. Man kann keine Kassiererin in einem Supermarkt spielen, wenn man nicht selbst eine Zeit lang an einer Kasse gesessen hat. Es kommt darauf an, die Bewegungen, die Gesten, Konzentration und Müdigkeit glaubwürdig und selbstverständlich wiederzugeben, sonst glaubt der Zuschauer der Rolle nicht. Ich habe mich für die Rolle in *Bad Banks* wochenlang mit Bankern, mit Vorständen und Brokern unterhalten. Ich habe mir in Vorstandsetagen die Rituale des Telefonierens und der Meetings angesehen. Und ich habe die Wirtschaftsseiten der Zeitungen studiert, um mir die ganze Kultur und spezielle Sprache, aus Kälte gegenüber Menschen, Liebe zum Geld und List, andere Menschen zu benutzen, anzueignen. Und das betrifft ja nur das Äußerliche. Den inneren Zustand zu zeigen ist schwieriger, weil keine Person auf der Welt nur aus einer schwarzen und weißen Seite besteht. Nur das darzustellen, wäre zu einfach. Jeder Held hat Brüche, genauso wie jeder Schurke. Irgendwo im Inneren gibt es immer Zweifel, Vergangenheiten, Motive, große Herzen oder kalte Seelen. Und dieses Spiel aus Erwartbarem und Unerwartbarem, dieses Eintauchen in eine Rolle, die dann erst zu *einer* Person wird, das ist harte Arbeit. Dieser Prozess dauert, und jeder geht hier unterschiedlich vor, die einen bis zur Selbstaufgabe, die anderen, bis sie das Imitat beherrschen. Aber was Zulawski unter »formen« verstand, war etwas ganz anderes, als ich es bisher kannte.

Ich traf mich in den Tagen nach der Unterhaltung mit Francis Huster. An einer Pariser Metro-Station, früh am Morgen. Er zog aus seiner Tasche einen sehr großen und langen violettfarbenen Handschuh und sagte mir, »den ziehst du jetzt an und schiebst keinen Ärmel darüber und fährst mit der Metro. Den ganzen Tag, steige um, wechsle die Linie, fahre manche Strecken hin und zurück, lass immer den Handschuh sichtbar und bleibe in der Metro. Heute Abend sehen wir uns wieder.« Habe ich gemacht. Ein paar Tage lang. Ich und der Handschuh. Die Pariser, von denen mich ja einige aus dem Fernsehen kannten und mich deshalb auch erkannten, sahen mich an, stirnrunzelnd, fragend. »Ach, das ist nur ein Handschuh«, sagte ich. »Und warum sollte ich das machen?«, fragte ich Francis Huster danach. »Weil du dich daran gewöhnen sollst, angestarrt zu werden«, antwortete er. Erst wenn es dir überhaupt nichts mehr ausmacht, aufzufallen, erst wenn du die Blicke gar nicht mehr spürst, bist du bereit.« Dann waren wir im Richelieu-Saal der Comédie-Française, aber auf die große Hauptbühne durften wir nicht. Ich weiß noch, mit welcher Ehrfurcht ich den Sessel, in dem Molière gestorben war, ansah, der im Foyer hinter Glas ausgestellt ist. Und auf der Bühne des kleinen Saals sollte ich mich hinwerfen, sollte schreien, mich wälzen und wie ein Hund auf allen vieren herumlaufen. Habe ich gemacht. Dann sollte ich mich mit Harmel Sbraire, der Trainerin, morgens um fünf Uhr im Bois de Boulogne treffen. »Umarme einen Baum!«, sagte sie. Ich umarmte ihn. »Und nun den nächsten!« Ich umarmte den nächsten. Am nächsten Tag, wieder fünf Uhr morgens auf einer Wiese. »Schrei!«, ordnete sie an.

»Was denn?«

»Na los, schreie einfach alles heraus. Schreie *dich* heraus.« Ich schrie.

»Du bist blockiert«, bemängelte Harmel. »Ich spüre genau, du bist im Unterleib blockiert.«

Und so ging das weiter. Wochenlang. Aus meiner Wohnung musste ich dann ausziehen, weil ich ja nicht mehr bei Antenne 2 arbeitete. Das Produktionsteam von Zulawski beschaffte mir dann eine andere Wohnung und auch ein Auto. Und einmal in der Woche sollte ich Zulawski und sein Team in irgendeinem Café oder auch bei einem chinesischen Restaurant, wo Zulawski gerne aß, treffen. Einmal mit dem violetten Handschuh an der Hand, den ich die ganze Zeit hochhalten sollte. Zulawski blickte mich dann lange an und sagte erst mal nichts. Dann fragte er mich eines Tages mit seiner tiefen Stimme allen Ernstes: »Und? Ist dein Arschloch jetzt offen?« Ich weiß nicht mehr, was ich darauf geantwortet habe. Ich weiß nur, dass ich mich die ganze Zeit gefragt habe, was das »o … A …« mit einem Film zu tun haben sollte, von dem ich das Drehbuch nicht kannte und dessen

Produktion immer wieder verschoben wurde, weil auch die Finanzierung nicht geklärt war.

Nach einer Weile war dann das mit dem Rumwälzen, Metrofahren und Bäumeumarmen erst mal erledigt. Stattdessen sollte ich ein paar Wochen lang als Shampooneuse, also als Haarwäscherin im berühmten Pariser Friseursalon von Jacques Dessange arbeiten und dabei, was dem Regisseur seltsamerweise wichtig war, kein Trinkgeld annehmen. Dessange war damals wirklich *der* Pariser Star-Coiffeur. Brigitte Bardot, Catherine Deneuve, die Gattinnen der Minister, die bekanntesten Fernsehgesichter, alle ließen bei Dessange die Haare schneiden. Da stand ich nun in einem Kittel und seifte und spülte die mächtigsten, berühmtesten und reichsten Haare von Paris. Auch hier wurde ich natürlich oft erkannt – wieder stirnrunzelnde und fragende Gesichter. An einem Tag kam auch Patrick Bruel vorbei, der in Frankreich sehr bekannte Sänger, der ja auch oft in meiner Samstagsshow gewesen war. Er setzte sich, sah mich an und rief laut und völlig erstaunt: »Désirée, was machst *du* denn hier?« Doch ich hielt auch dieses Mal durch. Das Haarewaschen hatte zumindest etwas mit der Rolle der Juliette zu tun, und ich hatte die Hoffnung, dass wir nun endlich bald diesen Film drehen würden. War aber nicht so. Es verging wieder viel Zeit. Und dann bekam ich einen Anruf aus Los Angeles von Marion Rosenberg. Die Gebrüder Taviani wollten mich für eine Rolle in ihrem nächsten Film casten, ob ich für einen Tag nach Rom kommen könnte. Ich erzählte Zulawski nichts davon.

Paolo und Vittorio Taviani waren Brüder, die schon seit 1962 gemeinsam Filme drehten. Es waren sehr italienische Filme, ganz in der Tradition Roberto Rossellinis, die viel von der Geschichte Italiens und deren Menschen erzählten. *Padre Padrone* war damals ihr berühmtester Film, die Geschichte eines sardischen Schäfersohnes, der sich von der Diktatur seines Schäfer-Vaters befreit und es bis auf die Universität schafft. Ich mochte den Film sehr, weil die Tavianis eine italienische Stimmung und Färbung inszenierten, die mich an meine italienischen

Großeltern, das Leben auf dem italienischen Land und an meine Sommer mit meiner Familie erinnerten.

Das Casting in Rom war sehr familiär, obwohl ich dort niemanden kannte. Irgendwie fühlte ich mich sofort aufgenommen, und es herrschte keinerlei Druck. Es ging um die Rolle einer jungen Frau in Kalifornien Anfang der 1910er-Jahre. Sie und ihre Freundin verlieben sich in zwei italienische Auswanderer, die dort im Auftrag eines Filmproduzenten eine gigantische Kulisse für einen Film bauen sollen. Deren Herzstück war eine Skulptur eines sitzenden Elefanten, den die beiden Männer zu ihrem Symbol gemacht hatten. Die beiden waren in ihrer Heimat eigentlich Kirchenbauer und Skulpteure und brachten diese Kunst nun in das ganz junge Hollywood.

Ich fühlte mich bei dem Casting wirklich wohl. Die Tavianis waren sehr freundliche Menschen, sie fragten mich dies und das, und keiner von ihnen wäre auf die Idee gekommen, mich mit einem Handschuh mit der Metro durch die Stadt zu scheuchen oder, überhaupt, mich »formen« zu wollen. Sie hatten, das spürte ich, einfach Respekt.

Ich flog dann zurück nach Paris, und bereits ein paar Tage später kam die Zusage. Ich sollte die Rolle der Mabel Bonanno spielen, ihre Freundin Edna wurde von der damals ebenfalls jungen Greta Scacchi gespielt. Die beiden Italiener wurden von Vincent Spano und Joaquim de Almeida verkörpert, den ich in dem Film dann heiraten würde. Ich hatte das Drehbuch gelesen und wollte das natürlich spielen. Es war eine so angenehm unverknotete Rolle, etwas, was ich schon beim Lesen des Scripts vor mir sah. Sicher, im Vergleich zu Zulawskis seelischer Höhlenforschung einer doppelliebenden Haarwäscherin in Paris, ein leichterer und märchenhafterer Stoff. Doch er hatte Herz, und das hatte ich bei Zulawskis Film noch nicht entdecken können. Das Problem war, dass sich die Dreharbeiten von *Good Morning, Babylon* mit Zulawskis *Maladie d'amour* ein paar Tage überkreuzt hätten. Ich dachte mir damals: Okay, das bekommen wir hin. Ich rede mit ihm. Und nun muss man sich die beiden Kulissen vorstellen, die ich in den wenigen Tagen erlebt hatte. In Rom gingen wir gemeinsam essen, saßen an einem großen Tisch wie eine italienische Familie. Es wurde gelacht und erzählt. Es gab »primi piatti« und »secondi piatti«, Wein und Kaffee, unter der Sonne Roms dieses Gefühl des rilassato, des Entspanntseins. In Paris mit Zulawski immer im Alarmfieber des Genies, wieder bei einem Chinesen in einer Nebenstraße. Eng, er sprach andauernd und stopfte sich zwischen den Worten Huhn Szechuan in den Mund. Dunkel angezogen, natürlich unrasiert, bohrender Blick: »Was willst du?« »Na ja.« Ich erzählte ihm von den Tavianis und dass ich diese Rolle unbedingt spielen, aber auch weiter an *Maladie d'amour* arbeiten wollte. »… ob wir vielleicht den Drehplan so organi … Es geht wirklich nur um ein paar Tage …« Ich kam nicht weiter. Er starrte mich an, hörte auf zu kauen, stand auf und brüllte mich in diesem kleinen Restaurant an: »Wie kannst du mich, einen Zulawski, überhaupt mit diesen …« – er nahm Anlauf, den Namen auszuspucken – »… *Tavianis* vergleichen? Wie kannst du mich in einem Atemzug mit diesen … diesen … diesen Mittelmäßigen überhaupt aussprechen? Non, jamais! Du bist bei mir ganz oder gar nicht!« Er bebte wirklich. Alle in dem Restaurant starrten uns an. Dann nahm Zulawski seine Jacke und stürmte hinaus. Ich hinterher. Ich dachte, ich könnte ihn wieder einfangen. Auf der Straße fand ich ihn bei einer Kreuzung an einer Ampel. Ich rief ihm zu: »Attends! Wir könnten das doch besprechen.« Er blickte mich mit kochenden Augen an, holte aus und knallte mir eine heftige Ohrfeige. »Dann geh doch! Dann geh den Weg des Mittelmäßigen!«, brüllte Zulawski. Und stampfte davon. Das war, spürte ich auf einmal, ganz gut. Ganz gut, weil ich auf der Straße stand und dieser ganze Irrsinn Paris von mir abfiel. Ich hatte meine Arbeit bei *Demain c'est dimanche* gut gemacht, und die Menschen, die mir auf der Straße begegneten, mochten mich. Das war das *eine* Paris.

Das *andere* Paris war dieses Dorf aus sehr selbstüberzeugten Schauspielern und Regisseuren, die glaubten, den Film neu zu erfinden. Sie hielten sich ihre Jünger, umhüllt von dickem Qualm vieler gerauchter Gitanes, als seien sie die auserwählten Erben von Jean-Luc Godard oder Louis Malle. Zulawski war so. Und auch Polanski sah ich ein paarmal in solchen Kulissen. Viele von ihnen hielten sich für eine *élite culture*, so, wie sich ganz Paris für diese Elite hielt. Ich verstand erst nach einer Zeit, dass man in mir das neue junge Mädchen in der Stadt sah. Dieses Mädchen als Erster vor seine Kamera zu holen, natürlich ausgezogen, war wie ein Wettkampf. Das waren keine feministischen oder emanzipatorischen Gedanken oder Motive. Nein, das Kunstgehabe verhüllte oft spätpubertäre Baustellen und sehr schlichte Männerfantasien. Ich habe mir später oft Gedanken darüber gemacht, wie eine Valérie Kaprisky, Nastassja Kinski und dann jahrelang Sophie Marceau mit einem wie Zulawski gearbeitet haben. Ich weiß es nicht und will darüber auch nichts behaupten. Aber weil es mir einmal ähnlich erging, glaube ich zu erkennen, was sich eigentlich abspielte: Wir waren alle sehr junge Mädchen und hatten erste Erfolge, doch meist eben in schönen und harmlosen Rollen oder wie ich, mit netten Moderationen. Sophie feierte damals ihren großen Erfolg mit *La Boum*, und Valérie spielte *Super-Biester* und dann *Atemlos*. Dann wurden wir älter, junge Frauen, die im Kino oder Fernsehen nicht die ewigen Teenager bleiben wollten, wir suchten nach Ausbruch. Es folgte bei mir der Film *Der Fan*; bei Valerie und Sophie waren es die Filme mit Zulawski. Er war sehr viel älter als wir und holte sie alle in diese geheimnisvolle Welt des angeblich authentischen französischen Films, in die Kunstwelt, in dieses Paris der vermeintlichen Genies. Er wollte »formen« für die Sphären der großen Kunst und wurde dabei wohl auch so etwas wie Mann und Vaterfigur. Ich habe auch später noch viele Verhältnisse dieser Art beobachtet und miterlebt. Die Schauspielerei ist Handwerk und Kunst zugleich. Sie erfordert große Hingabe. Es ist aber ein schmaler Grat zwischen Hingabe und Selbstauslieferung. Und non. Das war nicht die Welt, in der ich sein wollte, und ich spürte mal wieder einen Stillstand. Außerdem hatte ich ja das Angebot, einen Film mit sehr viel freundlicheren Italienern zu drehen.

Ich packte schon am nächsten Morgen meine Sachen, gab den Wohnungsschlüssel ab und fuhr mit dem Auto zum Bahnhof. Ich parkte es dort, ließ den Schlüssel im Wagen zurück, ging zu einem Telefon und rief bei Zulawskis Produktionsbüro an, um ihnen mitzuteilen, wo der Wagen stehen würde. Sonst nichts. Monate später schickte mir das Büro die Strafzettel für das geparkte Auto, weil sie vergessen hatten, es abzuholen. Dann stieg ich in einen Zug nach Luxemburg und war sehr froh, Paris, Zulawski und alles Weitere hinter mir zu lassen. Der Film *Maladie d'amour* wurde dann doch irgendwann gedreht, aber Zulawski war nicht mehr der Regisseur, sondern Jacques Deray, der 1969 mit Romy Schneider und Alain Delon *Der Swimmingpool* gedreht hatte. Zulawski lieferte für *Maladie* nur das Drehbuch. Die Rolle der Juliette spielte dann Nastassja Kinski. Den Film selbst habe ich nie gesehen. Und ich habe auch Andrzej Zulawski nie wieder gesehen. Er starb im Februar 2016 im Alter von fünfundsiebzig an Krebs.

Doch ähnlich wie meine Begegnung mit Gilbert Bécaud und seinem respektvollen Charme hatte ich ein Jahr später ein ähnliches Erlebnis mit einem anderen Franzosen. Mit Alain Delon. Aus der Ferne war er für mich natürlich der Mann, der jahrelang mit Romy Schneider zusammengelebt hatte, doch ich hatte ihn in meiner Zeit in Paris nie gesehen oder getroffen. Aber dann passierte es in Offenburg, 1987 bei der Bambi-Verleihung des Burda-Verlages. Delon war dort, weil er auch einen Preis erhalten sollte, und so sah ich ihn hinter der Bühne, und bei dem anschließenden Dinner saßen wir an einem Tisch. Wahrscheinlich auch, weil es nicht viele bei der Verleihung gab, die fließend Französisch sprachen und sich mit Delon unterhalten konnten. Ich trug ein sehr schönes, aber leider schwer beschädigtes Kleid von Jean Paul Gaultier, weil es von einer heruntergefallenen Zigarette eines Gastes fast in Brand geraten wäre. Ich hatte es mir extra in Paris gekauft. Egal. Delon übersah das zum Glück, und wir unterhielten uns den ganzen Abend, und ich kann mich nicht erinnern, irgendetwas gegessen zu haben. Er war charmant und das Gespräch intensiv. Er konnte gut erzählen. Von sich, von Romy und von dem Leben vor und abseits der Kamera. Wir verabschiedeten uns nach diesem Abend mit einem »au revoir«, und ich dachte, vielleicht würden wir uns irgendwann wieder über den Weg laufen. Das war im November, und ich fuhr kurz darauf nach Berlin, wo ich *Menschen, Tiere, Sensationen* und noch eine andere Sendung moderieren sollte. Deshalb blieb ich fast eine Woche und wohnte im Hotel Schweizerhof. Ich glaube, es war am zweiten Abend, als ich auf mein Zimmer ging und kurz darauf das Telefon klingelte. Gegen 22 Uhr. Es war er. Alain Delon. Er musste das Hotel und die Telefonnummer irgendwie herausgefunden haben. Und so, ich auf dem Bett sitzend und etwas müde, sprachen wir weiter. Obwohl er sich in Paris befand, war es, als ob wir das Gespräch vom Bambi-Dinner nahtlos fortsetzten. Aber es wurde tiefgründiger und nachdenklicher. Und länger. Und so ging das dann fast jeden der folgenden Abende und Nächte weiter. Ich wusste schon, wenn das Telefon um 22, 23 Uhr in meinem Zimmer klingelte, dass er es war. Ich habe heute noch seine Stimme im Ohr. Und ich mochte es sehr. Wir, Delon und ich, waren zwei Einsame in der Nacht, die sich einfach nur unterhielten und damit diese Einsamkeit zu vertreiben versuchten. Delon saß allein in seiner sicher riesigen Pariser Wohnung und ich in meinem Berliner Hotelzimmer. Für mich war dieses Allein-in-einem Hotelzimmer-Sein normal, ein paar Tage später würde es ein anderes sein und dann wieder ein anderes. Aber Delon war zu Hause, in Paris, in seinem Haus oder seiner Wohnung. Er hatte Freunde und davon sicher viele. Mich erstaunte es damals, dass der große Delon anscheinend dort genauso allein war wie ich – die junge Moderatorin und nicht so erfahrene und vor allem nicht so selbstsichere Schauspielerin. Ich fühlte mich als Frau, die ihm, Alain Delon, zuhörte, wie er von sich erzählte. Später las ich mal einen Satz von Balzac, dass Einsamkeit ganz in Ordnung sei, solange man jemand anderen hätte, dem man davon erzählen könnte. Genauso kam es mir vor.

Das Jahr ging zu Ende, und wir saßen auch Weihnachten jeder am Telefon. Später sagte er mir einmal, dass er diese Feiertage länger mit mir verbracht hätte als mit seiner Mutter.

Ich fing damals an, etwas zu verstehen, was ich Jahre später und bis heute immer wieder beobachte und erlebe. Künstler, Schauspieler oder Musiker, die auf Bühnen oder vor Kameras stehen und viel unterwegs sind, verstehen sich am besten untereinander. Für alle anderen ist dieses Leben aus Rampenlicht, Einsamkeit und Umherziehen schwer nachvollzieh- und noch schwerer miterlebbar. Delon und ich, aber auch viele andere aus dieser Welt, wir haben dieselbe Taktung, wir leben im grellen Limelight, und wenn das abgeschaltet wird, gehen die Zuschauer wieder zurück in ihren Alltag, sie arbeiten, sie sind bei ihren Kindern, also bei ihrer richtigen Bestimmung. Wenn für uns das Licht aus ist, ist es dunkel, und wir tapsen herum und verstehen uns deshalb am besten mit denjenigen, denen es genauso ergeht. Ob das gut ist, ist eine andere Frage. Denn oft macht es uns weltfremder, als uns das Leben, das wir führen, sowieso schon macht.

Irgendwann im Januar hörte es dann auf. Kein Anruf mehr. Was ich schade fand, weil ich das Gefühl hatte, die Gespräche mit ihm hätten mich erwachsener gemacht. Und das hatten sie auch, weil sie eben am Telefon waren und jemand hören wollte, was ich meinte und dachte, und nicht wissen wollte, wie ich aussah. Ich bin Alain Delon bis heute für die nächtlichen Gespräche dankbar, weil sie so voller Respekt vor mir waren, weil er mich ernst genommen hat und sehr offen gewesen ist. Ich würde nie irgendein Detail oder etwas Privates von dem erzählen, was er mir anvertraut hat. Wir sind uns dann nie wieder begegnet. Im Sommer 2021 habe ich dann ein Foto von ihm in den Zeitungen gesehen. Es waren Fotos von der Beerdigung von Jean-Paul Belmondo, und ich sah einen Alain Delon, der sehr alt geworden war und sich an einem Gehstock festhalten musste. Ich schaute genauer hin und sah, dass seine Augen noch sehr wach und so intensiv waren, wie ich sie kennengelernt hatte. Und als ich seine Stimme wieder im Ohr hatte, dachte ich, dass ich ihn jetzt gerne anrufen würde. Wir hätten viel zu besprechen.

Aber zurück. Ich, nun zwanzig Jahre alt, saß damals wieder in meinem Zimmer im Haus meiner Eltern in Luxemburg. Aber ich war nicht ratlos und hatte auch nicht das Gefühl, in Paris verloren zu haben. Es war ein Kapitel in meinem Leben, eine Erfahrung, die ich in diesen, sagen wir, Pariser Kellern der Kunst gemacht hatte. Heute weiß ich auch, was Huster zum Beispiel mit diesem Tragen des violetten Handschuhs gemeint hatte. Es war schon richtig, man lernte, das Sich-zur-Schau-Stellen als normal zu betrachten und überhaupt nicht mehr zu merken, angesehen oder angestarrt zu werden. Ich glaube manchmal, Zulawski hätte mich und andere am liebsten nackt in der Metro fahren lassen. So lange, bis man sich nicht mehr nackt gefühlt hätte.

Ich flog dann von Luxemburg bald nach Italien, in die Nähe von Pisa, um *Good Morning, Babylon* zu drehen. Dass ich dann noch einmal nach Paris zurückkehren würde und sich mein Leben an einem Bistrotisch gründlich und in eine ganz andere Richtung ändern würde, ahnte ich damals nicht.

In den Kulissen von Babylon

Ich habe viel und von vielem geträumt, als ich ein Kind war. Nicht so sehr in der Nacht, im Schlaf, sondern vielmehr am Tag, wenn ich irgendwo etwas sah, das mir gefiel und in das ich mich hineinwünschte. Wenn ich im Fernsehen eine Sängerin sah, träumte ich mich auch auf diese Bühne mit einem Mikrofon in der Hand. Oder wenn ich bei meinem Onkel im Theater bei irgendwelchen Proben saß, träumte ich vom Schweben und Fliegen, wenn dort ein Ballettstück geprobt wurde. Ja, schweben und fliegen wie die Künstler auf der Bühne, das wollte ich auch. Ich weiß noch, dass ich eines Tages auf dem Schoß eines Balletttänzers saß und er mir diese spitzen und vorne sehr harten Schuhe an die Füße hielt und ich nur dachte: Oh Gott, wie soll man darauf stehen? Und auch noch tanzen? Aber trotzdem wollte ich das auch können, unbedingt. Und so kam ich an die Tanzschule von Germaine und Sylvie Damar in Luxemburg. Germaine war damals eine sehr berühmte Schauspielerin und Tänzerin, die in den 50er-Jahren der Star in diesen sogenannten Revuefilmen wie *Die Beine von Dolores* war, und leitete dann mit ihrer Schwester diese Tanzschule. Ich war zehn oder elf Jahre alt, als ich zum ersten Mal Ballettschuhe trug und an der Stange übte. Und übte. Und übte. Ja, ich merkte schnell, dass ich nicht für das Ballett gemacht war. Es passte nicht zu mir und ich nicht so richtig zum Ballett. Mir fehlte irgendetwas, um richtig gut darin zu sein, etwas Körperliches, etwas Motorisches. Ich weiß es nicht. Ich überstand die Tanzstunden zwar irgendwie, doch es war nach einiger Zeit klar, dass ich als klassische Tänzerin keine große Karriere machen würde. In dem Moment, in dem ich das kapierte, hatte ich auch keinen großen Ehrgeiz mehr. Ich wechselte dann an der Schule vom klassischen Ballett zum Jazz Dance, und ich erinnere mich noch an meine, unsere erste kleine Aufführung. Es war die Choreografie zu Michael Jacksons »Off the Wall«. Das war irgendwann 1979, und ich sah das Tanzen als sportlichen Zeitvertreib an. Mit dem gescheiterten großen Traum vom Schweben und Fliegen hatte ich meinen Frieden gemacht. Ich war ja noch jung, und das Ballett sollte es eben nicht sein. Aber nun, im Frühjahr 1986, kam genau dieser schon abgelegte Traum zurück, denn in der Rolle der Mabel Bonanno, die ich in *Good Morning, Babylon* spielen sollte, hatte ich ein paar Ballettszenen, und die Gebrüder Taviani waren der Meinung, ich sollte die Schritte und vor allem die Haltung einer Tänzerin noch mal lernen. Greta Scacchi war dagegen schon seit ihrer Kindheit Balletttänzerin. Auch das noch, dachte ich. Da habe ich nun meine erste Rolle in einem großen Film und sollte ausgerechnet das vor der Kamera sein, für was ich wirklich nicht gemacht war. Also nahm ich erst in Luxemburg wieder ein paar Ballettstunden, fuhr dann aber nach Hamburg, weil es dort die Stage School Hamburg gab. Eine Schule, auf der man lernte, vor der Kamera genau die Schritte und Sprünge zu können, um eine Ballettszene eben zu spielen. Die Schule war damals von Volker Ullmann, einem der besten Schauspielausbilder für Ballett, Musical, Kampf-Choreografie und Fechten, gegründet worden. Sie war so eine Mischung aus Schauspiel- und Tanzschule, und alles in sehr schweißtreibenden Lektionen. Es wurde Ballett getanzt, Musicalszenen geprobt, und aus einem anderen Saal hörte man das Klirren der Fechtdegen, und wieder woanders übten andere bühnenreifes Sichprügeln. Ich bin dort gerne hingegangen, obwohl ich sagen muss, dass ich nach wie vor nicht besonders gut im Ballett war. Ich spürte, dass es immer noch nicht so ganz meine Sache war, ich war einfach nicht grazil genug, auch wenn ich ziemlich sportlich war.

Aber es ist etwas anderes, zu joggen oder Gymnastik zu machen, als stundenlang auf den hölzernen Spitzen eines Ballettschuhes zu stehen und wirklich jeden Muskel und jede Sehne kontrolliert zu spannen. Ich wohnte bei Freunden in Eppendorf und erinnere mich gut an die Abende, an denen ich meine geschwollenen Füße in Eimern mit Eiswasser kühlte. Doch Manelle Ullmann, die Frau von Volker, war gut. Sie wusste, dass ich vor der Kamera keine langen Szenen als Tänzerin haben würde, und brachte mir bei, das Tanzen so professionell wie möglich darzustellen. Und ich erinnere mich noch daran, dass in dem Studio manchmal ihr zweijähriger Sohn in Strumpfhosen herumsaß und uns zusah. Ich hatte ihn auch manchmal auf dem Arm. Kostja Ullmann ist heute ein bekannter Schauspieler auch in Deutschland.

Und auch wenn ich merkte, dass ich die Balletttänzerin bestenfalls imitieren konnte, nahm ich die Tage an der Schule sehr ernst und sehr genau. So wie ich in New York meinen Hausstand als Requisite in die Schule geschleppt hatte, versuchte ich nun, meine eigene »Requisite«, meinen Körper, zu einer Balletttänzerin zu machen. Ich kannte ja noch diese Ballettbegriffe wie »Ailes de Pigeon«, den Taubenflügel, oder die »Demi Plié«, die Kniebeuge. Es war wie immer, wenn ich mich in einer fremden Welt befand, ich wollte schnell dazugehören. Es war immerhin meine erste große Rolle nach meiner New Yorker Schauspielausbildung. Alles, was ich bei Berghof und Hagen gelernt hatte, wollte und konnte ich nun zeigen. Ich spielte nicht mehr nur einfach so wie früher, sondern hatte nun Technik, Timing und Sprechen gelernt. Ich las auch immer wieder das Drehbuch von *Good Morning, Babylon*, weil ich diese Mabel Bonanno nicht nur spielen, sondern sie eben auch werden wollte. Mabel war in der Rolle ein etwas naives Mädchen, eine junge amerikanische Tänzerin, die viel staunte, verliebt war und dann in die Ehe mit einem Italiener hineinrutschte. Sie war etwas lebensfremd, aber genau das war ich ja irgendwie auch. Das merkte ich besonders, wenn ich Dialoge im Skript las und sie beenden konnte, ohne weiterzulesen. Die Herausforderung war dabei auch, dass Mabel und ihre Freundin Edna in dem Film Amerikanerinnen waren, die Geschichte ebenfalls in Amerika spielte, aber fast alle Szenen in Italien gedreht wurden und von den Schauspielern, bis auf Vincent Spano, niemand Amerikaner war. Noch in Hamburg stellte ich mir das immer wieder vor, ich, Luxemburgerin, in Italien, eine naive Amerikanerin aus Kalifornien in den 1910er-Jahren spielend. Nicht ganz leicht. Was mir aber damals imponierte, war die Kühnheit der Taviani-Brüder, mit einem Ensemble aus europäischen Schauspielern in der italienischen Provinz ein Kapitel über die Gründung Hollywoods zu einem Film machen zu wollen. Die beiden Brüder hatten dieses Selbstbewusstsein, mit ihrer Film-Poesie alles überallhin verpflanzen zu können.

Ein paar Wochen später landete ich in Pisa und fuhr nach Tirrenia, einem kleinen Badeort an der Küste. Dort im Hinterland hatten die Tavianis auf einem Grundstück, das Carlo Ponti gehörte, große Kulissen von einer Kirche und von einem Hollywood-Studio aufbauen lassen. Diese Art des Kulissenbaus hat im italienischen Kino eine große Tradition. Sie stammte aus den römischen Cinecittà-Studios, wo sie in den 50er- und 60er-Jahren für *Ben Hur* oder *Cleopatra* solche Monumental-Kulissen bauten und die Tavianis sich genau diese Handwerker nach Tirrenia geholt hatten. Als ich eintraf, waren immer noch Tischler, Maurer und Maler an und in den Fassaden, es roch überall nach Farbe, und es war, als ob halb Pisa gekommen wäre, um mitzubauen. Dazwischen standen große, lange Tische, an denen in den Pausen alle beim Essen saßen und viel gelacht wurde. Das Ganze war wie ein kleines italienisches Dorf, mit den Brüdern Taviani als Bürgermeister. Etwas entfernt in einem Wald wurde die große Skulptur des sitzenden Elefanten gezimmert, der das Symbol der ganzen Geschichte sein sollte. Obwohl ich mich wie gesagt wie bei meiner italienischen Familie fühlte, war ich aber auch unsicher. Denn auch wenn ich endlich dort angekommen war, worauf ich seit meiner, sagen wir, *Fame*-Erweckung in einem Berliner Kino hingearbeitet hatte, fühlte ich mich auf einmal sehr klein. Ich drehte einen Film mit der schönen Greta Scacchi, fünf Jahre älter als ich, mit Ballett-Ausbildung, aus einer halbitalienischen Familie stammend, die bereits in acht Filmen mitgespielt hatte, einer davon mit Julie Christie. Dann Vincent Spano, der damals seinen großen Star-Moment hatte, weil er in Coppolas *Rumble Fish* dabei gewesen war und auch schon mit Nastassja Kinski und Robert Mitchum gedreht hatte und deshalb wirklich als »hot shot« galt. Und Joaquim de Almeida, Portugiese. Es war zwar erst sein zweiter Film, aber er kam direkt von Dreharbeiten mit Richard Gere und Michael Caine, und man spürte, dass es bei allen noch sehr weit nach oben gehen könnte. Die Tavianis hatten wirklich einen Instinkt für junge »talents«.

Aber ich? Wer war denn ich? Ich hätte erzählen können, dass ich in einem Film wie *Der Fan* gespielt hatte. Und auch, dass ich den *Grand Prix* und früher mal die *Music-Box* und in Frankreich gerade *Demain c'est dimanche* moderiert hatte. Aber mehr auch nicht. Ich fand, dass ich nicht in die Reihe der anderen passte. Aber nun hätte man sagen können, dass es doch genau *die* Chance war, endlich aufzuschließen. Endlich mein gelerntes Handwerk aus New York anzuwenden, um endlich diesem Club beitreten und mit Greta, Vincent und Joaquim zu einem Team oder zu einer Gang werden zu können, die *Good Morning, Babylon* mit unseren Leidenschaften beleben würde. Ich glaube, die Taviani-Brüder haben damals so ähnlich gedacht. Und ich, wenn ich es gekonnt hätte, auch. Aber ich konnte es nicht. Ich fühlte mich gebremst, gehemmt und konnte mich dieser Rolle, von der ich genau wusste, wie ich sie spielen wollte, nicht wirklich hingeben. Weil er da war. Er, dieser Mann, den ich damals noch nicht aus meinem Leben verjagt hatte und dessen monströser Schatten immer dann mein Leben verdunkelte, wenn es begann, zu leuchten. Denn das bedeutete für ihn Geld. Und Reisen, Hotels und Restaurants. Alles umsonst für ihn, er tat ja immer so, als wäre er mein Manager. In New

York und in Paris hatte ich ihn abschütteln können, weil er dort nicht auf meine Kosten leben konnte. Aber Italien gefiel ihm, und er hatte ja seit seinem Rauswurf bei RTL nichts mehr zu tun gehabt. Er lief, oder besser, lungerte also immer herum, erzählte allen am Set irgendetwas, was keinen interessierte, oder wartete auf mich nach Drehschluss. Es war mir peinlich, aber noch peinlicher war mir, dass ich es nicht schaffte, das endlich zu beenden. Es ist lange her, aber ich weiß noch, wie es in meinem Kopf stürmte und ich nicht dagegen ankam. Ich war endlich in meinem neuen Leben, aber mein altes Leben hatte mich eingeholt. Es war ein bisschen so wie in einem Horrorfilm, in dem jemand nachts durch einen Wald rennt, um vor einem Monster zu fliehen, immer wieder hinfällt, sich dann im Gebüsch versteckt und, wenn es hell wird, endlich aus dem Wald herauskommt, nach Hause geht, die Tür aufschließt und das Monster wieder lächelnd am Tisch sitzt. So habe ich mich gefühlt. Dabei wollte ich zu dieser Figur in dem Film werden. Wollte so frei wie die anderen sein. Wollte einfach gut und konzentriert zu dieser Mabel werden. Es war zu viel, und vieles war gehemmt in mir. Die anderen, Greta, Vincent und Joaquim, waren jung und frei, sie saßen nächtelang zusammen, tranken, feierten und erzählten sich von der Welt. Und ich? Ich war fast nie dabei. Nur einmal, als er zwei Tage unterwegs war und wir etwas entfernt drehten, verbrachte ich mit den anderen zwei Abende am Lagerfeuer. Es war wunderschön, machte mich aber in dem Moment noch trauriger. Ich wusste genau, was mit mir los war, konnte aber mit niemandem darüber sprechen. Ich merkte damals schon, dass alle anderen nicht verstanden, wer das sein sollte. Mein Manager, der immer dabei ist? Niemand hatte einen dabei. Aber sie sagten nichts.

Ich machte dann damals am Set etwas, was sich bei mir später bei vielen Dreharbeiten fortsetzte. Ich suchte mir im Team eine Art Vertrauensperson. Aber nicht, um über mein Problem zu sprechen, sondern um, wie soll ich sagen, einen Hafen, einen Anker zu haben. Jemanden, der oder die mich stabilisieren und mir Sicherheit geben sollte. Ich wollte nicht allein sein, und bei *Good Morning, Babylon* war es die Regieassistentin. Ich suchte in ihr eine Freundin. Sie war die erste Person, mit der ich am Morgen sprach, zu ihr ging ich in den Drehpausen, und mit ihr konnte ich alles besprechen, was den Film betraf. Ich habe das auch bei anderen Filmproduktionen fortgesetzt; es wurde fast etwas krankhaft. Mal war es der Regieassistent, die Produktionsleiterin oder die Visagistin. Wer auch immer. Ich bin heute nicht stolz drauf. Ich war in meiner Suche nach Anerkennung, nach einem anerkennenden Kopfnicken, einem warmen Lachen bestimmt anstrengend. Es waren aber nie Affären dabei, ich habe keine Männer gesucht, darum ging es nicht. Aber ich war besessen davon, von ihm wegzukommen und mir irgendeine andere Person, eine andere Nähe zu suchen, weil ich glaubte, es damit erträglicher zu machen. Ich habe heute, viele Jahre danach, manchmal immer noch diesen Reflex, mir eine Person des Vertrauens zu suchen, und merke dann erst, dass ich ja nicht mehr gefangen bin, von jemandem wegzukommen. Es ist mein Gefühl der Freiheit.

Trotz dieser Hemmungen, die mich belasteten, war die Arbeit an dem Film und mit den Tavianis eine großartige Erfahrung. Ich erlebte dabei auch zum ersten Mal so nette Hollywood-Macken. Vincent Spanos Agenten hatten vertraglich eine tägliche Teepause ausgehandelt, auf der er jeden Nachmittag auch bestand. Wir arbeiteten also manchmal mitten in einer Szene und mussten abbrechen, weil Vincent seinen Tee trinken wollte. Ich bewunderte damals, mit welchem Gleichmut die Tavianis damit umgingen. Wenn es mal wieder »Tea Time« hieß, lächelten sie nur und machten auch eine Pause. Sie waren für mich noch aus einem anderen Grund ein Phänomen. Denn sie waren keine Zwillinge, unterschiedlich alt, aber beim Drehen wurden sie wie zu einer Person. Sie sprachen sogar identisch. Wenn also Paolo einen Satz begann und eine Pause machte, konnte ihn Vittorio an genau derselben Stelle weitersprechen. Und sie wechselten sich nicht nur bei den Szenen, sondern auch bei den Kamera-Einstellungen in den einzelnen Szenen ab. Ich musste manchmal erst genau hinschauen, um zu sehen, welcher von beiden nun neben der Kamera stand, was verwirrend sein konnte. Die Dreharbeiten dauerten fast drei Monate, und wenn ich heute an jene Zeit denke und den Schatten, der mich verdunkelte, mal ausblende, war es meine erste große Familien-Erfahrung, einen Film zu drehen. Denn die Crew, die mit einem arbeitet, jeder Beleuchter, jeder Tonmann oder Kostümbildner, wird in dieser Zeit zu einer Art Familie. Zu einer bunten Familie aus Menschen, die sich eigentlich gar nicht kennen, aber das Ziel haben, diesen einen, natürlich besten Film der Welt zu drehen. Es ist immer eine schwerelose Zeit, die über Monate geht. Die Wirklichkeit des Alltags, auch die der Nachrichten und des privaten Lebens, diese ganze Grammatik der Normalität, auch der langweiligen, gibt es in dieser Zeit nicht. Man lebt in Hotels und Wohnwagen, in Kulissen und Kostümen. Man hat kein Geld in der Tasche, weil man keines braucht. Man schaut nicht auf die Uhr, weil die Proben und der Dreh die Zeit bestimmen. Ich war in Italien zwar Désirée, aber eigentlich war ich Mabel, also jemand anders. Es lebt sich wirklich wie in einer großen Blase oder auf einem anderen Planeten. Damit meine ich weniger die Momente, die man vor der Kamera steht, sondern die, einfach Teil dieser Familie zu werden. Ja, man fängt an, sich auf platonische Art in Menschen zu verlieben, die in Baggy Pants und Schlabber-T-Shirts, Funkgeräte am Ohr und Rollen von Tapes am Gürtel, einem jeden Morgen sagen, wo man für welche Szene zu stehen hat. Und ich entwickelte sehr intensive Beziehungen zu den Frauen und Männern, die mir jeden Morgen, gerne auch mal um fünf Uhr, Gesicht und Haare bearbeiteten, um Mabel, also mich, in eine andere Zeit zurückzuversetzen. Bei den Tavianis kamen viele aus der Crew wirklich aus der eigenen Verwandtschaft, was das ganze Leben dort noch inniger machte. So blieben wir alle dann auch während der ganzen Dreharbeiten in Tirrenia, auch wenn jemand mal eine Woche nicht vor der Kamera stand. Ich kann heute verstehen, und so ging es mir auch später bei anderen Drehs, dass eine solche Film-Familie auf gewisse Art süchtig machen kann, weil es eine schöne Parallelwelt in einer schwerelosen Zeit ist. Ich habe später in Hollywood Schauspieler erlebt, die einen Film nach dem anderen drehten, weil sie es länger als ein paar Wochen in der Wirklichkeit, in ihren Häusern und auch mit ihren Familien schwer aushielten. Und es gab und gibt auch nicht wenige, die sich bei Dreharbeiten verlieben, Affären haben oder auch nach Drehende heiraten. Das ist so ähnlich mit Musikern, die manchmal ein halbes Jahr oder länger auf Tour sind und sich danach im stillstehenden Leben zu Hause schwer zurechtfinden. Ich glaube, Keith Richards von den Rolling Stones hat mal gesagt, dass das Geheimnis seiner langjährigen Ehe die vielen und langen Touren der Stones seien.

Doch, ja, leider, wenn ich mich heute an diese Monate in diesem italienischen Badeort erinnere und auch *Good Morning, Babylon* noch mal ansehe, dann sehe ich in jeder Szene, wie verknotet, unsicher und gehemmt ich war. Ich war einfach nicht wirklich gut, und das spürte ich damals schon. Ich hatte viel zu viel Wut auf ihn, den Schatten, und auf mich in mir, weil ich in einer Gefangenschaft lebte, aus der ich mich hätte sofort befreien können, es aber nicht tat. Ich glaube, ich habe mir das damals selbst gesagt: Du musst das beenden. Du musst das wirklich beenden, sonst geht deine Seele kaputt. Und nicht nur das, es wird dir auch der Weg, den du gehen wolltest und zu dem dich Menschen wie Curd Jürgens ermutigt haben, der also der Weg deines Lebens sein würde, für immer versperrt sein. Der Irrtum, oder besser die große Lebenslüge, mit der ich meine Gefangenschaft versuchte, zu rechtfertigen – dass ich es für den Erfolg eben ertragen müsste –, diese Lüge fing an, sich in den Kulissen von Tirrenia langsam aufzulösen. Damals habe ich das noch nicht so deutlich gespürt, weil seine Anwesenheit so belästigend war und ich damit zu tun hatte, nicht vor der Kamera gut zu schauspielern, sondern das mit ihm zu überspielen. Es war wirklich grotesk, aber ich merkte an meinem Widerwillen, an meinem Ekel vor ihm, dass ich mich Schritt für Schritt von ihm entfernte. Er hatte mich als Küken in seine Klauen genommen, und dieses Küken wurde nun größer und stärker. Aber noch nicht stark genug, um das zu tun, was es längst wusste, sich nämlich aus diesen Klauen, die in Wahrheit nur noch schlaffe Finger waren, zu befreien. In New York und Paris machte ich die Erfahrung, dass ich in dieser Gefangenschaft nicht allein war. Andere waren es auch, wenn auch anders. Viele Frauen glauben, das Erwachsenwerden würden andere für sie übernehmen, weil die es behaupten. Viele solche Frauen hatten ihre Dämonen, die sich als Retter, Vaterfiguren oder, wie bei mir, als Manager aufspielten und mein und deren Leben bestimmten. Zulawski in Paris war nicht viel anders, nur eben künstlerischer, wenn man so will. Je mehr sich meine Welt entfaltete, desto mehr wuchs meine Kraft. Ich glaube manchmal, wenn wir *Good Morning, Babylon* noch ein, zwei Monate weitergedreht hätten, wenn meine Freundschaft zu Greta Scacchi und den anderen noch weitergewachsen wäre, hätten sie alle zusammen mich in die Freiheit gestoßen. Doch so war es nicht. Und es kam auch noch etwas dazwischen. Eine Chance, eine große Chance. Es war wieder einmal ich, die kurz davonlief, in der Hoffnung, wieder woanders weiterzukommen. Es war ein Anruf aus Los Angeles.

»Désirée, sie wollen dich in London für James Bond casten. Pierce Brosnan soll der nächste 007 werden und du die Frau an seiner Seite.« Das Bond-Girl, wie man so sagt. Ich nutzte eine Drehpause in Tirrenia und flog nach London. Allein. Reise und Hotel für einen »Manager« hatte die Bond-Produktion nicht vorgesehen. Das war Ende Juni 1986. Ich werde das nie vergessen, weil meine Tage in London mit einer Verwechslung begannen. Die Bond-Produzenten hatten für mich unter meinem immer noch amerikanischen Künstlernamen »Becker« im Dorchester Hotel ein Zimmer gebucht. Das Dorchester ist ein sehr altes, klassisches Hotel, es gibt Doormen und Pagen, die das Gepäck ins Zimmer bringen, und es gab einen Liftboy, der den Fahrstuhl bediente, in dem sogar ein Klappsitz war. Das Zimmer selbst war in englischer Pracht ausgestattet, mit einem in England üblichen, sehr hohen Bett, Teppichen und schweren Vorhängen an den Fenstern. Und kaum war ich im Zimmer, klopfte es, und ein Page brachte einen Kübel mit Eis und einer Flasche Champagner. Dann klopfte es wieder, und es wurde eine Etagere mit Sandwiches gebracht, und im Zimmer waren Blumensträuße und kleine Geschenke verteilt. Ich dachte, mein Gott, die Bond-Produktion gibt sich aber alle Mühe. Es stellte sich wenig später heraus, dass es sich um einen Irrtum handelte. Ich wusste nicht, dass zur selben Zeit das Tennis-Turnier in Wimbledon stattfand, Boris Becker um seinen zweiten Wimbledon-Sieg spielte und seine Entourage auch im Dorchester Hotel wohnte. Die Hoteldirektion hatte mich, Becker, wohl für die Schwester oder eine Verwandte von Boris Becker gehalten. Nun, die Blumen blieben, aber es klopfte dann niemand mehr mit Champagner und Sandwiches an meine Tür.

Es war ein engeres Casting mit Probeaufnahmen, das heißt, es saßen nicht mehr etliche Kandidatinnen in einem Vorraum, sondern sie hatten sich bereits für einige wenige entschieden. Wie viele das genau waren, wusste ich nicht. Ich sah keine von den anderen. Die Produktionsleitung hatte mir den Text für die Aufnahmen nach Italien geschickt, und sie hatten mit Marion Rosenberg auch schon Vertragsdetails wie die Gage besprochen. Es war sehr viel Geld. In zwei Tagen sollte die Kostümprobe und die Probeaufnahme mit Pierce Brosnan sein, der damals noch aus der TV-Serie *Remington Steele* bekannt war. Meine Rolle sollte Kara Milovy sein, eine russische KGB-Agentin, die sich als Cello-Spielerin tarnt und sich dann, wie alle Bond-Frauen, in 007 verliebt. Und weil sie Cello spielen sollte, suchten sie für mich schon eine Musikschule, in der ich Cello-Stunden nehmen sollte. Es schien schon wirklich alles organisiert zu sein. Der Film sollte *Der Hauch des Todes* heißen, Drehbeginn noch im Herbst. Alles schien perfekt zu sein, und ich hatte auch irgendwie keine Chance, Nein zu sagen, weil Barbara Broccoli mich mit einer solchen Liebenswürdigkeit und Professionalität auf eine Art umarmte, dass ich mich das kaum getraut hätte. Wenn ich heute darüber nachdenke, weiß ich, dass ich irgendwie einen leisen Zweifel hatte, denn so wie ich diese Bond-Girls der 007-Filme, die ich gesehen hatte, empfand, war ich nicht sicher, ob der Stempel »Bond-Girl« mich weiterbringen würde oder eben genau nicht. Heute sind die Rollen der Frauen bei James Bond anders, sie sind besser geschrieben, die Frauen haben einen wirklichen Charakter und eine Stärke, wie zum Beispiel Eva Green oder Léa Seydoux sie bei 007 hatten. Damals waren die Frauenrollen aber noch klischeebehafteter, oft waren die Bond-Frauen nur schön, ein paar auch ein bisschen schlicht. Die meisten Schauspielerinnen machten danach keine große Karriere mehr. In Los Angeles lernte ich später Izabella Scorupco kennen, die in Bonds *GoldenEye* mitspielte und die bis heute eine Freundin ist. Sie erzählte mir, dass sie nach 007 schon noch einige Filme in Europa gedreht hatte, ihr die Rolle als Bond-Mädchen aber insgesamt nicht geholfen hatte. Gut, sagte ich mir damals in London, das liegt dann aber an dir. Es ist eine große, wirklich große Chance in einem weltweiten Kinohit. Was du aus der Rolle und danach damit machst, liegt in deiner Hand. Wie gesagt, ich war alleine in London, und alleine war ich mit mir im Klaren.

Zwei Tage später. Pinewood Studios. Etwas außerhalb Londons. Dort, wo fast alle 007-Filme und überhaupt die meisten britischen Kinofilme entstehen. Kostümprobe, zum ersten Mal ein Cello in den Händen und dann – Pierce Brosnan. Er war damals auch noch jung, aber ein großer Profi, sehr charmant und mit diesem Schwung, jemanden in eine noch so kleine Szene vor der Kamera hineinziehen zu können. Wie es auch Richard Gere konnte. Ein *Schau-Spiel* eben. Brosnan, damals dreiunddreißig, Sohn eines irischen Tischlers, dachte wie ich, dass wir die Chance unseres Lebens vor uns hätten. Er sollte immerhin 007 Roger Moore beerben, und es war noch der persönliche Wunsch von Albert R. Broccoli, dem Erfinder der Bond-Filme, nach Sean Connery und Roger Moore die wichtige Rolle des

Geheimagenten mit Brosnan zu besetzen. Für ihn könnten es der Part und die Filme der nächsten Jahre werden. Mir war klar, dass ich nur die Chance in diesem *einen* Film haben würde, denn Bond-Frauen wurden damals für jeden Film neu besetzt. Und so lag eine große Intensität in der Luft, als wir diese Szenen drehten. Es war ein Dialog, fünf Minuten etwa, dann eine Kussszene, und Schluss. Alles lief sehr professionell ab: wir beide in Kostüm und Maske, Ton- und Lichteinstellungen wie bei einer großen Produktion. Und es wurde richtig auf Film und nicht auf Video gedreht.

In den Pausen unterhielten wir uns. Brosnan war sehr konzentriert. Er versuchte, mit seiner gesamten Mimik einen moderneren Bond zu erfinden. Einen, dem das Wort »Zeitgeist« entsprach. Was er damals schon wusste, ich aber nicht, war, dass es ein Problem gab. Ein großes Problem. Die Produzenten der TV-Serie *Remington Steele* hatten kurz zuvor die Option wahrgenommen, seinen Vertrag zu verlängern. Das ist für Schauspieler manchmal ein Segen, weil es ihnen die Chance gibt, die eigene Rolle weiterzuentwickeln. Aber Brosnan wollte *Remington Steele* wirklich hinter sich lassen. Doch er konnte aus der Vertragsverlängerung nicht heraus. Was ich nicht wusste, war, dass die Broccolis zur gleichen Zeit in London noch einen anderen Bond und ein anderes Bond-Girl casteten: Timothy Dalton und Maryam d'Abo. Die Situation war schwierig. Sie hatten einen Bond, den sie wollten, der aber nicht durfte, und einen Bond, den sie eigentlich nicht wollten, der aber bereit war. Und in der Regel musste alle zwei Jahre ein neuer Bond-Film ins Kino kommen. Sie konnten also nicht auf Brosnan warten. Und genauso kam es, sie entschieden sich damals noch in London für Timothy Dalton und Maryam d'Abo. Ich habe später erfahren, dass sich Pierce Brosnan heftig mit den *Remington Steele*-Produzenten zerstritten hatte, weil sie die Serie nach wenigen Folgen einstellten. Ich habe ihn dann in Los Angeles ab und zu getroffen, und wir haben über unsere kurze Szene viel gelacht, aber sein Zorn über die Sache war nie ganz verflogen, auch wenn er dann nach zwei nicht so erfolgreichen Dalton-007s doch noch James Bond wurde. Ich selbst habe dann von der endgültigen Absage einige Tage später in Italien erfahren. Marion Rosenberg rief mich an. Es war dieser typische »Sorry, Darling, they love you, but it didn't work out this time«-Satz, den sie stets sehr liebenswürdig und aufmunternd sagten und den ich ja schon kannte. Aber diesmal ärgerte ich mich mehr als sonst, weil ich so nahe dran gewesen war. Ich hatte schon am Kuchen gerochen. Sie hatten bereits den Cello-Unterricht für mich organisiert. Es gab einen Vertrag mit einer für mich damals astronomisch hohen Gage. Die Kostüme waren für mich gemacht. Nach dem Film mit den Tavianis wäre das der nächste Schritt nach oben gewesen, und ich hätte unbedingt etwas daraus machen wollen. Und mein Leben endlich selbst bestimmen.

Noch einen Satz zu Rollen-Absagen. Es schmerzte mich immer, egal, wie klein die Rollen waren. Denn auch wenn man sich einreden konnte, dass eine blonde, größere oder kleinere Darstellerin gesucht wurde, man also selbst nicht Schuld an der Absage hatte, blieb immer der Stich, nicht gut genug zu sein. Und das auch nicht nur in der einen Rolle, sondern vielleicht überhaupt. Der Beruf des Schauspielers ist kein erwachsener Beruf, er unterscheidet sich nicht vom Kindsein. Ein Arzt, ein Polizist oder ein Lehrer lässt seine Kindheit hinter sich, ein Schauspieler nicht. Er spielt, so wie Kinder spielen. »Ein Schauspieler muss die Kindheit festhalten«, hieß es immer an meiner Schule. »Tab with your childhood.« Der Schauspieler kann einerseits alles und andererseits auch nichts von sich verstecken. Man arbeitet mit allem, was sicht- und hörbar ist, wie dem Körper, dem Gesicht und der Stimme. Aber auch mit allem, was nicht sichtbar ist: mit der Stimmung, dem Gemüt und der Erinnerung. Und das kann einen Schauspieler an sich zweifeln lassen, bei mir ist das jedenfalls so. Doch es ist ein Zweifeln, das zwei Seiten hat, eine gute und eine schlechte. Die gute ist, trotz Zweifeln nie aufzuhören, an sich zu arbeiten, besser werden zu wollen, nicht in Rollenschubladen leben zu wollen. Die schlechte Seite ist, wenn das Zweifeln bremst, unsicher macht und man nicht mutig, sondern zögernd an eine Rolle, auf eine Bühne oder vor eine Kamera tritt. Ich kenne beide Seiten des Zweifels, mal hielten sie sich die Waage, mal war die schlechte Seite stärker. Aber je älter ich wurde, desto mehr behauptete sich die gute Seite. Aber auch das musste ich erst lernen. Die Bond-Girl-Absage traf bei mir noch den Zweifel, vielleicht im falschen Beruf zu arbeiten. Obwohl ich ja noch nicht mal an meinem Schauspiel gescheitert war, aber das zählte damals nicht. Stich war Stich. Und es sollte auch nicht der letzte sein. Ich war auch nach 007 oft ganz nah dran, öfter eine von zweien, und die andere wurde es dann. Damit war ich aber nicht allein. Heute weiß ich von sehr großen und berühmten Stars, dass auch sie sehr große und berühmte Hauptrollen nicht bekommen haben. Das ist normal, und niemand kann hinterher beurteilen, ob es eine falsche Entscheidung war, weil die Abgelehnten ja nicht zeigen konnten, ob sie es besser gemacht hätten. Aber egal, eine Rollenabsage ist immer ein Nein, das wehtut. Auch denen, die mittlerweile einen Oscar, eine Millionengage oder einen Stern auf dem Hollywood Boulevard haben. Mein Problem war, dass ich nach *Good Morning, Babylon* erst mal keine Rolle in Aussicht hatte, jedenfalls nichts für den Weg weiter nach oben, auf dem ich mich glaubte. Oder hoffte.

Als die Dreharbeiten in Italien beendet waren, gingen wir in Freundschaft auseinander. Greta Scacchi blieb mit mir in Kontakt, und wir alle verabredeten uns für die Filmpremiere bei den Filmfestspielen in Cannes. Das sollte im Frühjahr 1987 sein, und alle waren gekommen. Nur ich nicht. Ich saß in Jalta am Schwarzen Meer fest. Über drei Monate im Hotel Jalta, einem unwirklichen Betonklotz mit sechzehn Etagen, 2500 Betten und wenigen Touristen, aber einer deutsch-russischen Filmcrew, die mit dem deutschen Regisseur Peter Fleischmann seinen Film *Es ist nicht leicht, ein Gott zu sein* zu drehen versuchte. Der Amerikaner William Petersen und ich sollten die Hauptrollen in diesem Science-Fiction-Abenteuer spielen. Doch es hakte. Überall. Fleischmann hatte Probleme mit den Produzenten. Die sehr teure Kulisse wurde nicht rechtzeitig fertiggestellt. Es stürmte tagelang, dann schneite es, bis ganz Jalta unter einer weißen Decke lag. Es gab sprachliche Probleme mit den russischen Darstellern. Wir saßen alle fest wie in einem Exil. Und drehten keinen Film. Drei Monate oder länger. Ich fing an, Lenin zu lesen und den Sozialismus interessant zu finden. Ich verfiel in eine sehr eigenartige Stimmung. Den anderen erging es aber auch nicht besser, viele aus der Crew betranken sich jeden Tag mit wasserdünnem Bier und futterten sich durch die Speisekarten der Hotelrestaurants, obwohl auf denen meist nur Sour Cream mit Gurken stand.

Irgendwann wollten die russischen Produzenten dann Peter Fleischmann durch einen anderen Regisseur ersetzen, wogegen er sich aber wütend wehrte, indem er als Erstes Petersen und mich entließ, oder besser »feuerte«, und andere Hauptdarsteller engagierte. Ich war dann aber ganz froh, aus dieser Unwirklichkeit herauszukommen, und flog über Umwege zurück nach Luxemburg. Die Premiere in Cannes habe ich leider verpasst.

Mir fällt eine Geschichte ein, die noch gar nicht so lange her ist und die ich nie vergessen werde. Es ist eine kleine Geschichte, es war in Hamburg bei einer Talkshow, in der der Schauspieler Elyas M'Barek, ich und noch ein paar andere zu Gast waren. Nach der Sendung habe ich ihn angesprochen, wir kannten uns nicht persönlich, denn ich wollte ihm zu seinem Film *Der Fall Collini* gratulieren. Ein ernsthafter Film, mit dem sich M'Barek sehr mutig aus seinem bis dahin komödiantischen Fach herausgewagt hatte. Das sagte ich ihm auch. Er bedankte sich. Ich sagte ihm, dass das sicherlich nicht leicht gewesen wäre, sein Image zu verlassen. Und dass ich das auch kannte: Nach zwanzig Jahren Moderieren war es auch mir schwergefallen, diesen Job hinter mir zu lassen. Er sah mich völlig erstaunt an.

»Wie? Sie haben mal moderiert? Das wusste ich gar nicht. Ich kenne Sie nur als Schauspielerin. *Bad Banks* war gut.«

»Ja, ich habe zwanzig Jahre lang moderiert.« Dann erzählte ich ihm, dass ich nach dem *Grand Prix* und Paris das eigentlich nicht mehr wollte, dann aber nach diesem gescheiterten Abenteuer auf Jalta wieder damit anfing. Ein bisschen aus der Not heraus, weil ich erst mal nicht so viel zu tun hatte, aber auch aus Neugier, weil mich eine andere Art und Bühne der Moderation erwartete.

Zum Beispiel in Peking. Das war gewaltig. Es sollte die größte deutsch-chinesische TV-Show werden, Udo Jürgens an seinem gläsernen Flügel, ich und die Tanzgruppe Rot-Weiß aus Düsseldorf zusammen mit chinesischen Artisten und Musikern auf einer Bühne. Ein, wie ich fand, etwas bemühter Kulturaustausch, und ich weiß heute nicht mehr, ob die Show eigentlich gut war. Ich weiß nur noch, dass Udo ein Lied auf Chinesisch sang. Dieser große Profi, so lässig. Hinterher gab es noch ein großes Essen für uns, bei dem ich mit Udo und einer in China sehr berühmten Sängerin am Tisch saß. Die beiden unterhielten sich darüber, wie viel Geld man mit Schallplatten verdienen konnte. Die Chinesin schaute ihn fassungslos an, als sie hörte, was man in Deutschland verdienen würde. Sie verkaufte in China 200 Millionen Platten und sagte, sie würde dafür umgerechnet nur 5000 Mark bekommen.

Wir waren fast eine Woche in China, und ich besuchte mit Udo dann auch die Chinesische Mauer. Es gibt ein Foto von uns beiden, auf dem ich heute sehe, dass ich nicht glücklich war. Udo lächelt, und ich blicke sehr ernst und halte mich an ihm fest. Ich fühlte mich mal wieder zwischen den Stühlen des Lebens. Nicht dort angekommen, wo ich hinwollte. Im Gegenteil: eigentlich auf dem Weg davon weg. Heute kann ich sagen, dass das, was danach kam, für mich trotzdem eine gute Schule war, weil es neue Welten und neue Menschen waren, mit denen ich ab sofort zu tun hatte. Die dann mein Publikum wurden.

Es war nach Jalta und China, als ich die Anfrage bekam, den Genfer Auto-Salon zu moderieren. Den *Genfer Auto-Salon*. Männerwelt,

Chrom- und PS-Kultur. Ich fuhr gerne Auto und kam aus einer Lkw-Fahrer-Familie. Mir waren die Ansicht geöffneter Motorhauben und der Geruch von Diesel nicht fremd. Ich sollte in Genf für verschiedene Marken und das Auto, das die *Auto-Bild* als das beste küren würde, moderieren. Ich sagte zu und dachte mir selbst, ob ich nun Popstars oder Autos auf einer Bühne vorstelle, sollte doch eigentlich egal sein, solange es vor einem leidenschaftlichen Publikum stattfand. In Wahrheit war es, glaube ich, so, dass die Organisatoren des Auto-Salons, Europas wichtigster Automesse, mit mir mal eine Art »PS-Mädel« auf der Bühne haben wollten, das alle europäischen Sprachen spricht. Eine Frau präsentiert Autos, das fanden sie irgendwie exotischer, als einen, vorsichtig gesagt, vielleicht nicht mehr ganz so jungen und nicht so unterhaltsamen Produktchef einer Marke über Hubraum und Höchstgeschwindigkeit dozieren zu lassen. Und der Vergleich mit den Popstars war gar nicht so falsch, denn die Autos waren für diese Männer auch eine Art Popstars oder neue Hits. Ich habe Ingenieure und Filialleiter in den hintersten Reihen in Verzückung geraten sehen, wenn es auf der Bühne um ihren neuen Porsche oder Mercedes ging.

Natürlich wollte ich nicht die Schauspielerei aufgeben, im Gegenteil. Aber die Anfragen und Angebote waren uninteressant, meistens wollten sie immer noch die »süße« Désirée, die ich in *Good Morning, Babylon* auch noch war, aber wirklich nicht sein wollte. Ich drehte dann in Berlin nur einmal eine Folge der neuen Serie *Praxis Bülowbogen* mit Günter Pfitzmann als Arzt. Diese Rolle war auf den ersten Blick natürlich dieses »ganz klein«, wie ich es auch aus Los Angeles kannte. Aber auf den zweiten Blick war *Bülowbogen* eine gute, menschlich durchdachte Unterhaltungsserie. Der Regisseur Herbert Ballmann kannte mich; ich hatte mit ihm schon den Film *Die Klette* gedreht, und er hatte mit *Bülowbogen* eine Serie entwickelt, in der später noch viele gute deutsche Schauspieler ihre Gastauftritte hatten. Meine Rolle in Folge 8 war zum Glück auch nicht die des ewigen Teenies Désirée, sondern die einer jungen Frau, die schwer an Krebs erkrankt war. Ich denke, Herbert Ballmann hatte in mir erkannt, dass ich wirklich mal etwas anderes zeigen und spielen wollte. Das zeigte sich auch in den Kritiken in der Presse, die recht gut waren, was für mich damals ja nicht so normal war.

Doch dann hatte meine erste Moderation im Auto-Salon für mich größere Folgen, denn im Saal saßen natürlich immer die Bosse, die Chefs der großen Marken, Vorstandsvorsitzende, Aufsichtsräte, der Genfer Salon war noch der große Gipfel. Ich stand auf der Bühne und stellte mal die Modelle von Audi vor, dann von BMW. Und auch für Fiat. Das sprach sich bald herum, in dieser Festival- und Kongresswelt. Ich bekam immer mehr Anfragen. Die Midem, die größte europäische Musikmesse in Cannes, moderierte ich viermal und holte James Brown und Jackson Browne auf die Bühne und überbrückte sogar einen halbstündigen Ausfall der Kameratechnik. Auf den Bildschirmen war auf einmal nichts mehr zu sehen; das Einzige, was noch funktionierte, war eine Handkamera. Mit der und einem Mikrofon gingen der Kameramann und ich dann hinter die Bühne und in die Garderoben jedes Künstlers und interviewten sie, was in den Saal übertragen wurde. Keine große Sache. Ich erzähle das nur, um zu erklären, dass eine Live-Moderation auf der Bühne etwas ganz anderes war als in einem Fernsehstudio, wo die Sendung aufgezeichnet wird. Ich merkte damals beim Auto-Salon, bei der Midem, in der Londoner Royal Albert Hall, wo ich zusammen mit Roger Moore einmal die World Sports Awards moderierte, oder in Paris, als ich eine große Show zum einhundertsten Geburtstag des Eiffelturms moderierte, wie sehr ich mich »live« wohlfühlte. Ich konnte mich zwar nicht mehr hinter einer Rolle verstecken oder mich verstellen, doch irgendwie war es doch wie Schauspiel und Improvisation, es war eben die Rolle der Gastgeberin. Alle schauten mich an und hörten genau zu, und deshalb muss man selbst sofort ein Gespür für jeden im Saal entwickeln. Man sieht diese Landschaft aus Gesichtern vor sich, hört, ob und wie das Publikum applaudiert und ob es lacht oder nicht. Man steht da mit einem Gefühlsthermometer im Kopf und merkt schon nach wenigen Sekunden, ob der Applaus höflich, begeistert oder gelangweilt ist. Dann muss man sofort gegensteuern, das Timing genau überlegen. Welchen Satz jetzt? Welche Frage später? Wie sich auf der Bühne bewegen, wen anschauen? Wen nicht? Wann eine Pause machen? Wie welchen Gast begrüßen? Ein bisschen frech sein oder sehr respektvoll, aber nie, wirklich nie, sich herablassen oder etwas besser wissen. Es ist, wie die Stimmung einer Show zu dirigieren, und es ist wichtig, zu wissen, warum die Zuschauer im Saal sitzen. Haben sie für Tickets teuer bezahlt? Sind sie eingeladen worden? Mussten sie kommen? Sind sie müde oder warten nur auf das Büfett nach der Show? Fühlen sie sich in ihren Smokings und Abendkleidern wohl oder steif und kostümiert? Und wirklich, wirklich niemals, niemals Scherze auf Kosten anderer machen. Und auch ganz wichtig: Ist es eine Tagung oder ein Kongress mit oder ohne Ehefrauen oder Partnerinnen? Denn meine ganze Ansprache, die Art meines Humors bis hin zur Nähe zu anderen Gästen auf der Bühne, musste eine andere sein, wenn die Ehefrauen auch im Publikum saßen. Denn dann waren die Männer gehemmter und sprachen anders, und auch ich musste zurückhaltender sein, damit niemand auch nur auf einen wie auch immer fernen oder falschen Gedanken kommen konnte. Absurd, ich weiß. Ich erinnere mich an manche Vorstandschefs großer Marken, die ich wirklich als zwei Sorten Männer erlebt habe. Eine mit Frau im Saal und eine ohne Frau. Ohne Frauen waren sie meist unterhaltsamer. Es gibt für diese Art von Arbeit unterschiedliche Techniken. Ich habe Kollegen, die mit »Pappen« leben, das heißt, es steht jemand hinter der Kamera und hält Schilder mit Anweisungen oder Stichworten hoch. Oder sie haben Moderationskarten in der Hand, von denen sie ablesen. Andere vertrauen der Technik und lesen vom Teleprompter ab, einem Monitor, auf dem die Texte abgelesen werden. Und dann gibt es heute eine neue Generation, die kleine Kopfhörer im Ohr trägt, über die die Regie ständig Anweisungen gibt. Ich kenne alle diese Techniken, doch ich blieb meistens sehr old fashioned, ich lernte vorher alles auswendig, weil ich das gut konnte. Für eine TV-Show mit fünfzig Zwillingspaaren zum Beispiel paukte ich die Namen aller Zwillinge und vergaß wirklich keinen.

Verändert hat sich heute die Technik der Mikrofone. Früher moderierte ich alles mit einem Handmikrofon, der »Keule«, wie wir es nannten. Dann kamen die Ansteckmikros, die jeder hatte, der auf die Bühne trat. Und heute gibt es diese Headsets mit einem dünnen Bügel an der Wange und einem Port, also einem Übertragungsgerät, das man hinten am Kleid oder an der Hose befestigt. Ich bin kein großer Freund davon, weil ich auch erlebt habe, dass sich diese Ports lösen können, wenn man kurz auf die Toilette muss und sie, na ja, herunterfallen. Ich mag bis heute die »Keule«, weil sie große Vorteile hat. Als Moderator bleibt man damit »Master of Ceremony«, weil man in Gesprächen das Mikro immer zwischen sich und dem Befragten hin und her hält. Das heißt, dass man selbst bestimmt, wie viel und wie lang der oder die Interviewte spricht, und auf diese Weise kann man ein langweiliges oder störrisches Gespräch abbrechen. Außerdem kann ich mit der »Keule« viel besser laut oder leise sprechen und meine Stimme besser modulieren, wenn ich den Abstand verändere. Der Vorteil des Ansteckmikros ist natürlich, dass man beide Hände frei hat und gut von seinen Moderationskarten ablesen kann. Der Nachteil der Ansteckmikros ist aber, dass man sie nicht einfach ausschalten kann. Man ist abhängig von den Toningenieuren, die hinter der Bühne die Mikros steuern. Das sind meistens gute Techniker, aber ich habe es auch schon erlebt, dass vergessen wurde, das Mikrofon »zuzuziehen«, wie wir sagen, also abzuschalten. Ich habe das einmal bei einer Kollegin in München miterleben müssen, die nach der Show von der Bühne ging und hinter der Bühne auf ihren Manager traf, der ihr sofort vorhielt, was sie angeblich alles falsch gemacht hätte. Es war furchtbar peinlich, weil der ganze Saal mithörte. Ich betete für die

Kollegin: »Bitte, zieht das Mikro zu, bitte!« Bei den guten alten Handmikrofonen gab es sogar noch einen Schalter, mit dem man es sofort abstellen konnte, wenn man die Bühne verließ.

Nach dem Genfer Auto-Salon engagierte mich der Fiat-Konzern für seine Marken Fiat, Alfa Romeo und Lancia als Moderatorin für alle Firmenpräsentationen. Das hieß, dass ich für jedes neue Auto Länge, Größe, Gewicht, PS, Hubraum, Verbrauch, Front- oder Allradantrieb und so weiter in vier Sprachen auswendig erklären und in verschiedenen Ländern moderieren sollte. Habe ich immer geschafft, manchmal in fünf Tagen in fünf Ländern, es war eine Tournee. Obwohl ich zwei Stunden nach jedem Auftritt meistens alles wieder vergessen hatte. Nur manchmal, wenn ich heute einen älteren Fiat Uno oder Alfa auf der Straße sehe, fällt mir ein, ja, 71 PS, 1,3 Liter, Verbundlenkerachse hinten oder so was. Ich bestand auch darauf, die jeweils neuen Modelle selbst zu fahren, um ein Gefühl für sie zu bekommen. Mich hat diese Zeit, für Fiat waren es zehn Jahre, mit dem Handwerk Moderieren wieder versöhnt. Es hat ganz einfach Spaß gemacht, weil »Automenschen«, und damit meine ich alle, Autoverkäufer aus den italienischen Abruzzen, Vertriebsleiter aus dem englischen Kent, Mechaniker aus Bayern bis zum Entwicklungschef und Vorstand oder eben einfach nur Boss, ein dankbares Publikum waren. Fast nur Männer, klar, und manche johlten »Désiréeeee« aus den hinteren Reihen, wenn ich nach einem Jahr wieder auf die Bühne kam. Solche Jahrespräsentationen sind eben auch Betriebsausflüge, ohne Frauen. Man gab mir alle Freiheiten, zu erzählen, was ich wollte, es gab kaum Vorgaben, außer dass ich ein wenig über das Fahrzeugmodell, um das es ging, sprechen sollte. Das klingt jetzt eigenartig, aber bei diesen Autoshows hatte ich mehr Freiheiten als im Fernsehen, wie ich es kannte. Keine Programmleiter, die irgendwelche Bedenken hatten. Keine Redakteure, die mir leblose Moderationstexte schrieben. Kein Druck durch die Einschaltquoten. Nein, nichts davon. Sicher, in dieser Männerwelt blieb ich auch das Feigenblatt, die Garnitur oder eben das »PS-Mädel«.

Aber nicht nur. Sie respektierten mich, und damit respektierten sie eben auch mein Handwerk der Unterhaltung. Ich, also meine Arbeit, war wichtig. Oder wie man heute sagen würde: In der Autowelt war mein Job systemrelevant. Und es war dieses Publikum, das mich an meinen Vater und meinen Großvater erinnerte. Menschen, die mit und von Autos lebten. Die eine gewisse Poesie in einem Vierzylinder-Klang erkennen konnten und die über Kotflügel oder Heckbleche streichen konnten, als wäre es eine Geliebte. Natürlich ging es auf den Bühnen darum, diese Autos zu verkaufen. Und das alles war natürlich auf Hochglanz poliert, die neuen Modelle, noch nie benutzt, ohne Kratzer. Sie dufteten nahezu, obwohl sie damals noch heftigere CO_2-Schleudern waren, als sie es heute sind, und rosten taten sie natürlich auf der Bühne auch noch nicht. Es ging um Kraft auf der Straße, um Design und Form, um Schönheit und nicht um Nachhaltigkeit. Aber das war eine andere Zeit. Ich konnte diese Liebe nachvollziehen, weil ich sie von zu Hause kannte. Ich erinnere mich heute noch, mit welcher Anmut und Zärtlichkeit mein Großvater von seinem Mercedes-Lkw erzählen konnte und jeden kleinen Kratzer im Lack so pflegte und reparierte, als wäre es eine Wunde. Oder mein Vater, der an Wochenenden in Luxemburg-Pulvermühle an einer Tankstelle half, Autos wieder instand zu setzen. Ich war manchmal dabei und putzte währenddessen die Scheiben der Autos.

Ich, die Désirée, Radio- und Fernsehmoderatorin, Schauspielerin in kreativer Pause, lernte von diesem Publikum, vor allem von den Mechanikern und Auto-Erfindern, dass ein Auto für sie damals etwas mit Freiheit zu tun hatte. Freiheit, sich vorwärtszubewegen. Freiheit, die Welt fahrend kennenzulernen. Freiheit, diese Welt auch den Kindern, der Oma, dem Opa oder sonst wem auf den Rücksitzen zu zeigen. Und ja, natürlich auch Freiheit, den oder die erste Geliebte zu küssen oder mehr.

In jedem jungen Leben ist das erste Auto auch oft der erste sehr private, ja intime Raum in seinem Leben. Natürlich wusste ich damals auch schon um die Probleme eines größer werdenden PS-Wahns. Ich roch in Luxemburg die dicke Luft, wenn sich Blech an Blech staute, und ich wusste von den Verkehrstoten auf den Autobahnen und Landstraßen, sicher. Doch ich hatte in den Jahren in der Autoindustrie auch mit Menschen zu tun, die genauso an Abgasreduzierung und Sicherheit arbeiteten wie an der Leidenschaft, formschöne Autos zu bauen. Ich lernte damals den Autodesigner Walter Maria de Silva kennen, der für Alfa Romeo den 156er entworfen hatte. Ein Auto, von dem VW-Chef Ferdinand Piëch damals sagte, es sei das schönste in Europa. De Silva war wirklich ein Künstler, der bei Autos an Frauen dachte. Einmal standen wir vor einem Wagen, und er zeigte auf die Scheinwerfer: »Schau diesen Augenaufschlag. Wie der einer schönen Frau. Und siehst du die Kanten? Sie sind wie ein Kajalstrich, oder?« De Silva arbeitet heute nicht mehr an Autos; er hat die Welten gewechselt und designt heute sehr erfolgreich Schuhe. Mittlerweile hat sich auch die Autowelt verändert. Es gibt zwar immer noch die Künstler und Design-Poeten, wie es de Silva war, aber es kam eben auch die hässliche Seite großer Marken ans Licht, die mit Softwaretricks Abgaswerte manipulierten und für einen der größten Skandale der Industrie sorgten. Als ich davon zum ersten Mal hörte, musste ich an meinen Vater und Großvater denken, die Autos für das Ehrlichste der Welt hielten. Menschen können einen betrügen, aber Autos doch nicht. Ich hätte mir das damals nicht vorstellen können. Aber es stimmt schon, ich bewegte mich ja auch auf der polierten Seite dieser Welt.

Und so ging es Ende der 80er-Jahre mit mir wieder so rastlos weiter, wie ich es bisher kannte. Ich fuhr kreuz und quer durch Europa, moderierte Messen und Kongresse und war schwer zu bekommen, wenn es Angebote für Filme oder das Fernsehen gab. Ich hörte immer öfter: »Ach, Désirée, du bist nie da.« Doch diese Veranstaltungen taten mir gut, weil sie mir zeigten, dass ich gefragt war. Und es gab auch keine Castings, die ich bestehen musste. Nein, ich, Désirée, wurde gebucht, weil sie mich auf der Bühne haben wollten. Das gab mir ein

Gefühl von Sicherheit. Und ich brauchte dieses Gefühl. Ich war Mitte zwanzig und damit in einem Alter, in dem man in einem ganz anderen Beruf nicht mehr ohne Weiteres noch mal von vorne anfängt. Ich hätte damals auch nicht gewusst, in welchem. Es war das Gefühl, auf meinem Weg nicht mehr zurückzukönnen. Ich würde und musste mit dem, was ich konnte, alt werden. Ich glaube, das ist ein entscheidender und heikler Moment in einem noch jungen Leben. Es gibt bestimmt Menschen, die sich in dem Moment sicher sind, auf dem richtigen Weg zu sein, auch wenn derjenige dafür auf etwas anderes verzichtet hat. Das Start-up-Genie vielleicht auf eine Familie, die junge Mutter vielleicht auf eine Karriere, es ist schwierig, ein Leben im ganzheitlichen Glück zu führen. Vielleicht auch gar nicht möglich. Ich dachte damals ja auch so. Ich hatte gut zu tun, ich reiste herum, ich traf interessante Menschen und bekam viel Applaus, und ich hätte auch vor mehr Kameras in mehr Filmen gestanden, wenn ich nicht so heimatlos und umherreisend gewesen wäre. Das war das eine. Das andere war, dass es immer noch diesen Schatten gab, der zwar immer kleiner wurde und sich bald auch erledigen würde, aber ich sah ihn als den Preis, den ich für das andere Leben bezahlte. Doch abgesehen davon war ich mir in meinem Innersten sehr sicher, auf dem richtigen Weg zu sein. Ich dachte nicht an Ausstieg oder Rückkehr, und ich wusste, dass meine Zeit und meine Chance irgendwann kommen würden. Und dann passierte etwas. Wie so oft völlig unerwartet. Ich war damals Patin eines Kindes aus den SOS-Kinderdörfern, eines Mädchens namens Laura, das in einem SOS-Dorf in der Nähe von Mexiko-City lebte. Ich hatte ein Foto von ihr und bekam jedes Jahr eine Weihnachtskarte, wie das bei SOS-Kinderdörfern so ist. Und dann rief mich Hans-Joachim Kulenkampff an. Er plante in Duisburg eine große Fernseh-Charity-Sendung, in der auch die SOS-Kinderdörfer vorgestellt werden sollten, und fragte mich, ob ich einer seiner Gäste in der Sendung sein könnte. Ich sagte sofort zu und hatte eine Idee. Ich schlug ihm vor, dass ich zu dem Dorf reisen, mein Patenkind besuchen und einen kleinen Film für seine Sendung drehen könnte. Alles auf meine Kosten, das war mir wichtig. Kuli und die Produzenten waren einverstanden, und so flog ich nach Mexiko zu meinem Patenkind.

Es waren beeindruckende Tage. Ich wohnte in dem Dorf, brachte morgens Laura und andere Kinder zur Schule, spielte und lernte mit ihnen und sprach viel mit den Müttern, die die Kinder, manche davon waren auch Waisen, betreuten. Es wurde ein schöner kleiner Film, und am Ende winkten die Kinder in die Kamera und riefen: »Feliz Navidad«, weil Kulis Sendung zu Weihnachten ausgestrahlt werden sollte. Und so kam es dann auch, ich war in Duisburg, in der Stadthalle, und freute mich sehr, Kuli wiederzusehen. Es waren fast achtzig Kinder aus den verschiedenen SOS-Dörfern vor Ort, die in einem Chor singen sollten. Alle liefen aufgeregt umher, meist um einen Mann herum, der am Klavier saß, spielte, und einige Kinder kletterten an und auf ihm herum, großes Lachen. Ich sah den Mann an, und es war passiert. Wie ein Stromschlag durchfuhr es mich. Ich hatte in dem Moment nur einen Gedanken: Der Mann interessiert mich. Als ich auf der Bühne saß, versuchte ich, ihn nicht anzustarren, schaute also weg, dann wieder hin und beobachtete ihn aus den Augenwinkeln. Schwarze Locken, blaue Augen, und, wie ich dann hörte, sprach er mit einem österreichischen Akzent. Aber es war noch mehr, es waren die Kinder, die an ihm herumturnten, an seinen Haaren zogen und ihn offenbar sehr mochten. Und er sie auch, das spürte man. Er war mit seiner Band da, die die Platte »SOS United« produziert hatte, auf der Stars wie Tom Waits oder Katrina and the Waves für die SOS-Dörfer sangen. Ich ging ein paar Schritte in der Halle umher und fragte irgendeinen Techniker ganz beiläufig und sachlich: »Ach, wie heißt noch mal der Mann am Klavier?« Und der meinte nur: »Das ist Harald Kloser, der Komponist.«

Harald Kloser. Ich hatte den Namen noch nie zuvor gehört, doch schon allein der Name war für mich der Goldfund des Abends. Miteinander gesprochen hatten wir leider nicht. Ich sah ihn nur kurz nach der Sendung hinter der Bühne, wo ich, ausgerechnet in einem albernen Nikolaus-Kostüm, fotografiert wurde, als er vorbeilief, mich kurz grüßte und meinte, wir würden uns ja noch alle im Hotel sehen. Das sagte er aber zu jedem, den er sah. Ich habe diese kurzen Momente bis heute nicht vergessen, seine Blicke, sein Lachen, meine große Peinlichkeit, als Nikolaus vor ihm zu stehen, sein Gang, sein Winken. Alles wie ein Film, bis heute. Ich habe ihn dann aber an dem Abend nicht wiedergesehen. Wenn ich mich heute daran erinnere, dann war es diese kurze Begegnung mit Harald, die mich an der Stelle berührte, wo ich bis zu jenem Zeitpunkt verschlossen war: im Herzen. Vielleicht noch nicht ganz im Herzen, aber sehr in der Nähe davon.

Ich bin später manchmal gefragt worden, was ich mich auch selbst gefragt hatte, warum es ausgerechnet dieser Musiker in einer Halle in Duisburg war, den ich nur wenige Minuten gesehen hatte. Ich weiß es nicht. Er war es eben. Freunde haben später gesagt, dass ich vielleicht in diesem Moment meine Zukunft vor mir gesehen hätte. Dass ich endlich das, was mich umgab, wegwerfen konnte. Das mag so gewesen sein, genau gespürt habe ich das damals noch nicht. Und mit der Zukunft sollte es ja auch noch etwas dauern.

Doch ich hatte diesen Mann im Kopf wie noch keinen anderen zuvor. Sicher, in New York und in Paris gab es schon Männer, die ich getroffen hatte. Ob und was sie sich von mir erwartet hatten, kann ich nicht sagen, weil die Liebe bei mir ein abgestelltes Gefühl war und ich oft die Signale nicht erkannte. Oder nicht erkennen wollte. Mit mir zu flirten oder sich, wenn es denn so war, in mich zu verlieben, war eher eine Sackgasse. Ich erwiderte nichts, ich blieb ein oder viele Abendessen ohne »noch einen Drink bei mir oder dir?«, ich wich jedem Gespräch aus, wenn es um mich und die Liebe ging, und ich fürchtete mich vor … lassen wir das. Die Schauspiellehrerin in Paris hatte schon recht, als sie sagte, ich wäre körperlich blockiert. Ich war es. Gut, aber jetzt war ich aufgewacht. Es war mein Aschenputtel-Moment, auch wenn Harald Kloser nach diesem Abend erst mal nur wie ein Traum blieb. Ich wusste nicht, ob ich ihn je wiedersehen würde, die Idee von ihm war durch mich hindurchgerauscht und hatte Wärme und Glitzer hinterlassen. Mehr nicht, aber das war für mich eine ganze Menge. Mit so einem, dachte ich ganz leise und vorsichtig, könnte ich einmal Kinder bekommen. Aber mir war auch klar, dass es bei dem Traum bleiben könnte. Bis ich Monate später wieder einmal in Paris war.

Der Baum in meinem Herzen

Ich versuche immer, früh hierherzukommen. Hierher, wo ich jetzt sitze. Auf einer runden Holzbank unter einer Eiche. Sehr alt kann sie noch nicht sein. Sie ist, wie auch die anderen Eichen hier, noch nicht sehr hoch gewachsen. Vor mir liegt eine Wiese, und über mir, zwischen den Ästen des Baumes, ist der blaue Himmel zu sehen. Es ist warm. Es ist hier eigentlich fast immer warm, und es weht meistens nur ein schwacher Wind. Und es ist sehr still, schön still. Man hört den Verkehr von der Besant Road, über die man hierherfährt, nur entfernt. Ich höre jetzt Vögel und in der Ferne Schulkinder. Es sind von Los Angeles fast einhundertzehn Kilometer, um hierherzufahren; und das kann bei viel Verkehr auch zwei Stunden dauern. Man fährt Richtung Westen an der Küste bis nach Ventura und biegt dann ab in die Berge nach Norden. Am Horizont sieht man dann schon die Topatopa Mountains, und nach zwanzig Kilometern fängt die Welt an, anders zu sein.

Ojai heißt dieser kleine Ort, der in einem Tal liegt. Ojai ist ein indianischer Name in der Sprache des Chumash-Stammes, der hier einmal lebte. Er spricht sich »Ohai«, was »Mond« bedeutet. Die Hügel, die ich sehe, sind überzogen mit einem grünen Baumteppich, auf dem Zigtausende leuchtende Punkte zu sehen sind, es sind Orangen. Die Gegend hier zählt zu den größten Orangenplantagen Kaliforniens. Es ist dann vom Ortseingang Ojais nicht weit zu dem Platz, an dem ich jetzt bin. Ojai ist klein und hatte mal achttausend Einwohner; das war die Zeit, als ich zum ersten Mal hierherkam. Doch heute sind es mehr, Ojai ist zu einem Sehnsuchtsort für viele Bewohner von Los Angeles geworden, weil die Dinge des Lebens und das Leben selbst hier die Einfachheit haben, die es woanders nicht mehr gibt.

Diese Wiese, dieser Baum und diese Bank sind mir in den Jahren zu einer Heimat geworden. Zu einer Heimat meiner selbst. Es ist nicht die Heimat, in der ich wohne, esse und schlafe. Es ist die Heimat, in der ich mir selbst begegnen kann. Ich habe das vor vielen Jahren erst hier gelernt und dabei sehr viel, wenn nicht sogar das Wichtigste über mich erfahren. Um es mit einem Bild zu beschreiben: Es ist, als ob ich neben mir sitze und mich mit mir selbst unterhalte. In der Stille. Wenn ich in Los Angeles bin, versuche ich, mindestens einmal im Monat hierherzukommen. Heute also wieder.

Oft werden solche Orte, an denen Menschen ihre Ruhe suchen, damit beschrieben, dass man sich selbst oder die Seele auftanken kann. Das ist hier nicht so. Es ist genau das Gegenteil der Fall. Ich komme hierher, um abzulassen. Aufgetankt war ich in meinem Leben genug gewesen und bin es auch heute noch. Aufgetankt bis zum Rand mit Stress, Arbeit, Sorgen, Zweifeln, Ängsten, Gedanken, Drehbüchern, Terminen und Erinnerungen, schönen und eben nicht schönen. Und alles kreiste immer um mich selbst, um mein Ich, das funktionieren sollte und wollte. Alles, wirklich alles, was früher um mich herum passierte, schaufelte ich auf mein Ich. Was bedeutet das für mich? Was mache ich damit? Wie denken jetzt andere über mich? Und was sage ich jetzt dazu? Ich war in vielen Jahren meines Lebens immer das Zentrum, oder andere machten mich dazu, auch damals, in den Zeiten meiner Gefangenschaft. Und eigentlich auch schon in meiner Kindheit, wenn meine Eltern zu mir sagten: »Désirée schafft das schon.« Ich habe es natürlich geschafft, so, wie ich später auch alles Weitere geschafft habe. Ich dachte immer, wenn ich die Verantwortung habe, kann ich auch alles lenken. Aber es war dann nicht nur *eine* Verantwortung, sondern viele, irgendwann unzählig viele. Und ich habe mich auch nicht gebremst, als die Vorhaben meines Lebens irgendwann immer größer und kostspieliger wurden. Im Gegenteil, mein Ich wurde es dann auch.

Ich stehe jetzt mal von dieser Bank auf und spaziere ein bisschen durch Ojai. Irgendwo an der nächsten Ecke wird ein Markt sein. In Ojai finden oft Märkte statt, auf denen junge Landwirte ihr Bio-Gemüse, Obst, Brot oder Kleider und Schuhe verkaufen. Es ist ein Ort wunderbarer Gelassenheit, was viele, die aus Hollywood hierhergezogen sind, auch suchten. Larry Hagman, der ein Freund von mir war und von dem ich noch erzählen werde, lebte hier. Auf dem Markt oder in den Straßen können einem heute Reese Witherspoon, Anne Hathaway oder Emily Blunt oder ein anderer Berühmter oder Mächtiger begegnen. Berühmt oder mächtig ist hier aber keiner. Nachnamen interessieren hier nicht. Selbst wenn mich, was unwahrscheinlich ist, hier jemand erkennen würde, hätte es keine Bedeutung.

Der Regisseur Frank Capra suchte 1937 für seinen Film *Lost Horizon* lange die passende Kulisse für den paradiesischen Ort Shangri-La, an dem der Film spielen sollte. Und er sah sich vieles an; überlegte sogar, die Kulisse im Studio nachbauen zu lassen, bis er dann nach Ojai kam. Und hier drehte. Das Paradies. Shangri-La, so nennen sie es heute noch auf den Straßen.

Aber es ist nicht nur diese kleine Stadt oder der Oaks Grove, der Eichenpark, was mich damals so veränderte. Es war auch der Ojai-Bewohner Jiddu Krishnamurti, der in mir etwas Entscheidendes anstieß. Das war zum ersten Mal noch in meiner Zeit in New York, als mich meine Freundin Anna Katarina fragte, ob ich mit ihr ein paar Tage hierher nach Ojai kommen wollte. Da würde ein indischer Gelehrter in einem Park über das Leben sprechen, und sie kenne viele, die auch dorthin fahren würden. Das war 1984, und wenn ich hier jetzt umhergehe, kann ich mich noch sehr gut an jenen Tag erinnern. Die Wiese und der Park waren voll von Menschen. Ich bin sicher, es waren über tausend. Sie alle saßen still da und hörten einem Mann zu, der auf einem Stuhl saß und ein Mikrofon vor sich hatte. Jiddu Krishnamurti war damals schon achtundachtzig Jahre alt, hatte weiße Haare und sprach einfach. Lange und langsam und mit einer immer gleichbleibenden Stimme. Ich setzte mich damals mit meiner Freundin irgendwo dazu und versuchte, erst mal zu verstehen, um was es ging. Ich hatte schon damals und habe heute noch eine große Skepsis gegenüber Heilspredigern oder Gurus aller Art. Ich glaube nicht, dass es so etwas wie Erleuchtete gibt, und glaube noch weniger, dass man irgendjemandem folgen sollte. Die Verantwortung für einen selbst und alles, was man macht, bleibt immer bei einem selbst.

So saß ich da, vorsichtig skeptisch, und hörte zu. Doch dann begann ich, in Krishnamurtis lange Sätze einzusteigen und ihnen auf immer längeren Wegen der Gedanken zu folgen. Denn er sagte, ich bin kein Lehrer. Keiner, der irgendetwas besser weiß. Es ist ein Fehler, denen zu glauben, die das behaupten. Krishnamurti war ein Philosoph und in den 20er-Jahren ein Mitgründer der sogenannten »Theosophen«, einer indischen Heilslehre, die an den Weltlehrer glaubte und Krishnamurti zu diesem Messias ausrief. Doch 1930 brach er dann mit der Theosophischen Gesellschaft, trat aus und kam in den Jahren des Zweiten Weltkrieges nach Ojai, von wo er dann mit seinen Büchern und Ansprachen jeden Guru und jede Religion verneinte und stattdessen das Menschsein selbst in das Zentrum jeder Existenz stellte. Aber eben das Menschsein als viele, nicht als Ichs.

»Wir sind nicht Einer, sondern Viele. Der Eine kann nicht zu sich finden, solange die Vielen um ihn sind, die Vielen bekämpfen einander Tag und Nacht mit lärmendem Geschrei, und dieser ewige Krieg macht das Leid unseres Lebens aus«, war damals so einer seiner Sätze, die sich in mir festsetzten. Er predigte nicht, er befahl nichts, er bot eigentlich nur Gedanken an. Gedanken, die anfingen, in mir ein Gerüst zu errichten, erst nur ein paar Balken, dann ein paar Streben, und allmählich bekamen meine im Kopf herumfliegenden Gedanken, Zweifel und alles Weitere auf einmal eine Zuflucht, einen Halt. Am

Anfang, ich war damals siebzehn, noch schwach, aber zu Krishnamurtis Weg gehörte auch, dass man dieses Gerüst selbst weiterbauen könnte.

Ich saß dort im Park und merkte auf einmal, wie mein zum Platzen gefülltes Ich langsam den Druck abließ. Ja, ich bin nur eine von vielen. Ich bin nicht das Zentrum von irgendwas, weil es das Zentrum gar nicht gibt. »Ein Leben ohne Probleme ist uns schlechterdings unvorstellbar, und je intensiver uns ein Problem beschäftigt, desto wacher und tatkräftiger glauben wir zu sein. In Wirklichkeit werden wir durch das ständige, angespannte Nachgrübeln über ein Problem, das doch ein Geschöpf unseres eigenen Denkens ist, nur stumpf und müde und gleichgültig.« Dieser Satz von Krishnamurti fällt mir auch immer wieder ein.

Ich habe Krishnamurti danach nur noch ein weiteres Mal hier in Ojai sprechen gehört. Er starb 1986. Doch ich lese bis heute seine Bücher; manche immer wieder. Und ich komme eben immer wieder hierher. Seine Bücher lese ich aber nicht, wie man Lehrbücher liest, sondern ich lese darin herum, mal hier, mal dort. Oder, um es anders zu sagen, manchmal ist »am Gerüst« etwas morsch oder locker, und das kann ich dann mit ein paar seiner Sätze reparieren. Es geht bei allem darum, die Hysterie um unser Ich zu verringern und schließlich zu beseitigen. Das, was in meinem und auch im Leben aller anderen passiert, wird immer Wege und Windungen haben, wird Haken schlagen, mal zu schnell und mal zu langsam sein, ohne dass ich oder jeder von uns etwas dafürkann. Wir sind *im* Strom des Lebens, aber nicht *der* Strom des Lebens. Dieser Gedanke hat bei mir dann auch irgendwann zur Erlösung geführt. Ich schaufelte das, was ich erlebt hatte und wusste, nicht mehr zu einem düsteren Berg von Schuld oder Selbstzweifel auf, sondern erlöste mich endlich davon. Und es gab einiges, was ich endlich abschütteln konnte. Es war passiert, aber es war nicht mein Ich, das es passieren ließ. Es hat mich mal jemand gefragt, ob ich eine Veränderung an mir beschreiben könnte, die es ohne meine Tage in Ojai vielleicht so nicht gegeben hätte. Ganz genau kann ich das nicht sagen, aber ich erinnere mich, irgendwann mal hier gesessen und mit mir selbst gesprochen zu haben. »Désirée, du musst nicht andauernd anderen Menschen sagen, was du über sie oder was sie machen denkst. Denke es, aber sage es nicht andauernd. Andere Menschen machen nicht irgendetwas, nur um deine Meinung zu hören.« Ja, und das habe ich ernst genommen. Ich bin seitdem mit meinen Freunden, Bekannten, Kollegen und auch mit meiner Familie viel gelassener. Ich denke mir meinen Teil, aber ich verteile keine Urteile mehr. Ich glaube, das hat auch das Leben mit mir entspannter gemacht.

Ich habe manchmal überlegt, ob mein Erleben mit diesem alten Krishnamurti genauso gewesen wäre, wenn ich ihn nicht hier, sondern in Los Angeles im Kodak Theatre, dem heutigen Dolby Theatre, oder der Hollywood Bowl vor Tausenden Zuschauern gehört hätte. Es wäre anders oder vielleicht gar nicht gewesen. Denn das, was er sagte, konnte sich nur in diesem Eichenpark und dieser kleinen Stadt entfalten. Seine Worte und Sätze schwebten durch die Luft und überzogen das ganze Leben hier, den Rhythmus der Stadt, die Häuser und Menschen und ihr Verhalten, mit einer Aura und wurden hier Wirklichkeit, die man bis heute lebt und spürt. Das wäre woanders gar nicht gegangen. Mag sein, dass Ojai deshalb für mich auch eine Art Utopia ist und ich mich woanders gar nicht so ordnen und auslassen könnte wie hier. Ich bin fast immer allein hierhergekommen. Es gibt nur drei Menschen, denen ich diesen Ort mal gezeigt habe und die ihn, ich glaube, unterschiedlich verstanden haben. Aber am liebsten bin ich einen Tag lang alleine hier. Um mir eben selbst zu begegnen und mich auch an mich selbst zu erinnern. Denn das ist schwierig geworden, weil ich es nicht mehr anderen überlassen will.

Manchmal beneide ich Menschen wie Hans-Joachim Kulenkampff, Joachim Fuchsberger, Curd Jürgens oder auch Romy Schneider um die Zeit, in der sie gelebt haben. Denn es war eine Zeit, in der die Erinnerung an manches schnell verschwand. Ein schlechter Film, eine peinliche Moderation, ein hässliches Foto – einmal gezeigt, einmal gesendet, einmal gedruckt, und es war vorbei. Das Gedächtnis der Medien hieß »Archiv«, und das hatten nur die großen Zeitungen. Und im Fernsehen hieß es »MAZ«, also eine klobige Magnetband-Kassette, die irgendwo im Keller lag. Heute ist das anders. Heute gibt es Google und YouTube, ein gigantisches Weltarchiv, das genauso großartig wie grausam ist. Denn es enteignet Erinnerungen. Ich und alle anderen, die vor Kameras stehen, in schlechten Filmen mitgespielt oder irgendeine andere, noch so kleine Sünde begangen haben, müssen damit leben, dass sie jeder auf der Welt in irgendwelchen Winkeln des Netzes jederzeit finden kann. Wir können nicht sagen: *Ich* habe es vergessen, also vergesst *ihr* es bitte auch. Es war für mich nicht wichtig, und so ist es das auch für euch nicht. Das Internet oder besser diese eigenartigen Sammler, die jeden noch so sinnlosen Schnipsel von mir suchen und veröffentlichen, funktionieren anders. Sie leben, denke ich manchmal, ihr Grundgesetz der Schadenfreude, des »Schaut mal, wie peinlich war die denn mal?!« Wenn ich, was ich nicht mache, mir mein Leben auf YouTube und wie es da gestaltet wird, ansehen würde, so würde ich feststellen: Das ist nicht mein Leben, im Gegenteil. Aber ich muss damit leben, dass Menschen Bilder und Szenen von mir im Kopf haben, mit denen ich eigentlich nichts zu tun habe. Gut, ein Model, das vielleicht mal schlecht fotografiert wurde, kann damit leichter leben. Bei Künstlern wie mir werden aus solchen Schnipseln Momente eines Charakters, der ich nicht bin. Ich kann mich aber nicht dagegen wehren. Ich kann nicht dazwischenrufen: »Ja, der Film war schlecht. Und ja, die Platte mit Falco war albern, meine Frisuren waren peinlich, ich weiß, und in dieser Show wollte ich eigentlich gar nicht auftreten«, und so weiter. Jeder hat solche Momente in seiner Vergangenheit, und jeder kann sie vergessen, wenn er will. Ich hatte auch vieles vergessen, aber es reichen zwei, drei Klicks, und sie sind wieder da. Und deshalb mache ich genau das, wenn ich mich erinnere.

Ich hole mir meine Bilder und meine Erlebnisse selbst zurück. Und um es mit der Grundierung Krishnamurtis zu sagen: Nicht in meinem Leben sind Dinge passiert, sondern es sind Dinge passiert, und ich war dabei. Sehr spezielle Einleitung, um jetzt von meiner ersten Ehe zu erzählen, oder?

Ich setze mich mal wieder unter den Eichenbaum auf die Bank. Die Sonne scheint, und vor mir auf dem Rasen sehe ich, wie Licht und Schatten miteinander spielen. Das passt besser, denn so war es.

Damals, nach meiner ersten Begegnung mit Harald Kloser, hatte ich mich schon damit abgefunden, ihn nicht wiederzusehen. Ich war damals schon gelassener und dachte nicht, ich hätte mal wieder einen Fehler gemacht, sondern es hat halt nicht sollen sein. Entscheidender als der Mann war sowieso die Idee, dass ich einem solchen Mann begegnen könnte und die Kraft hätte, alles andere hinter mir zu lassen. Ich war dann im Jahr darauf in Paris, für irgendeinen Film, glaube ich, und ging abends alleine über die Champs-Élysées und traf einen Regisseur. Marco Serafini, den ich gut aus Luxemburg kannte. Marco ist ein sehr angenehmer Mensch, immer sehr freundlich. Er drehte viel für das deutsche Fernsehen. Seine Filme waren nicht so ganz mein Fall, aber er hatte mit ihnen Erfolg.

Wir gingen in ein Bistro. Marco hatte noch einen Produzenten dabei, und sie erzählten mir von einer TV-Serie, die sie für das deutsche Fernsehen produzierten. Marco fragte mich, ob ich nicht eine Rolle übernehmen wollte, eine Gastrolle nur in einer Folge. Ich wollte nicht. Doch sie erzählten weiter und meinten, es wäre eine Rolle, in der ich ein Lied singen müsste, aber das würde ich doch bestimmt können. Ich war immer weniger überzeugt, in dem Film mitzuspielen. Und außerdem singen. Ich? Wer denn die Musik und die Songs dafür schriebe, fragte ich eher beiläufig. »Harald Kloser.« Und jetzt kein Scherz, ich musste einen Moment nachdenken, ob ich den Namen kannte. Ich hatte ihn ja nur einmal gehört und war dabei, ihn zu vergessen. Aber dann, wieder wie ein Stromschlag, Harald Kloser, *der* Harald Kloser. »Na ja, ich kann das Drehbuch ja mal lesen«, meinte ich. Die Agentenklamotte *Jolly Joker* war irgendwie ganz nett geschrieben, aber eigentlich interessierte mich das nicht. Aber Harald Kloser interessierte mich. Ich sprach ein paar Tage später wieder mit Marco und meinte, wenn ich singen sollte, müsste ich das Lied aber erst mal mit dem Komponisten proben und er es mit mir auch. Kein Problem. Also fuhr ich nach Hard bei Arlberg in Österreich, wo Harald Kloser lebte und arbeitete. Und, um es kurz zu machen: Ich sah ihn, und er war tatsächlich nicht nur eine Idee. Nein, er war *der* Mann. Ich war schockverliebt, und mit jedem Tag, mit jeder Stunde bei ihm wurde es mehr. Ich kann nicht mehr genau sagen, was es eigentlich genau war. Wer kann das schon, wenn man von dem überwältigt wird, was man sieht? Und Menschen sind ja keine Autos. Es gibt keine Liste von Qualitäten, die man abhakt. In ihm sah und spürte ich das, was mich komplettieren, mich so vervollständigen würde, um endlich aus meinem bisherigen Leben in eine Zukunft zu gelangen. Und Zukunft war damals für uns beide das, was uns berauschte. Ich war vierundzwanzig und Harald zweiunddreißig. Wir hatten beide große Träume. Ich wollte gute, große Filme drehen und Harald die Filmmusik schreiben, die die Zuschauer im Kino mitreißen und danach weiterfliegen lassen sollte. Ich sah in ihm nicht meinen Retter, retten musste ich mich schon selbst, aber ich sah in ihm die Person und die Zukunft, zu der ich gehen, mit der ich leben und eine Familie wollte. Bis dahin wollte ich die Menschen, die mein Leben bestimmten oder bestimmen wollten, immer loswerden. Ich wollte weg von ihnen. Harald war der erste Mensch und auch der erste Mann, zu dem ich hinwollte. Er war das Licht, ganz einfach. Nur, Harald sah das erst mal nicht so. Gar nicht. Wir produzierten in seinem Studio zwei Tage lang dieses Lied, das ich in dem Film singen sollte. Dann brachte er mich am letzten Abend zurück in mein Hotel. Ich sollte wenig später nach Marokko fliegen, um in dieser einen Folge der Serie mitzuspielen; er wäre gar nicht dabei. Ich stieg vor dem Hotel aus, Harald sagte: »Okay, war alles gut. Viel Glück!« Er wollte schon abfahren, als ich mich noch mal umdrehte, tief Luft holte und einfach sagte: »Für *dich* würde ich mein Leben ändern.« Genau diesen Satz. Das vergesse ich niemals. Harald schaute mich an: »Äh, was? Also mach's gut.«

Wenn ich mich heute daran erinnere, muss ich ein bisschen lachen. Natürlich konnte der österreichische Komponist Kloser, damals noch jung, ambitioniert und sehr talentiert, noch in dem Dorf lebend, in dem er geboren worden war, natürlich konnte dieser Mann nicht verstehen, welchen Preis ich bezahlte, nur um zwei, drei Tage in seiner Nähe zu sein. Nämlich bald zwei Wochen lang in Marokko für den Film *Jolly Joker* vor der Kamera zu stehen, der so gar nicht mit der Zukunft zu tun hatte, die in meinem Kopf aufblühte, wenn ich an ihn dachte. Ich musste *Jolly Joker* dann ja wirklich drehen, es war ... na ja. Während der Dreharbeiten habe ich ihn immer wieder aus Marokko angerufen. Wir haben viel gesprochen, und nach meiner Rückkehr sollte sich mein Leben auf den Kopf stellen. Ich war dann noch einmal in New York, und es war meine Freundin Anna Katarina, die sofort spürte, dass ich vom alten Leben mit diesem Schatten abspringen musste – sonst wäre es mein Ende gewesen. Sie sagte es.

Anna ist bis heute eine meiner wichtigsten Freundinnen und Wegbegleiterin seit meinen ersten Tagen in New York. Sie kam damals, als ich schon einen Monat in der Schauspielschule war, in meine Klasse. Ich sah sie an: Sie hatte schon damals eine souveräne Würde, die mich an Anjelica Huston erinnerte. Ich wollte sofort mit ihr befreundet sein. Was dann auch so kam, wir wurden sehr enge Vertraute und auf eine Art »sisters in crime«. Sie war es, die mich mit nach Ojai nahm. Sie war es, die sich traute, bei Leonard Bernstein Klavier zu spielen. Anna, Schweizerin, ist neun Jahre älter als ich. Es waren die ganze Zeit auch ihre Antennen, die genau spürten, wie es in meinem Leben mit diesem Mann damals wirklich zuging. Sie und auch ein paar andere meiner Freunde in New York konnten diesen Mann, der immer noch dabei war, mein Leben zu kontrollieren und mich zu besitzen, ja auch nicht übersehen. Und es war eben Anna, die immer wieder versuchte, mich dort herauszuholen, indem sie mich an die Hand nahm und mir andere Lebensentwürfe zeigte. Ich bin mir nicht sicher, ob ich vielleicht doch nicht abgesprungen und diesen Mann aus meinem Leben geworfen hätte, wenn es nicht Anna gewesen wäre, die das ausgesprochen und mich geschubst hätte. Sie, die mich schon damals so gut kannte, wusste auch, dass es damals einen anderen Mann in meinem Kopf gab, dass sich also ganz vorsichtig ein neues Leben in meinen Gedanken formte. Anna Katarina war später auch erfolgreich als Schauspielerin. Sie war die Frau an Michael Douglas' Seite in dem Film *The Game*, und sie spielte die Rolle der Isabelle Jeunet in der sehr erfolgreichen TV-Serie *Boardwalk Empire*. Sie lebt heute nicht mehr in Los Angeles, sondern ist nach Woodstock gezogen und hat ein Projekt erfunden, das sie mittlerweile in New York leitet. Es nennt sich »Transcending Ageism«. Eine wunderbare Idee, auf die, glaube ich, nur Anna kommen konnte. Schauspieler, zwischen siebzig und neunzig Jahren, lernen mit Anna, ihre Lieblingsrollen zu spielen – egal, ob das Alter zur Rolle passt oder nicht. Einige ihrer Schüler leben in großer Armut und/ oder leiden an chronischen Schmerzen. Aber wenn sie sich in diese Rollen verwandeln, sind sie noch einmal in dem Leben, in dem sie sein wollten. Ich habe von Anna damals aber noch etwas sehr Wichtiges gelernt: das Vertrauen von Frauen untereinander. Das kannte ich damals in New York nicht, ich hatte bisher noch keine Erfahrung damit gemacht, wirklich zu erzählen, wie es mir ging. Ich war scheu und verschlossen, wenn es um mein ganz privates und auch intimes Ich ging. Anna war die erste Frau, die mir diese angstfreie Zone zeigte, in der sich Frauen alles erzählen können und es nicht darum geht, anderen zu gefallen oder wie man auf andere wirkt. Es gibt ein Leben außerhalb der »Vanity«, der Eitelkeit und der Fremdbewertung von Frauen. Anna hat mich damals dahin geführt, aber verstanden habe ich es erst später. Doch vieles, wovon ich erzähle, wäre ohne Anna Katarina nicht so gewesen.

Endlich brach ich also aus diesem alten Leben aus und war frei. Ein halbes Jahr später, am 6. Januar 1991, heiratete ich Harald Kloser, kurz nach Mitternacht in einem Standesamt in Las Vegas. Wir waren vorher in einer Show von Siegfried und Roy und tranken danach noch Champagner mit den beiden. Ich kannte sie ganz gut. Dann sind wir mit dem Auto in eines dieser Standesämter gefahren, die vierundzwanzig Stunden geöffnet haben. Ja, wir kannten uns ein halbes Jahr, und ich wollte diesen Mann zum Ehemann. Etwas anderes kam für mich nicht infrage. Wir liebten uns, wir bekannten uns zueinander, und ich wollte das schnell besiegeln. Nicht, weil ich fürchtete, Harald würde es sich vielleicht anders überlegen. Nein, wir waren uns einig, keiner musste den anderen zu dieser Ehe überreden. Ich wollte nun etwas Festes, weil mein Leben davor lange lose genug war. Wir hatten von der Hochzeit niemandem erzählt, auch unseren Eltern nicht. Wir wollten das ganz verschworen für uns allein. Doch als ich dann im Morgengrauen meine Mutter in Luxemburg anrief, wusste sie es bereits: Es hatte eine Zeitung angerufen. Woher es die Presse erfahren hatte, nur wenige Stunden nach unserer Trauung im fernen Nevada, ist mir bis heute ein Rätsel.

Ich war verheiratet. Ich war glücklich. Ich hatte den Mann, von dem ich glaubte, mit ihm den Rest meines Lebens zu verbringen. Ich war in dem Moment so überzeugt von etwas wie nie zuvor. Ich hatte das Gefühl, zum ersten Mal komplett zu sein, angekommen und gleichzeitig am Anfang von all dem, was ich wirklich wollte. Wir blieben dann noch ein paar Tage in Los Angeles bei Robert Dornhelm, einem österreichischen Regisseur und ein Freund von Harald, und heute weiß ich, dass ich damals etwas nicht gemerkt habe, was mein Leben bald wieder verändern würde.

Ich kannte Los Angeles. Ich hatte mal mehr und mal weniger erfolgreich zahlreiche Castings durchgemacht, ich hatte versucht, in dieser Filmwelt irgendwie heimisch zu werden, und es auch wieder gelassen. Ich war immer noch gerne dort, als Besucher, in den Hügeln von Beverly Hills, am Sunset Boulevard, am Strand von Santa Monica und eben auch einen Tag in Ojai. Aber irgendwie war ich durch mit dieser Stadt. Ich hatte die vergangenen Jahre in Europa gearbeitet, viel moderiert und ein paar Filme gedreht. Nun, frei und verheiratet, wollte ich eben dort mein Zuhause haben. Ich war damals genug kreuz und quer um die Welt geflogen, und ich wusste ja auch, dass meine Arbeit mich weiter umhertreiben würde. Deshalb wollte ich endlich mit meinem Mann einen Ort zum Leben finden. Für mich war Los Angeles »ausgelebt«, für Harald nicht. Robert Dornhelm lebte seit ein paar Jahren in Los Angeles und erzählte von den großen Chancen und den Filmen, die er schon gemacht hatte und die in den USA auch erfolgreich waren. Er war einer dieser Träumer, die nicht mehr vor ihrem Traum standen, sondern bereits darin lebten. Ich glaube, ich hatte damals nicht bemerkt, wie sehr Harald auf diese Tür schaute, die sich da scheinbar auftat.

Wir, also wir junges Ehepaar, flogen dann zurück nach Europa. Unsere Eltern waren von unserer heimlichen Hochzeit nicht begeistert, vor allem Haralds nicht. Ich weiß noch, wie wir in Zürich landeten und von dort mit einem Taxi zu ihm nach Vorarlberg fuhren. Es war immer derselbe Taxifahrer, den wir schon kannten. Dieses Mal wartete er am Flughafen mit einem Strauß Blumen in der Hand auf uns. Es war der einzige Strauß Blumen, den ich als Braut bekommen habe. Und nun? Einen Plan? Kann man überhaupt einen Eheplan haben? Wir hatten irgendwie keinen und ich nur den, meine Freiheit immer wieder tief einzuatmen und mit Liebe wieder auszuatmen. Ich zog zu Harald nach Österreich, und mir gefiel es sehr in diesem Haus in Vorarlberg, alles stimmte, und ich fing an, es als Heimat zu verstehen. Wir lebten in einer kleinen und fast heilen Welt. Die Landschaft war schön, und ich mochte die Menschen. Gestört wurden wir nur, weil die Presse uns wirklich jagte. Ein Boulevardblatt schickte sogar einen Hubschrauber, der auf dem Nachbargrundstück landete. Das war für Harald völlig neu und für uns auch als Paar anstrengend. Ich hoffte aber immer, dass auch das bald vorbei sein würde, weil mein altes Leben ja vorbei war. Ich selbst musste und wollte arbeiten, und noch im Januar fuhr ich zu Dreharbeiten für die italienische TV-Serie »Piazza di Spagna« sechs Monate nach Rom. Na klasse, dachte ich, kaum Ehefrau und schon wieder weg. Die nächsten Monate pendelte ich dann zwischen Rom und Österreich, was nicht immer ganz einfach war. Und Harald arbeitete in seinem Studio sehr viel und telefonierte immer wieder und immer länger mit Robert Dornhelm in Los Angeles. Und nachdem ich nach sechs Monaten Rom wieder zurück war, kam es dann. Er wollte mit mir nach Los Angeles gehen. Er konnte dank Robert mit einem Musikstudio arbeiten. Es gäbe Projekte und seine Chancen stünden gut, sagte er mir. Ich saß da, schaute mich in unserem Haus um, das für mich wie eine Kapsel geworden war, schaute auf die Berge und dachte: Bitte nicht! Für mich war alles perfekt. Ich wollte hierbleiben, wollte einfach das Leben einer liebenden Frau führen, endlich. Und nun wieder weg? Wieder nach Los Angeles?

Wenn ich heute hier auf dieser Bank unter der Eiche in Ojai sitze, erinnere ich mich sehr viel ruhiger und aufgeräumter an diese Tage in Österreich, als ich es damals war. Denn damals stürmte es wieder in mir los. Ich wollte diesen Mann und die Liebe zu ihm, unsere Träume von einer Familie und das alles nicht verlieren. Doch ich war auch ein Anfänger in Sachen Liebe; ich erlebte das alles zum ersten Mal. Ich habe damals nicht genug versucht, Harald von unserem Leben in Europa zu überzeugen. Vielleicht hätte ich es auch nicht gekonnt. Was hätte ich denn sagen sollen? »Lass es, Harald, in Los Angeles schafft es vielleicht einer von tausend, und die 999, die nur weiterhoffen können, haben kein schönes Leben. Hier in Europa machen wir beide, was wir können, und wir machen es gut. Und wir haben uns.« Aber das hätte bedeutet, meinem Mann, der ein sehr guter Komponist und Musiker war und aus seiner kleinen Stadt in die große Welt hinauswollte, seine Leidenschaft zu versperren. Eine Leidenschaft und eine

Unruhe, die ich ja auch mal in mir hatte. Ich befand mich, mal wieder, zwischen den Stühlen. Und Harald versuchte immer wieder, mich mitzureißen, mich zu überzeugen. »Désirée, wir schaffen das. Vertraue mir. Ich bin sicher. Das wird unser Leben.« Seines ist es ja dann auch geworden. Es waren nur die ersten Jahre, die nach *unserem* Leben aussahen. Ja. Ich sagte Ja. »Wir machen das.« Ich sagte es für ihn und dachte an uns. Ich nahm die Sache damals sogar selbst in die Hand und übernahm mal wieder die Verantwortung, »Désirée schafft das schon«. Auch wenn ich die ganze Zeit Zweifel und die Wehmut hatte, meine Kapsel wieder verlassen zu müssen. Meine ganze Arbeit und meine Rollen, die ich in Aussicht hatte, waren in Europa, und ich wusste, dass ich dann bald wieder hin und her fliegen musste. Aber ich liebte Harald, und deshalb zog ich mit. Wir hatten verabredet, dass wir es ein Jahr versuchen und, wenn nichts vorangeht, wieder zurückkommen würden. Das war die Hoffnung, die ich hatte, und so gesehen, war ein Jahr Los Angeles vielleicht auch nur ein Abenteuer, das uns noch glücklicher machen würde. Noch in Österreich kaufte ich als Erstes ein Haus. Am Telefon. Klingt seltsam, aber so war und ist es in Los Angeles oft üblich. Robert Dornhelms Ehefrau war Maklerin und hatte mir das Haus einmal bei unserem Besuch eher zufällig kurz gezeigt. Dann schickte sie mir Fotos und Unterlagen. Noch etwas umständlich mit der Post und Fax, und wir unterhielten uns dann im Detail darüber am Telefon. In Los Angeles werden Häuser lieber ge- und verkauft als gemietet. Das liegt an der Fluktuation in der Stadt, im Durchschnitt bleibt niemand länger als sieben Jahre in einem Haus wohnen, und es wird dann, mal mit Gewinn, mal mit Verlust, weiterverkauft.

Nun hatten wir dieses Haus gefunden. Es lag in Beverly Hills, ziemlich weit oben unterhalb des Mulholland Drive. Es war nicht sehr groß, aber groß genug, dass auch Gäste kommen konnten. Und es hatte eine große Garage, in der Harald sein Studio einrichten konnte. Ich habe es dann wirklich am Telefon gekauft und mithilfe einer Luxemburger Bank erst mal finanziert. Ich hatte bisher noch nie ein Haus gehabt, und nun hatte ich eines in Beverly Hills, das ich kaum gesehen hatte. Dann flogen wir hin. Erst mal als Touristen. Zu fünft, es waren noch Haralds Assistent und zwei Freunde dabei. Wir hatten sehr viel Gepäck und Haralds fast komplettes Studio als Luftfracht aufgegeben. Wenn ich das heute erinnere und uns fünf im Flugzeug vor mir sehe, sehe ich uns mit glühenden Wangen da sitzen. Es könnte das Abenteuer unseres Lebens werden. Und ich war ja sicher, wenn nicht, würde es ein Besuch bleiben.

Ich stehe jetzt mal von der Bank auf und gehe ein paar Straßen weiter in Ojai, um mir einen Kaffee zu holen. Wenn ich an dem Park vorbeilaufe, sieht man den Hof der Schule, einer Privatschule, die Krischnamurti hier noch gegründet hatte. Ich laufe zurück zur Ventura Avenue zu »J&M«, eigentlich weniger ein modernes Café, also so mit Mandelmilch oder Low-fat-Latte, sondern ein wunderbar altmodisches Diner, eben mit »coffee« und »three eggs omelettes« und Bedienungen, die am Tresen stehen, »Katie« und »Priscilla« heißen und »How can I help you, darling?« fragen. Der »J&M« ist auch in Ojai etwas aus der Zeit gefallen, die Stadt ist voll von veganen Cafés, organic food restaurants, fair trade. Aber ich mag dieses aus der Zeit, weil sie bei »J&M« diese etwas brachiale amerikanische Herzlichkeit haben, die mich an meine ersten Tage in den USA und auch in Ojai erinnern. Damals, als ich zum ersten Mal hier war, gingen wir alle zu »J&M« und bestellten Pancakes, Bagels, und der Kaffee wurde dauernd nachgeschenkt. Es war das Gefühl, das ich schon damals an meinem ersten Morgen in New York hatte. Das Gefühl, in einer Familie zu sein. Ein heute in Amerika sicher zwiespältiges Gefühl, denn es gibt eine Menge Menschen, denen man sich nicht nahe fühlt, und es gab einen Präsidenten, der dieses Gefühl auch noch befeuerte. So sehr, dass Amerika heute ein anderes Land ist als das, was wir fünf damals vorfanden, als wir in Los Angeles landeten.

Es gibt im Leben manchmal Erinnerungen, die sehr klar sind. Oft sind es gar nicht so wichtige Momente. Details wie »Ich weiß noch, welches Kleid ich trug, als …« oder »Ich erinnere mich noch an die Uhrzeit, als wir …«. Ich erinnere mich, mit einem »J&M«-Kaffee vor mir auf dem Tisch, noch an das große Taxi und seinen Geruch, mit dem wir an jenem späten Abend zu fünft und mit viel Gepäck zu meinem neuen gekauften Haus durch die kurvigen, schmalen Straßen von Beverly Hills fuhren und irgendwann an der Adresse Ellison Drive vor einem zappendusteren Haus standen. In den Häusern der Nachbarschaft sah man noch Licht. Nur mein Haus stand da wie ein schwarzer Schatten. »Sicher, dass es hier ist?«, fragte einer. Wir stiegen aus, und ich suchte nach dem Hausschlüssel, der im Garten hinterlegt war, und fand ihn. Wir liehen uns die Taschenlampe vom Taxifahrer, und Harald schloss auf und versuchte, das Licht einzuschalten. Kein Strom. Ich ging in die Küche und drehte den Wasserhahn auf. Kein Wasser. Nichts. Das Haus war wie ein Geisterhaus. Ich ging zurück zum Taxifahrer und fragte, ob er uns die Taschenlampe für zwanzig Dollar verkaufen würde. Er freute sich; sie war höchstens fünf Dollar wert gewesen. So fing alles an, unser neues Leben in Kalifornien. Mit nur einer Lampe geisterten wir durch die Zimmer des Hauses. Es war alles so wie beschrieben, und es lagen auch noch Matratzen herum, auf denen wir dann wie eine WG beim Camping die erste Nacht überstanden. Das Problem war, wie ich am nächsten Morgen erfuhr, simpel. Ich hatte zwar ein Haus gekauft, aber niemand, auch die Maklerin nicht, hatte daran gedacht, es bei den Strom- und Wasserwerken anzumelden. Im Laufe des nächsten Tages funktionierte dann alles, und Harald und ich fingen unser neues Leben in Los Angeles an. Ich hoffte tief im Innern immer noch, dass es ein oder vielleicht zwei Jahre sein würden, und war deshalb in Gedanken schon bei meinem nächsten Job in Europa. Es sollten dann aber für mich siebenundzwanzig Jahre Los Angeles werden. Wenn ich denn mal da war.

Bleiben und Beben

Ich bin jetzt zurück nach Los Angeles gefahren. Es ist schon später Nachmittag und der Himmel wie immer ganz blau. Mittlerweile bin ich an einem anderen Ort meiner Erinnerung angekommen. Es ist der Franklin D. Murphy Sculpture Garden, mitten auf dem Gelände der University of California, Los Angeles – eben dieses UCLA, das auf meinem Pullover stand, als ich zum ersten Mal Radio Luxemburg besuchte. Es ist bald 18 Uhr. Ich habe früher hier immer gesessen, hier auf dieser Wiese mit über siebzig Skulpturen wirklich berühmter Künstler. Dort hinten sehe ich die »Standing Woman« von Gaston Lachaise, dahinter »L'homme qui marche« von Auguste Rodin und irgendwo auch die »Two-Piece Reclining Figure: Points« von Henry Moore. Das steht hier auf den Wiesen und unter den Bäumen einfach alles so, eine der schönsten »Freiluft-Kunsthallen«, die ich kenne, weil man einfach zwischen den Kunstwerken umherspazieren oder in deren Schatten auf der Wiese lesen oder dösen kann. Ich habe hier früher oft gesessen und bin um 18 Uhr in das vor mir liegende Gebäude gegangen, was eher klobig und zweckmäßig aussieht. Es ist die School of Theater, Film and Television der UCLA. Zwei Jahre habe ich dort in Abendkursen studiert, also immer dann, wenn ich in L. A. war. Wenn ich unterwegs war, gab es Fernkurse. Ich wollte das ganze Programm, Filme zu machen. Die ersten Monate lernte ich Entwicklung und Produktion und dann Regie. So ein Studium ist natürlich erst mal nur ein Anfang und für mich mit meinen damals fast fünfunddreißig

Jahren die erste akademische Erfahrung und die erste Schule nach meiner Mittleren Reife in Luxemburg. Ich hatte es immer als Defizit und Mangel empfunden, nicht studiert und mich in meiner Branche nicht mit der Theorie und der Ökonomie des Filmemachens wirklich beschäftigt zu haben. Hinter dem Studium steckte natürlich auch die Idee, nicht nur in Filmen zu spielen, sondern sie auch selbst zu drehen. Ich wollte ein zweites Standbein. Auch um es in dieser Stadt zu schaffen, nicht mehr so viel reisen zu müssen. Deshalb waren dieser Skulpturen-Garten und das Gebäude vor mir so ein wichtiger Ort für mich, weil ich hier anfing, noch eine andere Désirée zu werden. Ich hatte damals schon meinen Sohn, und meine Tochter war gerade geboren. Sie nahm ich in einer Babytrage mit in die Vorlesungen, was in Kalifornien überhaupt kein Problem war.

Nach diesen zwei Jahren des Lernens hatte ich wirklich viel gelernt. Vor allem, mir selbst zuzutrauen, hinter der Kamera zu stehen und meinem Blick zu vertrauen. Nach zwei Jahren habe ich dann meinen ersten Film, einen Kurzfilm, gedreht. Dreizehn Minuten lang. Als Film-Studentin, besonders als Film-Studentin in Los Angeles, geht man an ein solches Projekt mit viel Herzblut, einen professionellen und vor allem einen Film mit eigenem Stil zu machen, heran. Ich dachte vierundzwanzig Stunden am Tag an nichts anderes mehr. Das Drehbuch mit seinen Szenen und Dialogen als das Herz, die Schauspieler als die Muskeln, die es bewegen; jeder Drehort als Bühne in einem Licht, als ob man den Himmel neu erfinden wolle. Es war mir egal, ob ein Film dreizehn oder einhundertdreißig Minuten lang ist: Jede Minute war für mich die wichtigste. Es gibt heute noch das Starbucks-Café in Studio City, in dem ich wochenlang saß und am Drehbuch schrieb. Es hatte am Ende nur dreizehn Seiten, aber wer jemals ein Drehbuch geschrieben hat, weiß auch, dass dreizehn Seiten sich wie ein Gebirge vor einem auftürmen können. Und ich muss hier einen Moment zurückspulen, ein paar Wochen nur, um zu erzählen, wie ich auf die Idee für diesen Film kam.

Es war an einem sehr warmen Nachmittag in Beverly Hills. Ich spazierte den Rodeo Drive entlang und beschloss, im kühlen Café des bekannten Kaufhauses Neiman Marcus eine California Roll zu essen. Ich bin eigentlich kein Fan von Kaufhäusern, aber die Etagen von Neiman Marcus hatten immer ein Flair von Hollywood, das mich sehr faszinierte. Zum Shoppen war es dort zu teuer, aber zum Menschenbeobachten einfach unbezahlbar. Ich saß an der leeren Bar, als plötzlich eine Stimme neben mir sagte: »Meine Freundin hat sich nie geliebt und begehrt gefühlt. Dabei war sie eine der schönsten Frauen der Welt.« Ich hatte gar nicht gemerkt, dass sich eine ältere Dame neben mich gesetzt hatte. Sie plauderte einfach weiter, so, als ob wir zwei Freundinnen wären, die sich zum Kaffee verabredet hatten. Sie wüsste, sagte sie, dass ihre Freundin den Präsidenten wahnsinnig geliebt habe, und sie wüsste auch, wann und wie sie sich in Los Angeles heimlich getroffen hatten. Wie er sie vom Flughafen abholen ließ. In welchem Hotel sie sich trafen. Einfach alles. Aber glücklich wäre sie nie geworden. Und dann sah sie mich an, lächelte und ging einfach wieder. Kurz dachte ich, ich hätte das alles nur geträumt, aber dann sah ich sie in der Ferne auf der Rolltreppe in der unteren Etage verschwinden. Ein Hauch von Hollywood-Flair.

War das vielleicht Marilyn Monroe, die als ältere Dame jetzt inkognito durch Beverly Hills spazierte? Verrückt, ich weiß. Doch die Begegnung mit dieser Frau hatte sich bei mir so festgesetzt, dass ich sie zu einem Kurzfilm machen wollte. Ich nannte ihn *Ice Cream Sundae*, ein Eisbecher mit drei, vier Kugeln, Fruchtsauce, Sahne und Nüssen oder Kirschen obendrauf. Und die Geschichte war ähnlich. Eine schwangere junge Frau geht durch ein Kaufhaus, setzt sich an den Tresen des Kaufhaus-Cafés und bestellt sich in stiller Sehnsucht einen Becher mit »Passion fruit«. Passion, Leidenschaft. Leidenschaft, die sie nicht mehr kennt, weil sie zwar ein Kind erwartet, ihre Ehe aber nicht mehr glücklich ist. Für ihren Mann, sagt sie, sei sie »kein Spaß mehr, sondern nur noch funktional«. »Leidenschaft ist ein Geisteszustand,

Liebes. Du solltest die glücklichste Frau der Welt sein. Viele Frauen würden alles hergeben, um das zu haben, was du hast!«, sagt auf einmal eine elegante Dame neben ihr. Und dann erzählt die ältere Frau in filmischen Rückblenden die Geschichte einer Frau, die nicht glücklich wurde, weil sie immer gehofft hat, das Glück, die Liebe und die Leidenschaft in anderen zu finden. Hier ist das in wenigen Zeilen erzählt, aber so etwas in Bilder, Szenen und Dialoge umzusetzen, die Emotionen und eben die Leidenschaft einer Geschichte filmisch umzusetzen, das ist die große Herausforderung. Ich hatte ein Budget, und wo es nicht reichte, hatte ich großen Ehrgeiz und einen festen Willen. Ich wollte für die Rolle der älteren Dame unbedingt Tippi Hedren, die große Schauspielerin aus Hitchcocks *Die Vögel* und *Marnie*. Mutter von Melanie Griffith. Eine Legende.

Sie sagte wirklich zu – ein Drehtag für einige Tausend Dollar. Ich erzählte in den Rückblicken, in denen die junge Frau in einem Hotel auf ihren Liebhaber wartet, die Geschichte von Marilyn Monroe und John F. Kennedy als Miniatur. Die Geschichte von Marilyn Monroe deshalb, weil ich mich in Teilen ihrer Biografie wiedererkannte, in den Teilen, in denen sie verzweifelt versuchte, zu beweisen, mehr zu können, als man ihr zutraute. Und da gab es eine Szene in meinem Drehbuch, in der die Frau mit einem Auto vom Hotel abgeholt und zu einem Flugzeug gebracht wird. Ich beschaffte mir die echte Limousine, mit der Kennedy Marilyn Monroe zu ihren heimlichen Treffen bringen ließ. Und dann recherchierte ich die Suite, in der sie sich im Beverly Hills Hotel getroffen hatten. Es gab sie wirklich, und ich mietete sie für einen Tag. Aber ich brauchte unbedingt eine Kamerafahrt durch den Flur des Hotels bis genau zu dieser Zimmertür. So war ich, alles sollte echt und authentisch sein. Das Problem war, dass das Tapetendesign im Beverly Hills Hotel copyrightgeschützt war, es durfte nicht ohne Genehmigung, die teuer war, gefilmt werden. Eine Palmentapete mit Urheberschutz? Ja, so ist Hollywood. Okay, ich und die Kamerafrau dachten uns einen Trick aus: Wir packten auf einen dieser Gepäckwagen ein paar Taschen und Koffer, und die Kamerafrau setzte sich darauf mit der Kamera in der Hand. Ich schob den Wagen langsam durch den Flur, und sie filmte heimlich. Das machten wir drei-, viermal, bis wir glaubten, die Kamerafahrt würde stimmen. Nur hatten wir übersehen, dass das Beverly Hills Hotel schon damals Flurkameras zur Überwachung montiert hatte, und nach zwanzig Minuten standen mehrere Security-Leute vor uns und verlangten die Herausgabe der Filmrollen. Ich habe mich dann herausgeredet und gesagt, sorry, ein Versehen, das werden wir nie benutzen und so weiter. Ich musste das dann sogar schriftlich bestätigen und unterschreiben. Aber dann, zwei Monate später, saß ich am Schneidetisch und dachte mir: Wer wird denn nun klagen, wenn in diesem kleinen Film, der auf ein paar Festivals zu sehen sein wird, ein paar Sekunden die Palmentapete des Hotels zu erkennen ist? Ich habe sie im Film gelassen, und es hat auch nie jemand geklagt.

Tippi Hedren war sehr freundlich und professionell, als sie an dem einen Drehtag morgens am Set erschien. Sie hatte wirklich die Eleganz und auch die Milde einer Grande Dame mit Leidenschaftserfahrung. So, wie ich mir die Figur vorgestellt hatte. Sie wurde geschminkt, wir machten Lichtproben, aber als wir anfangen wollten zu drehen, stellte sich raus, dass sie ihren Text nicht vollständig gelernt hatte. Sie hatte die langen Dialog-Passagen mit der Erzählstimme verwechselt. Sie dachte, dass sie während der Szene nicht alles sprechen müsste, sondern viel von ihrem Text als »voice-over«, also als Erzählstimme, über den Szenen liegen würde und sie das ja einfach vorlesen könnte. Ich hatte sie für viel Geld nur diesen einen Tag. Also improvisierten wir. Ich schrieb ihre Sätze auf große Papptafeln, die hinter der Kamera hochgehalten wurden und die sie ablas. Die anderen Textpassagen, die tatsächlich als »voice-over« in dem Film sein sollten, las sie mir dann am Nachmittag in einer ruhigen Ecke vor, und ich nahm es auf.

Ice Cream Sundae, fünf Drehtage, eine Panne, einige Herausforderungen und ganz viel Leidenschaft. Ich lernte dabei als Regisseurin auch das, was uns Mel Brooks einmal während des Studiums gesagt hatte: dass du als Regisseurin von morgens bis abends Entscheidungen treffen musst und nie zögern oder zweifeln darfst. Und auch wenn du dir nicht ganz sicher bist, lass dir die Unsicherheit bloß nicht anmerken. Und hoffe, dass du abends mit einundfünfzig Prozent der Entscheidungen richtig lagst.

Harald schrieb eine wunderschöne Musik für den Film, und wenn ich ihn heute ansehe und die vielen, vielen Namen im Abspann lese, habe ich noch fast jedes Gesicht des Teams vor Augen. *Ice Cream Sundae* wurde auf einigen Festivals mit Erfolg gezeigt. Beim World Fest in Houston und beim Fargo Film Festival bekam ich jeweils den ersten Preis. Für Drehbuch und Regie.

Ich denke, wenn ich hier zwischen den Skulpturen sitze und auf das Gebäude schaue, in dem ich zwei Jahre lang Regie studiert, es abgeschlossen und einen erfolgreichen Kurzfilm gedreht habe, ja, ich hatte etwas geschafft. Es war nicht mehr das Klein-Klein, wie bei einem Casting eine Rolle in einer TV-Serie bekommen zu haben. Es war größer. Ich hatte vor allem mir bewiesen, diesen ganzen Prozess von einer Idee bis zum fertigen Film verwirklichen zu können. Es war nur ein Kurzfilm, aber es war ein Anfang. Und wenn ich diesen Weg weitergegangen wäre, hätte ich schon etwas in der Hand gehabt. Aber ich bin ihn nicht, oder nicht so richtig weitergegangen. Passion. »Mein Mann sieht mich nicht mehr so, sondern nur noch, wie ich funktioniere«, sagt das Mädchen in dem Film. Sätze, die ich aufgeschrieben hatte und die in Wahrheit auch von meinem Leben erzählten. Wenn ich mir *Ice Cream Sundae* heute ansehe, blicke ich tiefer in mein damaliges Ich, als ich es zu jener Zeit wahrgenommen habe. Es sind in jeder Szene und in jedem Satz mein ganzes damaliges Denken, meine Zweifel und meine Sehnsucht zu spüren. Nach fast zehn Jahren und zwei Kindern begann unsere Ehe auseinanderzugehen. Ich spürte und wusste es damals schon. Manchmal denke ich, andere Frauen gehen in solchen Momenten zum Therapeuten. Ich habe einen Film gemacht.

Heute glaube ich, dass Los Angeles nicht gut für das war, was wir vorhatten. Das sage ich jetzt ganz ohne Klage. Eine Stadt, die Menschen und das Leben in einer bestimmten Umgebung können nicht schuld an etwas sein. Und je mehr ich darüber nachdenke, waren noch nicht mal wir schuld daran, dass unsere Ehe kaputtging. Ich glaube, keiner von uns hat das gewollt. Es war anders. Es waren, wie ich es in Krishnamurtis Gedanken wiederfinde, einfach der Fluss der Zeit und unsere so unterschiedlichen Leben, was Harald und mich auseinandergehen ließ. Wir haben es deshalb auch erst später gemerkt, weil wir die ganze erste Zeit damit zu tun hatten, uns in Los Angeles einzurichten, unser Nest zu bauen. Es ist ein anderes Gefühl, für eine bestimmte Zeit an einem Ort zu sein, immer mit dem Wissen, irgendwann in die wirkliche Heimat zurückzureisen. Oder ob du morgens aufstehst, in den Himmel schaust und weißt, du lebst jetzt hier.

Harald dachte nicht an Rückkehr. Ich schon. Wir taten aber beide so, als ob wir nun Bewohner von Los Angeles werden würden. Und dazu brauchte ich diese berühmte Greencard, also die Berechtigung, in den USA zu leben und zu arbeiten, um Geld verdienen zu können. Das Verfahren ist umständlich und kann dauern. Man braucht dafür auch Empfehlungsschreiben von US-Staatsbürgern oder von anderen, die mit einer Aufenthaltsgenehmigung bereits in den USA leben. Sie müssen versichern, dass der Bewerber in den USA sicher arbeiten und Geld verdienen wird und grundsätzlich dem Lande von Nutzen sein wird. Diese Empfehlungsschreiben sind unter Freunden und Bekannten nichts Ungewöhnliches, und es ist immer besser, mehrere davon zu haben. Ich fragte also einige Bekannte, und ein paar waren sofort bereit, unter ihnen auch Regisseur Roland Emmerich. Dann fiel mir der Schauspieler Larry Hagman, »J. R.« aus *Dallas,* ein, der mir einmal angeboten hatte, ich sollte ihn anrufen, wenn er mir in den

USA irgendwie helfen könnte. Ich kannte Hagman von einem Festival in Montreux, das ich einmal moderiert hatte. Hinter der Bühne kam ich mit Sting und Larry Hagman ins Gespräch. Er kannte mich damals nicht und sagte auf diese charmante amerikanische Art: »Honey, who are you? You did a pretty good job on stage.« Bei einem Abendessen haben wir uns dann lange unterhalten. Er, seine Frau Maj und ich. Es war dann ein Abschied, herzlich und mit »hope, to see you again«. Larry Hagman gab mir seine Adresse und Telefonnummern und meinte: »Whenever you need something: Call me!« Auch wenn ich das schon oft gehört hatte, berührte mich seine Freundlichkeit und die seiner Frau Maj, und ich spürte sofort etwas Familiäres und diese amerikanische Art der Hilfsbereitschaft, die man in Europa nicht kennt. Ich würde sagen, es war »nachbarschaftlich«. Ja, Hagman hatte bei mir das Gefühl hinterlassen, er wäre ein Nachbar von mir. Ich weiß bis heute nicht, ob unsere Unterhaltung in Montreux später dazu geführt hat, dass ich in Los Angeles, also lange vor meinem Umzug, zu einem Casting für die Serie *Dallas* eingeladen wurde. Ich stellte mich dort auch wirklich vor, aber ich kann mich nicht mehr erinnern, um welche Rolle es ging. Vielleicht wollten die Produzenten mich einfach nur mal sehen. Als es dann tatsächlich darum ging, in der Serie mitzuspielen, sagte ich ab. Ich hatte es ein paar Tage lang überlegt, und es wäre auch eine große internationale Chance gewesen, aber ich war damals auf diesem Weg, Filme machen zu wollen, in denen ich einen tieferen Charakter spielen wollte. Eine Soap im Fernsehen, auch wenn sie wie *Dallas* gut gemacht war, sah ich nicht als die richtige Richtung an. Mag sein, dass es ein Fehler war. Später erfuhr ich mal, dass Brad Pitt eine seiner ersten Rollen in *Dallas* hatte. Doch es kam mir damals wie etwas vor, das ich nicht wollte. Egal, ob Larry Hagman mich den *Dallas*-Produzenten empfohlen hatte oder nicht, wir blieben in Kontakt, und der war immer sehr warm und herzlich. Und als ich noch einen »Empfehler« für meine Greencard suchte, rief ich ihn an. Mein »Nachbar« sagte, natürlich, selbstverständlich, und er bestand darauf, mir das Schreiben persönlich zu bringen. Ich werde das nie vergessen, wir verabredeten uns in einem Café, und Larry kam dort mit einem Motorrad mit Beiwagen vorgefahren, in dem Maj, seine Frau, saß. Eine Kopie des Schreibens habe ich heute noch. Der Adressat war die Einwanderungsbehörde, und Larry Hagman begann mit den Worten: »Sehr geehrte Damen und Herren, darf ich mich vorstellen, Larry Hagman, US-Staatsbürger und Schauspieler ...« Und dann erzählte er von mir, wie lange und gut er mich kenne, und dass ich für den amerikanischen Film und das Fernsehen eine große Bereicherung sein würde und dass er dringend raten würde, mir diese Greencard zu geben, und so weiter. Ich habe das damals sehr gerührt gelesen. Larry beschrieb mich so, wie ich auch sein wollte, und ich dachte sofort an Curd Jürgens. Larry war wie er, der an mich glaubte und mir helfen wollte.

Ich habe die Greencard dann bekommen, und wir haben Larry und seine Frau Maj noch in Malibu besucht, wo sie gelebt haben, bevor Larry sich eine Farm in Ojai kaufte. Larry und Maj wurden für Harald und mich zu Freunden, die man selten sieht, mit denen man aber immer in Verbindung bleibt. Auch wenn ich es nie genutzt habe, wusste ich, dass ich Larry und Maj in jeder Situation Tag und Nacht hätte anrufen oder besuchen können. Das letzte Mal habe ich Larry dann kurioserweise in Hamburg bei einer Preisverleihung gesehen, wir saßen auch am selben Tisch, und es war wieder, wie einen guten Nachbarn zu treffen. Ein Jahr später, 2012, ist er dann gestorben, mein Herzensnachbar.

Harald hatte sich in unserer Garage sein Studio eingerichtet. Er bekam immer mehr Aufträge, er komponierte und produzierte. Ich war in diesen Wochen und Monaten sehr glücklich, denn wir hatten ein Projekt, und wir lebten es. Ich liebte meinen Mann und glaubte an ihn, und ich sah jeden Tag zu, wie wir unserem Traum anscheinend näherkamen. Ich sah zum ersten Mal ein Leben vor mir, das ich führen wollte. Auch wenn ich immer noch daran dachte, in ein, zwei oder vielleicht auch vier Jahren wieder nach Europa zurückzugehen, sollte diese Zeit in L. A. der Grundstein für unsere Familie werden. Das hatte sicherlich auch etwas mit Kalifornien direkt zu tun, denn der meist blaue Himmel und die warme Sonne lassen einen jeden Morgen anders in den Tag schauen als unter den wochenlang grauen Wolken und kalten Winden in Europa. Man spürt seinen Körper mehr. Man lebt wochenlang in Shorts und T-Shirt. Es ist alles irgendwie lässiger und machbarer. Etwas anderes wurde mir auch klar, als ich meinem Mann bei der Arbeit zusah. Für mich hätte eine Rückkehr nach Europa ein Leben auf Reisen bedeutet, Paris, Rom, Genf und sicher auch Dreharbeiten in Rom, Paris oder Luxemburg, Messen in Genf oder Frankfurt, Moderationen in London oder München, es war ja alles dabei. Ich wäre weiterhin herumgekommen und kam es ja auch jetzt. Für Harald dagegen hätte eine Rückkehr in seine Heimatstadt in Vorarlberg bedeutet, dorthin zurückzukehren, von wo er aufgebrochen war. Hier in Kalifornien verstand ich, dass es für ihn diese Rückkehr nicht geben konnte. Es wäre ein Scheitern gewesen. Nein, ich liebte ihn und unser Leben und wollte ihm und uns diese Chance unbedingt lassen. Und so fingen sie an, unsere ersten Monate und Jahre in Los Angeles. Wenn man, wie wir, nicht mehr als Besucher, sondern als Bewohner in dieser Stadt lebt, muss man sie neu lernen und erkennen, dass man sie mit dreieinhalb Millionen anderen Einwohnern teilt. Durch die ausgefransten Ränder und Berghügel wuchs aber die Wildnis immer wieder zurück in die Stadt. Ich merkte das, wenn nachts auf den Hügeln hinter unserem Haus Coyoten heulten oder sich Waschbären auf unserer Terrasse herumtrieben, im Garten schon mal eine Schlange zu sehen war, und vor Pumas gewarnt wurde, die gassigehenden Hunden auflauerten. Man lernt das schnell, weil alle in Los Angeles damit gelassen leben. Los Angeles ist zwar einerseits eine Metropole mit Hollywood, Beverly Hills, Bel Air, einem Downtown-Distrikt aus Bankenhochhäusern und einem der größten und schönsten Strände in Santa Monica. Andererseits winden sich aber in diesem Hightech-Land die Stromkabel auf alten Masten wie wirre Fäden durch die Stadt, stehen an den Ecken oft baufällige Stromverteiler und kann in heißen Sommern das Wasser knapp werden. Wer hier eine Weile lebt, gewöhnt sich daran und weiß, dass, wenn es mal stark regnet, als Nächstes der Stromausfall kommt, weil die Verteilerkästen Kurzschlüsse haben oder an den hügeligen Straßen Strommasten einfach umfallen können. Aus Europa kannte ich dieses Leben im ständig Improvisierten nicht; in Los Angeles lernte ich es. Und es kam meinem, von Krishnamurti motivierten Denken entgegen, dass ich oder wir eben auch nur ein Teil dieser Welt sind und nicht ihr Bestimmer. Bis heute staune ich in Los Angeles immer noch darüber, wie sich diese Stadt an jeder Ecke ständig selbst repariert und wirklich alles andere als stabil ist. Es war nur damals so, dass es in diesem täglichen Improvisieren immer noch eine Gewissheit gab, die wir auf der ganzen Welt haben: Der Boden, auf dem wir leben, ist fest. Aber in Los Angeles stimmt nicht mal das, und das zu erleben, gehörte für mich zu den eindrücklichsten und auch schockierendsten Momenten dort. Es war meine Erfahrung, auf dieser Welt wirklich nur ganz klein zu sein.

15. Januar 1994. Meine Eltern hatten Harald und mich über Weihnachten in den USA besucht. Zum ersten Mal. Es war eine schöne Zeit, und sie sollten am nächsten Tag wieder zurück nach Europa fliegen. Am Nachmittag spazierten wir am Strand von Venice herum, Harald und mein Vater vorneweg, meine Mutter und ich hinterher. Der Strand von Venice ist sehr breit und groß; der Sand sehr fein und hell. Bei gutem Wetter kann man die Küste entlang bis nach Malibu blicken, und vom hellen Sandstrand aus sieht man das wirklich blaue Meer, auf dem Surfer mit ihren Brettern treiben und auf die nächsten Wellen warten. Wir unterhielten uns, als plötzlich, von einer Sekunde auf die nächste, sich der Boden unter uns hob und senkte, ganz kurz. Wenn man das nicht kennt, ist es ein Gefühl, wie auf einem Teppich zu stehen, der einmal kurz durchhängt und dann wieder straff gezo-

gen wird, »rolling« nennen sie es. Nun ist ein Erdbeben in Los Angeles nicht ganz ungewöhnlich; wer hier lebt, kennt das. Alle paar Wochen wackelt mal kurz der Tisch, oder das Wasser im Glas vibriert. Es ist das leise Grummeln der Erdplatten, die sich in der San-Andreas-Verwerfung in Kalifornien aneinanderreiben. Wir haben uns alle kurz erschrocken, aber dann war es auch schon wieder vorbei. Am Abend waren wir dann mit meinen Eltern bei einem Koreaner am La Cienega Boulevard essen. Als wir das Restaurant verließen, war es merkwürdig still auf den Straßen. Mir fiel gleich auf, dass alle gewohnten Tiergeräusche verstummt waren und es auch merkwürdig windstill war. Meine Mutter, die mit ihrer italienischen Seele immer meint, Bedrohungen spüren zu können, sagte laut: »Das ist kein gutes Zeichen.« Doch es blieb nur sehr still, sonst nichts. Am nächsten Tag brachte ich meine Eltern zum Flughafen und fuhr wieder zurück nach Hause. Der Abend kam, Harald arbeitete noch, aber irgendwann lagen wir sehr müde im Bett. Draußen war es noch stiller als sonst. Ich wusste nicht, was es bedeuten könnte. Dann, um genau 4.30 Uhr, wachte ich auf, weil es im Haus einen Höllenlärm gab. Es knallte, krachte und rauschte, und ich dachte noch kurz, was das für Einbrecher wären, die einen solchen Radau machten. Aber dann, wirklich, wackelten die Wände, etwas splitterte laut, und aus dem Wohnzimmer hörte ich wieder lautes Knallen, Scheppern und Klirren. Dann fing der Boden an zu vibrieren, und wir hörten die Dachbalken knirschen. Harald und ich legten uns sofort neben das Bett und zogen uns Decken über den Kopf. Uns war klar, was gerade passierte: ein Erdbeben. Wir krochen dann beide in die Türrahmen des Zimmers, die sichersten Orte im Haus, weil im Türrahmen nichts von oben herunterfallen kann. Ich glaube, ich habe am ganzen Leib gezittert. Das Beben dauerte ungefähr fünfzig, sechzig Sekunden. Das klingt kurz, ist bei einem Beben aber eine Ewigkeit.

Ich hatte in meinem Leben bis dahin noch nie eine Naturkatastrophe erlebt. Ich kannte Stürme und sintflutartige Regenfälle. Ich hatte auch schon in verschneiten Gegenden festgesessen. Von einem Erdbeben hatte ich nur einmal die Folgen der Zerstörung gesehen, als ich mit meinen Eltern ein vom Erdbeben verwüstetes Dorf in Italien besuchte. Aber selbst erlebt hatte ich es bis dahin nicht. Und ich glaube, es ist auch noch etwas anderes, einen Hurrikan, eine große Flut oder auch ein brennendes Haus zu erleben als ein Erdbeben. Denn vor den anderen kann man sich retten, fliehen und in Sicherheit bringen. Ein Beben ist überall, man kann nicht weglaufen, und es vernichtet eben die letzte Sicherheit, den festen Boden unter den Füßen, das feste Dach oder eine feste Wand. Es ist eine Dimension von Gewalt, die alles, wirklich alles um einen herum bersten und schwanken lässt. Ein Ausmaß, das man nicht greifen kann, wenn man es nicht selbst erlebt hat. Harald und ich dachten in diesen Sekunden beide, dass alles, unser Haus, unsere Träume und auch unser Leben jetzt ein Ende nehmen könnte. Das lässt einen eigenartig erstarren und gespenstig ruhig werden. Abwarten. Es war dann nach dieser kleinen Ewigkeit vorbei. Nichts bewegte sich mehr, und aus dem Tal hörten wir jetzt Menschen rufen und Sirenen heulen. Und irgendwo in unserem Haus zischte es gewaltig laut. Ich dachte sofort an die Gasleitung und wollte nur raus, aber Harald hatte Mühe, die völlig verkanteten Türen zu öffnen. Irgendwann schaffte er es bis zur Wohnzimmertür, öffnete sie, und ein gewaltiger Wasserstrahl schoss uns entgegen. Der Strom war ausgefallen, und im Licht der Taschenlampe sahen wir die geborstene Wasserleitung. Ich weiß noch, wie ich sofort versuchte, die Tiefkühltruhe wieder in Gang zu bringen, weil meine Mutter für uns die verschiedensten italienischen Gerichte gekocht und eingefroren hatte und ich nicht wollte, dass alles auftaute. Absurde Gedanken nach einem Beben.

Unser Haus sah aus wie komplett hin und her geworfen. Die Schränke standen schief oder waren zerborsten. Der große, neue Fernseher war wohl mehrere Male durch unser Wohnzimmer geschleudert worden, in der Küche knirschten die zerbrochenen Gläser und Teller unter unseren Füßen, und erst nach einer Weile merkten wir, dass kein Tisch und kein Stuhl mehr fest und gerade standen, weil sich der ganze Boden verzogen hatte. Später wurde es das *Northridge-Erdbeben* nach dem gleichnamigen Stadtviertel genannt. Es war eines der stärksten, das es bis heute in den USA gegeben hat. Fünfzig Sekunden, und Haralds und meine Welt lag in Trümmern. Wir waren aber, äußerlich zumindest, unverletzt. Was auch an unserem zerstörten Haus lag. Klingt jetzt grotesk, war aber so. Mein Vater hatte sich noch Tage zuvor unser Haus genauer angesehen. Er hatte an die Wände geklopft und ungläubig geschimpft, wie man »so viel Geld für so eine Streichholzschachtel« ausgeben könnte. Aber am Ellison Drive, wie überall auch, lebten alle in solchen Streichholzschachteln aus Holz, anders darf gar nicht gebaut werden. Denn bei einem Beben kracht und splittert zwar das Haus, aber es gibt keine Mauern, die einen erschlagen oder begraben können.

Das Beben forderte damals in ganz Los Angeles siebenundfünfzig Todesopfer, das sind natürlich siebenundfünfzig zu viel. Aber gemessen an den dreieinhalb Millionen Bewohnern und einem Beben mit unglaublicher Stärke, sind das vergleichsweise wenig. Allein sechzehn Menschen kamen beim Einsturz der Northridge Meadows Apartments ums Leben. Sie wurden unter Beton begraben.

Harald und ich gingen in dieser Nacht noch auf die Straße. Die Stadt lag im Dunkeln, man sah nur unzählige Blaulichter und hörte die Sirenen. Ich erinnere mich noch, dass ich an demselben Punkt stand, an dem ich schon einmal zwei Jahre zuvor tagsüber gestanden war. Damals herrschte eine Ausgangssperre, weil es in Los Angeles zu tagelangen Unruhen, Krawallen und Plünderungen gekommen war. Ein Gericht hatte drei Polizeibeamte freigesprochen, die zuvor einen Schwarzen, Rodney King, schwer misshandelt und verprügelt hatten. Schon damals dachte ich, in was für einer Stadt bin ich eigentlich angekommen? Und nun, in der Dunkelheit vor meinem schiefen und zersplitterten Haus, dachte ich das wieder. Man kann sich nicht vorstellen, wie das alles jemals wieder aufgebaut werden könnte. Aber noch in der Nacht, vielleicht dreißig Minuten nach dem Beben, lernte ich den american way kennen, damit umzugehen. Sofort kamen unsere Nachbarn zu Harald und mir. »Wie geht es euch?«, »Braucht ihr was?«, »Können wir irgendwie helfen?« Und das fragten Menschen, deren Häuser ähnlich zerstört und unbewohnbar waren wie unseres. Taschenlampen, Decken, Wasser, alles wurde verteilt, geteilt. Äste, halbe Bäume und Haustrümmer, die die Straße blockierten, wurden zur Seite geräumt. Jeder, wirklich jeder, krempelte die Ärmel hoch und half, ohne zu klagen. Geschlafen hat in dieser Nacht niemand mehr, und als der Tag dämmerte, fing Los Angeles sofort an, sich wieder selbst zu reparieren. Irgendwann funktionierte auch die Stromversorgung wieder, und wir fingen an, unser Haus, so gut es ging, wieder instand zu setzen. Es stellte sich jedoch bald heraus, dass es doch bleibende Schäden hatte, denn das gesamte Haus war durch das Beben ein Stück von seinem Fundament gerutscht. Wir konnten zwar zunächst einmal weiter darin wohnen, doch nach dem Sommer würden wir eine Zeit lang umziehen müssen, damit das Haus wieder ein sichereres Fundament bekommen konnte. Und es war noch etwas anderes, denn nach einem Beben folgten oft noch Tage später Nachbeben; ich lebte also in der permanenten Angst, dass es jeden Moment weiterrumpeln könnte. Also bestellte ich als Erstes sogenannte »earthquake kits«, die jeder hatte, nur wir nicht. Es sind Sets mit allem, was man im Notfall braucht: Taschenlampen, Medikamente, Erste-Hilfe-Ausrüstung, Not-Nahrung, Werkzeug und gelbe Helme. Da saßen Harald und ich also in unserem Garten, hatten die gelben Helme auf dem Kopf, und ich ahnte, dass unser Haus nicht ausreichend versichert gewesen war, das Ganze also teuer werden würde. Wir sahen uns an und lachten. »Und das alles nur, um hier leben zu können?«, sagte Harald. Das war eine gute Frage, über die ich später oft nachgedacht habe. Angeblich, das hatte ich gelesen, hatten manche der indigenen Ureinwohner Amerikas Kalifornien gemieden, weil es »not a holy land« sei. Die ersten Siedlerströme kamen dann auch nicht, weil das Land schön oder fruchtbar war, sondern weil im Norden Gold gefunden worden war. Das löste den großen Goldrausch aus, der eine Stadt wie San Francisco fast zum Platzen gebracht hatte. Süd-Kalifornien, also auch Los Angeles, war damals demnach keine Gegend mit großen Aussichten. Wegen der Nähe zur Wüste fehlte es vor allem an Wasser, und die wenigen Brunnen, die es gab, waren schnell trocken gepumpt; an Landwirtschaft war also nicht zu denken. Aber die Menschen taten schon damals alles, um hier leben zu können, und das rücksichtslos. Der Ingenieur William Mulholland ließ um 1910 den längsten Aquädukt Amerikas bauen, 370 Kilometer Kanal und Rohrleitung, um das Wasser aus dem nördlichen Owens Valley in die Stadt zu pumpen. Die Farmer im Valley, die sich gegen den Wasserraub wehrten, wurden mit Waffengewalt niedergekämpft. Das Tal verödete, aber Los Angeles blühte auf. Manchmal denke ich heute, dass man das von zwei Seiten sehen kann. Einerseits war Kalifornien mit seiner Erdbebengefahr und ursprünglichen Trockenheit nicht für den Menschen gemacht, so, wie er heute dort lebt. Die Natur hatte ihn nicht eingeladen. Andererseits ist aber genau das der Mensch, der Siedler, der Pionier, der sich gegen die Natur durchsetzt, sie manipuliert und beraubt, um sich einen Lebensraum zu schaffen. Damit meine ich natürlich auch mich oder alle anderen Menschen, die in Los Angeles leben. Die Kinder, die geboren werden und zur Schule gehen. Die Filme, die gedreht werden. Aber auch die Studenten, die an der UCLA erforschen, wie man der Natur ihren Teil zurückgeben kann. Es ist eine große Frage, wie wir Menschen mit unserer Welt umgehen sollten, um auf ihr zu leben. Eine Frage, die ich auch nicht wirklich beantworten kann. Es war eine Frage, die in den Nächten, Tagen und Wochen nach dem Erdbeben in mir wuchs. Ich hatte zum ersten Mal Respekt und Angst vor der Natur. Es war, als ob die Natur, der Boden Kaliforniens, uns abschütteln wollte. Ich habe von diesem Tag an monatelang in unserem Haus nur noch auf einem Bett geschlafen, das direkt unter einem mächtigen Balken im Wohnzimmer stand. Ich vermeide bis heute, mit dem Auto unter einer Highway-Brücke zu warten, weil ich die Bilder der umgestürzten Highways nach dem Beben nie vergessen habe. Es gibt keine Sicherheit. In Kalifornien wissen alle, dass »the big one«, das nächste große Beben, irgendwann kommen wird. Ich werde schon nervös, wenn ich ein paar Minuten keine Tiere mehr in den Hügeln höre.

Im Herbst 1994 zogen wir in ein Übergangshaus. Das Leben hatte sich bereits vorher wieder normalisiert. Harald komponierte, und ich hatte endlich eine Arbeit, für die ich nicht verreisen musste. Für den TV-Sender Premiere moderierte ich die wöchentliche Sendung *Premiere in Hollywood* und stand auch bei der Oscar-Verleihung im März 1994 auf dem roten Teppich, um Steven Spielberg, Tom Hanks und Holly Hunter kurz zu interviewen. Ich war zum ersten Mal sozusagen als Reporterin unterwegs, was einerseits interessant, aber andererseits für mich auch etwas schmerzhaft war, weil ich im Stillen dachte, dass ich eigentlich auf diesem roten Teppich stehen wollte. Ich fühlte mich auf der falschen Seite der Absperrung. In jenen Tagen kam es dann auch zu einem Unfall. Wir drehten im Chateau Marmont Hotel am Sunset Boulevard, ganz oben in der Suite, in der meistens Robert De Niro wohnte, wenn er hier war. Die Suite wurde jedoch renoviert, sie war eine Baustelle, aber wir wollten auch nur vom Balkon aus den Sunset Boulevard mit seinen Billboards, den Filmplakaten, filmen. Die Suite lag völlig im Dunkeln, und wir waren schnell fertig, als ich etwas hektisch in die dunkle Baustelle zum Ausgang lief und dabei in der Dunkelheit eine Glasfront übersah. Es knallte und splitterte ziemlich, und jemand rief sehr laut: »Désireé, stop! Stay there!« Ich blieb wie erstarrt in dieser zerbrochenen Glasfront stehen und merkte, wie mir das Blut über das Gesicht lief. Und wieder rief jemand: »Beweg dich nicht!« Es kamen dann zwei Männer, die sehr vorsichtig über meinem Kopf hantierten und mich heraushoben. Es war so, dass genau über meinem Kopf eine sehr große, dreieckige, scharfe Scherbe hängen geblieben war und die, wäre sie heruntergefallen, mich hätte köpfen können. Ob das wirklich so passiert wäre, weiß ich nicht, denn sie hatten mich schnell da herausgeholt. Vor der Tür wartete bereits ein Krankenwagen, und ich wurde in ein Krankenhaus gebracht, wo die Ärzte mir die Splitter aus dem Gesicht entfernten. Ich hatte lange Schnitte auf der Stirn, am Mund und um die Augen. Ich weiß noch, dass ich vorher im Wartesaal lag und nichts sehen konnte, als sich ein Mann neben mich setzte, um mich zu fragen, ob ich das Hotel verklagen wollte, da wäre sicher eine schöne Summe Schadensersatz zu holen. Es war einer von diesen Anwälten, die den ganzen Tag auf Mandanten warteten, um sie zu ködern. Ich hörte ihm aber gar nicht zu.

Es ging fast glimpflich aus, die Schnitte wurden mit siebzehn Stichen genäht, und ich konnte auch wieder sehen. Am nächsten Morgen rief Harald bei meiner Agentin an, um meine Termine abzusagen, und erzählte ihr von dem Unfall und den vielen Nähten im Gesicht, die wohl erst verheilen müssten. »Um Gottes willen, nein!«, rief sie, so würden das ein Leben lang Narben bleiben. Ich sollte sofort, wirklich sofort zu einem Chirurgen fahren. Sie nannte Harald eine Adresse und kündigte mich dort an. Der Arzt war ein bekannter Schönheitschirurg, der sofort wusste, was zu tun war, als er mich sah. Er zog alle Fäden wieder heraus und verschloss die Schnitte mit einem medizinischen Kleber. Lächelnd fragte er dabei: »Wenn Sie schon da sind, soll ich sonst noch etwas machen? Nase oder Mund ein bisschen formen oder so?« Wollte ich aber nicht.

Heute ist von dem Unfall so gut wie nichts mehr zu sehen. Ich muss selbst im Spiegel mein Gesicht absuchen, um die feinen Striche noch zu erkennen. Ich glaube, mein Glück im Unglück war, dass es mir in der Welthauptstadt der Schönheitschirurgie passierte. Es gibt nirgendwo anders eine solche Ansammlung von Ärzten, die nichts anderes machen, als Gesichter zu reparieren und zu glätten oder Jugendlichkeit zu konservieren. Als ich mich nach der Behandlung im Spiegel ansah, musste ich an einen Satz denken, den ich mir als Kind oft gesagt hatte. »Ich hätte gerne eine Narbe.« Wenn ich damals mein reines, kindliches Gesicht ansah, meinte ich, eine Narbe würde mir mehr Charakter geben. Nun hatte ich beinahe genug davon gehabt, und mir war klar, dass Narben nichts mit einem Charakter zu tun haben.

Unser neues Haus war nicht weit vom alten entfernt und wurde noch im selben Jahr zu einem Ort, der mein Leben wieder völlig verändern würde. Ich spürte es schon bald, mein Körper teilte mir Neuigkeiten mit. Immer weiter, die nächste Désirée.

Ich war schwanger.

Mother

Der Beverly Boulevard ist eine dieser großen Straßen, die von Ost nach West quer durch Los Angeles führen. Wenn man mit dem Auto unterwegs ist, kreuzt man ihn oft mehrmals am Tag. Ungefähr in der Mitte, ganz in der Nähe vom Beverly-Hills-Center, steht ein großes Gebäude, das jeder in Los Angeles kennt. Eine Adresse, die man kennen sollte. Es ist das *Cedars-Sinai Medical Center,* das größte in der Stadt, ein Non-Profit-Hospital mit zweitausend Ärzten. Im Cedars-Sinai war ich in der Notaufnahme, als ich den Unfall mit meinem Gesicht hatte, aber das war auch nicht das erste Mal. Ich war schon vorher dort gewesen, weil ich ein Problem hatte, mit dem ich mich eigentlich auch schon abgefunden hatte. Nach unzähligen Untersuchungen und Gesprächen mit Ärzten, die wirklich alles versuchten, schien es dennoch aussichtslos. Ich konnte keine Kinder bekommen, jedenfalls nicht ohne Eingriffe an meinem Körper. Die Diagnose hieß: Endometriose. Das bedeutet, dass sich in meinem Uterus Gebärmutter-Zellen angesiedelt und gewuchert hatten, die eine Schwangerschaft verhinderten. Es ist eine Krankheit, die unter Frauen verbreiteter ist, als man denkt. Allein in Deutschland leiden fünfzehn Prozent der Frauen darunter. Es gibt sie einfach, man hat kein falsches oder ungesundes Leben geführt, es ist schlicht Schicksal. Dass ich mich damit abgefunden hatte, soll nicht heißen, dass ich meinen Frieden mit der Kinderlosigkeit geschlossen hatte. Nein, ich konnte es mir nicht vorstellen, keine Kinder zu haben. Ich, die ich zur Hälfte aus einer großen italienischen

Familie stamme, sollte keine »mamma« werden? Doch ich war nicht verzweifelt oder depressiv, mein Leben war ja voller anderer Aufgaben und Menschen. Deshalb versuchte ich, den Kinderwunsch nicht zum Zentrum meines Ichs zu machen. Auch um mich zu schützen, denn ich hatte andere Frauen erlebt, die an ihrer Kinderlosigkeit fast zerbrochen waren. Die Ärzte schlugen mir eine Operation vor, was bei einer Endometriose aber auch nur heißt, dass sich die Chancen auf eine Schwangerschaft erhöhen, es aber keine Garantie gibt. Harald und ich überlegten das lange, immer wieder, hin und her. Ich schwankte zwischen großen Zweifeln und dann wieder Zuversicht und auch mit der Überlegung, dass ich vielleicht einfach keine Kinder bekommen könnte. Es war nicht schön, aber wohl nicht zu ändern. Dieser große Traum, der einfach zu meinem Leben und zu mir als Frau gehörte und ohne den ich immer unvollständig bleiben würde, sollte wohl unerreichbar sein. Und dann entschied ich mich doch für die Operation. Sie sollte in ein paar Wochen sein. Ich erzählte meiner Mutter am Telefon davon. »Nein«, sagte sie. »Bevor du das machst, gehst du einmal zu Dino. Pack deine Sachen und komm für eine Woche nach Italien. Schaden kann es nicht, und danach kannst du dich immer noch operieren lassen.« Dino. Wer ist Dino? »Ein alter Schulfreund von mir«, sagte meine Mutter. Und ein Heiler. Ich schüttelte nur ungläubig den Kopf. »Ein Heiler?« »Ach«, meinte meine Mutter, Dino habe schon sie und auch meinen Vater behandelt, und er habe in der Gegend einen guten Ruf, meine Mutter hatte auch schon Freunde aus Luxemburg zu ihm geschickt.

Dino war ein freundlicher, damals fünfundfünfzigjähriger Italiener, der in dem Nachbardorf von unserer Familie lebte. Er war bekannt dafür, durch seine Hände Energien im Körper zu spüren und zu ordnen. Ich weiß, das klingt wie ein Wunderheiler, und ich hatte auch keine Ahnung, ob und wie das überhaupt funktioniert. Vielleicht war es nur eine Fähigkeit, Blockaden im Körper aufzulösen. Ich machte mir dennoch keine großen Hoffnungen, denn die Untersuchungsergebnisse in Los Angeles füllten einen Ordner, und ich hatte in diesem Zusammenhang gelernt, Diagnosen zu lesen. Aber ich wollte nichts unversucht lassen und auch meine Mutter nicht enttäuschen. Außerdem nahm ich an, dass eine Woche an einem anderen Ort bei meinen Onkeln und Tanten mich sicherlich ablenken würde. Ich reiste also zu Dino. Jetzt muss man sich ein kleines Haus in einem italienischen Dorf in Norditalien vorstellen. Dino öffnete die Tür, ein bescheidener, höflicher Italiener, und man kommt herein, der Flur ist schmal, der Boden ist gefliest und gleich rechts das Esszimmer. Nichts Aufregendes, alles sehr ordentlich, sauber. Ein Tisch mit sechs Stühlen, Gardinen vor dem Fenster und an der Seitenwand eine Art Pritsche. Dino gehörte zu den italienischen Herren, die immer gebügelte Hemden und darüber einen Pullover oder Pullunder, gepflegte Schuhe tragen und sich einmal in der Woche die Haare beim Dorffriseur schneiden lassen. Ein sehr ruhiger Mann und seine sehr freundliche Ehefrau, die in der Küche kochte. Dino nahm kein Geld für das, was er machte, noch nie. Er bat mich herein, wir setzten uns an den Esstisch, und er fragte nach meinem Problem. Ich erzählte alles, und er nickte. Dann bat er mich, mich auf die Pritsche zu legen. Dino sagte nicht viel, ich sollte mich nur entspannen, und es könnte vielleicht gleich auf meinem Bauch warm werden. Dann hielt er beide Hände mit ungefähr zehn, zwanzig Zentimetern Abstand über meinen Bauch. Eine ganze Weile, es war ganz still im Raum. Und es wurde wirklich warm, sehr warm, beinahe heiß. Da wäre bei mir aber viel blockiert, sagte er. Ich meinte, kein Wunder, ich hätte ja auch Endometriose. Dann sollte ich mich auf den Bauch drehen, und er hielt seine Hände über meinen Rücken. Und es wurde wieder sehr warm, ja, heiß. Das dauerte so zwanzig Minuten, und dann zeigte mir Dino seine Hände, und ich fühlte, dass sie auch heiß waren. Er sah mich lächelnd an und sagte, wenn ich jetzt aufstehe, würde mir erst mal sehr schwindelig werden, das sei aber nicht schlimm. Es stimmte, mir war sehr schwindelig, was aber bald verging. Das war's. Dino verabschiedete mich freundlich und meinte: »Mal sehen«, vielleicht habe es ja etwas geholfen. Ich dachte, natürlich hat das nichts geholfen, staunte aber dennoch über die Wärme, die ich auf meinem Körper gespürt hatte. Ich blieb noch ein paar Tage bei meiner Familie und flog dann zurück nach Los Angeles.

Und jetzt kommt's: Sechs oder acht Wochen später war ich schwanger. Ich kann bis heute nicht sagen, ob das wirklich mit Dinos Behandlung zu tun hatte, ob es andere Gründe gab oder ob es reiner Zufall war. Keine Ahnung, ich habe auch nicht weiter darüber nachgedacht. Ich trug ja mein erstes Kind unter meinem Herzen, und nur darum ging es. Wir wussten dann auch irgendwann, dass es ein Junge werden würde, und Harald und ich brauchten ungefähr zehn Minuten, um einen Namen zu finden. »Wie findest du Lennon?«, fragte mich Harald. »Ja, er soll Lennon heißen.«

John Lennons Songs hatten uns beide geprägt. Sie waren der Soundtrack unseres Lebens, und Lennon war dessen poetische Seele. Wir dachten an Lieder wie »Nowhere Man« oder »All you need is love«, und das Berührende der Musik wollten wir mit dem Namen weitergeben. Lennon in meinem Bauch also. Und er wuchs. Und ich arbeitete weiter. Und ich war glücklich und fühlte mich vervollständigt. Aber dann wieder zum Arzt. Die Diagnose: Toxoplasmose, eine Keiminfektion, oft verursacht von Katzen oder rohem Fleisch. Eine Toxoplasmose kann für ein Ungeborenes riskant werden. Sie kann zu Schäden im Nervensystem oder zur Blindheit führen. Die Ärzte rieten mir zu einer Fruchtwasseruntersuchung, die zum Glück keine Erkrankung nachwies. Aber leicht wurde es dann doch nicht, Lennon war störrisch. Los Angeles, Cedars-Sinai Medical Center, 1995: Es sollte siebenundzwanzig Stunden dauern. Mein Sohn wollte hinaus, aber er war stecken geblieben. Irgendwie mit der Schulter oder den Beinen, ich weiß es nicht, er kam nicht heraus. Einen Kaiserschnitt, der in Los Angeles eigentlich üblich ist, weil die Frauen sich danach gleich noch den Bauch straffen lassen, hatte ich vorher abgelehnt; nun wäre es aber dafür auch zu spät gewesen. Ich erinnere mich, dass der Kreißsaal immer voller mit Ärzten wurde. Sie standen um mich herum, es wurde gemurmelt, und etliche Geräte piepsten, eine Hebamme sprach beruhigend auf mich ein. Ich sagte zu ihr, die irgendwann eigentlich Schichtende hatte und an eine andere übergeben wollte, dass sie doch bitte bleiben solle, ich würde mich jetzt auch beeilen, ich flehte sie an. Und sie blieb. Später erfuhr ich, dass es dramatisch wurde, denn ich wurde so schwach, dass die Ärzte vor dem Problem standen, das Kind oder die Mutter zu retten. Ich kann mich heute kaum mehr daran erinnern, weil ich in eine Trance verfiel. Ich glitt weg und sah auf einmal einen Tunnel vor mir, in den ich hineinschwebte und der mich mit einem sanften Licht empfing, was mich auf einmal sehr beruhigte und mich seltsam friedlich werden ließ. Es war eine Nahtod-Erfahrung, wie mir die Ärzte später sagten. Ich war kurz davor, nicht mehr aufzuwachen. Doch in diesem Moment bewegte sich mein Kind, und sie konnten es mit viel Mühe herausholen. Ich weiß nicht, wie lange es gedauert hat, irgendwann erwachte ich und hatte meinen Sohn neben mir. Er hatte sich viel Zeit gelassen, dachte ich. Lennon Noah und wie alle, die neu auf der Welt sind, ein kleines Bündel mit geschlossenen Augen, ruhigem Atem und Fingern, die ganz vorsichtig und zaghaft meine Finger erforschten und den ersten Halt im Leben suchten. Bei mir, seiner Mutter. Wer das Gefühl und diesen Moment kennt, weiß, jedenfalls war es bei mir so, dass sich im Kopf und im ganzen Denken in der Sekunde einiges ganz Wesentliches ändert. Erst einmal hat man sofort nie wieder den Gedanken, auch ohne Kinder leben zu können, er ist einfach weg, verschwunden, und man fragt sich, wie man je auf ihn kommen konnte. Und zweitens, man wird Nummer zwei. Die Nummer eins war von diesem Moment an mein Kind. Alles, wirklich alles, was von da an passierte, empfand ich bis heute in zweiter und dann dritter Reihe. Wenn es zu kalt oder zu warm im Zimmer war, dachte ich, mein Sohn friert oder schwitzt. Wenn etwas laut war, dachte ich, es wäre zu laut für Lennon. Wenn es regnete, dachte ich, mein Sohn wird nass. Wenn ich später etwas kochte, fragte ich mich nur, wird es Lennon schmecken? Ich dachte nie an mich, sondern alles durch mich hindurch an ihn. Als zweieinhalb Jahre später meine Tochter Luka dann im Normaltempo von nur sieben Stunden und mit nur einem Arzt dabei zur Welt kam, wurde aus meinem Kind der Plural »meine Kinder«. Und ich fühlte mich als Nummer drei. Und das ist bis heute so. Es ist egal, ob ich bei ihnen bin oder irgendwo anders auf der Welt, wenn ich ins Bett gehe, überlege ich, ob, wo und wie sie jetzt schlafen. Wenn ich aufwache, ist mein erster Gedanke, ob meine Kinder gut geschlafen haben und was sie am Tag machen werden, bevor ich überlege, was ich an dem Tag machen werde. Wenn ich moderiere oder eine Rolle in einem Film spiele, überlege ich vorher, was werden meine Kinder dazu sagen, auch wenn sie die Veranstaltung oder den Film vielleicht gar nicht sehen werden. Ich, die Nummer drei, bin so etwas wie zu einer Schaltung oder wie zu einer Bedingung meines ganzen Tuns geworden. Und darüber bin ich glücklich. Wenn ich zurückblicke, sind meine Kinder sicherlich die größte, beste und mich formende Veränderung in meinem Leben gewesen. Beide, Lennon und Luka, Junge und Mädchen, zweieinhalb Jahre auseinander, sind eine ganz gute Kombination, weil sie sich in diesem kurzen Abstand entwickelten. Ich war damals keine erfahrene Mutter, aber ich hatte bereits Erfahrung mit kleinen Kindern. Wie gesagt, kümmerte ich mich als junges Mädchen um meinen fünf Jahre jüngeren Bruder und später auch um meine kleinen Cousins. Ein Kind auf den Arm zu nehmen, es zu wickeln, zu füttern oder ins Bett zu bringen, war ich gewohnt, und bei mir erwachten diese Erinnerungen. Ich erkannte die Signale von Übelkeit oder Blähungen, ich wusste, dass es keine Katastrophe ist, wenn sich kleine Kinder mal übergeben, und ich wusste, wie man auf den Rücken klopfen musste, damit das »Bäuerchen«, also der kleine Rülpser nach dem Essen, kam. Und ich beherrschte schon das Kunststück, kleine Kinder zum Einschlafen zu bringen. Ich hatte gelernt, dass kleine Kinder robuster sind, als man denkt, was nicht heißt, dass ich leichtsinnig wurde. Doch wenn Kinder auf dem Spielplatz einmal hinfallen, dachte ich nicht gleich an Schädelbruch und daran, den Spielplatz zu verklagen, was andere in Los Angeles sicher machen würden. Ich dachte an Schokoladenkuchen und Eisbeutel gegen das »Aua«. Eine junge Mutter zu sein und zwei Kinder in Los Angeles zu haben, hat etwas mit einer sehr großen, riesigen gesellschaftlichen Watte zu tun. Kinder sind hier ein allumfassendes Heiligtum. Die Über-Mom und der, wenn er Zeit hat, Über-Dad sind hier die Regel. Kinder werden, bis sie sechzehn sind und den Führerschein haben, in eine Welt aus Fürsorge, Liebe und auch Hysterie gewickelt. Aber es liegt auch an der Stadt an sich, die es ihnen schwer macht, sich normal als Kind zu entwickeln. Sie ist groß, besteht aus viel Fläche, und die Distanzen sind enorm. Sich hier fortzubewegen heißt, mit dem Auto zu fahren, auch jeden Morgen zur Schule. Und das reichte auch noch nicht, denn in den meisten Schulen steigen die Kinder dann nicht einfach aus, nein, man bringt sie bis zu ihrem Stuhl in der Schulklasse, was morgens zu einem ziemlichen Gedränge führt. Und anders als in Luxemburg oder anderen europäischen Städten sieht man an Wochenenden fast nie Eltern, die auf den Straßen einen Kinderwagen schieben, oder Kinder, die auf der Straße Fußball spielen. Wenn wir mit Lenny, so nennen wir Lennon bis heute, und Luka einfach mal rauswollten, wurden die Kinder ins Auto gepackt, und wir fuhren zu einem Park. Es war auch nicht so, dass spontan einfach mal ein Freund von Lennon oder Luka klingelte, um mit ihnen spielen zu können. Auch meine Kinder taten das nicht. In Los Angeles gab und gibt es so etwas nicht. Um Kinder miteinander zu verabreden, musste ich mit anderen Eltern »Play dates« verabreden, und ich weiß noch, dass ich das einmal mit der Mutter eines Schulfreundes von Lennon versuchte, im November. Sie blätterte angestrengt durch ihren Kalender und meinte nur: »What about February 6th?« – also in drei Monaten.

Ja, es ist eine Kindheit, die völlig anders war als die, die ich in

Luxemburg hatte. In Los Angeles werden Kinder jede Stunde am Tag betreut, überwacht und umsorgt, es fehlt ihnen an nichts, außer an der Freiheit, sich selbst und alleine zu entwickeln. Als meine Kinder noch kleiner waren, beruhigte mich das, weil ich mir eigentlich nie Sorgen um Lennon und Luka machen musste, weil ich wusste, dass die Schule oder andere Eltern auch auf meine Kinder achteten. Das Problem kommt später, wenn die Kinder erwachsen werden und den Führerschein haben und auf einmal in eine Welt hinaus sollen, die sie so gar nicht kennen. Es gibt niemanden mehr, der aufpasst, niemanden mehr, der ihnen alles abnimmt, sondern auf einmal Freiheiten, mit denen sie schwer umgehen können. Ich habe das erlebt: Jugendliche, die sich zu schnell und zu viel betranken oder mit anderen Drogen spielten; die sich die falschen Freunde suchten, weil ihnen die Menschenkenntnis fehlte, oder die in Depressionen rutschten, weil sie auf keine Anforderung des Lebens vorbereitet waren und sich völlig überlastet fühlten. Das ist auch der Grund, warum die Musik und die Songs von Billie Eilish oder Lauv so einen großen Erfolg haben, sie singen alle von ihren Depressionen. Nun ist so eine Schulzeit in Los Angeles noch etwas spezieller als in anderen Städten der USA – und dort, wo wir lebten, sicherlich noch einmal mehr. Es ist eine Welt aus meist privaten Schulen, die eine Nachbarschaft hat, die mächtiger und prominenter ist als anderswo. Einige Kinder werden von Security-Angestellten in die Schule begleitet. Andere haben einen so prominenten Namen, dass man mit den Eltern, die vor der Schule warten, einen kompletten Hollywood-Film besetzen könnte. Ich wartete schon gerne mal mit den Schauspielern Al Pacino, Rosanna Arquette und der Sängerin Macy Gray, die dort aber keine Stars, sondern auch nur Eltern sind. Und wenn ich eines meiner Kinder mal zu einem Kindergeburtstag fuhr, war es nicht einfach ein Kindergeburtstag, nein, selbstverständlich hatten die Eltern zum Beispiel den Basketball-Star Michael Jordan eingeladen, den alle natürlich nur »Michael« nannten. Na ja, wenn bei uns Geburtstag gefeiert wurde, gab es Smarties-Kuchen und viele bunte Luftballons. Es war schwer, mitzuhalten, aber interessanterweise ging es darum auch gar nicht. Trotz aller Prominenz, Macht und Reichtum waren alle hier gleich, wenn es um die Kinder ging. Wichtig war, niemanden auf seine Bekanntheit anzusprechen oder sie sogar ausnutzen zu wollen. Wer das versuchte, war sofort raus. Ich kann mich an einen Elternabend erinnern, an dem sich Eltern kurz vorstellten, und das taten alle nur mit ihren Vornamen. Als es dann um die Wahl von Elternsprechern ging, wurde eine engagierte Frau gewählt, die Cindy hieß. Jeder sah, dass es das Supermodel Cindy Crawford war, aber so war es eben nur Mutter Cindy.

Während der Schulzeit hatte Lennon dann irgendwann mal einen Freund, den ich ab und zu nach der Schule mit zu uns nach Hause nahm; an anderen Tagen machte sein Vater dasselbe umgekehrt für mich. Es war Gary Oldman, der Schauspieler, und wir lernten uns so ganz gut kennen, er saß dann auch ab und zu bei uns in der Küche. Und natürlich haben wir uns erzählt, was wir so machen, aber ich wäre nie auf die Idee gekommen, Gary nach irgendeiner Verbindung oder einem Projekt zu fragen. Stattdessen sprachen wir zum Beispiel über Rezepte für Tomatensugo und Spaghetti und wie man das in Italien kocht, was Gary sehr interessierte. Es ist bis heute so, dass Lennon, der heute selbst Musiker ist, Freunde mitbringt, von denen ich nur die Vornamen kenne und erst nach einer Weile die Nachnamen höre und denke, okay, der Sohn oder Neffe von … Es sind wirklich große Namen. Und meine Tochter Luka hat eine gute Freundin, die oft bei uns zu Gast ist. Vor der Tür steht dann immer ein SUV mit sehr höflichen Sicherheitsbegleitern. Mir ist das aber egal. Für mich war und ist das Mädchen die Freundin von Luka, niemand anders. Daran gewöhnt man sich und lernt, es als Normalität zu sehen.

Vor ein paar Jahren lud ich zu Ostern einmal spanische Freunde von mir zum Essen ein. Sie fragten, ob sie noch zwei Freunde mitbringen könnten, die gerade in der Stadt waren. Natürlich, kein Problem.

Es waren Engländer, sehr angenehm, höflich und amüsant. Irgendwann kam Lennon dazu, sagte »Hallo« und sah die Gäste am Tisch an. Dann ging er in die Küche und wartete auf mich und sagte: »Hey, weißt du, wer das ist? Der eine Mann?« Ich hatte keine Ahnung. »Das ist BORAT! Der aus dem Film. *Sacha Baron Cohen*!« Ich hätte ihn nicht erkannt. Und obwohl wir an dem Abend über alles Mögliche und eben auch über Filme sprachen: Der Name Borat fiel kein einziges Mal.

Ich mag diese, wenn man so will, aufmerksame Zurückhaltung sehr, und sie ist, glaube ich, auch ein Grund, warum viele dieser Menschen hier leben. Wenn ich zu Starbucks in der Nähe gehe, stehen dort ganz selbstverständlich Gwen Stefani oder Pink in der Schlange, aber niemand würde sie ansprechen. Und in den Supermärkten laufen Stars, die mit jedem Film Millionen verdienen, in Jogginghosen und UGG Boots genauso herum wie ich.

Doch es gibt auch manchmal Begegnungen, bei denen dann schnell gecheckt wird, wer man ist. Das geht ganz beiläufig und freundlich, wenn man neu ist, und kommt von der Neugierde, einen im sozialen Radar finden zu können. Abgesehen davon ist es ein Land, in dem alle sofort mit allen sprechen. Egal, ob es der Tankwart, die Friseurin oder andere Mütter sind, alle reden, wie sie atmen. Die Frage ist dann immer: »And what are you doing for living?« Wenn ich dann antwortete: »I'm an actress«, kam immer: »Oh my god, that's great. Have I seen you in something?« Früher antwortete ich meistens, dass ich in europäischen Filmen spielte, die sie hier sicher nicht kennen würden. Und damit war die Neugierde schnell erledigt. Jetzt antworte ich aber manchmal: »Yes, *Bad Banks*, the TV-series. It's on Netflix.« Und dann lautet die Antwort: »Great, I will check that.« Ob die es dann wirklich ansehen, weiß ich nicht, aber in deren Kopf habe ich dann das Label »actress on Netflix«, was heute schon mal eine Qualität ist.

So glücklich ich mit meinen zwei Kindern und dem Leben mit ihnen war, es reichte nicht, um die Ehe mit Harald zu retten. Wir lebten schon eine Weile auf zwei Gleisen, aber die führten nun immer weiter auseinander. Ich kann eigentlich nicht genau sagen, warum, und es gab auch nicht einen oder mehrere Gründe dafür; wir lebten nur immer mehr in verschiedenen Welten. Harald ging in Los Angeles auf, er schrieb Filmmusiken. Er produzierte. Er war erfolgreich. Er hatte sich einen Namen gemacht und wurde immer mehr Teil einer Entertainment-Maschine, in der man auch sein muss, um Erfolg zu haben. Was aber auch hieß, dass Harald immer öfter nicht zu Hause war und dass wir immer seltener das Leben eines Ehepaars mit Kindern führten. Ich dagegen, ich arbeitete meistens in Europa. In den zehn Jahren, zwischen 1995 und 2005, spielte ich in einundzwanzig Filmen mit, die meisten in Deutschland oder Italien. Dazu kamen Moderationen wie *Die goldene Kamera*, die *Expo*, *Menschen für Menschen*, *Unicef* oder der *Bayerische Filmpreis*. Allein im Jahr 2003 stand ich achtmal auf den Bühnen für Galas oder Preisverleihungen. Und für RTL moderierte ich zwei Jahre lang ein Magazin. Ich war eine Nomadin und eine Mutter, die ihre Kinder von Anfang an mit auf Reisen nahm, Lennon schon kurz nach seiner Geburt. Das war nicht immer einfach, aber zum Glück hatte ich mit Maria immer eine Kinderfrau dabei, während ich arbeitete. Das ging gut, weil Maria großartig war und meinen Kindern sehr ans Herz wuchs. Ich muss zu Maria ein paar Sätze sagen.

Sie kommt ursprünglich aus Guatemala und ist heute zweiundsechzig Jahre alt. Sie war insgesamt dreiundzwanzig Jahre an unserer Seite, und wenn ich sage »Kinderfrau«, ist das zu wenig. Maria wurde und ist bis heute ein wichtiger Teil unserer Familie. Sie hat nicht nur einfach auf die Kinder aufgepasst, die Wohnung geputzt und das Essen zubereitet. Nein, mit ihrem großen Herzen und sehr sensiblen Verstand hat sie den Kindern und mir über die anfangs schwere Zeit der Trennung hinweggeholfen. Sie ist mit uns um die halbe Welt gereist, sie hatte nie Scheu vor der Fremde, und sie spürte in jedem Moment, was in uns vorging. Und wenn es mal kompliziert wurde, war es Maria, die versuchte, die Knoten zu lösen. Sie wurde auch eine Freundin meiner Mutter, und wir wurden Freunde ihrer Familie, die wir einmal alle zusammen in Guatemala besucht haben. Und wenn Maria heute zu uns zu Besuch kommt, lassen Lennon und Luka alles stehen und liegen und werden wieder zu Kindern. Ohne Maria, die mir der Himmel geschickt hat, wäre unser Leben damals sicherlich anders verlaufen.

Es war ein sehr vielfliegendes Leben, immer mindestens zwölf Stunden hin nach Europa und zwölf Stunden wieder zurück. Manchmal blieben wir ein, zwei Monate; manchmal auch nur zwei Wochen. Und wenn ich in der Nähe von Luxemburg arbeitete, ließ ich Maria und die Kinder bei meiner Mutter. Das Leben in einem Flugzeug wurde damals für mich und meine Kinder zur Routine. Es gab Stewardessen, die meine Kinder haben aufwachsen sehen, noch heute fragen mich manche, wenn ich sie im Flugzeug treffe, wie es Lennon oder Luka denn gehe. Jahre später erzählte mir Luka einmal, dass sie als Kind dachte, ich wäre Stewardess von Beruf, weil ich immer nur sagte, ich müsste zum oder käme vom Flughafen. Lennon hatte, als er noch klein war, meine Arbeit anders verstanden. Als er einmal in der Schule gefragt wurde, was ich denn beruflich machen würde, erzählte er, dass es mein Job sei, »Guten Abend, meine Damen und Herren« zu sagen.

Das viele Fliegen war nun nicht so aufregend, wie es klingen mag. Ich habe noch nie gerne in einem Flugzeug gesessen, und ich habe bis heute Flugangst. Es macht mich nervös, mich Menschen und einer Technik anzuvertrauen, die mich in einer Metallröhre mit Tragflächen um die halbe Welt fliegt. Da oben über den Wolken kann ich nicht schlafen und mich auch nicht entspannen. Und ich versuche, immer sehr weit vorne zu sitzen, weil ich mir irgendwie einbilde, das sei der sicherste Platz. Die größte Strafe für mich wäre, ganz hinten sitzen zu müssen. Und dann vorne immer auf der rechten Seite, egal, ob Fenster oder Gang, denn ich brauche dieses »Beifahrersitzgefühl«, da ich in Gedanken das Flugzeug mitfliege. Ist bis heute so, ich atme auf, wenn das Flugzeug ausrollt, und sage mir selbst: »Gut gelandet, Désirée.« Natürlich albern, ich weiß, aber das ist mein Ritual.

Ich steige auch nie in kurzen Hosen oder Kleidern, sondern immer in Turnschuhen in ein Flugzeug, weil, makaber, ich weiß, ich nicht in Pumps und einem zerrissenen Kleid gefunden werden will. Ich habe es nie gezählt, aber es müssen viele Monate gewesen sein, die ich in Flugzeugen verbracht habe, und es ist zum Glück nie etwas passiert. Ich glaube, ich hatte insgesamt zwei Notlandungen, die nicht dramatisch waren, und einmal in Sierra Leone in Afrika ein Erlebnis der anderen Art.

Ich hatte dort für »SOS Kinderdorf« einen Beitrag gedreht und wartete auf den Rückflug. Um zum Flughafen zu kommen, muss man aus der Hauptstadt erst mit einer Fähre übersetzen und dann noch ein Stück fahren. Es war ein kleiner Flughafen, und das Flugzeug war schon zum Abflug bereit, als es irgendein Problem mit meinem Ticket gab. Auf alle Fälle wollten sie mich nicht einsteigen lassen, und ich musste zusehen, wie die Maschine ohne mich zum Start rollte. Als sie beschleunigte, knallte auf einmal eines der Triebwerke sehr laut, die Maschine schlingerte etwas, kippte nach vorne, und die Nase berührte den Boden. Ja, Glück gehabt. Aber am Flughafen war plötzlich helle Aufregung. Es wurde herumgerufen, und viele der Menschen zeigten auf mich, jubelten und klatschten. Viel habe ich nicht verstanden, aber sie hatten wohl gedacht, ich wäre der gute Geist gewesen, der das Flugzeug am Abheben gehindert hatte, und es deshalb nicht in der Luft explodiert war. Natürlich war das Unsinn, doch mir wurden die Hände geschüttelt, und man jubelte mir weiter zu, und irgendwann kam sogar ein Flughafen-Manager und sagte, ich wäre eingeladen, am Nachmittag mit der staatlichen Präsidentenmaschine weiterzufliegen. So kam es dann auch, vorne im Flugzeug saß ein afrikanischer Politiker in einem langen, bunten Gewand mit seinen Sekretären und Leibwächtern, weiter hinten saß ich.

Ja, darüber kann ich heute noch lachen. Aber viele solcher amüsanten Geschichten hatte ich nicht, sondern eher die Erinnerung an viel verlorene Zeit am Himmel. Zum Beispiel, als ich später eine fast alleinerziehende Mutter mit zwei Kindern in Los Angeles war und so wenig wie möglich von ihnen getrennt sein wollte, trotz meiner Arbeit in Europa. Ich versuchte immer, die Termine so kurz wie möglich zu halten, und so kam es vor, dass ich an einem Tag nach Deutschland flog, meinen Job machte und am übernächsten Tag meine Kinder wieder von der Schule abholen konnte. Lennon war als Kind ein glühender Fußballspieler, Mittelstürmer. Eines Tages stand seine Mannschaft im Endspiel der Schulliga. Ich musste kurz vorher nach München für einen Drehtermin fliegen, bestand aber darauf, gleich nach dem Dreh wieder abzureisen, weil ich zu diesem Endspiel müsste. Es wurde knapp, aber ich schaffte es vom Flughafen Los Angeles, genau zum Anpfiff am Spielfeld zu stehen. Und Lennons Mannschaft gewann.

Aus heutiger Sicht waren es sehr anstrengende Jahre, aber auch Jahre, in denen ich mich gut durchschlug. Meine Karriere, auch wenn sie sich auf einem anderen Kontinent entwickelte, riss nicht ab. Von den einundzwanzig Filmen, in denen ich mitspielte, waren sicherlich nicht alle gelungen, ich finde nur drei oder vier wirklich gut, die meisten anderen so na ja, und einer, ich sage aber nicht, welcher, war wirklich der schlechteste Film, in dem ich je mitgespielt habe. An der Seite eines anderen, ganz bekannten deutschen Schauspielers, den ich manchmal treffe und mit dem ich mich bis heute amüsiert wundere, wie wir in jenen Film geraten konnten.

Doch mit diesen vielen verschiedenen Rollen denke ich, damals zwar an Routine gewonnen zu haben, aber weniger an Tiefe und Charakterdarstellung. Ich reihte Erfahrung an Erfahrung, aber sie bauten nicht aufeinander auf. Oder, um es anders zu sagen: Mein Schauspiel wurde breit, aber nicht stark. Hinzu kam, dass ich nirgendwo richtig war. Oder besser, ich war bei meinen Kindern, immer, doch ich hatte nirgendwo für mich Wurzeln. Ich hatte damals auch versucht, in Los Angeles zu arbeiten, doch dafür muss man in der Stadt verfügbar sein. Alle, die hier etwas werden wollen, müssen verfügbar sein, das erwartet das Business. Harald hatte es richtig gemacht, er war immer anwesend und hatte sich auf die Grammatik der Stadt eingelassen. Ich konnte das nicht, und immer, wenn es mal eine Chance auf ein Casting oder ein Projekt gab, das mich interessierte oder bei dem sich jemand für mich interessierte, musste ich am Telefon erst erklären, wann ich da sein könnte und wann nicht. Ich konnte nicht erwarten, dass Agenten oder Casting Directors ihre Zeitpläne auf meine abstimmten. »Ach, du bist ja nie da«, hörte ich auch oft, wenn ich von Party- oder Dinner-Veranstaltungen erfuhr, bei denen ich gar nicht erst eingeladen worden war, weil viele davon ausgingen, dass ich wieder nicht in der Stadt wäre. Oder ich kämpfte mit Jetlag und Zeitverschiebung, was mich dann auch nur bedingt unterhaltsam machte. Ja, und so kam es, dass Harald und ich uns trennten. Wir waren wirklich zu weit auseinandergeraten.

Das war 2002. Wir hatten die Zeit davor schon lange versucht, unsere Ehe zu reparieren, doch es war erfolglos. Die Scheidung verlief, soweit man das sagen kann, friedlich. Harald und ich versuchten, dabei vernünftige Menschen zu bleiben. Was wir hatten, teilten wir auf. Unter Schmerzen überließ ich ihm unser Haus und suchte mit meinen Kindern ein neues.

Ja, und so stand ich auf einmal da – nach zehn Jahren Zusammenlebens und zehn Jahren Los Angeles, nach Erdbeben, Glasscherben im Gesicht, meinem Regiestudium und erstem Kurzfilm, glücklichen und auch weniger glücklichen Zeiten, zwei Geburten, war ich nun »single raising mom of two kids, and trust me, that was not on my list«, wie man hier sagt. Eine alleinerziehende Mutter von zwei Kindern, und glaubt mir, das war nicht mein Plan. Lennon war sechs und Luka dreieinhalb Jahre alt. Und das in einer Stadt, die auch nach zehn

Jahren immer noch nicht wirklich meine Heimat geworden war. Das lag auch an mir oder daran, dass ich durch meine viele Reiserei Los Angeles nicht die Chance gegeben hatte, mir die Tiefe und die Anmut, die die Stadt hat, wirklich zu zeigen. Das weiß ich, weil ich mich heute viel entspannter und ohne Druck oft in dieser Stadt bewege und sie erst wirklich für mich verstehe. Damals, nach der Scheidung von Harald, war das noch anders. Zu dem Zeitpunkt kam mir Los Angeles auf einmal brutal vor. Aber auch pragmatisch, wie viele Städte in Amerika.

Harald und ich hatten sehr viele Bekannte und ein paar Freunde. Aber kaum waren wir geschieden, wurde ich von sehr vielen Listen gestrichen. Party-Einladungen, Dinner-Verabredungen, Film-Premieren waren für mich vorbei. Als geschiedene Frau Kloser hatte ich im System Hollywood oder Los Angeles keine Bedeutung mehr. Das geht hier schnell und klingt herzlos, ist aber normal. Harald war in Los Angeles verwurzelt, er war Teil dieses Lebens geworden, mit ihm arbeiteten die Leute, mit ihm hatten sie Erfolge und sahen eine Zukunft. Ich war dagegen nur die Ex-Frau, und solche werden in dieser Stadt schnell vergessen.

Harald lebt heute mit einer anderen Frau und ist noch einmal Vater geworden. Er ist bis heute Teil des Systems, ich nicht, und deshalb war kein Platz für mich auf den Listen und an den Tischen. Wenn man hier lebt und diese Mechanik kennt, versteht man das. Auch Freunde oder Bekannte sind ein »asset«, ein Wert für den oder die jeweils anderen. Fast niemand ist hier mit irgendjemandem befreundet, weil man sich einfach mag, das ist zu wenig. Es zählt immer der »asset«, ein Wort, das einem immer wieder begegnet. Als ich für Lennon einen Platz an einer Schule suchte und Bewerbungsbriefe schrieb, musste immer der Satz dabei sein »he will be an asset to your school«. Man muss sich immer als Mehrwert für den anderen verkaufen. Anders funktioniert es nicht. Dass ich so schnell nach der Trennung aus dem Fokus vieler Bekannter verschwand, hat aber noch einen anderen Grund. In Amerika wird schnell ausgetauscht. Menschen, die in Los Angeles leben, haben Freunde und Bekannte. Wenn sie morgen nach New York oder Chicago ziehen, haben sie sofort andere Freunde und Bekannte und vergessen ihr früheres Umfeld. Ich habe diesen Pragmatismus immer bestaunt und fand ihn brutal. Andererseits habe ich diese Fähigkeit bewundert, sich sofort an anderen Orten und bei anderen Menschen einzuleben und Teil davon zu werden, weil es das Gefühl der Fremdheit verdrängt. Mag sein, dass das noch aus der Zeit der Siedlernation kommt, die sich umherziehend gründete und auch so etwas wie »mobile homes« erfunden hatte, Häuser also, die man bei Umzügen mitnehmen kann. Oder, wie ich schon sagte, in Los Angeles jedes Haus durchschnittlich nach sieben Jahren den Besitzer wechselt. Aus diesem Grund gehen neue Bekanntschaften oder Nachbarschaften oft nicht sehr tief, weil es ja morgen schon wieder ganz anders sein könnte. Das ist auch der Grund, warum Europäer Amerikaner oft als sehr herzlich, aber oberflächlich empfinden. Ich auch. Und doch macht es diese herzliche Oberfläche auch oft einfacher, sich zurechtzufinden und sich, für einen Moment lang, wohlzufühlen. Es ist ein Satz wie »Honey, how are you today?«, der den Unterschied macht.

Ein Bild aus jener Zeit werde ich niemals vergessen. Ich, mit meinen Kindern und einem Makler auf Haussuche, im Auto sitzend. Wir fuhren durch die Stadt und schauten uns vieles an; dabei ließ ich immer die Kinder vorangehen und beobachtete sie. Sie litten beide sehr unter der Trennung; sie waren noch zu klein, um es zu verstehen. Hinzu kam aber auch noch, dass sie nicht nur vom Vater getrennt leben sollten, sondern auch aus ihrem, unserem Haus ausziehen mussten. Das fühlte sich für sie wie ein doppelter Verlust an. Ohne Vater und ohne den Schutz des Heimes, das sie kannten. Deshalb war es mir besonders wichtig, dass wir ein Haus fänden, in dem sie sich sofort wohlfühlen würden. Es sollte Liebe auf den ersten Blick sein und nicht weniger. Das, in dem die Augen meiner Kinder sofort leuchteten, nahm ich. Es war, nun ja, auch das teuerste und deshalb nicht ganz leicht zu bezahlen, aber das war mir egal. Das Lachen und die großen Augen meiner Kinder waren das, was ich wollte.

Es war das Haus, das wir heute noch bewohnen. Es ist ein Haus, in dem wir viel erlebt haben, aber auch das Haus mit uns. Während ich das aufschreibe, sitze ich auf der Terrasse und sehe den Laurel Canyon im Licht der Abendsonne. Schaue ich in die Ferne, erinnern mich die Silhouette der Bäume und das Licht ein wenig an Afrika. Und wenn ich die Straßen zu meinem Haus herauffahre, kann ich noch heute den Geist spüren, wegen dem schon in den 60er-Jahren so viele Menschen in diese Gegend gezogen sind. Hier ist sie zu spüren, diese kalifornische Magie, diese Decke aus Licht, Luft und Geruch, die sich über das Leben legt und die früher Frank Zappa, Crosby, Stills, Nash and Young, The Doors, The Mamas and the Papas oder Joni Mitchell hierherkommen ließ. »Street of Love«, Joni Mitchell machte daraus einen Song. Laurel Canyon, die Lorbeer-Schlucht, war der Ort, an dem die ganze Westcoast-Musik und ein Gefühl für ein anderes Leben entstanden sind. Es war und ist hier anders als in Beverly Hills, woher meine Kinder und ich damals hierherzogen. Und das merkten wir. Wir wurden glücklicher. Und ich hatte die nächsten zehn Jahre vor mir, in denen ich mich neu ordnen konnte und noch mal selbst entdeckte. Mehr im Stillen, aber das war auch nötig. Ich war geschieden, ein Traum war zerplatzt. Doch mein Leben, und endlich mal nicht das Leben der anderen, wurde besser als je zuvor.

Nach vorne zurück

Die Rue du Puits, die Brunnenstraße, ist eine Straße in Luxemburg, die ich jahrelang gar nicht kannte. Sie liegt auf der anderen Seite des Hauptbahnhofs in einem Viertel, das »Bonneweg« heißt. Ich befinde mich jetzt in der Rue du Puits. Sie war früher wirklich unscheinbar und mit ihren 60er-Jahre-Häuserkästen auch nicht besonders schön. Hinzu kommt, dass sie an die Gleise und Schuppen des Hauptbahnhofs grenzt, aber eben von der Rückseite. Damals war die Gegend dafür bekannt, ein Drogenumschlagplatz zu sein. Wer so etwas suchte, kam hierher. Das ist heute ganz anders. »Bonnevoi«, wie es in Luxemburg heißt, ist heute mit seinen modernen Cafés und teuren Läden, Studios und Ateliers jünger und trendiger und eben auch teurer geworden. Auch Luxemburgs Premierminister wohnt in dieser Gegend. Und doch gibt es auch noch immer Betreuungsstellen für Methadon-Süchtige und Adressen für Obdachlose, wo sie Hilfe bekommen. Wenn ich jetzt die Rue du Puits nach Norden gehe, komme ich erst am Haus der Caritas in Luxemburg vorbei, ein paar Meter weiter an der Vollekskichen, der Volksküche, und dann, im selben Gebäude Nr. 14, stehe ich vor der großen Glasfront des Kasemattentheaters Luxemburg. Es ist ein Theater, das hier ganz gut in die Gegend passt, zu den verschiedenen Kulturen und Lebenskünstlern.

Das Theater ist auf den ersten Blick nicht sehr groß, aber was hier gespielt wird, ist für das Theaterleben bedeutend. Genau genommen heißt es auch »Centre Grand-Ducal d'Art Dramatique«. So nannte es

1964 der Schauspieler Tun Deutsch, der damals wirklich ein Theater in den Kasematten im Bockfelsen – den in den Fels gehauenen Gängen der Festung Luxemburg – eröffnete. Das war ein abenteuerlicher Spielort, den ich als Kind schon kannte. Und Tun Deutsch war auch ein abenteuerlicher Intendant, der modernes Theater in Luxemburg machte und Stücke von Sartre, Camus und sogar Fassbinder aufführte. Die Kasematten wurden damals weit über Luxemburg hinaus bekannt. Leider starb Deutsch bereits 1977 mit nur fünfundvierzig Jahren; doch das Theater blieb weiterhin ein Ort für junge, experimentelle Stücke.

Irgendwann waren die alten Kasematten nicht mehr spieltauglich, und man zog nach verschiedenen provisorischen Bühnen dann 1998 in das aktuelle Haus; der Name blieb. Es ist ein kleines Theater mit einer Bar, einem Saal für höchstens achtzig Zuschauer und einer Bühne, nicht viel größer als ein großes Wohnzimmer. Ich kenne jeden Stuhl, ich habe hier unzählige Tage und Nächte verbracht. Seit 2015 bin ich auch im Verwaltungsrat des Theaters. Doch damals, als ich die ersten Monate und Jahre auf der Terrasse meines neuen Hauses im Laurel Canyon saß, geschieden, mit zwei Kindern, ahnte ich nicht, wie sehr diese Adresse und dieses kleine Theater in Luxemburg mich in den nächsten Jahren verändern würden. Ich wäre heute nicht die, die ich bin, ohne dieses Haus. Und ich wäre vielleicht auch gar nicht nach Luxemburg zurückgekehrt.

Ich habe nicht viele Heimaten auf der Welt, und damit meine ich nicht die Häuser oder Wohnungen, in denen ich lebte oder die ich noch heute bewohne. Ich meine die Heimaten, die Orte, an denen ich wuchs, mich entwickelte, sicherer und stärker wurde. Dass es so wenige sind, lag auch an mir, denn ich hatte oft nicht die Geduld und vielleicht auch manchmal nicht die richtige Idee, an mir zu arbeiten. Oder ich war einfach nicht lang genug an einem Ort. Wenn ich heute auf einem Globus an diesen Orten einen Punkt machen und sie miteinander verbinden würde, wäre es die Strecke Luxemburg – New

York – Los Angeles und Ojai – und dann wieder zurück nach Luxemburg. Dort wäre das Radiostudio von RTL ein kleiner, das Kasemattentheater aber ein großer, dicker Punkt. Und jedes Mal, wenn ich in der Rue de Puits vor dieser Tür stehe, frage ich mich, warum ich nicht viel früher hierhergekommen bin. Ich bin einerseits durch dieses Theater neu und anders stark geworden, und andererseits habe ich einen Ballast abwerfen können, der mich in manchen früheren Rollen gebremst und verunsichert hat. Aber wie ist es dazu gekommen? Wie verlief mein Weg vom Laurel Canyon in diese kleine Straße hinter dem Hauptbahnhof von Luxemburg?

Es war Zufall. Und das Glück, einigen Menschen zur richtigen Zeit begegnet zu sein. Nach der Trennung von meinem Mann ging es für mich wie gesagt als Schauspielerin und Moderatorin weiter. Und auch erfolgreich weiter. Heute glaube ich, ich funktionierte, die Trennung hatte mich nicht aus der Bahn geworfen, im Gegenteil, ich fühlte mich auf einmal autonom. Ich spielte in vielen Filmen und moderierte in Europa. Filme wie *Geheimnis des Lebens* oder *Love Trip* und auch *Tod meiner Schwester* mag ich bis heute. *Das Geheimnis von St. Ambrose* war eine interessante Erfahrung, weil ich mit dem großen Ulrich Mühe zusammenspielte. Es wurden auch die Drehbücher besser und meine Rollen erwachsener. Es waren Frauen mit Schicksalen und mit Brüchen und nicht mehr nur das Mädchen Désirée, als das sie mich bis dahin meistens besetzten, weil sie nur das erwarteten. Die Frauenrollen hatten nun eine Geschichte, ein Vorher oder einen Weg zu der Person, die sie waren. Ich spielte eine Mutter, deren Kind entführt worden war; eine Biogenetikerin unter Mordverdacht; ein Kindermädchen, das einen Archäologen aus dem Gefängnis holt und ein Geheimnis hat; eine Ärztin und noch mal eine Ehefrau und so weiter. Mein Repertoire wurde vielfältiger und, wie gesagt, breiter. Dennoch: Es fehlte etwas. Es war eben »okay« oder manchmal auch »sehr okay«. Ich spürte bei all diesen Figuren aber immer noch einen Knoten in mir, es war wie eine Schwelle, über die ich nicht hinwegkam. Es ist das Gefühl, die Figur, die man spielt, nicht wirklich, also bis auf den Grund, ausgefüllt zu haben. Sie gespielt, aber sie nicht richtig fest in den Händen gehabt zu haben. Ich habe mich damals an viele Momente erinnert, die ich hatte, wenn ich Romy Schneider im Kino oder im Fernsehen gesehen habe. Ich hätte mir gewünscht, alle diese Filme in Zeitlupe ansehen zu können, nur um genau zu beobachten, wie sie das machte und welches Geheimnis sie hatte.

Meine Filme, soweit es TV-Produktionen waren, hatten alle gute bis sehr gute Zuschauerquoten, was für mich auch hieß, kein sogenanntes »Quotengift« zu sein. Deshalb kamen auch immer wieder neue Rollen-Anfragen. Und so war ich eigentlich an dem Punkt, den ich mir in meinen ersten Jahren in New York immer erhofft hatte: Ich war Schauspielerin und konnte mich und meine Kinder ernähren. Aber war ich in meinem Beruf glücklich? Nein, eigentlich funktionierte ich nur und wusste genau, dass in meinem Inneren etwas fehlte. Ich hatte noch nicht den Kern gefunden, dieses Zentrum aus Ruhe, Wissen und Gewissheit. Oder ich hatte es noch nicht genug trainiert, damals wusste ich das nicht.

2005 bekam ich einen Anruf. Ich kannte den Namen. Ich wusste, dass er Intendant des Staatstheaters in Luxemburg war und nun der Leiter der Ruhrfestspiele in Recklinghausen, einem der größten Bühnenfestivals in Europa. Er sagte, er plante das Programm, und fragte mich, ob ich mir die Rolle der Katharina in Shakespeares *Der Widerspenstigen Zähmung* vorstellen könnte.

Theater. Bühne. Ich. Eigentlich hatte ich meinen Beruf bei Herbert Berghof und Uta Hagen in New York auf Brettern gelernt. Alles, was wir dort probten und spielten, war auf Theaterbühnen. Aber ich hatte es nur gelernt und zu wenig gelebt. Und ich erinnerte mich eben an Herbert Berghof, der zu mir meinte, ich solle mich doch bitte zu Shakespeare erheben und ihn nicht zu mir herunterziehen. Doch das war lange her, und nun wollte ich diese Herausforderung annehmen. Die Chance, bei einem der bekanntesten Theaterfestivals in Deutschland auf der Bühne in der Rolle der Katharina, der »Widerspenstigen«, zu stehen, reizte mich. Außerdem traute es mir der Luxemburger Intendant wohl auch zu. Vielleicht sah er in mir damals schon die Schauspielerin, nach der ich noch suchte.

Ich sagte zu und ahnte nicht, wie schrecklich es werden würde. Im April 2006 fingen die Proben in Luxemburg an. Wir zogen dann erst später für die letzten Proben nach Recklinghausen, in eine Stadt, in der ich nie zuvor gewesen war. Und als ich ankam, sah ich, dass überall Plakate mit meinem Namen hingen, so, als ob ich der Star der Aufführung sein würde. Das war mir irgendwie unangenehm, weil ich eine Verantwortung spürte, von der ich nicht wusste, ob ich sie überhaupt tragen könnte. Dann kamen die finalen Proben, und ich wünschte damals, ich hätte nie zugesagt. Denn einige aus dem Ensemble taten sich schwer mit mir, ich hatte das Gefühl, dass sie mich nicht im Ensemble haben wollten. Nun ist *Der Widerspenstigen Zähmung* eine Komödie und schwer zu spielen. Komödien sind immer schwer. Es gibt sehr viele verschiedene Rollen und Kostümwechsel, manche sind nicht die, als die sie sich vorstellen, andere wiederum wechseln im Stück ihre Figuren mit Verkleidungen, oder sie verändern völlig ihren Charakter, da ist einiges los. Das Stück spielt in Italien, in Padua. Im Wesentlichen geht es darum, dass Katharina mit dem reichen und frauensuchenden Petruchio zwangsverheiratet wird, damit ihr Vater die andere Schwester, die brave Bianca, auch verheiraten konnte. Petruchio behandelt dann aber Katharina, das »Käthchen«, so schlecht, dass man hofft, sie wird bald wieder aus der Ehe ausbrechen. Was sie aber nicht tut, im Gegenteil: Sie lässt sich »zähmen«. In ihrem sehr berühmten Schlussmonolog fordert sie alle Frauen auf, auch Dienerinnen ihrer Männer zu werden. »Drum dämpft den Trotz, beugt euch dem Mann entgegen, ihm unter seinen Fuß die Hand zu legen: Wenn er's befiehlt, zum Zeichen meiner Pflicht, verweigert meine Hand den Dienst ihm nicht.« Die *Widerspenstige*, 1592 von Shakespeare geschrieben, ist bis heute eines der meistgespielten Stücke an Theatern, das oft variiert und mit dem oft experimentiert wird, weil Shakespeare viel Raum für Ironie, Komödie und Zweideutigkeit lässt. »Kiss me, Kate«, das berühmte Musical von Cole Porter, ist auch eine Variation der *Widerspenstigen* und geht auf Petruchios Befehl »Küss mich, Käthchen« zurück. Es wird bis heute viel diskutiert, ob Shakespeare die Unterwürfigkeit der Frau als Regel oder als Farce einer Gesellschaft zeigen wollte. Und genau diese Zweideutigkeit macht es interessant. Aber eben auch schwer. Was ich damals in Recklinghausen schmerzhaft zu spüren bekam. Und wenn man so in ein Ensemble aus erfahrenen Theaterschauspielern kommt, machen es einem einige schwer, oder anders, sie akzeptieren einen nur ungern. So wie mich. Sobald ich in den ersten Probentagen mal mit dem Text stolperte, kam gleich von der Seite: »Na? Das ist hier etwas anderes, als eine Show zu moderieren!« Oder: »Wer kommt eigentlich als Nächstes? Der Gottschalk?« Der Ton war spöttisch, und manche Kollegen gaben mir ständig das Gefühl, das Girlie vom Fernsehen zu sein, das in ihrer angesehenen Theaterkultur herumstolpert und wahrscheinlich das Stück versauen wird. Es war sehr hart. Ich fühlte mich jeden Tag einmal durch die Mangel gedreht. Hinzu kam, dass auch ich natürlich Fehler machte und nicht gerade wenige. Ich kannte einfach den Prozess einer Theaterinszenierung, die Riten und die Rhythmen zu wenig. Ich hatte bei den Proben zum Beispiel anfangs noch nicht meinen gesamten Text des Stückes auswendig gelernt, sondern nur den der Szenen, die aktuell geprobt wurden, so kannte ich das von Film und Fernsehen. Dazu hatte ich Probleme, meine Stimme der richtigen Lautstärke anzupassen, weil ich mikrofonverdorben war. Alles so Dinge, die ich verändern musste. Sie ließen mich ständig spüren, wie anders ihre Welt war. Als ich zum Beispiel am Anfang fragte, ob es irgendwo Wasser oder Kaffee gäbe, kam nur zur Antwort: »Nee, das ist hier nicht wie beim Fernsehen, wo sie dir alles bringen. Musst dir schon selbst alles besorgen.« Also kam ich jeden Morgen mit Wasser, Broten und Obst zu den Proben. Es wurde dann nach einiger Zeit besser, und ich fing an, mich sicherer zu fühlen. Die meisten aus dem Ensemble hatten, glaube ich, ihren Frieden mit mir gemacht. Es machte ja auch keinen Sinn, mich bei den Proben zu irritieren, das Stück sollte ja aufgeführt werden. Es waren vor allem die beiden Schauspieler Thierry van Werveke und Marc Limpach, die mir halfen. Es gab aber auch ein paar andere, die es mit mir bis zum Letzten ausreizten, am Theater haben manche Spaß daran. Aber was soll's, wir führten *Der Widerspenstigen Zähmung* dann im Festivaltheater auf. Ob ich wirklich gut war, kann ich heute nicht mehr sagen. Die Kritiken waren mal so, mal so. Es war kein Reinfall, aber wohl auch kein großer Erfolg, zumindest nicht in Recklinghausen. Für mich war vor allem wichtig, die Hauptrolle eines schwierigen Stückes auf einer Bühne gespielt und wieder Theaterluft geatmet zu haben. Ich dachte danach oft an Herbert Berghof und überlegte, was er wohl gesagt hätte, wenn er mich in einem Shakespeare-Stück gesehen hätte. Hatte ich mich nun erhoben oder Shakespeare zu mir heruntergezogen? Ich weiß nicht, Berghof hätte vielleicht gesagt: »Ein bisschen von beidem.«

Wir gingen mit dem Stück dann auf eine kleine Tournee, nach Luxemburg und in meine Heimat, nach Esch. Die Kritiken dort waren dann sehr gut, und ich fühlte mich nach jeder Aufführung einerseits sicherer und freigespielter. Andererseits merkte ich, wie der ständige Stress, auf der Bühne zu stehen, an mir zehrte. In Luxemburg kam es dann noch zu zwei Vorfällen: einem amüsanten und einem dramatischen. Der amüsante Vorfall ereignete sich mit meinen Eltern, die bei der Aufführung in der ersten Reihe saßen. Nun muss man wissen, dass es eine Szene in dem Stück gibt, in der Petruchio seine Frau Katharina einsperrt und hungern lässt, bis er dann versucht, sie mit einem Teller Spaghetti aus dem Verlies zu locken, den Teller aber immer wieder wegzieht. Das machte er ein paar Mal, und das regte meine Mutter so auf, dass sie aus der ersten Reihe rief: »Nun gib dem Kind doch endlich was zu essen!« Ich hatte große Mühe, einen Lachanfall zu unterdrücken. Der dramatische Vorfall war dann einen Tag später. Ich, im Schlussmonolog der Katharina, hörte auf einmal ein lautes Stöhnen im Publikum und dann ein Rumsen. Und dann eine große Aufregung im Saal. Ein Mann hatte einen Herzinfarkt erlitten und lag auf dem Boden, ich ging sofort von der Bühne und versuchte ihm zu helfen, bis die Sanitäter eintrafen. Ein paar Minuten später wurde der Mann ins Krankenhaus gebracht. Ich stieg danach wieder auf die Bühne und fragte das Publikum, ob es in der Stimmung wäre, den Monolog zu Ende zu hören, oder ob wir hier abbrechen sollten. Nein, ich sollte weitermachen. Wochen später bekam ich einen Brief von dem Mann und seiner Frau, in dem sie sich bei mir für die schnelle Hilfe und die Anteilnahme bedankten. Es ging ihm zum Glück wieder gut.

Danach sollte es, nach einem Gastspiel in Hamburg, noch eine Aufführung in Ludwigshafen geben. Kurz davor passierte es dann. Ich bekam plötzlich eine Gesichtslähmung. Meine rechte Gesichtshälfte reagierte nicht mehr, meine Wange hing herunter, und ich konnte kaum verständlich sprechen. Es müssen die Anspannung und der Stress gewesen sein, ich weiß es nicht, ein Burn-out. Ich hoffte noch, es wäre am nächsten Tag vorbei, doch die Lähmung blieb. Das Ensemble war schon auf dem Weg, als ich anrief und ihnen sagte, dass es nicht ginge. Ich könne nicht spielen. So etwas ist am Theater eine Todsünde. Man kann viele Fehler machen, aber einen nicht: seine Kollegen hängen lassen. Doch was sollte ich machen? Es sprang dann eine Kollegin für mich ein, die sich alle Mühe gab, aber einen Teil des Textes ablesen musste. So endete meine erste Theatererfahrung leider mit wenig Ruhm, und deshalb dachte ich damals: Das war's jetzt, dich wird nie wieder jemand auf eine Bühne holen. Als ich Jahre später dann doch in Berlin das Stück *Tag der Gnade* an einem Theater am Ku'damm spielte, kam nach der Vorstellung ein Mann in meine Garderobe und stellte sich mir vor. Er wäre Schauspieler und sei damals im Ensemble der *Widerspenstigen* gewesen. Ich konnte mich gut an ihn erinnern, und er meinte dann, er wolle mir eigentlich nur sagen, dass es damals nicht fair gewesen wäre, wie er und die anderen mich behandelt hätten. Er würde das sehr bedauern. Ich fand diese Geste sehr groß und versöhnte mich mit den schmerzhaften Erfahrungen von damals. Doch ich hatte nach Recklinghausen auch etwas gewonnen. Einen alten und einen neuen Freund. Thierry van Werveke und Marc Limpach. Thierry war ein erfolgreicher Schauspieler und spielte schon mit Til Schweiger und Jan Josef Liefers in *Knockin' on Heaven's Door,* hatte mit Regisseur Michael Haneke *Wolfszeit* gedreht und war auch mit mir in einigen Filmen zu sehen. Ich kannte ihn schon lange, fast jeder in Luxemburg kannte Thierry. Man nannte ihn auch »Thierry national«. Er war auch Musiker, aber eigentlich als Volksschauspieler wirklich berühmt. Selbst mein Vater, der nicht schnell jemanden verehrt, liebte Thierry. »Er ist einer von uns«, sagte mein Vater gerne. Thierrys Problem war nur, dass er sich selbst abbrannte und jahrelang im Exzess gelebt hatte. Auch in Recklinghausen musste man immer noch auf Thierry aufpassen, vor allen Dingen nachts. Und das machte Marc Limpach, mittlerweile einer seiner besten Freunde und eigentlich fast wie sein kleiner Bruder.

Marc Limpach ist eigentlich Rechtsanwalt, der nebenbei sehr erfolgreich in Luxemburg auf Bühnen und in Filmen spielt. Ich kannte ihn vorher nicht, was auch daran lag, dass ich wenig Kontakt zum Luxemburger Theater- und Schauspielleben hatte. Wir stellten dann aber fest, dass ich Marc Limpachs Vater kannte, er war mein Mathematik-Lehrer am Mädchengymnasium in Esch gewesen.

Ich blieb nach der *Widerspenstigen* mit beiden in Kontakt. Leider verstarb Thierry dann drei Jahre später, er sagte Marc noch vor seinem Tod: »Grüß meine kleine Schwester.«

Marc ist zehn Jahre jünger als ich und wirklich ein Feuerkopf, wenn es um Schauspiel und Theater geht. Und ich glaube, er hatte damals erkannt, wie viel auch mir daran lag, ich aber mit der Rolle der Katharina und der Art, am Theater zu arbeiten und nicht vor der

Kamera, noch überfordert war. Oder anders gesagt, ich hatte den vierten und fünften Schritt auf der Bühne vor dem zweiten und dritten Schritt versucht. Deshalb sagte er mir eines Tages: »Komm mal in die Rue du Puits! Komm mal in unser kleines Theater. Da hast du Ruhe, die richtigen Menschen und einen geschützten Raum, in dem man sich ausprobieren kann.« Es war das *Kasemattentheater*, auf dessen Bühne ich bis heute immer mal wieder stehe. Dort trafen wir uns, ich sah mir Vorstellungen an und sprach immer wieder mit Marc, der damals schon als Dramaturg ein Programm zusammensetzte und als eine Art Kreativ-Direktor und Impulsgeber wirkte. Das ging über zwei, drei Jahre – immer, wenn ich aus Los Angeles nach Europa kam und in Luxemburg war, trafen wir uns, oder ich ging allein ins Kasemattentheater. Dort hörte ich den Menschen zu und traf immer mehr Luxemburger, die mich überraschten, weil sie ganz anders waren als die, die mir aus meiner Kindheit und den Zeiten bei RTL in Erinnerung waren und vor denen ich damals geflohen war. Die, die mich »Spaghetti-Fresserin«, »die mit den Deutschen rummacht« nannten und die mir Hakenkreuze auf die Jacke gemalt hatten. Das war damals fast zwanzig Jahre her, und ich hatte seitdem einen Bogen um Luxemburg gemacht oder war eben nur da, wenn ich meine Eltern besuchte. Doch nun bekam ich das Gefühl, fast schon wieder gerne da sein zu wollen. Und dann, ich war gerade in Los Angeles, rief meine Mutter an.

»Dein Vater …«

Schicksale, zwei davon

Es war der Sommer 2009. Meine Mutter war sehr ruhig am Telefon. Ruhig und ernst. »Désirée, dein Vater ist im Krankenhaus in Esch. Es sieht nicht gut aus.«

Ich wusste, was das hieß und was es bedeuten konnte. Mein Vater war seit etwa fünfzehn Jahren krank. Eigentlich fing es mit einer harmlosen Sache an, ein Zahnarzt hatte ihm zwei entzündete Zähne entfernt, aber wohl vergessen, ihm Antibiotika zu geben, sodass sich Bakterien bis in seine Lunge verbreiteten, was sich zu einem schlimmen Emphysem auswirkte. Hinzu kam, dass mein Vater früher rauchte und nun immer größere Probleme mit dem Atmen hatte, kaum noch Treppen steigen und auch keine langen Strecken mehr gehen konnte. Es ging eigentlich seit Jahren mit ihm bergab, er brauchte oft eine Sauerstoffflasche und nahm etliche Medikamente, doch es waren dann immer mehr Organe, die Probleme bereiteten, und nun war es das Herz. So sagte mir meine Mutter. Ich nahm sofort den nächsten Flug nach Luxemburg, kam dort am nächsten Tag am frühen Abend an und fuhr direkt in die Klinik nach Esch. »Nein«, sagte man mir am Eingang, es sei keine Besuchszeit, ich sollte am nächsten Tag wiederkommen. Ich habe vor lauter Wut gegen die Tür der Station getreten, richtig mit Wucht, bis sie offen war. Ich weiß noch, wie erschrocken mich die beiden erstarrten Pförtner ansahen. Ich war mir sicher, dass sie die Polizei rufen würden, aber nichts passierte. Dann lief ich durch die Gänge und fand meinen Vater. Es war furchtbar.

Er lag in einem großen Zimmer mit anderen Patienten, sein Bett war nur mit einem grünen Vorhang verhängt; er sah schlecht und wirklich ganz elend aus. Ich lehnte mich ganz dicht zu ihm hinab, weil ich nicht wusste, ob er mich überhaupt hören konnte, und sagte zu ihm: »Halte durch! Ich verspreche dir, dich morgen früh hier herauszuholen.« Dann, noch am Abend, rief ich Freunde an, ob sie irgendeinen Herzspezialisten kennen würden, ich müsste meinen Vater aus diesem Krankenhaus herausholen und retten. Mir wurde ein Doktor empfohlen, den ich am nächsten Morgen anrief. Er hörte mir in Ruhe zu und sagte dann: »Holen Sie Ihren Vater jetzt gleich aus der Klinik da heraus, unterschreiben Sie, dass Sie für das Risiko die Verantwortung übernehmen, setzen Sie Ihren Vater in Ihr Auto und kommen ins Krankenhaus in die Notaufnahme. Dort habe ich Dienst.« Ob es nicht besser sei, meinen Vater mit einem Krankenwagen zu bringen, in seinem Zustand, wollte ich wissen. »Besser nicht«, sagte der Doktor, »einem Krankenwagenfahrer können Sie nicht sagen, in welches Krankenhaus Sie wollen, da kann es passieren, dass der einmal im Kreis fährt und Ihren Vater wieder in der Klinik abliefert, weil es die nächste ist.« Ich holte meinen Vater sofort aus der Klinik heraus, unterschrieb, dass ich für das Risiko die Verantwortung übernahm, setzte ihn ins Auto und fuhr mit ihm in das andere Krankenhaus in die Notaufnahme. Der Arzt hatte Dienst. Nur meine Mutter war verzweifelt, »Nein, Désirée, das ist zu gefährlich! Das steht er nicht durch«, meinte sie. Doch ich dachte nur, wenn ich das mache, steht mein Vater das auch durch. Ich war so entschlossen wie selten. Es war höchste Zeit, man konnte meinen Vater retten. Er lag dann vier Wochen auf der Intensivstation in einem Einzelzimmer, wo ich ihn jeden Tag besuchen konnte. Und er war bei vollem Bewusstsein und konnte gut sprechen. Ich war jeden Tag und jede Nacht dort, es gab sogar eine Couch. Ich erzähle das deshalb, weil es eine sehr wichtige Zeit für uns beide wurde. Wir hatten Zeit, und wir hatten Ruhe, und nach und nach kam es, dass wir über so vieles sprachen, wofür wir beide in all den Jahren meiner Kindheit und Jugend keine Worte gefunden hatten. Es gab keinen Plan oder ein »Was-ich-dir-schon-immer- sagen-wollte«. Nein, wir sprachen einfach los, und die Gespräche wurden weiter und tiefer.

Mein Vater erzählte mir von seiner Kindheit. Dabei erfuhr ich zum ersten Mal von der Geschichte meiner Großmutter, die wohl eine Affäre mit einem deutschen Soldaten gehabt hatte, was mein Großvater nie erfahren hatte. Es blieb das Geheimnis zwischen meinem Vater und seiner Mutter.

Wir erinnerten uns auch an Dinge, die wir zwar gemeinsam erlebt hatten, die aber jeder für sich anders und deshalb manchmal falsch verstanden hatte. Wir waren in den Jahren davor wirklich weit voneinander entfernt, es war sogar manchmal so, dass ich in Luxemburg lieber in einem Hotel wohnte als bei uns zu Hause, es war wirklich nicht leicht.

Mein Vater war damals dreiundsiebzig und ich vierundvierzig Jahre alt, und es gab zwischen uns viele, viele lose Enden des Unausgesprochenen. Ich hatte mich von ihm in eine Welt entfernt, eine Welt des Films, Fernsehens und eines anderen Landes, Amerika, was ich für mich allein entschieden hatte und ihn, meinen Vater, hierzu nie um Rat gefragt hatte. Und mehr noch, es hatte damals ein Mann die Kontrolle über mich bekommen, der fast so alt wie mein Vater gewesen war. Das musste mein Vater irgendwie ertragen. Er fühlte sich an meinem Leben nicht beteiligt, als Einziger in unserer Familie. Meine Mutter und mein Bruder schon eher; meine Mutter hatte mich ja auch schon auf Reisen begleitet. Wenn mein Vater aber doch mal dabei war oder beide mich in Los Angeles besuchten, konnte er aber mit seiner direkten und natürlichen Art auch sehr komisch und erfrischend sein. Einmal saßen wir in Los Angeles in einem Lokal, und auf einmal kam Whoopi Goldberg herein. Für meinen Vater war die weltberühmte Schauspielerin eine der wenigen, die er aus Filmen kannte. Er stand also auf und ging in ihre Richtung und sagte in seinem luxemburgischen Akzent ganz laut: »Whoopi, I love you!« Ich muss heute noch darüber lachen und hätte mir mehr solcher Momente gewünscht. Es war seine Art, Herzlichkeit zu zeigen, und es war die Direktheit, mit der er in der Heimat mit den Menschen sprach. Wenn wir in Los Angeles einen Bekannten trafen, den ich meinen Eltern vorstellte, reichte mein Vater gleich seine kräftige Hand und sagte: »Hello, I am Albert fram Laxembörg.« Und so nahmen in diesen Tagen und Nächten im Krankenhaus wir, Vater und Tochter, alle diese losen Enden zwischen uns auf und verknüpften sie zum ersten Mal miteinander. Ich glaube, es war für uns beide ein Nach-Hause-Kommen nach unserer Art.

Doch dann nahm mich der Arzt nach zwei oder drei Wochen an einem Nachmittag zur Seite. »Ihr Vater«, sagte er, »hat, wenn es gut geht, noch zwei Jahre.« Der Körper und die Organe wären einfach zu geschwächt und geschädigt. Ich hatte zwar schon geahnt, dass mein Vater nicht wieder richtig gesund werden würde, ich hatte aber auch nicht so deutlich mit nur zwei Jahren gerechnet. Die Nachricht löste einen besonderen Schmerz aus, denn ich war ja gerade dabei gewesen, mit ihm zusammen ein Leben zwischen uns zurückzuholen. Ich hatte ihn lachend erlebt, er blickte mich an, wie ich es gar nicht kannte, und ich kann die Wärme, die zwischen uns entstanden war, kaum beschreiben. Und nun hörte ich zum ersten Mal über einen Menschen vor mir, dass er noch zwei Jahre da sein würde. Albert Nicolas Nosbusch. Mein Vater. Wenn es gut geht. Ich hatte von dem Moment an nur einen Gedanken: Wie viel Zeit auch immer ihm noch bleiben sollte, ich wollte sie ihm mit all dem füllen, von dem ich wusste, dass er es sich wünschte. Mein Vater war noch nie in New York gewesen, und so organisierten mein Bruder und ich eine Reise mit der Queen Mary für unsere Eltern. Sie hätten auch fliegen können, aber ich wusste, wie sehr meinen Vater Schiffe, Maschinen und eine Reise wie ein Abenteuer aus alten Zeiten interessierten. Sie waren mit dem Schiff eine Woche unterwegs, und in der Zeit saß mein Vater oft an Deck, schaute auf das Meer und hörte den Schiffsmotoren zu. Als sie in New York ankamen, standen Luka und ich am Hafen und fuhren mit ihnen ins Hotel. Dann hatte ich einen Hubschrauber-Rundflug gebucht, mit dem Luka und mein Vater über New York City flogen. Ich nicht: Meine Flugangst war für einen Hubschrauber zu groß. Luka zeigte meinem Vater die Berghof-Schule von oben und zeigte ihm die Straßen, in denen ich mal gelebt hatte. Dann überflogen sie den Central Park, und der Hubschrauber umkreiste die Freiheitsstatue. Zu Fuß hätte mein Vater das alles nicht geschafft, und mir war wichtig, dass er alle diese Punkte und Orte einmal sah, an denen sich mein Leben so verändert hatte. Dann flogen sie wieder zurück nach Luxemburg. Ein paar Wochen später, am Silvestertag 2009, holte ich meine Eltern nach Berlin in meine gemietete Wohnung in Charlottenburg, in der ich heute noch lebe. Es ist die Wohnung, in der früher einmal Romy Schneider gewohnt hatte. Ich lud viele Freunde von mir und von meinen Eltern ein, ich wollte, dass mein Vater Teil dieser, *meiner* Welt wird und er die Menschen sieht, die meine Freunde waren. Es waren alles diese losen Enden, die ich verbinden wollte. Und er genoss es, er lachte viel, und dabei sah ich, dass sein Blick und seine Art zu sitzen sich verändert hatten. Nicht mehr am Rande, nicht mehr als Fremder, nicht mehr schroff, wie er früher sein konnte, wenn er unsicher war.

Heute denke ich oft, dass ich das viel früher hätte machen sollen. Meinen Vater endlich in mein Leben einzuladen. Vielleicht sogar vom ersten Tag an, von meinem ersten Tag am Mikrofon bei RTL. Darüber nachzudenken ist sehr kompliziert, weil es viele »hätte, wäre, könnte«-Wörter gibt, die sich jeder Klarheit über Vergangenes, wenn es sie denn überhaupt gibt, in den Weg stellen. Es ist ein Problem, das, glaube ich, alle Generationen haben, die sich in den 60er-, 70er- oder 80er-Jahren von ihren Eltern abgesprengt hatten, weil ihnen deren Welt zu klein, zu konservativ oder einfach nur zu langweilig war. Und wenn man sich radikal trennt, fehlen eine Zeit lang auch die richtigen Worte, sich wieder zu verbinden. Man versteht sich einfach nicht mehr, obwohl man es sich, und bei mir war das ganz tief im Inneren so, eigentlich wünschte. Heute weiß ich, dass ich viele Jahre und bei vielen Filmen oder bei anderen Auftritten ganz oberflächlich nicht an meine Eltern oder eben meinen Vater dachte. Doch das stimmte nicht, eigentlich habe ich immer an beide gedacht. Deshalb hatte ich sie auch, wann immer es ging, eingeladen – egal, ob ich moderierte oder Theater spielte – und immer versucht, ihnen die besten Plätze zu besorgen. Ja, bei allem, was ich gemacht habe, ob sie im Saal saßen oder nicht, war mein heimlicher Blick immer auf die Tribüne des Lebens, in der Hoffnung, meine Eltern dort zu sehen. Denn mal ganz ehrlich, daran denken wir doch alle, was immer wir auch machen.

Sommer 2010. Meine Mutter rief mich in Los Angeles an. Mein Vater war gestorben. Zu Hause in seinem Sessel. Zwei Jahre hätten es sein können, nun war es doch nur ein Jahr gewesen. Ich fühlte mich vom Schicksal um das zweite Jahr bestohlen. Und ich fühlte mich auch um meinen Vater bestohlen. Nach dreiundsiebzig Jahren muss noch nicht die Zeit gekommen sein, zu gehen. Doch ich konnte es nicht ändern, der Tod ist die einzige Tatsache der Welt, mit der man sich abfinden, die man akzeptieren und verarbeiten muss. Zusammen mit anderen, aber am meisten jeder für sich selbst. Weil der Tod eines anderen, ob enger Verwandter oder wer einem sonst nahestand, für jeden etwas anderes bedeutet. Zu diesem Verarbeiten gehörte bei mir, für meinen Vater die, wenn man das so sagen kann, schönste Beerdigung überhaupt zu veranstalten. Denn auch wenn ein Mensch stirbt, ist es zunächst der Körper, der nicht mehr lebt. In einem selbst ist der Verstorbene, seine Seele, sein Geist oder was auch immer noch da. Zumindest war das bei mir der Fall. Und so sprach ich, noch in Los Angeles und auf dem Weg zum Flughafen und auch den gesamten Flug lang, mit ihm. Leider musste ich mich mit meiner Heimreise beeilen, weil es in Luxemburg Gesetz ist, dass Verstorbene innerhalb von drei Tagen beerdigt werden müssen. Kaum war ich gelandet, und das muss ich an dieser Stelle gestehen, setzte ich alle meine Beziehungen und zum ersten Mal auch meinen Namen dafür ein, diese Frist zu verlängern, denn ich wollte meinen Vater so beerdigen, wie er es verdient hatte. Umso mehr, weil ich nicht bei ihm war, als es zu Ende ging. Wir konnten uns nicht verabschieden, und die Beerdigung sollte mein Abschied für ihn sein. Denn mein Vater hatte sich schon von mir verabschiedet, er wollte es so. Sein Arzt schrieb mir eines Tages eine SMS; mein Vater hatte ihn schon Wochen vorher darum gebeten: »Liebe Frau Nosbusch, ich soll Ihnen von Ihrem Vater sagen, wie stolz er immer auf Sie war.« Ich habe diese Nachricht bestimmt tausendmal gelesen. Ich habe heute noch das Display meines Telefons vor meinen Augen, auf dem ich sie gelesen habe. Später habe ich manchmal nur das Display angesehen und musste an meinen Vater denken und habe seine Stimme gehört.

Ich kam zwei Tage nach seinem Tod in Luxemburg an. Der Sarg wurde in der Halle eines Friedhofs aufgebahrt, der sich in Reckange-sur-Mess befindet, einem kleinen Nachbardorf vom Dorf meiner Eltern. Ich fuhr noch am selben Abend hin. Die Halle war klein, ich konnte durch die Glastür den Sarg sehen. Ich hatte einen Schlafsack dabei und setzte mich damit vor die Glastür, ich wollte die ganze Nacht bleiben. Um mit meinem Vater zu reden. Genau gegenüber liegt ein Lokal, das Mess Café, und es war das Lokal, in dem mein Vater seinen Stammtisch hatte, wo er sich gerne und oft mit seinen Freunden zum Essen traf. In dieser Nacht sah ich, dass dort noch Licht brannte, und ging hinüber, um mir eine Flasche Rotwein zu holen. Ich wollte mit meinem Vater in Gedanken anstoßen. Die Wirtin des Mess Café hieß Mariett, Italienerin wie meine Mutter, und sie sagte mir, sie würde so lange bleiben, wie ich da wäre. Wir sprachen lange miteinander und verabredeten, die Trauerfeier im Mess Café stattfinden zu lassen. »Oder, Papa?«, fragte ich, zum Sarg auf der anderen Seite der Straße blickend. Doch vor der Beisetzung sollte der Sarg meines Vaters eingeäschert werden, was in Luxemburg mittlerweile erlaubt war. Ich hatte ihn in der Zeit regelrecht bewacht und ließ ihn, zum Leidwesen der Friedhofsangestellten, auch noch mehrmals öffnen. Ich wollte einfach wissen und spüren, ob seine Seele noch bei ihm war. Am Tag der Einäscherung fragten mein Bruder und ich im Krematorium von Luxemburg, ob wir den Sarg bis zur Einäscherung begleiten könnten. Doch der Leiter des Krematoriums meinte, das ginge nicht, denn es wären schon Angehörige dabei in Ohnmacht gefallen. Aber wenn wir vor der Tür warten wollten, würde er uns Bescheid geben, wenn es so weit wäre. Also warteten mein Bruder und ich.

Der Himmel war an diesem Morgen grau verhangen, und es dauerte. Irgendwann gegen Mittag riss der Himmel einmal kurz auf, und die Sonne strahlte auf uns. Nicht lange, nur ein paar Minuten. Gleich danach kam der Mann aus dem Krematorium und sagte, mein Vater wäre jetzt an der Reihe. Mein Bruder und ich blickten uns an. »Selbst die Sonne hat sich von ihm verabschiedet«, sagte mein Bruder.

Ich werde heute noch in Luxemburg auf die Urnen-Bestattung angesprochen. Wer dabei gewesen war, hatte sie nie vergessen. Wir charterten einen Bus, der die Trauergäste vor dem Mess Café abholte, zur Kirche nach Esch brachte und danach wieder zurückfahren sollte. Und auf der Fahrt machte ich dann das, was ich konnte: Ich referierte das Leben meines Vaters. An jedem Haus und an jeder Ecke, an denen wir vorbeifuhren und die mit seinem Leben zu tun hatten, erzählte ich eine Geschichte. Zum Beispiel die von dem Kino, das sich gegenüber der Kirche befand. Dort hatte mein Vater, ein leidenschaftlicher Elektriktechniker, vor Jahren einmal die gesamte Tonanlage erneuert und neue Kabel und bessere Lautsprecher eingebaut. Das hatte den Kinobesitzer so beeindruckt, dass er den »Tontechniker« Nosbusch weiterempfahl und das sich wiederum in der Kinowelt herumsprach. Eines Tages kam ein Angebot eines großen deutschen Kinoausrüsters, ob mein Vater in Deutschland für sie arbeiten wollte. Und was antwortete Albert Nicolas Nosbusch? »Nö. Was soll ich denn dort? So weit weg …«

Und dann erzählten andere Gäste, seine Freunde, ihre Geschichten. Jeder hatte eine, und wir lachten viel. Es war alles so lebhaft, als wäre mein Vater dabei gewesen. Meine Tochter Luka war aus Los Angeles mitgekommen, sie wollte für ihren »Bopa« dabei sein, und in der Kirche stellte sie ein selbst gemaltes Schild auf: »Tickets to heaven« – Fahrscheine, um den »Bopa« im Himmel zu besuchen.

Dieser Tag hatte noch ein merkwürdiges Nachspiel, denn eine Woche nach der Beerdigung meines Vaters fingen die Aufnahmen für einen französischen Film an, der in Luxemburg gedreht wurde und in dem ich mitspielte. Die erste Szene mit mir fand genau in dem Krematorium statt. Ich weiß noch, wie mich der Leiter begrüßte: »Frau Nosbusch, jetzt sind Sie ja nicht als Trauernde, sondern als Schauspielerin hier. Da kann ich Ihnen ja zeigen, wo und wie Ihr Vater eingeäschert wurde.«

Der Tod meines Vaters war eine Zäsur in meinem Leben. Er starb nicht einfach, weil er schon sehr alt war, so wie mein Großvater, dessen Leben eben irgendwann an sein Ende gekommen war. Mein Vater war krank. Es war das erste Mal, dass jemand in meiner Familie an einer Krankheit starb. Es war überhaupt das erste Mal, dass so etwas Hässliches wie eine Krankheit, eine schwere Krankheit, das Leben unserer Familie verstörte. Und leider sollte es nicht dabei bleiben.

März 2011. Neun Monate nach dem Tod meines Vaters war ich in Los Angeles mit meinen Kindern Lennon und Luka bei meiner Freundin Anna eingeladen. Im Topanga Canyon, nördlich von Los Angeles. Es war ein schöner Abend. Wir hatten viel Pasta und Kuchen gegessen, viel gelacht und waren am Abend mit dem Auto auf dem Heimweg. Mir war in den Wochen davor schon aufgefallen, dass mein Sohn Lennon sehr abgenommen hatte, ich fand ihn merkwürdig dünn. Aber er aß viel, und auch an dem Nachmittag, was mich beruhigte. Vielleicht war es auch nur eine Phase, Lennon war fünfzehn.

Wir fuhren den Ventura Freeway entlang, und ich fragte Lennon, der neben mir saß, etwas. Keine Antwort. »Lennon?« Wieder keine

Antwort. Ich drehte mich zu ihm und sah, dass die Augen völlig weggedreht waren, die Pupillen waren nicht mehr zu sehen, sondern nur noch das Weiße in den Augen. Er reagierte fast überhaupt nicht auf mich. Ich hatte keine Ahnung, was los war, und überlegte, sofort ins Krankenhaus zu fahren, aber ich war unsicher. Nein, besser erst einmal nach Hause, Lennons Vater anrufen, das Krankenhaus anrufen, was auch immer. Lennon war wieder ein wenig mehr bei Bewusstsein, als wir zu Hause ankamen. Und ich weiß nicht, warum, aber mir fiel das Gerät zum Blutzuckermessen meines Vaters ein. Er hatte es bei einem seiner früheren Besuche bei uns vergessen. Es war das Einzige, das ich tun konnte, und irgendetwas musste ich tun, also pikste ich Lennon in den Finger und starrte auf das Gerät. Es passierte nichts. Ich überflog die Gebrauchsanweisung, um eine Lösung zu finden, und dabei fand ich heraus, dass das Gerät Blutzuckerwerte über 600 Milligramm pro Deziliter gar nicht mehr anzeigte. Ich rief den Notarzt an und hörte zum ersten Mal, dass mein Sohn einen »diabetischen Schock« haben könnte, alle Symptome würden darauf hinweisen. Auch, dass er am Abend viel Zuckerhaltiges gegessen hatte. Der Notarzt war recht besonnen, er riet mir, ich sollte Lennon sehr viel Wasser zu trinken geben und ihn dazu bewegen, umherzulaufen. So würde er wieder zu sich kommen und der hohe Blutzucker würde gesenkt werden. Und am nächsten Morgen sollte ich mit ihm ins Krankenhaus kommen. Ich lief also mit meinem fünfzehnjährigen Sohn immer wieder durch den Garten, ließ ihn immer wieder Wasser trinken, bis er irgendwann wieder bei vollem Bewusstsein war. Dann machte ich noch zweimal den Test, und das Gerät zeigte wirklich Werte an, die mit 300 und dann 220 immer noch sehr hoch waren.

Am nächsten Morgen hatten wir dann Gewissheit. Lennon hatte Diabetes Typ 1, eine Krankheit, die genau in seinem Alter auftreten kann und die nicht heilbar ist. Lennon würde sich sein Leben lang Insulin spritzen und ständig seinen Blutzucker kontrollieren müssen.

Sein Leben würde ab jetzt konditioniert sein. Immer eine Spritze dabei, immer in der Nähe eines Kühlschranks mit Insulin-Vorrat, immer beim Essen die KEs, also die Kohlehydrateinheiten mitzählen und in Insulin-Dosierungen umrechnen, kein sorgloses Irgendwohin-Verreisen mehr, kein sorgloses Ich-kann-alles-essen-und-trinken-Leben mehr. Stattdessen sind viel zu früh Vorsicht und Angst in seinen Kopf eingezogen.

Ich war fertig. Ich fühlte etwas zerstört. Mein Sohn war lebenslang krank. Und es ging dann auch sofort los. Kein »Warten-wir-die-Werte-noch-mal-ab«, kein »Versuchen-wir-dies-oder-das«. Nein, am nächsten Morgen im Krankenhaus drückten sie Lennon sofort die Spritze in die Hand und erklärten ihm die Dosierung, und gleich rein damit. Lennon sollte es sofort lernen. Natürlich erklärten sie es auch mir, aber ich hatte Mühe, zuzuhören, mir kamen die Tränen, immer wieder, bei jeder Besprechung und bei jedem Arzt, mit dem wir sprachen. Bis Lennon irgendwann zu mir sagte: »Mama, hör endlich auf, zu weinen! Reiß dich mal zusammen. *Ich* bin hier der, der das Problem hat, nicht du.« Ich sollte jetzt mal stark sein, *das* würde ihm helfen.

Er hatte recht. Trotzdem, ich suchte die Schuld bei mir, wie so oft. Ich hatte damals nächtelang im Internet gesucht, ich hatte mir jede Diabetes-Seite, jeden Ratgeber, jede Arzt-Meinung, wirklich alles über diese Autoimmunkrankheit durchgelesen, ich suchte nach einem Grund. Es gab in meiner Familie und in Haralds Familie keinen einzigen Diabetes-Fall; es konnte also nicht vererbt sein. Das Nächste, das ich fand, war, dass Diabetes durch einen emotionalen Schock ausgelöst werden konnte, und ich dachte sofort an die Trennung von Harald und unseren Auszug aus dem Haus, was meine Kinder, vor allem Lennon, sehr belastet hatte. Oder war der Auslöser Lennons schwere Geburt? Ich wusste es nicht, aber ich marterte mich. Dann fand ich den Hinweis, dass sich Diabetes auch durch Impfungen entwickeln kann, und ja, ich hatte meine Kinder einmal zu Dreharbeiten nach Südafrika mitgenommen, weshalb ich sie vorher gegen Gelbfieber und Malaria hatte impfen lassen. Ich machte mir immer mehr Vorwürfe. Eigentlich bis heute. Das Problem ist, dass es keine Gewissheit gibt, was so eine Krankheit auslöst. Ich und auch Lennons Vater ließen nichts unversucht, wir recherchierten monatelang, fragten jeden, der etwas wissen könnte. Das war auch in der Zeit, als mir Joachim Fuchsberger Hilfe anbot, er habe ein ähnliches Schicksal in seiner Familie, wenn ich Fragen hätte, könne ich ihn jederzeit anrufen. Irgendwann fand ich im Internet den Bericht über einen deutschen Arzt, der ein wohl vielversprechendes Forschungsprojekt zu einem Diabetes-Medikament in Denver leitete und dafür noch Probanden suchte. Wir meldeten Lennon sofort dort an, er wurde angenommen, und so flogen Harald oder ich die nächsten zwei Jahre alle sechs Wochen mit Lennon für zwei Tage in die Klinik nach Denver. Die Therapie, die sie dort entwickelten, schlug bei Lennon glücklicherweise auch an, seine Werte verbesserten sich, aber es war eben auch nur ein Experiment. Ich wusste, dass es noch Jahre dauern konnte, bis es ein Medikament geben könnte. Ich war damals komplett in der Übermutter-Panik. Unsere Küche sah aus wie ein Versuchslabor, überall waren Diabetes-Kochbücher, Waagen und Schalen verteilt, weil ich alles genau abwog, was ich für Lennon kochte. Morgens brachte ich ihn zu seiner Schule in Santa Monica, zwei Stunden Fahrt. Wieder zurück, kochte ich sein Essen, brachte es zur Schule, und am späten Nachmittag holte ich ihn wieder ab. Es dauerte zwei bis drei Jahre, bis sich das alles eingespielt hatte, von Normalität waren wir weit entfernt. Lennon gewöhnte sich daran. Er hatte es akzeptiert, auch weil er keine andere Wahl hatte. Wenn er heute vor einem Teller Pasta sitzt, spüre ich, wie er in Gedanken rechnet, »Pasta, ein Teller, das sind sechs Einheiten Insulin«, und die spritzt er sich dann. Dasselbe bei jeder Pizza oder bei jeder Banane, Lennon denkt in »Units«. Deshalb reist er auch sehr, sehr ungerne, weil er sich jedes Mal dieselben Fragen stellen muss: Gibt es einen Kühlschrank für mein Insulin? Gibt es Apotheken mit Vorräten? Das ist in den USA nicht selbstverständlich und außerdem teuer. In Luxemburg ist das zum Glück anders. Dort erhält man Insulin in jeder Apotheke, und es kostet nicht viel.

Lennon ist heute Musiker. Er hat gefunden, was er wollte, und er hat damit Erfolg. Als *Kid Bloom* hat er einen Song über diesen Teil seines Lebens geschrieben, »Blood Sugar«. Darin heißt es: »Don't take me for a fool, I know it all …« Irgendwann, als ich mit Lennon in unserem Haus saß und er mir ein paar seiner neuen Tracks und Ideen vorspielte, merkte ich mehr und mehr, wie sich in seiner Musik sein Leben darstellte und formte, ja, wie er in ihr er selbst wurde. Ich versuchte einen Trost.

»Lennon, der liebe Gott wollte so viel Können und Talent in dich hineinpacken, aber es war nicht genug Platz. Und deshalb musste er irgendetwas herausnehmen und hat dummerweise diese Vorrichtung entfernt, die deinen Blutzucker regelt. Versuche, es so zu sehen.« Ein schwacher, vielleicht auch kindlicher Trost, ich weiß. Aber mein Sohn Lennon geht seinen Weg. Und ich habe ihm gesagt, wie stolz ich darauf bin.

So waren diese Jahre. Schicksalsjahre, gleich zwei davon. Es waren aber auch Jahre der Gleichzeitigkeit – wie so oft in meinem Leben. Denn nachdem mein Vater beerdigt war und mein Sohn krank wurde, ging auch mein Leben anders weiter. Es begann, sich immer mehr von Los Angeles zu entfernen. Denn es lag vielleicht auch am Frieden, den ich mit meinem Vater geschlossen hatte, dass ich auch Frieden mit meiner Kindheit und Jugend schließen konnte. Und mit Luxemburg.

Wie bedeutend für mich diese Zeit war, die nun folgte, weiß ich heute. Denn sie führte nicht nur zu Rollenfiguren wie Christelle Leblanc oder Cathrin Blake, sondern sie brachte mich auch auf den Weg all der Vorhaben, die ich noch habe.

Bühnentiere

Im Oktober 2010, drei Monate nach der Beerdigung meines Vaters, betrat ich Neuland, denn ich machte in Luxemburg etwas, womit ich nie gerechnet hätte. Ich gründete mit meiner Freundin Alexandra Hoesdorff eine Firma und wurde Mitproduzentin einer Sitcom für das Fernsehen in Luxemburg. Einer Sitcom. Das Wort war damals noch recht neu, weil »Sitcoms«, also eigentlich »situation comedies«, vom amerikanischen Fernsehen erfunden wurden und in Europa kaum Tradition hatten. Es gab ein paar Versuche im deutschen Fernsehen wie etwa die wirklich gelungene *Stromberg*-Serie oder noch früher *Ein Herz und eine Seele* mit Heinz Schubert als Alfred Tetzlaff, aber da nannte es noch niemand Sitcom. So, und die Nosbusch und Sitcom schienen auf den ersten Blick überhaupt nicht zusammenzupassen, und das war auch so. Erst mal. Eine kühne Spinnerei vielleicht.

Wir, also Marc Limpach, die anderen Freunde vom Theater und ich, waren in der Zeit so etwas wie kulturelle Brüter geworden, wir sprachen nächtelang über Stücke und Projekte, die man inszenieren könnte. Dabei erzählte ich auch von meiner Ausbildung an der UCLA und der Produktion meines Filmes. So kam eins zum anderen und dann diese etwas irre Idee. Das luxemburgische RTL-Fernsehen hatte, zusammen mit dem Film Fund, eine Ausschreibung für eine Sitcom aus Luxemburg gemacht. Jeweils eine halbe Stunde, mehrere Folgen, Vorabendprogramm. Ich hatte davon gehört und erzählte Marc davon, der gerade an einem Dokumentarfilm mit dem Luxemburger Regisseur Claude Lahr arbeitete. »Das machen wir.«

Wir hatten ein Dossier mit einer Pilotfolge ausgearbeitet und erhielten im Februar 2011 – unter zehn eingereichten Projekten – den Zuschlag. Bereits im Herbst des gleichen Jahres sollten vierundzwanzig Folgen beim luxemburgischen RTL-Sender ausgestrahlt werden. Das war gewagt, denn wir hatten sechs Wochen Zeit, und die Kommission aus der Filmförderung Luxemburg und RTL Télé Lëtzebuerg wollte einiges sehen. Eine geschriebene Pilotfolge, den Inhalt aller weiteren Folgen, Besetzung, Kosten, Drehort. Alles. Neu war, dass es eine Sitcom in luxemburgischer Sprache sein sollte und nicht wie sonst auf Französisch oder Deutsch. Und wir, das waren Marc, Claude Lahr, Alexandra Hoesdorff, Jean Claude Schlim, Guy Helminger, ich und noch einige andere. Die Sitcom sollte *WEEMSEEDET* heißen, was übersetzt »Wem sagst du das« bedeutet und in Luxemburg ein Satz ist, der zur Grundausstattung jedes Gesprächs gehört. *WEEMSEEDET* ist wie ein Jingle für jede Unterhaltung. Vierundzwanzig Folgen sollten es werden.

Und worum sollte es gehen? Um eine Familie. Wir nannten sie Wampach, zu Ehren meines Onkels Jos *Wampach,* Direktor des Theaters in Esch. Also die Wampachs: Vater, Mutter, zwei Kinder und ihre Freunde, eine portugiesische Putzfrau, ihre Kinder und ein Ehepaar in der Nachbarschaft. Und Sitcom hieß: ein Studio, mit drei oder vier Zimmern, die Wohnung als Bühne. Es ist in Luxemburg nicht schwer, Stoff für eine Sitcom zu finden, weil das Leben in Luxemburg eigentlich eine Sitcom ist, man muss nur genau zuhören und es aufschreiben. Marc Limpach und Claude Lahr hatten einen sezierenden Blick auf dieses Leben und einen stechenden Humor, mit dem sie auch eine politische Satire über Midlife-Ängste und Konsumwahn des Mittelstandes beschrieben. *WEEMSEEDET* sollte so derb sein wie der typische Luxemburger, der sich über Witze amüsiert, die sonst kaum jemand versteht.

Auch wenn das Konzept die Kommission überzeugte und wir deswegen den Zuschlag bekommen hatten, war das Problem, dass wir es nicht als lustiger Haufen von Spinnern machen konnten, sondern sie verlangten, dass wir eine Produktionsfirma gründeten, vom Handelsregister genehmigt. Und ich hatte schon in Los Angeles manchmal darüber nachgedacht, mit einer Firma meine Projekte zu produzieren, das war auch ein Teil meiner Ausbildung an der UCLA. Zu produzieren heißt, alle Fäden in eine Hand zu bekommen, Gelder zu besorgen, Budgets abzustimmen, Skripte zu beurteilen und Rollen zu besetzen. Eine Produktion ist im weitesten Sinne die Mutter eines jeden Films oder jeder Fernsehsendung. In Los Angeles hatte ich Alexandra Hoesdorff kennengelernt, auch eine Luxemburgerin, die dort über zwanzig Jahre bei Produktionen gearbeitet und mit der ich schon manchmal über eine eigene Firma gesprochen hatte. Nun gründeten wir sie ziemlich schnell. *Deal Production*, der Name setzt sich aus »De« wie »Désirée« und »Al« wie »Alexandra« zusammen. Mit dieser Firma und mit Alexandra produziere ich bis heute Filme und Dokumentationen.

Aber dann beim Handelsregister-Amt Luxemburg, ein Beamter, etwas älter, Brille, Strickjacke und, wenn mich nicht alles täuscht, eine Büropflanze im Rücken.

»Eine Filmfirma wollen Sie gründen? Ja, kennen Sie sich denn damit aus?«

»Ja, ich bin Schauspielerin und habe seit über zwanzig Jahren in Filmen mitgemacht.«

»Haben Sie dazu ein Dokument?«

Ja, hatte ich. Eine Liste aller Filme, in denen ich mitgespielt hatte. Ein Dokument über die Auszeichnungen, die mein Kurzfilm bekommen hatte. Und das Verdienstkreuz des Landes Luxemburg für meine Verdienste in der luxemburgischen Filmindustrie, weil ich in den 90er-Jahren in drei Filmen meiner Heimat gespielt hatte. Er schaute darauf und grübelte.

»Na ja, das reicht nicht. Ich brauche schon ein Dokument, dass Sie den Beruf mit dem …« – Blick auf den Antrag –

»… Produzieren auch können, verstehen Sie? Ein Dokument.« »Aber das sind doch genug Dokumente.« Kopfschütteln, wie man nur auf Ämtern den Kopf schüttelt. Amtslangsam, erst nach rechts, dann nach links in Zeitlupe.

Es dauerte ein paar Tage, und dann fiel mir ein, dass ich noch die Bescheinigung der UCLA haben musste und ich zeigen konnte, dass ich den Studienkurs »Producing« belegt hatte. Nur ein DIN-A5-Zettel. Kopiert und geschickt, und wieder ein Tag auf dem Amt. »Jetzt haben wir ja ein Dokument.« Und dann wieder in Zeitlupe: »Deal Production« zugelassen und eingetragen.

Eine alte Fabrikhalle in Dommeldange, einer Gegend im Norden von Luxemburg. Darin eine von Tischlern und Malern hineingebaute Kulisse einer Wohnung. Sperrholzwände, Sofas, Stühle, alles sehr bunt und die Attrappe einer Küche. Kameras, Licht, Ton, Autoren, die an den Episoden schrieben. Wir produzierten *WEEMSEEDET* ab Juli in wenigen Monaten, und es ging im Oktober 2011 bis März 2012 auf Sendung. Vierundzwanzig Folgen, immer freitags, knapp dreißig Minuten lang.

Ich war Produzentin, bei zwei Folgen auch Regisseurin und spielte selbst mit. Als Francine Konsbrück, die Frau des Nachbarn, ehemalige Weinkönigin und »allmählich alternde Dorfschönheit«, wie es später luxemburgisch-charmant in einer Rollenbeschreibung hieß. Wir waren ein bunter Jahrmarkt aus schauspielenden Komödianten, ein schäumendes Theater vor Kameras. Es wurde gespielt und parodiert, gesungen und getanzt, das hatte wirklich eine liebevolle Anarchie. Und bereits während wir drehten und produzierten, wurde *WEEMSEEDET* in Luxemburg fast schon eine Art Kult. Es war die erste Sitcom, die aus diesem kleinen Land kam, gedreht in der Landessprache, bissig und politisch, die Folgen waren voller Anspielungen auf luxemburgische Verhältnisse, Mittelstands-Spießer und Politiker. Und es kamen auch bekannte Schauspieler wie die Luxemburger André Jung und Fernand Fox, eine Legende auf den Bühnen des Landes, und der Deutsche Herbert Knaup und spielten in Gastrollen mit.

Es war großartig. Wir alle waren in diesem Fieber, als Team, Ensemble und auch als Freunde ein Kapitel Fernsehgeschichte Luxemburgs zu schreiben. Gut, eine Sitcom, nichts weiter, eine »Krachkomödie«. Aber die Kunst, Sitcoms zu schreiben, wird von vielen unterschätzt. Es ist ein intensives Match aus Dialogen, wie ein Tennisspiel: Aufschlag und Return. Jeder gesprochene Satz muss genau sitzen und treffen. Es muss wie ein Feuerwerk sein, und wenn auch nur ein Satz oder ein Witz nicht zündet, kann das Ganze zusammenfallen wie ein Soufflé. Und was die Sätze nicht sagen, muss das Gesicht ausdrücken, und das hat nicht viel Zeit. Es ist Schauspielerei als Konzentrat.

WEEMSEEDET hatte eine Einschaltquote von einunddreißig Prozent der jüngeren und auch älteren Zuschauer. Es war ein großer Erfolg, was wir auch deutlich spürten, wenn am nächsten Morgen zum Beispiel beim Bäcker oder Friseur die Menschen über die Familie Wampach sprachen, immer noch lachen konnten und sich auf die nächste Folge freuten. Ich glaube, *WEEMSEEDET* war für die meisten Luxemburger eine Art lustiges und satirisches Nachbarschaftsfernsehen, das alle Kulturen des Landes zusammenbrachte, weil Schauspieler aus der, sagen wir, Hochkultur wie André Jung und andere Kollegen den gesellschaftlichen Wert einer Sitcom erkannten und mitspielten. Mit Deutschland verglichen wäre das, als hätten Bruno Ganz oder Otto Sander früher eine Gastrolle in der *Lindenstraße* gehabt.

Wenn ich heute an diese und die nachfolgende Zeit zurückdenke, weiß ich, dass damals etwas Wichtiges passiert ist: Ich versöhnte mich mit meiner Heimat Luxemburg, und Luxemburg versöhnte sich mit mir. Es war der Beginn einer ganz neuen Freundschaft und vielleicht sogar einer neuen Liebe zu meinem Land. Das war am Anfang nicht immer ganz einfach, denn ich war zwanzig Jahre zuvor weggegangen, als Moderatorin und junge Schauspielerin, und kehrte dem Land, von dem ich glaubte, dass es mich nicht mochte, den Rücken. Ich weiß, dass damals viele dachten: Wir sind der Désirée nicht gut, nicht groß, nicht berühmt genug. Sie macht Fernsehen mit den Deutschen, dreht Filme mit Amerikanern, moderiert bei den Franzosen, und sowieso, sie wohnt auch noch in Hollywood. Aber Luxemburg ist nicht groß, und ich, wie auch viele andere, verstehe jeden, der von hier aufbricht, um sich woanders zu beweisen. Oder der, wie ich, einfach größere Träume hat. Aber es ist wie überall, es schmerzt, wenn jemand geht, weil er seiner Heimat sagt, sie sei ihm zu klein, eng oder einfach zu wenig inspirierend.

Nun waren aber zwanzig Jahre vergangen, und die Kinder von damals waren zu einer Generation herangewachsen, die in Luxemburg Fernsehen, Film und Theater neu entwickelt hatte, auf ihren Bühnen zeitgenössisches Theater spielte und sich sogar eine Sitcom ausgedacht hatte, die erfolgreich war.

Und in diese Welt kehrte ich wieder zurück. Die Arme waren zwar offen, aber ich spürte noch immer manchen Zweifel, »na, bei der läuft es international wohl nicht mehr so gut. Jetzt kommt sie wieder zurück.« Das dachten sicherlich einige. Aber ich wollte überhaupt nichts ausnutzen, ich wollte einfach mitmachen, wollte Teil jener Welt sein. Und ob die Bühnen klein und die Studios aus einfachen Brettern gezimmert waren, interessierte mich gar nicht. Im Gegenteil, ich mochte es viel lieber. »Fang noch mal weiter vorne an«, sagte mir Marc Limpach damals. »Fang zunächst mit Lesungen an. Nur du auf der Bühne mit einem Text, den du am Anfang vielleicht liest, aber irgendwann wird der Text so sehr du und du so sehr der Text, dass ihr eins werdet. Und das wird der Zuschauer fühlen.« Heute weiß ich, was das für ein entscheidender Moment für mich war. Ich, die zwischen Europa und USA hin- und herfliegende Désirée Nosbusch, die mal eine Biogenetikerin in einem Film und dann wieder eine Mutter in einem anderen Film spielte, zwischen diesen Filmen große Galas oder Shows im Fernsehen moderierte und auch noch zwei Kinder in Los Angeles großzog, sollte in einem Kleintheater vor achtzig oder neunzig Zuschauern von vorne anfangen. Und lesen? »Sieh das so«, sagte Marc. »Du hast hier eine Spielwiese ganz für dich allein: Du kannst etwas und dich selbst ausprobieren. Und du bist nicht davon abhängig, dass andere, Regisseure oder Produzenten, dir vertrauen, sondern du vertraust nur dir selbst und den Texten, die du liest. Das macht stark.« Und es stimmte. Ich musste nicht mit einem Ensemble, sondern mit mir selbst anfangen. Und deshalb suchte ich mir mit Marc zusammen Texte für Lesungen.

Es war dann 2012, als wir zusammen zum ersten Mal auf der Bühne saßen. Marc und ich. »Sinn des Lebens« hieß die Lesung und war eine Art Collage aus Texten von Heine, Dürrenmatt, Fontane, Tucholsky und auch Woody Allen und vielen anderen. Ich glaube, es waren an die vierzig Autoren, deren Texte wir abwechselnd vorlasen. Für mich war es auch eine gute Sprechübung, weil ich in diesem kleinen Saal ohne Mikrofon meine Stimme neu einstellen konnte. Es war ein Prozess, und das Beste war, dass niemand eine Erwartung von mir hatte. Ich war Désirée Nosbusch aus Esch. Und die liest jetzt, ja, hören wir mal zu. Es sind diese Ruhe und Gelassenheit des Publikums in Luxemburg, was mir sehr half. Niemand ist fremd, irgendwie kennt jeder jeden. Manche sind ein wenig bekannter als andere, aber es gibt so gut wie kein Star-System, selbst die berühmtesten Luxemburger bleiben auf dem Boden des Lebens. Und wenn ich im Kasemattentheater las, war es so, wie ich Kultur im Kino, Theater, Buch oder in der Musik schon immer empfunden und verstanden habe: ein Angebot. Das denke ich manchmal, wenn ich verletzende Kritiken über Film- oder Theaterpremieren lese, die weit darüber hinausgehen, einen Film einfach zu empfehlen oder eben nicht. Ich will hier keine Kritiker oder Rezensenten verhauen. Auch sie machen nur ihre Arbeit. Aber oft missverstehen sie, dass niemand jemandem einen Film, ein Buch oder einen Song aufzwingt. Es sind genauso Angebote wie Äpfel oder Orangen auf dem Markt: Man kann sie kaufen oder auch nicht. Und wenn sie einem nicht schmecken, anderen aber doch, dann nimmt man sie eben nicht wieder. Und so war mein Gefühl, als ich im Theater auf der Bühne einfach vorlas. Ich bot etwas an. Es ist ein Gefühl, was einem auch den Druck nimmt, den ich immer vom Film her kannte. Eine Produktion ist immer teuer, und jeder Drehtag kostet. Die Verantwortung wird immer größer, also müssen sich alle beeilen, schnell noch die Szene zu drehen, und so weiter. Das ist so und wird auch so bleiben, aber es hindert einen, in Ruhe seine Arbeit anzubieten. Es war eine Erfahrung, von der ich heute weiß, dass ich sie früher hätte machen sollen. Es war auch die Erfahrung, dass schon bei einer Lesung mehr mit einem passiert, als dass man nur einen Text vorträgt. Nach und nach gehen der vorgelesene Text oder die Szenen vom Kopf in den Körper. Der sitzt zwar an einem Tisch, aber, wenn man aufstehen und herumlaufen würde, die Art zu gehen anders wäre, weil jeder Schritt etwas vom Text erzählen würde. Marc Limpach hatte recht, es war eine Übung, in die ich mich schon bald verliebte. Danach machte ich mit Marc und Nikolaus Haenel zusammen eine weitere sehr bewegende Lesung, »Ich suche Trost im Wort – Gedichte aus dem Exil« von Mascha Kaléko, Theodor Kramer und Hans Sahl. Und so ging es weiter in diesem kleinen, aber sehr berühmten Theater.

2013 stand ich dann zusammen mit Germain Wagner auf der Bühne und spielte mit ihm *Gift* unter der Regie von Johan Leysen. Ein Zwei-Personen-Stück von Lot Vekemans über ein getrenntes Paar, das sich nach zehn Jahren am Grab seines Kindes wiedertrifft. Ein sehr intensives Schauspiel, in dem beide Figuren eine lange Vorgeschichte haben. Jeder Dialog musste die Vergangenheit schmerzhaft spürbar machen und mit der Gegenwart umgehen. Für mich als Mutter ging die Intensität fast an die Grenze des Aushaltbaren. Und für mich als Schauspielerin bedeutete das, dass ich mich in eine neue Dimension begeben hatte. Ich wuchs. Das merkte ich.

Gift ist bis heute eines der wenigen Theaterstücke, die ich im Kopf und im Bauch habe und sofort spielen könnte. Es war meine Befreiung, oder besser gesagt, der Schritt über die Schwelle, sich einer Figur vollkommen hinzugeben.

Und so ging es mit mir weiter. Ich flog zwar immer noch zwischen den Kontinenten hin und her, doch ich hatte endlich eine gedankliche Heimat in meiner Heimat gefunden. Ich bin Marc Limpach und auch Frank Feitler, dem Intendanten des Luxemburger Stadttheaters, der mich damals auch sehr förderte, bis heute dankbar. Sie waren die beiden Menschen, die mir halfen, das, was ich suchte, in mir selbst zu finden. Und damit natürlich wieder auch ein Stück von mir selbst. Ich habe später einmal einen Satz von Max Reinhardt, dem großen österreichischen Regisseur und Gründer der Salzburger Festspiele, gelesen, in dem ich mich endlich wiedererkennen konnte: »Der wahre Schauspieler ist von der unbändigen Lust getrieben, sich unaufhörlich in andere Menschen zu verwandeln, um in den anderen am Ende sich selbst zu entdecken.« Das Sich-selbst-Entdecken ist mir die Jahre davor nicht gelungen. Ich glaube, ich wollte es auch nicht. Mein Antrieb zu schauspielern war mehr das Weglaufen vor mir selbst gewesen. So wie in meinen jungen Jahren mit diesem Schatten, der mein Leben bestimmte und dem ich mich nicht entgegenstellte, sondern vor Kameras oder bei Moderationen auf Bühnen mich in anderen Welten versteckte. Ich hatte mich, um bei Max Reinhardt zu bleiben, nicht in andere Menschen verwandelt, sondern hatte sie oft nur gespielt. So getan, als ob. Imitiert. Oder, um es mit Uta Hagen zu sagen, ich versuchte, mit den Flügeln zu schlagen, aber geflogen war ich noch nicht genug. Rückblickend war ich in manchen meiner Filme nah dran. Es sind die Filme, bei denen ich die Figur, die ich spielte, heute noch spüre und vielleicht ein paar Meter geflogen war. Und so wechselten sich das Kasemattentheater, das Kapuzinertheater, das Grand Théâtre und das Theater in Esch miteinander ab, ich kannte bald jede Bühne in Luxemburg. Ich machte Lesungen und spielte Stücke. *Das*

Ding aus dem Meer, En Tiger am Rousegäertchen und *Guten Morgen, ihr Völker* und *Tag der Gnade* mit Roman Knizka, das wir am Kapuzinertheater in Luxemburg spielten. Dieses Stück von Neil LaBute kannte ich schon länger. Es ist wieder so ein Kammerspiel, zwei Personen, ein Zimmer. Und es spielt einen Tag nach den Anschlägen des 11. September in New York City. Ein Mann und eine Frau. Er und sie, seine Chefin und Geliebte, hätten an jenem Tag beide im World Trade Center sein sollen, hatten sich aber heimlich in ihrer Wohnung getroffen und deshalb die Anschläge überlebt. Und nun denken sie darüber nach, unerkannt gemeinsam fortzugehen und ein neues Leben zu beginnen, da man sie zu den Opfern zählen würde. Ich schlug das Stück Frank Feitler, dem Intendanten vom Stadttheater, vor, und er meinte: »Bring mir die Leute, die es mit dir machen, und ihr spielt es.« Ich sprach mit Herbert Knaup, von dem ich wusste, dass er als Regisseur angefangen hatte, und er wiederum schlug Roman Knizka für die männliche Rolle vor. Es war ein großer Erfolg in Luxemburg. Wir spielten *Tag der Gnade* danach noch in Hamburg und am Kurfürstendamm in Berlin. Es gibt bis heute in Luxemburg eine Theaterkritikerin, Josée Hansen, die berühmt für ihr Wissen und gefürchtet für ihre Kritiken war. Als ich in den ersten Stücken spielte, waren ihre Kritiken furchtbar und nicht sehr wohlwollend. Ich wollte das nicht lesen, weil ich mich auf dem richtigen Weg fühlte, wenn auch noch nicht am Ziel. Und ich wollte mich nicht aus der Ruhe bringen lassen. Doch mit der Zeit wurde sie auf einmal milder mit mir, ja, sogar anerkennend. Ich konnte es erst nicht glauben, merkte dann aber, dass ihre Kritiken parallel zu meiner wachsenden Sicherheit auf der Bühne besser wurden. Josée Hansen ist berühmt für ihr Gespür für das Bühnenschauspiel. Sie scheint zu fühlen, ob und wie jemand auf der Bühne seine Rolle füllen konnte. Und das war es auch bei mir, ich fing immer mehr an, die Figuren, die ich spielte, in mir zu haben. Das ist leicht gesagt, bedeutet aber eine andere Arbeit als beim Fernsehen oder Film. Das hatte ich einmal selbst erlebt.

In New York sah ich 1984 am Broadway Dustin Hoffman in *Tod eines Handlungsreisenden*, den großen Dustin Hoffman. Damals war ich auf der Berghof-Schule, Dustin Hoffman auf der Bühne zu erleben war für uns, wie Gott zu erleben. Aber dann, so nach einer halben Stunde, merkte ich, dass es auf der Bühne nicht funktionierte. Hoffman schaffte diesen Handlungsreisenden Willy Loman nicht, er wirkte auf der Bühne verloren, klein und ohne Richtung. Ich weiß noch, dass im Publikum viele den Kopf schüttelten. Das konnte doch nicht sein, Dustin Hoffman geht unter. Sie nahmen das Stück dann aus dem Programm und probten es noch mal mit ihm. Ein paar Wochen später ging ich wieder in eine der Vorstellungen. Und plötzlich war alles völlig anders. Dustin Hoffman spielte nicht mehr diesen verzweifelten Loman, Hoffman war er mit jeder Zelle seines Körpers, es war einfach klasse. Er verfilmte den *Handlungsreisenden* danach unter der Regie von Volker Schlöndorff, was ebenfalls ein großer Erfolg wurde. Volker Schlöndorff erzählte von der Broadway-Aufführung später so: »Die Schauspieler allerdings, Dustin Hoffman, John Malkovich als sein Sohn Biff, und Kate Reid, die Mutter, spielten, wie nur Amerikaner es können, mit Kraft und Überzeugung, aus dem Bauch heraus, ohne jeden Kunstwillen.« Ich mag besonders die Formulierung »ohne jeden Kunstwillen«. Sie erinnert mich daran, was uns Uta Hagen in New York immer sagte: »To act means to do. And not to think.« Schauspiel bedeutet, etwas zu tun und nicht darüber nachzudenken, es zu tun. Ich habe danach oft überlegt, ob Hoffman, der damals schon einen Oscar für *Kramer gegen Kramer* bekommen hatte, bei der ersten Aufführung für die Theaterbühne vom Film verdorben war. Ich habe in meinem Leben viele Schauspieler und Schauspielerinnen erlebt, die vor der Kamera großartig waren und auf Theaterbühnen Probleme bekamen, genauso wie umgekehrt. Deshalb ist auch die Frage falsch, ob es besser ist, erst im Theater zu lernen, bevor man vor eine Kamera geht. Beides ist Schauspiel, aber es sind verschiedene Disziplinen. Ich kann zwar von mir sagen, dass mich das

Theater wirklich vervollständigt hat. Was aber nicht heißt, dass man mit der Technik, Theater zu spielen, vor jeder Kamera besser wird. Und es kommt dazu, dass vieles, was das Kino in einem anderen Takt und mit anderen Blicken zeigt, im wirklichen Leben nicht so ist. Jeder kennt es, sich mit jemand anders intensiv zu unterhalten, da kann es um Liebe, ein Geständnis oder sonst was gehen, auf alle Fälle um etwas Wichtiges. Im Fernsehen und im Film blicken sich dabei Schauspieler oft minutenlang ständig in die Augen, sie starren sich beinahe an. Im wirklichen Leben macht das kein Mensch, sondern da flieht der Blick, sucht Auslauf, schaut aus dem Fenster oder irgendwohin. Auf der anderen Seite ist es aber auch so, dass Kino und Fernsehen die Dramaturgie verdichten und intensivieren und diese Szenen oft als ikonische Augenblicke im Gedächtnis bleiben. Oder anders gesagt, sie sind das Erlebnis, das das wahre Leben nicht hat. »Eine Leinwand«, hat mal jemand gesagt, »ist größer als das Leben.« Die Bühne des Theaters ist dagegen nur ein Raum, und die Zuschauer sehen immer das Ganze. Es gibt keine Nahaufnahmen, keine Schnitte, und man ist, wenn man auf der Bühne steht, »immer im Bild«. Oft von Kopf bis Fuß. So wird der Zuschauer zu seinem eigenen Regisseur, er entscheidet, was er sehen will und was nicht. Das hat bei mir etwas verändert und mich befreit. Denn es wurde mir auf einmal egal, wie ich aussah. Zumindest wurde ich gelassener, was mein Aussehen betraf, weil es keine Kamera gab, die mich auf Nahaufnahmen, auf mein Gesicht reduzierte. Denn das kann sehr anstrengend sein, weil die ganze Figur, die man ist, nur mit dem Gesicht gespielt werden muss und man die ganze Zeit darüber nachdenkt, wie man es kontrolliert, damit es nicht im falschen Moment zuckt, man nicht den falschen Augenaufschlag hat oder das Lachen oder Weinen nicht überzeugt. Man würde doch niemandem, außer vielleicht der eigenen Familie, dem Geliebten oder Ehemann diese intime Nähe erlauben. Vor der Kamera erlaubt man es der ganzen Welt. Auf der Bühne dient dagegen der ganze Körper als Instrument. Jede Art zu stehen, zu gehen, die

Bewegungen der Arme, die Gesten der Hände, die Mimik, alles kann etwas sagen. Manchmal braucht es dann nur noch wenige Worte, manchmal auch gar keine, wie man in jedem Charlie-Chaplin- oder Buster-Keaton-Stummfilm sehen kann. Diese Körperlichkeit konnte ich im Theater wieder ausspielen. Auch deshalb, weil einem das Theater Zeit gibt, eine Rolle, eine Figur richtig zu finden. Das kann dauern, und es gab auch schon Phasen, in denen ich meine Rolle in die falsche Richtung entwickelte und ich nach einer Weile von vorne anfangen musste. Es ist wirklich eine Suche, bei der man einen Tag lang nur im Kreis auf der Bühne herumlaufen kann oder bei den Kostümen oder Requisiten etwas findet, das einem die Figur öffnet. *Das* ist die Arbeit, und dafür muss man als Schauspieler auch die Hausaufgaben machen, um so ein Bühnentier zu werden. Denn es reicht nicht, nur den Text zu lernen und ihn spielen zu lernen. Um eine Figur richtig auszufüllen und sie zu werden, fing ich an, mir die Geschichte der Figur anzueignen. Bis heute schreibe ich mir alles über die Figur ausführlich auf, mal als Liste und mal als Anmerkungen neben meine Texte, die ich auch mit etlichen anderen Anweisungen an mich selbst vollschreibe und -male. Vieles davon wird in der Rolle gar nicht ausgesprochen, aber es ist die Grundierung, wie bei einem Maler, die volle Farbpalette, aus der ich mich dann bedienen kann. Wenn ich will. Manchmal braucht man nur wenig davon und dosiert die Farben. Immer sind der Text oder das Drehbuch die Leitplanke. Das Drehbuch ist eigentlich Theater auf Papier, und wenn es gut ist, sind es die Sätze und Dialoge, die eine ganze Rolle leiten. In Amerika gibt es berühmte Schauspieler, die sich an manche ihrer Textstellen ein »NAR« schreiben, was »no acting required« heißt, also kein Schauspiel erforderlich. Was nun aber nicht bedeutet, dass in der Szene nichts getan werden muss. Anthony Hopkins hat es einmal so beschrieben: »Wenn du ein großartiges Drehbuch hast, sind deine Sätze darin die Landkarte deiner Figur, und du musst nicht schauspielern. Denn wenn du lernst, die Sprache und die Sätze in den Koffer deines Gehirns zu packen, werden die Worte deinen Körper lenken und dich vor der Kamera genau richtig bewegen.« Das spürte ich auf der Bühne, wenn ich genau solche »NAR«-Momente hatte. Nackt. Ich hatte nach diesen Jahren an Luxemburger Theatern und vor allem am Kasemattentheater keine Angst mehr, mit nackter Seele auf einer Bühne zu stehen. Und das Wichtigste war, dass ich auf der Bühne oder vor einer Kamera nicht mehr unbedingt und um jeden Preis gefallen wollte. Ich war endlich diesen Drang los, immer geliebt werden zu wollen und die nette und schöne Film-Désirée an der Seite eines Mannes zu sein. Dass ich das nicht mehr wollte und vor allem für mich selbst nicht mehr brauchte, war einer der größten Schritte, die ich gemacht hatte. Die »alte« Désirée lag hinter mir. Und so fing ich an, mich neu und anders zu sortieren. Ich wohnte immer noch in Los Angeles und arbeitete in Europa, es war immer noch ein Dasein in Flugzeugen. Doch ich fühlte mich als Schauspielerin und auch mit mir selbst immer mehr in Luxemburg zu Hause. Das war in Deutschland anders. Wenn dort mein Name bei den Sendern fiel, hatte jeder eine Meinung. Eine alte Meinung, weil ich vor den Augen anderer groß geworden war. Manche meinten, meinen Verfall und nicht meine Reife zu erkennen.

Es gab einen Fernsehregisseur, der mich unbedingt für eine große Nebenrolle in einem guten Film besetzen wollte und sehr dafür kämpfte. Aber er konnte sich nicht durchsetzen. Andere, wie ein Verantwortlicher eines großen Senders, lehnten eines meiner Projekte ab, es war eine Idee für eine Interview-Reihe, weil ich »zu alt« dafür wäre. Es war verfahren, denn meine Rollenangebote waren mit »Désirée Nosbusch« lange mit den Attributen »jung und hübsch« und später »attraktiv« oder »selbstständige Frau« verbunden. Aber die Attribute dünnten allmählich aus. Ich war mittlerweile Ende vierzig, und für Frauen in diesem Alter wird es in der Film- und Fernsehwelt immer schwierig, gute Rollen zu bekommen. Für junge Themen und ein junges Publikum sind wir zu alt; wir können höchstens noch die Mütter spielen. Und für andere Rollen selbstständiger Frauen im mittleren Alter ist die Konkurrenz groß und hart, denn es gibt zwar viele sehr gute Schauspielerinnen in dem Alter, aber leider wenig Filme mit solchen Rollen. Mein Problem war, dass ich mich noch nie so gewachsen und vollständig als Schauspielerin gefühlt hatte, ich aber bei den Besetzungsbüros und Casting-Runden für Filme immer öfter aussortiert wurde, weil viele noch an den in die Jahre gekommenen Teenager und die Moderatorin dachten. Dass ich beides gemacht hatte und beides erfolgreich, war für einige Personen in den Sendern schon früher ein Problem gewesen. Man traute einer Moderatorin, »die sagt doch nur an«, gutes Schauspiel einfach nicht zu. Oder wollte es ihr nicht zutrauen. Früher hat mich das immer sehr geärgert; heute kann ich es ein wenig verstehen. Es gibt eben Menschen im Fernsehen, die dort so präsent sind mit dem, was sie tun, dass es Zuschauern schwerfallen kann, sich diese Menschen in ganz anderen Rollen vorzustellen. Mir geht das heute selbst so, wenn ich manche im Fernsehen sehe, die ich immer mit etwas ganz anderem verbunden habe. Man stelle sich nur vor, eine *Tagesschau*-Sprecherin würde auf einmal eine Kommissarin im *Tatort* spielen und auch gut spielen. Sie würde aber immer die *Tagesschau*-Sprecherin bleiben. Dafür kann niemand etwas, aber so ist es. Ich war also, wie man so sagt, weniger auf dem Radar. Hinzu kam, dass ich manche Rollen, die ich früher schon gespielt hatte, nicht mehr übernehmen wollte. Ich war einfach weiter. Ich brauchte nur jemanden, der das erkannte. Und ich brauchte eine Chance, es zu beweisen. Für die Chance, die mich dann fand, war ich bereit.

Die Perücke

Es war an einem Morgen in meinem Haus in Los Angeles. Sehr früh. Ich weiß bis heute noch, auf welchem Stuhl ich in meiner Küche saß, was ich anhatte und welchen Becher Kaffee ich in der Hand hielt. Ich las meine E-Mails, als ich an einer Nachricht hängen blieb. Es war eine Anfrage für ein Rollen-Casting in Berlin. Es ging um eine Serie, eine Serie die *Bad Banks* heißen sollte, im Anhang schickten sie eine Zusammenfassung des Plots. Und *ich* sollte für die Rolle einer Bankerin, Christelle Leblanc, gecastet werden.

Ich war ein bisschen erstaunt. Ich? Eine Bankfrau? Wer kommt denn auf so eine Idee? Aber es war natürlich irgendwie interessant, auch wenn ich mir unter einer solchen Serie, die in der Welt der Banken spielt, nicht viel vorstellen konnte. Ich las das alles noch einmal durch und blieb am Ende noch mal an einem Namen hängen. »Regie: Christian Schwochow.« Der Name leuchtete mich an. Ich kannte ihn nicht persönlich, aber ich kannte seine Filme. *Der Turm*, die Verfilmung des Buches von Uwe Tellkamp, oder *Bornholmer Straße* über die Nacht der Maueröffnung in Berlin mit Charly Hübner. Sie alle hatte ich in guter Erinnerung, weil Schwochow einen ganz eigenen, sehr intensiven Stil hat. Er war dafür auch unter Schauspielern bekannt, ich hatte gehört, dass Schwochow aus einem Schauspieler Facetten herausholen könnte, die man selbst noch gar nicht kannte. Und obwohl ich zu dem Zeitpunkt nur wenig über *Bad Banks* wusste, war mir klar: Das ist die Chance. Es war auch deshalb so ein besonderer

Moment, weil ich zur gleichen Zeit meine Schauspiel-Agentin in Deutschland gebeten hatte, meinen Namen aus ihrer Kartei zu nehmen. Denn fast alles, was mir an Rollen sonst angeboten wurde, kam mir für mich wie schauspielender Kreisverkehr vor. Entweder war es immer dieselbe Art von Figuren, mit denen ich mich nicht weiter- oder neu entwickeln konnte, oder wenn mich eine Rolle interessierte, entschieden sich die anderen nicht für mich. Ich wollte mir einfach diese Absagen ersparen, sie sind immer ein Nein, das schmerzt. Ich hatte auch meinen Frieden damit gemacht und dachte, in Luxemburg weiter Theater zu spielen und dort das zu entwickeln, was ich künstlerisch wollte.

Ich las diese E-Mail mehrmals durch, und mir wurde klarer: Das will ich machen, das will ich ganz unbedingt machen. Es ist die Chance, auf die ich gewartet habe, denn da hat wohl jemand in mir etwas gesehen, was so weit entfernt von dem ist, was alle anderen immer in mir sehen. Und wenn es nichts wird, dann war es das eben. Es wird mein letzter Versuch. Ich sagte zu, das erste Casting in Berlin sollte zwei Wochen später sein. Ich flog nach Europa.

Berlin-Prenzlauer Berg, Gewerbehof Saarbrücker Straße. Ein Studio, eine Casting-Agentin, ein Kameramann, eine andere junge Schauspielerin und ich. Sie hatten mir ein paar Seiten Text geschickt, es war ein Dialog mit der Kollegin. Ich war nervös und irgendwie auch nicht. Ich merkte schon am Text, dass es hier um ein anderes Niveau ging, als ich es von vielen anderen Filmen kannte. Jedes Wort war gut überlegt und forderte eine gewisse Raffinesse im Umgang mit Sprache und Stimme, um den Charakter Christelle Leblancs zu treffen. »Sehr gut. Danke, wir melden uns.« So heißt es nach jedem Casting und so auch in Berlin, sehr freundlich. In solchen Momenten versucht man immer, irgendwie ein winziges Signal zu erkennen, ob man wirklich gut war oder ob man bereits aussortiert war. Irgendwie ein winziges Signal. Aber es ist sinnlos, Casting-Menschen haben immer das gleiche, freundliche und regungslose Gesicht; nichts verrät irgendetwas.

Ich fuhr dann nach Luxemburg, warten. Zwei Wochen später kam der Anruf. Sie baten mich zum »Callback«, gutes Zeichen. Wieder Berlin, wieder dieselbe Szene, aber dieses Mal mit einer anderen jungen Schauspielerin. Dieses Mal war Christian Schwochow schon dabei, was gut war, weil ich zum ersten Mal mit ihm sprechen konnte. Ich versuchte zu verstehen, was für eine »Leblanc« er genau wollte und was er von mir erhoffte oder erwartete. Doch wieder »Danke, sehr gut, wir melden uns«. Das passierte dann noch drei- oder viermal, und ich war erstaunt, welche Namen junger deutscher Schauspielerinnen mit mir vor der Casting-Kamera standen. Denn die andere sollte die Rolle der Jana Liekam spielen, die Hauptfigur in *Bad Banks*. Es waren also schon »Konstellations-Castings«, bei denen geprobt wird, ob und wie zwei Figuren zueinanderpassen. Ich wusste aber bis dahin nicht, dass sie sich bei einer der beiden Rollen schon für eine Schauspielerin entschieden hatten. Denn dann kam wieder: »Danke, Désirée, sehr gut. Wir melden uns.« So ging es ein paar Wochen, und als dann die fünfte Anfrage für ein weiteres Casting kam, dachte ich, na ja, ich fahr jetzt nicht dauernd nach Berlin, nur weil sie einen Probenpartner brauchen, aber ich vielleicht gar nicht mehr in der Auswahl bin.

Frühjahr 2016. Ein Tag in Luxemburg. Ich war am Morgen in der Philharmonie gewesen, um mit Pascal Schumacher, einem Musiker aus Luxemburg, eine geplante Lesung mit Musikern zu besprechen. Es sollten Texte gelesen werden, die aus der Welt des Jazz kamen. Ich fuhr dann aus der Tiefgarage der Philharmonie wieder heraus, als mein Telefon klingelte und meine damalige Agentin Madeleine Girke laut rief: »Désirée! Du hast die Rolle!«

Es passierte mit mir in dieser Sekunde sehr viel. Ein gewaltiger Druck fiel von mir ab. Es war der Druck, diese tonnenschwere Last, vielleicht doch wieder an dieser einzigen, letzten Chance, die ich mir gegeben hatte und von der ich meine Zukunft abhängig gemacht hatte, zu scheitern. Es war ein anderes »Du-hast-die-Rolle« als bei den vielen Malen zuvor. Es war die Zusage auch an mich, es geschafft zu haben und weitermachen zu können. Wenn es damals geheißen hätte, »nein, leider nicht«, dann wäre ich heute keine Schauspielerin mehr. Das alles raste in Sekunden durch meinen Kopf, und ich, ich bin so, fing an, zu weinen. Richtig heftig, im Auto, mitten auf der Straße. Ich hielt sofort an einer Bushaltestelle, und die Tränen liefen, es waren aber Tränen der Freude, die die ganze Anspannung aus mir herausspülten. Ich weiß noch, dass ein Passant an die Scheibe klopfte und fragte, ob ich Hilfe bräuchte. »Nein, nein«, antwortete ich lachend. »Es sind Freudentränen.«

Es hatte sich mit der Zusage aber auch etwas ausbezahlt: Einmal das Beharren meiner Agentin Madeleine auch in mageren Zeiten nicht jedes Rollenangebot anzunehmen, sondern auf die richtige Rolle zu warten. „Qualität tut weh, es lohnt sich, abzuwarten" hat sie mir immer wieder gesagt. Und sie hatte Recht. Auch weil sie in den Zeiten mehr an mich geglaubt hatte, als ich vielleicht selbst. Und zum zweiten meine Gründlichkeit. Ich hatte in dieser ganzen Zeit der Castings vieles anders gemacht als sonst. Es war meine neue Art der Vorbereitung, die ich in den Jahren zuvor am Theater gelernt hatte. Ich überließ nichts mehr dem Zufall. Für die Castings in Berlin hatte ich mich mit einem Schauspiel-Coach vorbereitet und hatte darauf geachtet, bei jedem Casting Varianten von mir zu zeigen. Mal eine andere Frisur, dann immer andere Kleidung. Ich war eigentlich zu jedem dieser Treffen gefahren, als ob es ein Drehtag wäre und kein Casting. Dieses sich mit Haut, Haaren und Seele einer Sache zu verschreiben hatte sich ausgezahlt. Das zu merken war wichtig für mich, weil ich wusste, dass ich mit dieser Akribie eine Zukunft haben würde. Aber nun: Christelle Leblanc. Wie sollte ich diese vordergründig machtbrutale und kalte, aber innerlich auch ängstliche und um ihre Macht fürchtende Frau werden? Eine Frau, die ganz oben an der Spitze einer großen Bank sitzt und nur mit einem Kopfnicken Milliarden Euro bewegen und Konkurrenten vernichten kann. Ich muss an Anthony Hopkins denken, für den das Drehbuch und jeder Satz, der zu sprechen ist, die Landkarte zu jeder Figur ist. Und wenn das Drehbuch gut geschrieben ist, ist es die Figur auch. Und so war es. Das Drehbuch zu *Bad Banks* war eines der besten, das ich je gelesen hatte. Alles, was und wie Christelle Leblanc sprach, füllte die Figur, jeder Satz war für sich schon ein Schauspiel. Ich kannte am Anfang zunächst nur das Skript für die erste Folge von *Bad Banks* und eine Zusammenfassung der ganzen Handlung. Aber schon die erste Folge, der Pilot, war in sich so organisch und stimmig und konnte schon nur geschrieben die ganze Atmosphäre dieser neonbeleuchteten Bankvorstandsetagen und die leidenschaftslose Kühle der Luft dort sicht- und spürbar machen. Und alles war in einer präzisen Taktung, jede Szene ernährte sozusagen die nächste. Es gab in *Bad Banks* keine einzige überflüssige oder langweilige Sekunde. Das ist bei einem Thema wie Bankinstitute eine Kunst, weil Geldverkehr, Aktien und Derivate für die meisten Zuschauer wenig bekannt sind und die Gefahr besteht, es zu erklären und nicht zu erzählen. Es war aber in *Bad Banks*, soweit ich mich erinnere, noch nicht mal ein einziger Geldschein zu sehen, jedenfalls nicht innerhalb der Banketagen.

Ich hatte mich nach der Zusage immer noch gefragt, warum Christian Schwochow in mir Christelle Leblanc gesehen hatte. Es war wirklich eine Rolle, die so entfernt von mir war wie keine andere zuvor. Er hat es einmal damit erklärt, dass ich mit meiner ganzen Erscheinung diese Internationalität und dieses selbstverständliche Leben in drei oder vier Sprachen mitbrachte, was die Aura in den Zentralen des internationalen Geldes ausmacht. Es kam nicht darauf an, Englisch, Französisch und Deutsch einfach nur zu sprechen. Es war wichtig, auch sichtbar in diesen Sprachen zu denken. Ganz oben an der Geldmacht muss man so sein, schon deshalb, weil es vor Verrat schützen kann, jeden anderen in seiner Sprache zu verstehen. Außerdem, das hörte ich später einmal von ihm, habe es ihn beeindruckt, mit welcher Unbedingtheit und Gründlichkeit ich mich in diese Rolle hineinarbeitete. Und das tat ich, wie alle anderen auch. Ich musste aber fast bei null anfangen, denn ich hatte bis dahin wenig Ahnung von der Arbeit mit Geld und kannte bei einer Bank eigentlich nur den Bankschalter und Geldautomaten. Christian Schwochow schickte uns allen stapelweise Bücher, Dossiers, DVDs mit Dokumentarfilmen, Links, richtig, richtig viel Material. Grund- und Fortgeschrittenenkurs Bank und Geld in einem. Ich paukte, und ich habe zum Glück meinen Bruder, der in Luxemburg im Finanzwesen arbeitet. Den löcherte ich bei unzähligen Treffen und Mittagessen. Wie strukturiert man einen Fonds? Was sind Derivate? Was sind Leerverkäufe? Und so weiter. Mein Bruder erklärte mir alles. Ich schrieb mit und erklärte mir es am Abend selbst noch einmal. Dann hatten wir Schauspieler alle ein Treffen in Berlin, bei dem eine hochrangige Investmentbankerin, die ausgestiegen war, uns das Innenleben der Geldwelt genau erklärte, die Tricks, die Intrigen, alles. Außerdem traf ich mich zweimal mit einer deutschen Finanzexpertin, die in den USA lebt und arbeitet. Dann zurück in Luxemburg schleuste ich mich über Beziehungen einen Tag in eine dieser Großbanken in die oberste Etage ein. Ich wurde als Compliance-Beraterin ausgegeben, die sich einen Eindruck verschaffen wollte. Ich, verkleidet mit dicker Brille und falschen Zähnen, lief diesen Tag nur stumm mit einem Schreibblock herum und beobachtete. Vor allem die Frauen, und das war interessant, weil es eine internationale Bank war und dort viele französische, italienische, englische und deutsche Frauen arbeiteten. Alle im gehobenen Management. Alle sehr tough. Doch ich sah Unterschiede. Die französischen und italienischen Frauen hatten nichts von ihrer Weiblichkeit und ihrem Frausein versteckt, im Gegenteil, sie waren smart und hart, aber eben mit einer sehr weiblichen Haltung. Die deutschen und englischen Frauen waren anders, sie versuchten mehr, wie Männer aufzutreten und auch in einer männlichen Art zu sprechen. Bei meinen Rundgängen betrachtete ich immer ihre Schreibtische sehr genau, weil man von Schreibtischen einiges über Charakter und Seele ablesen kann.

Was lag da herum? Waren sie aufgeräumt oder nicht? Und ich suchte irgendwelche Zeichen eines privaten Lebens. Aber: nichts. Keine der Frauen hatte ein Foto der Familie oder des Partners auf dem Tisch, es war, als ob sie alle, wenn sie durch die Tür des Bankhauses eintraten, sich von allem Privaten beinahe desinfiziert hatten. Ich dachte damals, vielleicht muss das auch so sein, weil diese Welt des Geldes nur dann reibungslos rotieren kann, wenn nichts von außen, nichts aus der wirklichen Welt oder aus dem privaten Leben ablenkt. Und dann stellte ich mir meine Christelle Leblanc in einem solchen Löwengehege vor. Ja, sie wird eher eine von den französischen oder italienischen Frauen sein, sie wird sich in Gestus, Mimik und Sprache von den Männern um sie herum absetzen. Dennoch müssen diese permanente anstrengende Selbstbeherrschung, Contenance und diese ständige Kontrolle ihrer eigenen Macht an ihr sichtbar werden. Sie musste asketischer und mehr nervlich heruntergehungert sein, als ich es war. Ich musste abnehmen.

Ich fragte Christian Schwochow, ob er sich Christelle schmaler vorstellen könnte, und er war einverstanden. Also nahm ich ab, und weil ich alles so gründlich mache, nahm ich auch gründlich ab. Nicht so nebenbei, mit Joggen und so, sondern verdammt ungesund. Aber ich wollte es so. Ich nahm das Hormon HCG ein. Eigentlich ein Hormon, das dem Körper eine Schwangerschaft vortäuscht und Fettreserven am Körper abbaut, um den vermeintlichen Fötus zu ernähren. Natürlich wusste ich, dass so etwas nicht wirklich gesund ist, und ich kann auch nur davor warnen, weil es keine gute Zeit war. Dazu verzichtete ich auf jeglichen Alkohol und jegliches Fett und benutzte auch keine Hautcremes mehr, ich verbannte jedes Fett an und in meinem Körper. Und ich nahm ab. Zehn Kilo in fünf Monaten. Wer das schon mal erlebt hat, weiß auch, dass es schwer sein kann, wieder auszusteigen. Man ist dann einfach auf der Rolle. Irgendwann war ich bei zwölf Kilo angekommen. Und da gab es eine Kostümprobe mit Christian Schwochow, und er sah mich an und bat mich, das Abnehmen bitte zu unterbrechen, sonst würde ich bei Drehbeginn gar nicht mehr da sein.

Und dann kam die Sache mit der Perücke. Wir überlegten lange, was für eine Frisur Christelle haben sollte. Es gab auch die Idee, dass ich mir die Haare kurz schneiden könnte. Das ging aber nicht, weil ich noch eine andere Sendung zu moderieren hatte, und da hätte eine solche Veränderung für Verwirrung gesorgt. Ich sollte mal ein paar Perücken ausprobieren, meinte Schwochow. Also gab es einen Nachmittag in Köln in der Maske, wo ich sehr viele Perücken, manche auch aus alten Filmen, ausprobierte. Manche waren mal kürzer, mal länger, mal mit Ponyschnitt, mal mit Seitenscheitel, und eine einfach nur in Grau. Ja, dachte ich bei dem Blick in den Spiegel, so oder so ähnlich vielleicht, ich erkannte unter den Haaren immer noch mich und fühlte mich nicht fremd. Dann gab es eine Videoschaltung zu Schwochow, und wir zeigten ihm die Varianten. Er war nicht glücklich. Irgendwie passten sie alle nicht so zu dem, was er sich vorgestellt hatte. »Kann ich noch mal diese eine sehen?«, fragte er am Ende und meinte eine Perücke, die wir eigentlich schon aussortiert hatten. Eine mit dicken, dunklen Haaren und grauen Strähnen, etwas steif. Er dachte nach. »Genau die ist es. Die nehmen wir.«

Ich war sprachlos. Ich war mir sicher, nie und nimmer mit dieser Perücke zu spielen. Niemand würde mich in dieser angegrauten, herben Frau erkennen, ich mich ja selbst auch nicht. Dass genau diese Perücke eine ganz eigene Geschichte hatte, erfuhr ich erst danach. Es waren dieselben Haare, die auch schon Barbara Sukowa in ihrer Rolle als Hannah Arendt getragen hatte. Aber sie passte mir nicht, Barbara Sukowa hatte eine andere Kopfform, die Perücke war mir zu eng. Keine Chance. Dieses »keine Chance« wurde für mich zu einem Lehrstück. Denn ein paar Tage später, bei einer Leseprobe in Berlin, sagte ich zu Schwochow, dass ich diese Perücke nicht tragen wollte. Das würde nicht passen. Er nahm mich zur Seite, und es wurde ein scharfer und sehr klarer Moment zwischen uns. »Désirée, Christelle Leblanc hat diese Frisur. Und wenn du das nicht willst, willst du denn das Ganze überhaupt? Überleg es dir.« Ich spürte seine Enttäuschung über mich und dachte: Zündschnur. Ich wusste sofort, mach jetzt keinen Fehler. Mach, was er sagt, er ist der Regisseur. Verspiel es jetzt nicht. Okay, die Perücke. Aber sie, die Sukowa-Arendt-Perücke, war auf meinem Kopf etwas zu eng. Die Maskenbildner schnitten sie daraufhin auf der hinteren Seite etwas ein, sodass sie passte. Ich musste nur beim Drehen aufpassen, den Kopf nicht zu sehr zu bewegen, sonst verrutschte sie. Das half der Rolle aber, denn Leblanc brauchte diese etwas steife Haltung. Wie ich vorher einmal gesagt hatte, dass es manchmal nur ein Kostüm oder eine Requisite braucht, die einem die Figur, die man spielt, wirklich eröffnet, dann war es bei Christelle diese Perücke. Sie war die optische Entfremdung, die Désirée zu Christelle werden ließ. Sie war der perfekte, weil eben etwas steife Rahmen für das verhärtete Gesicht, das ich in der Rolle hatte. Christian Schwochow war der Meinung, dass wenn sich Männer wie Barry Atsma, Tobias Moretti und Jean-Marc Barr in einem Raum befinden, die die Banker, die Alphatiere des Geldes, spielen, dann ist der Raum voll. Und dann soll eine Christelle, also eine Désirée, dazukommen, mit Pferdeschwanz oder so? Nein, er brauchte eine Frau, bei der man nicht fragt, was die dort zu suchen hat, sondern die die völlige Selbstverständlichkeit verkörpert, in diesem Raum genauso zu sein, wie die anderen auch. Von der man sogar glauben könnte, dass ihr der Raum gehörte.

Ich bin Christian Schwochow bis heute für seine Strenge und Unnachgiebigkeit unendlich dankbar. Er hatte erkannt, dass ich genau diese Perücke mit den langen Haaren und der großen Welle über der Stirn brauchte, um Christelle Leblanc und ihre Macht nicht nur zu spielen, sondern sie zu werden. Dass nicht diese, aber andere Perücken mich später und eigentlich bis heute weiterbegleiten sollten, ahnte ich damals noch nicht.

Erster Drehtag. Ich in der Maske, die Perücke auf dem Kopf, ein

Blick in den Spiegel. Seltsamer Moment, weil ich dachte, ich sähe jetzt meinem Vater ähnlich. Jedenfalls blickte ich in ein Gesicht, was mich an ihn erinnerte, und ich mir auf einmal alt vorkam. Ich beschloss, während der ganzen Dreharbeiten mich nicht mehr im Spiegel anzusehen. Das ließ sich natürlich in der Maske nicht immer vermeiden, aber auch dann schaute ich angestrengt weg. Ich fühlte mich so verkleidet, dass ich sicher war, wer mich sieht, wird das gewiss kommentieren oder laut lachen, »Désirée, was haben sie denn mit dir gemacht?« Aber das passierte nicht. Es passierte etwas ganz anderes. Viele erkannten mich nicht, und mir wurden auf einmal die Türen geöffnet, man ging zur Seite, wenn ich kam. Wir drehten in Frankfurt und in Luxemburg, und wer mich nicht kannte, reagierte, als ob die große Chefin die Szene betreten hätte.

Ich bin später oft gefragt worden, von woher ich diese Kälte und Bosheit der Christelle geholt hätte und ob ich in irgendeinem Winkel meiner Seele ein Repertoire an Finsternis entdeckt hätte. Es war ganz anders. Ich habe mir ständig die Angst von Christelle Leblanc vorgestellt, die Angst, ihre Macht zu verlieren, die ja ihr einziger Lebensinhalt war. Und wenn jemand fürchtet, das Einzige zu verlieren, von dem er glaubt, dass es ihn überhaupt existent macht, dann geht er über Leichen, weil er nicht kaltgestellt werden will. In den Etagen von Banken gibt es, und das ist wirklich so, den sogenannten »Sterbeflur« für diese Kaltgestellten und Entmachteten, die man nicht sofort rauswerfen kann. Es sind Gänge mit kleinen Büros mit einem Telefon und einem Computer, der schon keinen Zugang zum Firmennetz mehr hat. Niemand kommt vorbei; es verirrt sich noch nicht einmal jemand dorthin. Wenn die Macht über Geld und Menschen den Sinn des Lebens ausmacht, dann ist das die Zone des sinnlosen Lebens. Und vor der hat jeder, der oben ist, Angst. Es ist nicht die Angst, weniger Geld auf dem Konto zu haben. Es ist eine Angst, die tiefer geht. Ich habe mir damals etwas vorgestellt, was mich bis heute beschäftigt. Denn wenn mir so etwas passieren würde, wenn man mir sagen würde: »Désirée, niemand interessiert sich mehr für dich. Niemand will dich vor einer Kamera, im Fernsehen, im Kino oder auf einer Bühne mehr sehen. Du bist einfach eine Null«, könnte ich dann noch irgendeine Freude im Leben haben? Würde ich noch ins Kino oder Theater gehen? Ein schönes Kleid kaufen? Etwas Gutes kochen oder essen? Oder mich verlieben können? Ich weiß es nicht, aber ich fürchte, dass es nicht mehr ginge. Und so ist es mit Christelle Leblanc, sie hat nicht nur Angst, ihre Macht in der Bank zu verlieren, sondern damit auch den Sinn ihres ganzen Lebens. Und sie ist kalt und brutal, weil es die einzigen Instrumente sind, die sie kennt und die auch alle anderen haben. Und diese Kälte regiert auch ihr privates Leben. Man weiß in *Bad Banks* nicht viel über ihr privates Leben, nur dass sie einen Sohn hat, der in zwei Szenen vorkommt. Wir casteten für diese Rolle junge Schauspieler in Luxemburg; Schwochow war nicht dabei. Es waren alles gute Schauspieler, und es war einer dabei, der stotterte. Er gab sich zwar beim Casting alle Mühe, nicht zu stottern, aber es gelang ihm nicht richtig. Wir nahmen alles auf, damit sich das Schwochow später ansehen konnte. Ich erwischte mich bei dem Gedanken, was wäre denn, wenn die Leblanc einen stotternden Sohn hätte? Wenn in ihrer so perfekten Welt ausgerechnet der Sohn nicht perfekt wäre? Dass der Junge stottert, stand so gar nicht im Drehbuch, und ich überlegte einen Moment, ob ich selbst jetzt auch schon etwas von der Bosheit meiner Figur angenommen hatte. Ein paar Tage später rief mich Schwochow an. »Na, welchen willst du als Sohn haben?«, fragte er. Ich war vorsichtig. »Hast du den einen gesehen? Den, der stotterte?« Er schwieg einen Moment und meinte dann: »Daran habe ich auch schon gedacht.« In den Szenen, die wir dann später mit Christelle und ihrem Sohn drehten, steigert sie dann noch mal ihre Bosheit. Der Sohn versucht, seiner Mutter etwas zu sagen, aber die Worte stolpern. Sie holt aus und knallt ihm eine heftige Ohrfeige. »Mein Gott, kannst du endlich mal vernünftig reden?« Entscheidend war dabei aber auch, dass ich anders sprach als in meiner normalen Tonlage. Wer mich kennt, kennt auch immer meine Stimme. Oft spreche ich schnell, manchmal auch sprudelnd. Auch davon musste ich mich als Leblanc entfernen. »Leg sie tiefer und sprich langsamer«, sagte Schwochow zu mir. »Tiefer ist bedrohlicher, und langsamer heißt, dass du jedes Wort ernst meinst. Eine Leblanc sagt nichts so dahin.« Er hatte recht, ich hatte mich selbst noch nie so sprechen gehört. Aber ich konnte es, wie die Perücke, nach Drehschluss ganz gut wieder ablegen. Das macht beim Fernsehen und Film jeder Schauspieler anders. Manche arbeiten sich so tief in ihre Rolle, sie versinken richtig darin, dass sie auch ihre Figur bleiben, wenn nicht gedreht wird. Das kann eine Methode sein, die in den USA einige sehr berühmte Schauspieler anwenden. Von einem weiß ich, dass er sich auch abseits der Kamera mit anderen Schauspielern richtig verfeindet, sie beschimpft und beleidigt, weil sie auch im Film seine Feinde sind. Andere, die in einer Rolle vielleicht humpeln müssen, ziehen das Bein dann auch während der ganzen Dreharbeiten hinterher. Das kann anstrengend sein, aber wie gesagt, jeder hat seinen Weg. Ich bin nicht so. Ich konnte die Leblanc abends ganz gut wieder ausziehen. Ich versuche immer, während solcher Dreharbeiten so gut wie kein Privatleben zu haben. Also am besten niemanden sehen, allein bleiben und mich in meiner Blase einrichten, denn jede Ablenkung kann meine Arbeit stören. Während wir die vier Monate *Bad Banks* drehten, lebte ich in Luxemburg im Haus meiner Mutter, in meinem alten Kinderzimmer. Das war einsam, aber es half, mich zu konzentrieren. Denn darum ging es. Sich zu konzentrieren. Ich hatte vorher noch nie einen Regisseur erlebt, bei dem es so entscheidend war, mit allen Sinnen und Gedanken bei dieser Sache zu sein. Und das ging am Set allen aus dem Team so. Es war immer sehr still bei den Dreharbeiten, weil jeder sich in seinen Part vertiefte und jeder Christian Schwochow unbedingt sein Bestes liefern wollte. Und Schwochow gab das auch zurück, weil er sich intensiv um jedes Detail kümmerte und jeden, wirklich jeden mit Namen kannte und wusste, welchen Job er hatte. Das ist beim Film und Fernsehen nicht selbstverständlich. Ich habe auch Regisseure erlebt, die morgens nicht wussten, welche Szene am Tag gedreht werden sollte, und auf die Uhr schauten, wann endlich Drehschluss ist, damit man essen gehen konnte. Ich will das hier nicht beklagen, denn oft sind es auch die schmalen Budgets, die zur Eile treiben und damit Präzision verhindern. Manchmal sind es aber auch Vorgaben der Produktion oder der Sender, die sich für Tiefe in den Drehbüchern nur bedingt interessieren. Bei *Bad Banks* konnte es zum Beispiel sein, dass zweihundert Komparsen in einer Bank in Frankfurt standen und die Kamera sie für eine kurze Szene in der Totalen filmen sollte. Alles war bereit, aber Christian Schwochow konnte auf einmal sagen, »Moment, Sie da in der letzten Reihe, ja, Sie. Wie heißen Sie? Ah ja. Schön, dass Sie da sind. Ich habe nur gerade überlegt, ob wir Ihre blaue Krawatte besser mit einer roten ersetzen. Warten Sie einen Moment, wir bringen Ihnen eine rote.« Und dann wurde die Szene gedreht, und möglicherweise war der Komparse mit der roten Krawatte noch nicht einmal in der Szene zu sehen. Es ist eine Präzision, die für manche schwer zu verstehen ist. Blaue oder rote Krawatte? Wer sieht das schon? Die Antwort ist einfach: alle. Und sei es nur ein Farbpunkt am Rande des Fernsehbildschirms. Doch es ist ein Punkt von unzähligen anderen Punkten, zu denen auch der Unterschied zwischen Wörtern wie »und« oder »oder« in einem Dialog gehört. Oder die präzise graue Strähne in meiner Perücke. Oder die Uhr, die ich am Arm trage. Es sind alle diese Details, die gute Regisseure im Kopf und im Blick haben und die am Ende jede Sekunde eines Films stimmig und brillant machen. Wie gesagt: Es gibt in *Bad Banks* keine überflüssige oder langweilige Sekunde.

Wir drehten bis Anfang 2017, und dann hieß es, ein Jahr warten, bis die erste Staffel gesendet wurde. Für mich war es eine Zeit, in der wieder mal viel passierte und die Weichen meines Lebens noch einmal neu gestellt wurden. Ich und all die anderen, die bei *Bad Banks* mitgespielt hatten, wussten ja noch nicht, ob es überhaupt ein Erfolg werden würde. Ich hatte aber das Gefühl, bei etwas sehr Besonderem dabei gewesen zu sein, und ich spürte auch, dass ich in Deutschland wieder auf einer Liste stand, man nahm mich wieder wahr. Da waren auch kleinere Sachen dabei wie eine Gastrolle in *Soko Stuttgart* oder größere Projekte wie der Film *De Superjhemp Retörns*, eine Superhelden-Parodie, die eigentlich nur Luxemburger verstehen, denn der »Superjhemp« ist eine hier sehr berühmte Comicfigur, die immer, wenn sie Kochkäse verschlingt, Superkräfte bekommt. Es war ein Spaß, den, glaube ich, niemand außerhalb Luxemburgs verstehen würde.

Und es passierte noch mehr und wie immer bei mir, vieles gleichzeitig. Ich hatte durch das Theaterspielen in Luxemburg und die Dreharbeiten zu *Bad Banks* in Europa wieder einen beruflichen Boden unter den Füßen, und ich wollte das nicht wie in all den Jahren davor wieder verspielen, weil ich mal wieder, oder eigentlich irgendwie dauernd, nicht da war. Ich wollte auch nicht mehr in Luxemburg bei meiner Mutter im Kinderzimmer leben, sondern suchte mir mein eigenes Haus. Ich hatte in Los Angeles eigentlich kaum noch etwas zu tun, außer bei meinen Kindern zu sein, die aber mittlerweile selbstständig geworden waren. Ich musste mein geografisches Leben neu ordnen und mir einen Mittelpunkt suchen, den ich ja bis dahin noch nie wirklich hatte. Ich war auch diese vielen Monate leid, die ich in Flugzeugen verbracht hatte. Und es kam noch etwas sehr Privates dazu. Ein Mann. Tom.

Wir kannten uns schon sehr lange, beruflich. Tom war der Kameramann, der mich bei unzähligen Fernsehmoderationen mit der Steadycam, also mit der verwacklungsfreien, tragbaren Kamera, begleitet und aufgenommen hatte. Wir waren dadurch so etwas wie Freunde geworden, sahen uns dann aber immer seltener, weil ich auch seltener moderierte. Nun war dieser Kontakt wieder intensiver geworden. Doch dazu später.

Und dann gab es diesen einen Sommerabend im Jahr 2017. Ich saß in meinem Haus in Los Angeles und sollte in drei Tagen wieder nach Europa fliegen und wie immer in zwei, drei Monaten wieder zurückkommen. Ich wollte das nicht mehr. Lennon hatte sowieso schon Pläne, auszuziehen, und auch Luka war auf ihrem Weg. Und dann, ich bin ja so, nahm ich das Telefon, rief eine Spedition an und wollte einen Container bestellen. Einen Container für alle meine Sachen, wegziehen und das Haus verkaufen oder vermieten, mal sehen. Aber ich wollte den Container am nächsten oder übernächsten Tag haben, also sehr schnell. In Los Angeles sagten sie mir, dass es mindestens eine Woche dauern würde. Na gut. Ich wartete wegen der Zeitverschiebung bis Mitternacht und rief dann eine Spedition in Luxemburg an. Und ja, natürlich, sie könnten alles organisieren. Ein Container würde spätestens am nächsten Tag vor meiner Tür stehen. Und so war es dann auch.

Drei Tage später saß ich dann im Flugzeug nach Luxemburg, und mein Hausstand, meine persönlichen Sachen, alles befand sich in einem Container auf einem Schiff im Hafen von Los Angeles. In sechs Wochen sollte er in Luxemburg ankommen. Siebenundzwanzig Jahre hatte ich nun hier gelebt. Ich war mit meinem damaligen Mann und großen Träumen hierhergekommen. Ich hatte meinen ersten eigenen Film gedreht, ein Erdbeben überstanden, zwei Kinder zur Welt gebracht und mitangesehen, wie meine erste Ehe auseinanderging. Ich hatte ein neues Haus gesucht und gefunden. Und ich war sehr vielen Menschen begegnet, interessanten und uninteressanten, guten und weniger guten. Ich hatte viele Bekannte, aber hier hat jeder viele Bekannte, wenn er irgendwie im Film-Business tätig ist und es nützlich ist, sich zu kennen. Als ich nicht mehr nützlich war und mein erster Mann einen anderen Weg nahm, hatte ich kaum noch Bekannte. Und als ich in jenem Sommer 2017 Los Angeles verließ, waren es genau drei Freunde, von denen ich mich verabschiedet hatte. Drei. Nach siebenundzwanzig Jahren. Die anderen, die Bekannten, hatten, glaube ich, nicht einmal mitbekommen, dass ich gegangen war.

Mein Sohn Lennon zog dann in eine eigene Wohnung, meine Tochter Luka zu ihrem Vater ins Gästehaus, und ich vermietete unser Haus. Nach nur einem Jahr zogen die Mieter wieder aus und hinterließen das Haus völlig verdreckt und verwahrlost. Ich hatte dann überlegt, es zu verkaufen, doch mein und das Herz meiner Kinder und auch von Maria, die uns immer wieder besuchte, hing so sehr an dieser kleinen Heimat im Laurel Canyon, dass ich es behielt und heute meine Kinder dort leben und ich, wenn ich sie besuche. Ich muss manchmal an die großen Träume denken, die Harald und ich hatten, als wir damals in der Nacht dem Taxifahrer die Taschenlampe abkauften, um überhaupt etwas in unserem ersten Haus zu sehen, weil ja der Strom noch abgestellt war. Ich kann heute nicht mehr genau sagen, was von *meinen* Träumen Wirklichkeit geworden war, weil ich nicht mehr genau weiß, was ich mir damals eigentlich vorgeträumt hatte. Harald und ich haben uns beide mitgerissen, er mich und ich ihn, obwohl ich ja wie gesagt nicht wirklich überzeugt war und am Anfang noch gehofft hatte, nur ein Jahr zu bleiben. Doch Harald hatte ein Vorhaben, ein Ziel, und das hieß Musik und Los Angeles. Er hatte beides geschafft. Ich habe in Los Angeles auch vieles geschafft, was ich vorhatte, vieles Kleines, könnte man sagen. Meine größeren Schritte hatte ich aber in Europa gemacht. Nicht nur als Schauspielerin, sondern auch privat. Deshalb fiel mir der Abschied im Sommer 2017 nicht so schwer.

Obwohl … Wenn ich heute in den wintergrauen Himmel über Luxemburg schaue und mich nicht nur anziehen, sondern warm einpacken muss, bevor ich vor die Tür gehen möchte, dann denke ich schon an die Terrasse im Laurel Canyon, den wirklich fast immer blauen Himmel, 20 Grad und die Silhouette aus Palmen in der Ferne. Oder wenn mich ein Berliner Taxifahrer, der die völlig falsche Strecke fährt und dem ich das sage, mich dann anbellt: »Dit überlassen Se mal mir, Frollein! Ick fahr seit zwanzig Jahren, wa!« Dann, ehrlich gesagt, würde vermutlich jeder den freundlichen Uber-Fahrer aus Hollywood vermissen, der einen mit »How are you today? It's a pleasure to be your driver« begrüßt. Das Leben erscheint einem oft leichter, wenn die Kulisse, in der es spielt, schöner ist. Ich denke dabei manchmal noch an den Taviani-Film *Good Morning, Babylon.* Zwei Italiener, die nach Kalifornien gingen, um Filmkulissen zu bauen. Die schönsten und prächtigsten der Welt. Und das trifft es ganz gut. Ich habe siebenundzwanzig Jahre in einer Kulisse gelebt. Es war und ist eine schöne Kulisse, auch in der Sprache. Aber wie das mit Kulissen so ist, man kann in ihnen noch so weit laufen und bleibt doch immer am selben Fleck.

Und ich wollte weiter.

Hier und morgen

Luxemburg. Ich hatte also wieder eine Heimat. Ein Haus. Ich hatte schon von Los Angeles aus gesucht und lange keines gefunden. Ich wollte nicht mitten in die Stadt Luxemburg ziehen, sondern, wie in Los Angeles, etwas finden, von wo aus mein Blick wandern und ich tief einatmen konnte. Ich fand im Internet auch einiges außerhalb der Stadt, und irgendwann fand ich es, ein Haus, und ich sah auf den Fotos die grüne Wiese und den Wald dahinter. Es lag nordwestlich von der Stadt Luxemburg in einer kleinen Gemeinde, etwa zwanzig Minuten Autofahrt von der Stadt entfernt. Es war der gleiche Impuls wie bei meinem Haus im Laurel Canyon, ich überlegte, ob ich dort sitzen wollte, in den Wald schauen und nicht deprimiert werden würde. Und so war es, als ich es dann wirklich sah. Ich fühlte mich zu Hause. Bereits nach zehn Minuten. Es ist das Haus, in dem ich heute lebe. Mit meinem Mann Tom und neuerdings mit unserem Hund Bowie.

Ich will ein bisschen etwas über Tom und mich erzählen. Wir, wie schon gesagt, kannten uns schon lange, hatten aber über die Jahre hinweg wenig Kontakt gehabt. Irgendwann schrieben wir uns dann wieder Nachrichten, und das intensivierte sich. Es fing an, als ich noch in Los Angeles war, aber schon auf dem Weg, nach Luxemburg zu ziehen. Wir haben uns dann da auch zum ersten Mal wieder getroffen. Nun war es nicht so, dass ich seit meiner Scheidung von Harald keinen Mann in meinem Leben getroffen hätte, es gab schon welche. Freunde, bessere Freunde und auch Versuche einer Partnerschaft.

Doch es ging alles wieder auseinander, oft so geräuschlos und meistens auch friedlich, wie ich es auch wollte. Ich kann über diese Zeiten eigentlich nichts erzählen, weil sie nichts an mir oder meiner Arbeit verändert haben. Heute kommt mir manches davon wie die Erinnerung an einen Ferienflirt vor, nett und schön, aber nichts für den Alltag. Das Problem war nur, dass, kaum zeigte man sich einmal öffentlich – und war es auch nur spazieren gehend –, die Überschriften gleich »Désirée mit ihrem Neuen« oder so hießen. Diese Männer waren neben mir, aber nicht mit mir, das war der Unterschied. Und ob manche von denen sich vielleicht von meinem Namen mehr Glanz für sich selbst erhofften, kann ich nicht beurteilen, für mich war das kein Thema. Irgendwann klang es eben aus und mit den meisten auch so friedlich, dass wir uns heute noch kennen und auch Kontakt haben.

Mit Tom war das nun ganz anders. Wir begegneten uns unter dem Radar von Prominenten, Bühne oder Leinwand. Wir begegneten uns als Tom und Désirée. Tom ist ein Mann, der sich bis heute nicht für meine Prominenz oder die Geschichten, die hinter mir liegen, interessiert. Und auch nicht dafür, wen ich alles kenne. Tom gehört zu den gefragtesten Steadycamern im Fernsehgeschäft, er hatte vor seiner Kamera mehr große Namen, als ich wahrscheinlich kenne. Aber für ihn sind es bis heute Gesichter und weniger Namen. Wer jede Nase, Mund und Stirn, Falte, Ader und jeden, sagen wir mal, kosmetischen Eingriff aus der Nähe kennt, ist von Namen und Prominenz nicht mehr zu beeindrucken. Das tat mir gut, sehr gut. Auch weil wir über unsere tägliche Arbeit sprechen wie über den Wetterbericht. Was war heute? Was kommt morgen? Also los!

Tom interessiert sich für mich, für uns und dafür, dass es uns gut geht. So seltsam es klingen mag, das war für mich neu. Ein Mann, der mir sagt: »Vergiss die Vergangenheit. Vergiss, wer dich ausgenutzt und von deinem Geld gelebt hat. Das war gestern, und nun kommt morgen.« Mein ganzes Leben davor hatte ich immer mit Partnern oder Männern zu tun gehabt, die mich in ein anderes Leben hineinrissen und die von unseren Zielen sprachen, aber ihre meinten. Mein ganzes, zwischen den Kontinenten umherfliegendes Dasein hatte damit zu tun, dass ich meiner ersten Liebe gefolgt war. Und auch ein paar der Geschichten danach waren so, dass jemand voranging und erwartete, dass ich mitging oder nachfolgte. Aber jetzt saß ich in meinem Haus am Waldrand in Luxemburg, es war mein Ort. Ich war niemandem mehr gefolgt, und ich wollte auch nicht mehr weg. Ich war autonom.

Und mit diesem endlich auch mal gelassenen Gefühl war ich schon 2017 zu einem Treffen nach Frankfurt gefahren. Eine TV-Produktion hatte mir eine Rolle in einer ARD-Serie angeboten, die wir besprechen wollten. Die Rolle war erst mal nur eine Idee, die Figur nur eine Skizze, aber auf dem Weg nach Frankfurt war ich gedanklich schon dabei, ihr kleine Konturen zu geben. Ich hatte bereits eine Ahnung, wie ich sie formen würde. Es war nach Christelle Leblanc die zweite Charakterfigur, die ich werden konnte. Cathrin Blake, eine in Deutschland geborene und in Irland arbeitende Polizeipsychologin, deren Mann einst spurlos verschwand und die deshalb zur Alkoholikerin wurde. Nach überstandener Therapie kommt sie als Psychologin zurück zur Polizei. *Der Irland-Krimi* sollte die TV-Serie heißen. Für mich war es das erste Mal, dass die ARD mit mir eine Reihe plante. Sie trauten mir also zu, die Figur über mehrere Folgen halten und entwickeln zu können, sie sollte zur Marke werden. Das ist für jeden Schauspieler natürlich erst mal ein Kompliment und die Chance, eine Figur besser und breiter entwickeln zu können, als in einem neunzigminütigen Einzelfilm, in den die ganze, komplexe Geschichte einer Cathrin hineingepresst werden müsste. Die Figur und die Drehbücher, die ich für die ersten beiden Folgen gelesen hatte, waren interessant. Aber dennoch, als ich auf dem Weg nach Frankfurt war, wollte ich es absagen. Weil ich skeptisch war, ob es gelingen würde. Dabei lag es gar nicht an der Figur oder Geschichte, sondern an der bisherigen Art, deutsche Krimis in ausländischen Städten zu inszenieren. Ich hatte einige gesehen und hatte Zweifel am Authentischen. Da ermittelt ein deutscher Kommissar in einem fremden Land, und alle Einheimischen sprechen mit ihm fließend Deutsch, als wäre es ihre Muttersprache. Der Reiz würde darin liegen, einen Kriminalfall im Ausland spielen zu lassen, die Sprachen so zu belassen, wie sie im jeweiligen Land gesprochen werden, und einen Dolmetscher mitspielen zu lassen oder einen Ermittler mit Wörterbuch in der Hand oder was auch immer. Das wäre hochinteressant, aber für diese Art von Fernsehfilm nicht durchzusetzen. Hinzu kommt noch etwas anderes. Die Krimis, die ich kannte, funktionierten so, dass deutsche Schauspieler mit ausländischen Schauspielern Englisch oder Französisch sprachen, wenn sie es konnten, und mit deutschen Kollegen, die mitspielten, Deutsch. Das Englische oder Französische wurde dann noch mal zurück ins Deutsche synchronisiert, was ja nicht anders ging. Und so entstand immer eine sicht- und hörbare Diskrepanz des Gesprochenen. Wenn also eine Figur in einer Szene auf einem Segelboot im Sturm einer anderen etwas zuruft, hört man den Stress in der Stimme genau. Wenn nun aber dieser Zuruf in einem warmen, trockenen Synchronstudio noch mal auf Deutsch wiederholt werden muss, hat er eine andere Dynamik und einen anderen Tonfall. Bei Filmen, die komplett synchronisiert werden, fällt das nicht so auf, weil alles in der gleichen Ton- und Stimmlage bleibt. Doch bei Filmen, die teilsynchronisiert werden, fällt es auf, und das geht auf Kosten des Authentischen, wie ich finde. Und das waren meine Bedenken und auch, dass ich mich da wahrscheinlich nicht wohlfühlen würde. Und dann passierte etwas, was auch für mich neu war. Sie fragten, was denn anders sein müsste, damit ich Cathrin Blake spielen würde. Das Interessante und auch Herausfordernde für mich war, dass mir zum ersten Mal eine Figur »übergeben« wurde, um sie zu formen, und ich sagen konnte, wie ich sie sah. Und so lag der Ball auf meiner Seite. Da nützt es nichts mehr, dieses oder jenes zu beklagen und diese und jene Bedenken zu haben, wenn die andere Seite sagt: »Mach, wie du meinst, und sag uns, was wir tun können.« Und es ist dann, ehrlich gesagt, gar nicht so leicht, sofort Ideen zu haben und die Szenen vor sich zu sehen. Wie auch? Filme, bevor sie gedreht werden, sind Vorstellungen im Kopf, Kopfkino ist ein ganz gutes Wort dafür. Und sich den *Irland-Krimi* vorzustellen, war nicht leicht, weil die irischen Schauspieler noch nicht gecastet waren und ich auch Galway, den Hafenort in Irland, wo es gedreht werden sollte, nicht kannte. Aber gut. Ich sagte erst mal, dass ich in der Rolle entweder nur Englisch oder nur Deutsch sprechen wollte, also nicht mal so, mal so, keinen sprachlichen Flickenteppich. Und dass ich bei der Auswahl der Regie ein Mitspracherecht haben möchte. Und sie waren einverstanden. Und dann, während ich und die Produktion den *Irland-Krimi* vorbereiteten und ich dabei war, mir gedanklich eine Cathrin Blake zu formen, kam *Bad Banks* ins deutsche Fernsehen. Es gab vorher eine Premiere während der Berlinale in Berlin, also in einem Kino, und wir, also fast alle Schauspieler und Regisseur Christian Schwochow, waren dort. Für mich war es das erste Mal, dass ich mich so lange auf der Leinwand sah, die ganze erste Folge. Normalerweise versuche ich, so etwas zu vermeiden. Wenn ich mal bei einer Premiere eines Films war, in dem ich mitgespielt hatte, habe ich mich nach den ersten Minuten immer aus dem Saal geschlichen. Ich bin damit nicht allein, ich kenne viele Kolleginnen und Kollegen, die sich selbst nicht gerne in einem Film sehen. Mir fällt es deshalb schwer, weil ich immer nur mich selbst beobachte und natürlich darüber nachdenke, dass ich diese oder jene Szene hätte besser spielen können, dass mein Timing nicht gut war und solche Sachen. Ich frage mich manchmal, ob Schriftsteller ihre fertigen, gedruckten Bücher noch mal lesen und dann Sätze sehen, die sie nicht mehr ändern können. Aber das ging nun bei *Bad Banks* nicht mehr; also sah ich mir zu. Und vergaß nach einer Weile, dass ich diese Christelle war. Wirklich. Sie war auf der Leinwand so weit von mir, Désirée vor der Leinwand, entfernt, dass ich mich nicht mehr erkannte. Und zum ersten Mal konnte ich der Geschichte von *Bad Banks* folgen. Ich sah zum ersten

Mal, was Christian Schwochow aus allem gemacht hatte. Und das war beeindruckend und selbst für mich als Zuschauer spannend.

Der Applaus nach der Premiere war gewaltig, ich glaube, alle waren überrascht, weil sie Paula Beer, Tobias Moretti, Barry Atsma, Marc Limpach, alle anderen und auch mich so noch nie gesehen hatten. Der Erste, der nach der Premiere direkt zu mir kam und mir gratulierte, war mein Schauspielcoach Frank Betzelt. Was mir sehr wichtig war, weil diese Christelle nur mit ihm so entstehen konnte. Es folgten endlos viele Gratulationen, auch von solchen Personen, die mir noch zwei Jahre zuvor keine Rollen mehr geben wollten, weil ich ihrer Meinung nach zu alt war. Aber wie das immer so ist, nach diesem Erfolg hatten es natürlich viele dann »schon immer gewusst«. Oder ich wurde erstaunt gefragt: »Wo waren Sie denn die letzten Jahre?« Und, »wir müssen unbedingt etwas zusammen machen«. Einiges davon war sicher ehrlich gemeint, anderes aber war auch dieser übliche Premieren-Small-Talk, der nicht länger hält als die Premiere selbst.

Als *Bad Banks* dann im Fernsehen gezeigt wurde, waren die Kritiken und Reaktionen ähnlich. Viel Applaus für die Serie, Applaus für alle Schauspieler und auch für mich. Ich war natürlich erleichtert und froh, verstand dann aber nicht, dass viele bei mir von meinem »Comeback« sprachen. Ich war nie weg. Ich hatte die ganzen Jahre Filme gedreht und Theater gespielt, nur eben manchmal nicht in den Produktionen, die große Presse hatten. Es war ein eigenartiges Gefühl, diesen Erfolg zu haben. Es rufen unendlich mehr Menschen an, die Presse fragt nach Interviews, Porträts oder Homestorys. Auf einmal ist man für alles und jeden interessant. Es erinnerte mich ein wenig an meine jungen Jahre, als der Zettel neben unserem Telefon an der Treppe immer vollgeschriebener wurde. Doch etwas war anders: Erfolg kann einen einsam machen. Mir ging es so. Ich merkte, wie sich etwas veränderte, auch zum Guten veränderte, und fragte mich dann: Das wolltest du doch so, oder? Ja, natürlich. Wer will das nicht? Wer will nicht gut arbeiten und belohnt werden? Doch gleichzeitig kommt die Angst, das Erreichte gleich wieder zu verlieren. Und dann die Frage: Was erwarten jetzt alle von mir? Was muss ich jetzt tun? Niemand kann sich auf einer gut gespielten Rolle ausruhen. Sie ist kein Bonus für die Zukunft und auch eigentlich kein Guthaben, von dem man sehr lange leben kann. Du musst nachlegen. Du musst auf dem Niveau und in der Klasse bleiben, sagt man sich. Das ist aber nicht einfach, weil eine solche gute Serie immer noch eine Ausnahme ist und man nicht zu Hause warten kann, bis man wieder so etwas angeboten bekommt. Ich hatte Glück. Es kam noch mal so etwas.

Bad Banks bekam dann sehr viele Preise, unter anderem den Deutschen Fernsehpreis und den Grimme-Preis. Ich bekam den Grimme-Preis für meine Darstellung der Christelle Leblanc. Und in Luxemburg erhielt ich mein zweites Bundesverdienstkreuz. Aber ich will das alles nicht zu hoch hängen. Natürlich freute ich mich über solche Anerkennungen, und ich hätte mir gewünscht, dass mein Vater das alles noch erlebt hätte. Und man geht anders durch die Straßen seiner Heimat, in denen man als Teenager noch von oben herab belächelt oder beschimpft wurde. Plötzlich war diese Heimat stolz auf mich. Es ist Anerkennung, aber auch Genugtuung, die ein sehr persönliches, sehr privates Ungleichgewicht wieder ausgleicht, nicht mehr, aber auch nicht weniger. Ich wurde, so könnte man sagen, in meiner Heimat wieder ein gerader Mensch. Jeder, der das mal erlebt hat, weiß, was ich meine.

Bad Banks wurde dann wirklich ein großer Erfolg, und bald war auch schon klar, dass es eine Fortsetzung, eine zweite Staffel geben würde. Allerdings nicht mehr mit Christian Schwochow, der nun international beachtet wurde und für Netflix einige Folgen von *The Crown* drehen sollte. Aber für mich hieß es, dass Christelle Leblanc weiterleben würde. Das kann gleichzeitig beruhigen und beunruhigen, denn Leblanc war ein sehr prägnanter Charakter, und solche laufen immer Gefahr, dass man sie variiert und kopiert, weil sie ja schon einmal funktioniert haben. Ich habe später in einem Fernseh-Zweiteiler eine Richterin gespielt, wieder mit Perücke und wieder mit dem harten Leblanc-Gesicht. Das war in Ordnung, aber ich dachte mir, Vorsicht, lauf jetzt nicht in die Falle der ewigen Christelle, such dir eine neue Figur, die ganz anders ist. Cathrin Blake sollte ganz anders sein, aber bis dahin war es noch ein Weg. Denn jede neue Figur zu erarbeiten ist Knochenarbeit. Und das Besondere daran ist, dass man es ganz allein machen muss. Schauspieler zu sein ist ein völliger Alleinberuf. Man kann zwar mit einem Coach trainieren, doch beim Textlernen und vor der Kamera oder auf einer Bühne ist man immer allein. Und so war ich nun dabei, eine Cathrin Blake zu erfinden. Ich hatte sie ja erst nur auf Papier vor mir, aber je mehr ich mich in sie hineinlas und mir ihre Vorgeschichte, das Verschwinden ihres Mannes und ihre Flucht in den Alkohol, vorstellte, umso mehr bekam sie Konturen. Sie war keine Ermittlerin. Sie konnte niemanden verhaften und auch keine Pistole ziehen, was die normalen Bewegungsabläufe und Dialoge eines Krimis ausschloss. Cathrin Blake war eine traumatisierte Frau.

In der ersten Folge wurde die Geschichte vom Verschwinden ihres Mannes erzählt, der, auch Polizist, zehn Jahre zuvor von der irischen Mafia ermordet worden war. Es war eine harte Geschichte, in der am Anfang etliche Skelette von Kindern, die in der Nähe eines ehemaligen katholischen Kinderheims verscharrt waren, gefunden werden. Doch eines der Skelette ist das eines Mannes, und Cathrin ahnt, dass es ihr Mann sein muss. Sie klärt seinen Mord selbst mit auf, muss dafür aber durch die vielen Abgründe ihrer eigenen Psyche steigen und ist dabei erst mal nicht sonderlich sympathisch, sondern eher sperrig und kantig. Diese komplizierte Figur innerhalb eines monströsen Verbrechens zu spielen war eine Herausforderung. Spröde, nicht auf Sympathien aus und selten lächelnd, ich musste sehr viel von mir selbst abstellen. Dazu passte die Kulisse der Hafenstadt Galway. Ebenfalls spröde und schroff, der Himmel meist graublau und der Wind kühl.

Ich nahm diese Cathrin Blake sehr ernst und sehr genau, ich wollte alles, wirklich alles richtig machen. Und dadurch war ich wirklich überengagiert bei dem ganzen Projekt. Doch das wollte ich auch. Ich traf mich in Berlin mit einem Psychologen, der das tat, was Cathrin im Film machen sollte. Er erforschte und therapierte die Psyche von Tätern, und er beschrieb mir, wie man mit den richtigen Fragen unter diese Schichten von Schutz, Abweisung und auch Lüge kommt. Er war dafür oft in Gefängnissen gewesen und hatte Insassen in Gesprächs- und Verhaltenstherapien behandelt und erklärte mir das sehr gut. Wir haben sicher insgesamt über zehn Stunden miteinander gesprochen.

Dann flog ich auch zu den Castings der irischen Darsteller nach Dublin, was eigentlich überhaupt nicht üblich ist, aber sie ließen mich. Es war auch deshalb gut, weil ich die Schauspieler, die meisten kamen vom Dubliner Theater, schon vor den Dreharbeiten kennenlernte und wir auch Szenen zusammen proben konnten. Declan Conlon, der in der Serie den Superintendenten Kelly spielt, war ein großartiger Kollege, genauso wie Vincent Walsh und auch alle anderen.

Und ich trug wieder eine Perücke, eine andere als in *Bad Banks*. Ich wollte das so, weil ich eben die Erfahrung gemacht hatte, mich mit Perücke weit genug von mir selbst entfernen zu können. Die Produktion der ARD/Degeto wollte das erst nicht, nein, sie hätten doch Désirée engagiert, und die solle der Zuschauer auch erkennen, meinten sie. Ich hielt dagegen, »ihr wollt eine Cathrin Blake, die seit Jahren in Irland lebt und ein Trauma bewältigt hat. Die kann nicht so aussehen wie Désirée, die kann nicht mit Pferdeschwanz an den rauen Klippen am Meer stehen.« Es dauerte eine Weile, doch dann akzeptierten sie die Perücke.

Das mit den Perücken wurde zu etwas, das mich später, eigentlich bis heute verfolgt. Denn ich hatte sie für mich als das Detail entdeckt, das mir die Figur eröffnete. Das war in *Bad Banks* so und hat mir auch bei Cathrin geholfen. Und so kam es, dass auch bei anderen Produktionen, in denen ich später spielte, die Perücke für mich auf einmal als selbstverständlich vorgesehen war und ich manchmal dachte, die wollen dich gar nicht mehr als die Désirée sehen.

2020 spielte ich eine kleine Rolle in einer Schirach-Verfilmung, eine schöne Rolle. Und ich dachte wieder, nimm eine Perücke, diesmal war es eine rote. Doch als ich sie auf dem Kopf hatte, sah ich aus wie ein Feuermelder und besprach mit dem Regisseur und dem Produktionsteam, dass es ohne sie besser wäre. Einmal mit Perücke gut gespielt darf nicht dazu führen: Nosbusch? Das ist doch die mit den Perücken. Die Haare sind keine Schauspieler, sondern höchstens der Rahmen des Gesichtes. Autorität, Trauer, auch Bosheit und alles andere, spiele ich aber mit meinem Ganzen.

Aber zurück nach Irland. Das Team und ich arbeiteten wirklich an jedem Detail, um alles authentisch aussehen zu lassen. Wir wollten auch nicht als deutsche TV-Touristen nur ein paar Wochen in Irland drehen, »Thank you« sagen und wieder verschwinden. Der Regisseur und die Produzenten wollten, soweit es die Zeit zuließ, so viel wie möglich von dem Land und den Menschen dort verstehen. Der großartige Regisseur Züli Aladağ war schon vor den Dreharbeiten zwei Monate in Irland herumgefahren, einfach, um ein Gefühl für alles zu bekommen: die Menschen, ihren Rhythmus, die Sprache, das Licht. Mit Mercedes Müller, Rafael Gareisen und mir waren nur drei Schauspieler aus Deutschland dabei; alle anderen waren Iren oder Briten. Das gute Gefühl, das ich von Anfang an hatte, war, dass Züli Aladağ das Authentische hinbekam und alle Klischees vermied. Denn Klischees sind bei deutschen Filmen, die im Ausland gedreht werden und das Land zeigen sollen, immer eine Gefahr. Da essen alle Italiener den ganzen Tag Pizza, laufen Holländer in Holzschuhen herum, oder alle Iren haben rote Haare, um es mal plakativ zu sagen, der Zuschauer soll ja schnell merken, in welchem Land er ist. Bei unseren Dreharbeiten war das anders, Irland selbst sollte die Stimmung des Krimis ausmachen und nicht eine Kulisse.

Für die ersten beiden Folgen waren wir zweieinhalb Monate in Galway, an der Küste. Und das am Stück, denn kaum jemand fuhr an drehfreien Tagen oder Wochenenden nach Hause. Wir wollten bleiben und unser »Irisch sein« nicht unterbrechen. Ich hatte in Los Angeles eine gute Freundin, die aus Irland kam und deren Verwandtschaft mich an den Wochenenden zu sich einlud, und so saß ich mit wunderbar herzlichen Iren in einem alten Steinhaus am Meer und aß Shepherd's Pie, Irish Stew und Black Pudding, ein etwas spezielles Gericht aus Haferflocken und Schweineblut. Es war wie immer, wenn ich in einem fremden Land war, ich wollte so schnell wie möglich so viel wie möglich davon in mich aufsaugen. Ich glaube, es dauerte nur eine Woche, bis sich mein amerikanisches Englisch irisch färbte, und ich merkte auch, dass diese graue und oft schwermütige Stimmung irgendwie auch meiner entsprach. So die Last der eigenen Gedanken auf den Schultern, im kalten Wind am Meer herumstapfen, ich liebte es. Und in den Häusern diese Einfachheit, getrennte Kalt- und Warmwasserhähne, eine Heizung im Zimmer, die die Wärme herausächzt. Ich fand diese Schwermut in einem Satz des irischen Dichters Samuel Beckett wieder, der sagte: »Wir fragen immer nur, ob es ein Leben nach dem Tode gebe. Wir sollten fragen: Gibt es ein Leben nach der Geburt?« Mit dieser Frage im Kopf morgens über die rauen Kieselsteine bei Regen und Wind am Strand von Galway zu laufen ist wunderbar. Es gibt nichts Stimmigeres, weil es alles, was einem sonst im Kopf herumfliegt, vergessen macht und man sich sehr auf das Wesentliche reduziert, auf die eigene Existenz. Mit diesem Blick auf das Wesentliche wurde auch die Serie gedreht. Die Kamera hat einen sehr nüchternen Blick auf das Zentrum der Handlung und den Handelnden. Die Dialoge sind frei von allem Überflüssigen, kein Small Talk, sondern jeder Satz dreht sich um die Tat. Es gab in der ersten Folge eine Szene, die ich besonders mochte. Die still verzweifelte Cathrin Blake geht in einen Pub, setzt sich an die Bar und bestellt einen doppelten Whisky. Der Barkeeper kennt sie. Er weiß, dass Cathrin eigentlich eine trockene Alkoholikerin ist, die ganze Stadt weiß es, und er fragt sie, ob das wirklich eine gute Idee sei. Aber Cathrin besteht auf dem Whisky. Dann schaut sie sich das Glas vor ihr lange an und bestellt noch eines. Und noch eines. Nach einer Weile, es ist schon Nacht, und die Bar wird bald schließen, sitzt sie vor einer Reihe von Gläsern Whisky und hat keines angerührt. Dann steht sie auf, nimmt zwei der Gläser und stellt sie auf den Tisch eines Gastes, der schon eingeschlafen ist, und geht. Das ist es, was ich meine. Eine lange wortlose Szene, die alles erzählt.

Meine Wochen in Irland waren für mich die andere Variante meiner Nachmittage im Eichenhain mit Krishnamurti in Ojai. Anders, weil es meist kalt und sonnenlos war und ich keinem Lehrer zuhörte, sondern nur mir selbst. Diese Gedanken formten dann auch die Rolle der Cathrin Blake. Aber nicht nur. Sie formten auch mich, aber nicht im Sinne des Trübsinns, sondern anders. Denn überraschend für mich war, dass die Bewohner von Galway genau das Gegenteil dieser Atmosphäre waren. Etwas vereinfacht gesagt, sie waren die Sonne, die am Himmel fehlte, und wenn sie mal schien, nicht sehr wärmte. Diese wärmende Sonne hatten alle Iren, mit denen wir und ich zu tun hatten, im Gemüt. Ich habe viele Filme in verschiedenen Ländern gedreht und bin dabei sehr vielen Menschen begegnet, mit denen ich gearbeitet oder in der Zeit gelebt habe. Die Iren gehören zu den herzlichsten Menschen, mit denen ich bisher zu tun hatte. Wir, also die Schauspieler und Crew vom deutschen Fernsehen, wurden in dieser kleinen irischen Stadt wie Söhne und Töchter aufgenommen. Alle Türen waren immer offen, gab es ein Problem, war immer jemand da, der es schnell löste. Ich hatte einen wunderbaren Fahrer, Pat O'Connor, ein älterer Herr, der mir schon bei der Begrüßung sagte, er wäre ein wirklich gläubiger Katholik. Ich könnte mit ihm über alles sprechen, nur nicht über Alkohol, er hätte noch nie einen Tropfen davon getrunken. Aber Pat erzählte das lachend, so, wie andere über eine Sportart reden, die sie lieben. Und als Pat dann manchmal für mich einkaufen ging, meinte er, er könnte alles besorgen, nur bei Wein oder anderem Alkohol müsste er passen, er habe keine Ahnung davon. Ich kaufte dann irgendwann selbst einmal eine Flasche Wein, die »Ménage à trois« hieß, und zeigte sie Pat. Von da an sagte er nach jedem Einkauf mit leicht verschwörerischem Ton, dass die »Ménage à trois« schon kalt gestellt sei.

Es ist diese irische Herzlichkeit, die aus einer ganzen Stadt Nachbarn macht. Jeder half uns, wo er konnte, auch vollkommen Fremde. An einem Tag hatte ich einen Termin bei einem Friseur in Galway; es war aber ein Tag, an dem alle Straßen für einen Marathon gesperrt waren, was ich vorher nicht wusste. Ich konnte also nicht mit dem Auto fahren, war aber schon spät dran, weshalb ich beschloss, die Strecke zu laufen. Der Weg war dann aber doch weiter, als ich dachte, und an einer Kreuzung musste ich den richtigen Weg überlegen. Ich muss ziemlich geschafft ausgesehen haben, als der Fahrer eines Krankenwagens, der als Einziger dort fahren durften, mich sah und fragte, ob ich Probleme hätte. »Nein, nein« sagte ich. »Ich bin nur zu spät für meinen Friseurtermin.«

»Oh Gott«, sagte er lachend. »Frauen, die es nicht zum Friseur schaffen … Ich habe eine Frau zu Hause. Ich weiß, was das heißt! Hop in«, meinte er. Aber er sei doch ein Krankenwagen, das ginge doch nicht, meinte ich. »Hop in«, sagte er wieder. »Ich fahr Sie dorthin. Frauen, die unglücklich mit ihrer Frisur sind, können ja auch ein Notfall sein.« Und so wurde ich im Krankenwagen beim Friseur vorgefahren.

Es sind diese Kleinigkeiten. Die kleinen, unscheinbaren Geschichten, von denen ich unzählige erlebt habe. Sie sind wie ein Mosaik, das das Leben in Galway für mich beschreibt.

Wir haben insgesamt sechs Folgen von *Der Irland-Krimi* gedreht. Dreimal war ich zweieinhalb Monate dort, zuletzt im Herbst 2021. Die Einschaltquoten für die ersten vier Folgen waren gut, und ich hoffe, wir werden sie auch mit den nächsten Folgen halten. Und obwohl immer Verbrechen und Morde in dieser kleinen irischen Welt passieren, es also um Leichen und Täter und menschliche Abgründe geht, geht es am Ende auch darum, das Leben und die Menschlichkeit wiederherzustellen, was für mich die Essenz solcher Krimis ist. Cathrin Blake ist eine Motivfahnderin. Sie geht, stellvertretend für die Zuschauer, auf die Suche nach einem Warum. Warum wird jemand zu einem Täter? Warum hat es keiner gemerkt? Warum sind Menschen, wie sie sind, oder könnten sie auch anders? Auch wenn es sich am Ende nur um eine Rolle und eine Reihe handelt, so kann ich sagen: So, wie sich Cathrin entwickelte, so entwickelte sie auch etwas in mir. Es mag auch an dieser irischen Luft und Natur liegen, an der Zeit, die ich zum Nachdenken hatte, und den Iren selbst, dass ich heute für mein Leben manches Warum besser erklären kann. Manches. Anderes vielleicht nie.

Barfuß

Ich bin in meinem Leben an sehr, sehr vielen Orten und Flecken dieser Welt gewesen. Ich war auf fast jedem Kontinent, ich bin durch Wüsten in Afrika, über Straßen in New York oder Los Angeles, auf Bergen in Europa oder einer endlosen Tundra in Russland oder über die glatten Steine der Chinesischen Mauer gelaufen. Und, und, und. Und fast immer habe ich mir die Schuhe und Strümpfe ausgezogen und bin barfuß gelaufen. Manchmal nur fünf oder zehn Minuten, aber wenn es möglich war, länger. Das kommt noch aus meiner Kindheit, als ich mich an Orten erst zu Hause und sicher fühlte, wenn ich barfuß laufen konnte. Mein Gedanke war dabei immer, wenn der Boden, auf dem ich stehe und laufe, meinen Füßen nichts tut und ihnen etwas erzählt, ist alles in Ordnung. Ich musste nach dem Erdbeben in Los Angeles 1994 auch ein paar Tage später erst barfuß in unserem Haus und auf unserer Straße herumlaufen, um wieder Vertrauen zum Boden zu bekommen. Und barfuß zu sein beruhigt mich. Wenn ich zum Beispiel nach langen Flügen, die ich ja nur mit Flugangst überstehe, irgendwo lande, laufe ich auch erst mal irgendwo, und sei es auf einer Wiese am Flughafen, barfuß herum. Meine Füße sollen genauso fühlen können wie meine Hände. Meine gute Freundin Sabrina Fox denkt so ähnlich, ist aber noch konsequenter als ich. Sie lebt bestimmt seit zehn Jahren nur noch barfuß, und ich staune jedes Mal, dass ihre Füße anscheinend immer schöner werden. Ich bin auch ein großer Fan der Filmfigur Corie Bratter, die, gespielt von Jane Fonda, in dem

Film *Barfuß im Park* von 1967 ihren verklemmten Ehemann, gespielt von Robert Redford, erst locker machen kann, als sie barfuß durch New York laufen.

Ich glaube, ich kann auch barfuß besser atmen und habe mehr Zutrauen zu mir selbst, wenn meine bloßen Füße den Boden fühlen.

Ich sitze jetzt auf der Wiese hinter meinem Haus in Luxemburg. Mein Hund Bowie tobt auf dem Rasen umher, und ich bin natürlich – barfuß. Dieses Jahr wird noch eine Weile andauern, aber es war schon jetzt eines meiner intensivsten Jahre. Als Schauspielerin, als Désirée, als Mutter und als Frau. Ich bin auch in Luxemburg, weil ich einen Moment Luft holen wollte. Die vergangenen Monate waren vollgepackt mit neuen Rollen und Filmen, und ich bin gerade auf einem abenteuerlichen und vielversprechenden Weg. Es waren nicht nur sehr unterschiedliche Rollen, die ich gespielt habe, sondern auch noch etwas anderes, was sich langsam in meinem Hintergrund aufbaut, viel Arbeit verlangt und sich nun endlich verwirklichen wird. Ich werde meinen ersten eigenen Spielfilm drehen. Nicht *vor* der Kamera, sondern dahinter. Als Regisseurin. Aber der Reihe nach.

Ich habe das Gefühl, dass sich bei mir einige Kreise schließen, deren Anfänge in meiner Vergangenheit lagen. Im Frühjahr bekam ich das Angebot, in der TV-Serienverfilmung *Sisi* die Schwiegermutter Erzherzogin Sophie zu spielen. Das war für mich nicht irgendein Angebot, in einem Kostümfilm zu spielen, sondern es elektrisierte mich, weil ich selbst mit den *Sissi*-Filmen der 50er-Jahre aufgewachsen bin, die ich als Kind im Fernsehen gesehen hatte. Mit meiner Oma und meiner Mutter. *Sissi* war eine richtige Verabredung, in leuchtenden Farben und vielen Kostümen. Und wie das so ist, suchte sich jede von uns ihre Lieblingsfigur aus. Meine Mutter schwärmte wahrscheinlich für den jungen Kaiser, meine Oma vielleicht für Gustav Knuth als Herzog Max, und wir alle lachten über Josef Meinrad in der Rolle des Gendarmeriemajors Böckl. Und ich habe die Filme damals eigentlich nur deshalb so intensiv angesehen und sogar von ihnen geträumt, weil ich in der jungen Romy Schneider mein erstes »Role-Model« entdeckte. Dass sie zur Kaiserin wurde, weil sie den jungen Kaiser Franz Joseph, gespielt von Karlheinz Böhm, heiratete, war mir ziemlich egal, sie hätte auch die Köchin oder Magd spielen können. Es war die Art, wie Romy Schneider aus Elisabeth von Bayern »*Sissi*«, die übrigens korrekterweise nur mit einem »s« geschrieben wird, machte. Die Art also, wie Romy Schneider ihr Charakter, Selbstbewusstsein und, ganz altmodisches Wort, einen »Trotzkopf« verleiht, war für mich als Kind etwas, was mich nie wieder losließ. Und mir, wie ich schon erzählt habe, Romy Schneider so nahebrachte, dass ich alles verfolgte, was sie nach dieser Rolle machte. Sie wurde so etwas wie ein »Lebensentwurf« für mich.

Zu Karlheinz Böhm hatte ich dann Jahre später eine ganz andere Verbindung. Ich war mit ihm zweimal in Äthiopien für seine Stiftung »Menschen für Menschen« und moderierte im Fernsehen die große 20 *Jahre Menschen für Menschen*-Gala. Wir haben uns viel unterhalten, und ich bewunderte seine Arbeit. Nur wenn man bei ihm auf *Sissi* zu sprechen kam, war Böhm etwas verschlossen. Es war für ihn wohl ein Kapitel aus der Vergangenheit, was ihn nicht mehr interessierte.

Aber gut. Fast siebzig Jahre später dachte man bei der Neuverfilmung dieser Serie, das war klar, an mich nicht als Sisi, sondern einen Generationswaggon weiter als Schwiegermutter. Ausgerechnet, dachte ich. Denn wer die alten *Sissi*-Filme noch kennt, hat die Schauspielerin Vilma Degischer in der Rolle der Erzherzogin Sophie und Mutter des jungen Kaisers als intrigante, Machtfäden ziehende, das »R« bedrohlich rollende Hof-Herrscherin in Erinnerung. Vilma Degischer hatte diese Figur großartig gespielt. Wenn sie lachte, wetzte sie in Wahrheit die Messer. Ich erinnere mich noch, dass es bei uns vor dem Fernseher gefühlt immer kälter wurde, wenn sie ins Bild kam. Ich habe erst ein paar Tage überlegt, ob ich sie spielen soll, weil ich Vilma Degischer vor Augen hatte und ich zu den Schauspielerinnen gehöre, die, auch wenn es 70 Jahre her ist, solche Fußstapfen scheuen. Außerdem war ich schon immer vorsichtig mit historischen Figuren, die es wirklich gab. Es ist für den Schauspieler ein schmaler Grat, weil man immer darauf bedacht ist, historisch so präzise wie möglich zu sein. Das ist bei zeitgenössischen Figuren etwas leichter, weil man sich Fotos, Filme oder Interviews ansehen und dadurch versuchen kann, die Art zu sprechen oder die Körpersprache zu lernen. Bei Sophie ging das aber nicht. Es gibt von ihr nur Gemälde und eine Biografie, die ich sehr genau gelesen habe und dabei merkte, wie sehr die alten *Sissi*-Film falsch waren. Denn Sophie war kein Ungeheuer und auch keine Intrigantin, sondern eine für damalige Verhältnisse fast moderne und listige Frau, die sehr genau wusste, wie zerbrechlich die österreichische Monarchie im Revolutionsjahr 1848 und wie schwach ihr Mann, Thronanwärter Franz Karl, waren. Deshalb drängte sie ihren Mann, den Sohn Franz Joseph Thronfolger werden zu lassen, auch wenn der gerade erst achtzehn Jahre alt war. Sophie war dabei sehr ehrgeizig und versuchte, über ihren Sohn politischen Einfluss zu bekommen, es lag ihr aber im Wesentlichen an der Stabilität der Monarchie.

Das wusste ich nun alles, aber die Serie *Sisi* sollte ja nicht Sophies Geschichte, sondern die Geschichte von Sisi und Franz Joseph erzählen. Ich dachte mir also, Sophie wenigstens das Dämonische zu nehmen und sie, sagen wir, etwas klüger und souveräner zu spielen.

Wir drehten dann wochenlang in Litauen und Lettland. *Sisi* war ein sehr ambitioniertes Projekt für den Streamingmarkt, sechs Folgen, alles mit großer Liebe zum Detail. Es gab große Schlachtenszenen, sehr viele Komparsen, große Kulissen von Schlössern, Pferdekutschen und sehr, sehr viele, sehr aufwendige Kostüme. Für die Frauen am Set war es besonders harte Arbeit, denn es dauerte in der Früh Stunden, bis alle in ihre Mieder und Korsetts eingeschnürt waren und die Reifröcke saßen. Bei mir drückten die Korsettstangen so sehr, dass ich nach Tagen Rippenschmerzen hatte. Hinzu kam, dass wir Schauspieler zwischen den Szenen immer sehr lange warten mussten, weil am Set für die nächste Szene wirklich jedes Detail stimmen musste. Also sitzen und warten, immer im Kostüm und auf dem Kopf diese riesigen Gebilde aus Haarteilen und Haarschmuck, die wirklich Gewicht hatten. Aber ich erlebte etwas am eigenen Leib, was ich mir früher nicht so richtig vorstellen konnte. Frauenleben vor einhundertsiebzig Jahren. Auch wenn die Kleider edel und immer prächtig aussahen: Sie waren ein Gefängnis. Das, was eigentlich Reichtum und Macht ausstrahlen sollte, war, wenn man es heute anzieht und darin lebt, eine Zwangsjacke, die das Atmen schwer und jede Bewegung anstrengend machte. Man kann es sich heute gar nicht mehr vorstellen, sich nicht einfach hinsetzen, nur mit großem Umstand auf die Toilette oder sich nicht einfach mit der Hand durch die Haare fassen zu können. Ich saß manchmal da und beneidete die anderen Frauen, die einfache Bauernmägde oder andere Frauen aus dem Volk spielten und sich bewegen konnten, wie sie wollten. Für Frauen am Hof muss der Zwang, in solchen Kleidern gelebt haben zu müssen, furchtbar gewesen sein – auch wenn sie mächtig waren.

Die sechs Folgen der *Sisi*-Serie wurden im Dezember 2021 im Fernsehen gezeigt und waren ein großer Erfolg. Ich selbst kann, wie immer, nicht sagen, ob ich die Erzherzogin so gespielt habe, wie sie hätte sein müssen, das können andere beurteilen. Aber ich hatte, als ich es sah, großen Respekt vor Dominique Devenport als Sisi und Jannik Schümann als Kaiser Franz Joseph, die diese alte Geschichte in eine neue Generation gebracht haben.

Ich nahm aus der Zeit noch etwas anderes, etwas Persönlicheres mit. Denn die vielen Pausen und das lange Warten führten dazu, dass ich mich mit anderen Frauen am Set, die ich vorher kaum kannte, anfreundete. Wir hatten ja Zeit, und es spielten viele Frauen mit, die in meinem Alter waren. Wir Schauspielerinnen, nicht mehr die Jüngsten, viele Mütter wie ich und alle mit so unterschiedlichen Lebensgeschichten. Unser Alter machte uns gelassener. Früher, als ich noch eine junge Schauspielerin war, wollte ich gefallen. Allen am Set und am meisten dem Regisseur. Ich wollte nicht einfach nur gute Arbeit abliefern, sondern gemocht und geliebt werden. Heute kann man sagen, dass es eine andere Zeit war und man damals zu gefallen, attraktiv zu sein, für eine Qualität hielt. Wir ließen uns, jeder auf unterschiedliche Weise, einiges gefallen, was heute undenkbar wäre. Darüber sprach ich mit den anderen Frauen an diesen langen Abenden bei *Sisi*, und weil Frauen sich immer mehr und ehrlicher aus ihrem Leben erzählen, als Männer es tun, habe ich von erschreckenden und unglaublichen Erlebnissen gehört. Ich hatte bis dahin immer gedacht, dass mir schon viel passiert wäre, aber manche der anderen erzählten von Erlebnissen bei Dreharbeiten, die heute fast alle große Skandale wären. Und es waren auch Geschichten aus der deutschen Filmbranche, und es fielen Namen, die viele kennen. Geschichten von Belästigungen, Erniedrigungen, Beleidigungen. Mag auch sein, sagten wir uns, dass es oft Regisseure, Produzenten von der alten Schule waren. Von der alten Schule, die glaubte, man müsste Schauspieler und Schauspielerinnen erst einmal brechen und ihre Psyche in Stücke zerschlagen, um sie dann wieder neu zu formen. Aber das ist der Glaube der Tretenden, die den Schmerz der Getretenen nicht kennen. Zum Glück würde das heute nicht mehr so funktionieren. Mit uns nicht und auch mit den Jüngeren nicht.

Mit uns meine ich die Frauen, und ich nenne sie jetzt mal Frau-Frauen, die im Film und Fernsehen etwas älter sind. Wir suchen nicht mehr nach Gefallen, nach »bin ich schön, mag man mich«, weil wir in der Kategorie nicht mehr spielen. Das macht gelassen, und es macht selbstbewusst. Früher ging es um meine »schönen Augen«, aber die sind heute 56, und wer die vor einer Kamera sehen will, will die 56 mit all dem Leben und Repertoire dieser Jahre. Und früher hätte ich Kolleginnen, mit denen ich um eine Rolle konkurrierte, beneidet, verachtet und hätte gewünscht, dass sie scheitern. Heute gibt es uns Frau-Frauen, und wir freuen uns über jede, die eine große Rolle schafft oder

Projekte umsetzt, ja, wir helfen uns, wenn wir können. Wir, oder sagen wir mal, die meisten von uns, wissen, dass die Zeiten des Ausstechens vorbei sind und es auch nicht hilft. Wenn ich sage, die meisten von uns, meine ich, dass es manche gab und gibt, die nicht so sind. Ich merke das heute schnell, ob eine etwas anderes vorgibt, als sie eigentlich ist, und immer noch damit zu tun hat, die eigene Fassade zu polieren. Ja, manchmal bedauere ich solche Frauen auch, weil ich mich gut an die Anstrengung erinnere, sich zu verstellen und anders zu sein, als man sich eigentlich fühlt.

Wir Frau-Frauen haben alle, und das haben die langen Gespräche bei *Sisi* gezeigt, unsere Lebenspakete zu tragen. Wir haben Kinder, wir haben Probleme, unsere Körper sind nicht mehr fünfundzwanzig, wir haben manchmal gescheiterte Ehen, wir haben erste Beschwerderufe der Gesundheit, und wir werden auch nicht mehr für jeden Film angefragt – wir sind wie Millionen andere Frauen, nur dass wir damit vor der Kamera stehen. Was mich ein bisschen beruhigt, sind die anderen, die neue Generation aus Schauspielern und Schauspielerinnen, aus Regisseuren und Regisseurinnen bis zu Produzenten und wer sonst bei Film und Fernsehen arbeitet. Die alte Schule der Breitbeinigen und Bellenden, der nur schönäugigen Mädchen und Jungs ist da kaum noch anzutreffen. Das liegt auch an den Stoffen und Drehbüchern, in denen solche Figuren keinen Platz mehr haben, es ist heute emanzipierter, und vor allem sind Frauen in Filmen und TV-Produktionen selbstbewusster und selbstständiger. Bei *Sisi* waren es eben Dominique Devenport und Jannik Schümann, die beide aus einer neuen Generation kommen und denen das Gefallenwollen, wie ich es kannte, fremd ist. Und ich habe zwischen *Sisi* in Italien auch noch den ZDF-Film *Der Rausch des Lebens* gedreht, und da war es die Regisseurin Sabine Derflinger, mit der ich völlig anders arbeitete, als ich es von früher kannte. Uneitel, als Team und ohne Kräfte zu messen, einfach nur, um einen guten Film zu machen. Und auch da waren die jungen Schauspielerinnen aus einer anderen Generation. Lilly Charlotte Dreesen spielte in dem Film meine Tochter, sie ist einundzwanzig und kommt aus einer Welt, in der Frauen wie sie mit Web-Serien auf YouTube aufgewachsen sind, ohne Regisseure, denen sie gefallen musste; ohne Produzenten, für die sie attraktiv sein musste. Und andere junge Schauspielerinnen und Schauspieler kommen heute aus Cliquen, die sich aus der Schauspielschule kennen, sie sind alle selbstbewusst und gut vernetzt. Übergriffige Regisseure oder Produzenten in den Sendern, die es früher ja gab, hätten bei denen heute keine Chance mehr, ein Grabscher nur, und es wüsste über Nacht die ganze Branche. Was ich sagen will, ist, dass die Wege vor die Kamera heute anders sind als zu meiner jungen Zeit. Die berüchtigte »Besetzungscouch«, die ich nicht erlebt habe, die es aber gab, oder der Regisseur im Bademantel oder Beleidigungen wie »Désirée, du sprichst heute so langsam, hattest du einen Schlaganfall«, wie ich es mir anhören musste, wären heute eigentlich nicht mehr denkbar. Der Druck oder sogar die Erpressung oder Erniedrigung »Du kommst nur vor die Kamera, wenn du machst, was ich will« ist heute wertlos, denn die neue Generation hat mit dem Internet und YouTube längst andere, autonome Wege erfunden, sich zu verwirklichen und sich auszuprobieren. Frauen wie Lilly oder Dominique oder Schauspieler überhaupt oder Regisseure können sich heute viel freier entwickeln als ich in meinen jungen Jahren, auch ohne Quotendruck. Ich beneide sie da auf ganz solidarische Art und denke manchmal, ich wäre als Schauspielerin und junge Frau auch gerne heute aufgewachsen. Und ich halte auch die Veränderungen, die mit der »#MeToo«-Bewegung entstanden sind, für einen großen Fortschritt, denn das war überfällig. Ich merke das ja heute, wenn ich drehe, der Betrieb ist sensibler und achtsamer geworden, was auch an einer neuen Generation von Regisseuren und Regisseurinnen liegt, und da sind es vor allem die Regisseure, Männer, die sich verändert haben. Viele, auch die Genies, sind heute Teamplayer. Was nicht heißt, dass jeder im Team reinreden kann, sie haben aber eine so intelligente Autorität, dass sich jede Entscheidung so anhört und anfühlt, als habe es das ganze Team entschieden. Ich habe mir das bei allen Dreharbeiten in den vergangenen Jahren anders angesehen als früher. Genauer und intensiver. Ich habe beobachtet und genau zugehört und mir selbst überlegt, was ich in der oder jener Situation gemacht und gesagt hätte. Wie bringt man als Regisseurin eine Crew von dreißig, vierzig oder mehr Menschen am Drehort dazu, genau das umzusetzen, was ein Regisseur vor dem inneren Auge hat. Ich weiß noch nicht, ob ich das wirklich kann, aber so etwas weiß man eben auch erst, wenn man es macht. Und ich hatte dieses Ziel schon seit vielen Jahren, ich wollte schon immer aus dem Theaterstück *Gift* von Lot Vekemans, das ich ja 2013 unter der Regie von Johan Leysen am Theater gespielt hatte, einen Film machen. Ich hatte irgendwann die Rechte dafür gekauft und nach langen Verhandlungen und vielen Anträgen Filmförderungsgelder aus Luxemburg, Holland und Deutschland dafür bekommen. Die Finanzierung, wie man so sagt, steht. Und mit dem Engländer Tim Roth und der Dänin Trine Dyrholm habe ich zwei Hauptdarsteller gefunden, die ich mir genauso vorgestellt hatte. *Poison*, wie das Projekt nun heißt, ist, wie schon gesagt, ein Kammerspiel, bei dem es um ein Ehepaar geht, das sich zehn Jahre nach dem Unfalltod seines Kindes und der darauf folgenden Trennung am Grab dieses Kindes wiedertrifft. Das Grab muss umgebettet werden, weil aus einer Fabrik in der Nähe des Friedhofs Gift ausgetreten ist. Und so stehen sie zusammen und blicken nach zehn Jahren noch einmal auf das, was aus ihnen hätte werden können: eine Familie, Vater, Mutter. Der ganze Schmerz, der zehn Jahre lang nicht abklingen konnte, bricht wieder auf. Wäre es nicht passiert, wenn …? Warum war er nicht da, als es passierte …? Gibt es Schuld oder Verantwortung für ein Schicksal? Und warum verließ die beiden die Kraft, sich gegenseitig festzuhalten? Das hört sich so an:

SIE: »Weißt du, was ich merkwürdig finde? Dass Dinge erst geschehen, wenn sie dir egal sind. Wenn du sie eigentlich nicht mehr brauchst.«

ER: »Redest du von mir?«

SIE: »Auch.«

ER: »Es ist dir also egal, dass ich da bin.«

SIE: »Das sage ich nicht.«

ER: »Doch, das sagst du.«

SIE: »Aber das meine ich nicht.«

ER: »Du brauchst mich nicht mehr.«

SIE: »Nein. Das ist doch positiv? Wenn man etwas nicht mehr braucht. Wenn man ohne kann? Nicht abhängig ist? Ich meine das positiv.«

Als ich *Gift* damals am Kasemattentheater in Luxemburg gespielt hatte, war es, wie schon einmal gesagt, das Stück, das mir so naheging und irgendetwas in mir freisetzte, dass ich es heute sofort auf jeder Bühne wieder spielen könnte. Die Sätze der Frau sind in mein Denken übergegangen, weil es Gedanken sind, die die Angst und den Schmerz als Mutter zeigen, die, glaube ich, alle Frauen bei einem solchen Verlust empfinden würden. Auch wenn man als Mutter, wie ich, zwei glückliche Kinder hat. Denn Kinder zu haben heißt auch immer, die große Angst zu haben, sie zu verlieren. Es ist die unerträglichste Vorstellung, die es gibt.

So denke ich in Wahrheit über *Gift*. Es ist mein Herzensmotor, daraus einen Film zu machen. Was nun aber für mich heißt, die Schauspieler, die Bildgestalter, den Toningenieur, Kostümbildner, Maskenbildner, Cutter, den Komponisten der Filmmusik, das Set-Design und die Drehorte dafür zu finden. Weil *Gift* von drei Ländern gefördert wird, müssen auch alle drei beteiligt sein. Also zum Beispiel Drehort in Luxemburg und Deutschland, Technik aus Holland, oder umgekehrt. Es ist ein ewiges Jonglieren.

Und wie wird es mit Roth und Dyrholm sein, wie werden sie unter der Regie von Désirée Nosbusch spielen? Hier wird es interessant, weil ich mich gefragt habe, ob ich die Frau gespielt hätte, wenn ich die Regisseurin wäre. Ich weiß es nicht. Manchmal denke ich: Ja klar, wer denn sonst? Dann wieder zweifele ich, ich kenne mich als Regisseurin von meinem ersten Kurzfilm in Los Angeles und von einigen Dokumentationen, die ich gedreht habe, und ich weiß auch, dass ich von anderen beim Zuschauen sehr viel gelernt habe. Ob ich dieses Gegenüber von Regie und Rolle in mir vereinen kann, werde ich vielleicht irgendwann einmal ausprobieren. Aber jetzt nicht. Ich fühle mich ganz befreit, nur auf einem Regiestuhl zu sitzen.

Weil ich aus meinem Leben etwas gelernt habe. Gelernt, nicht mehr vieles gleichzeitig zu machen, weil ich in dieser rastlosen Gleichzeitigkeit Fehler gemacht habe, die ich lieber nicht gemacht hätte. Dieses Leben und Arbeiten auf zwei Kontinenten zum Beispiel. Ich hetzte nicht nur mit dem Flugzeug durch die Weltgeschichte, sondern auch durch meinen Kopf. Oder dass ich zu vielen Menschen gleichzeitig gefallen wollte. Oder wenn ich das eine machte, hatte ich Angst, das andere zu verpassen. Also habe ich alles und noch mehr gemacht. Irgendwie. Ich habe das auch fast immer ganz gut hinbekommen, weshalb es mir gut geht und ich ein erfülltes Leben führe. Aber wenn man älter wird, merkt man, dass drei Drittel oder vier Viertel eben nicht das Ganze sind. Das wirklich Ganze in meinem Leben sind mein Sohn und meine Tochter. Und meine Mutter, mein Mann und Bowie, mein Hund. Und so etwas Ganzes soll auch mein Film *Poison* werden, und deshalb werde ich nur einen Job übernehmen: ihn zu machen. Es wird wahrscheinlich kein Blockbuster werden, es ist nicht der Wochenend-Superhelden-Film mit vollen Kinos und viel Popcorn. Ich habe schon alle Bilder und Szenen im Kopf. Es soll ein Film werden, der Gedanken und Zwischenmenschliches umpflügen soll. Er soll aufwühlen.

Ein großes Vorhaben, ich weiß. Aber kleine Vorhaben interessieren mich nicht mehr. Neulich hat mich jemand gefragt, ob ich mir das wirklich zutraue. Regie, Budget, die ganze Produktion, zig Mitarbeiter und ich als Chefin. Und ich habe »Ja« gesagt. Und dann hat derjenige weitergefragt, *warum* ich mir das zutraue. Ich habe ihn irritiert angesehen, aber nicht gesagt, dass es eigentlich eine dumme Frage ist und man solche Fragen Männern niemals stellen würde, sondern nur: »Weil es so ist.« Ich muss dabei an einen Satz aus meiner Kindheit denken, einen Satz, der bei uns zu Hause fast über der Tür hing: »Désirée schafft das schon.«

Jetzt sage ich ihn zum ersten Mal zu mir selbst.

Danksagung

1994 sind wir uns das erste Mal in Los Angeles begegnet. Du hast mich damals für den STERN interviewt und ich erinnere mich ganz genau, wie ich dachte: Es gibt sie doch die Journalisten, die kein vorgefertigtes Bild mitbringen, sondern sich die Mühe geben, hinter eine ›Fassade‹ zu blicken und dem Kern des Menschen dahinter näher zu kommen.

2020, mitten in der ersten Corona-Lockdown-Phase, bin ich wieder in Los Angeles und es entsteht die zaghafte Idee, vielleicht ein Buch über Begegnungen in meinem Leben zu schreiben. Und wieder erinnere ich mich an unser damaliges Treffen und denke: Wenn überhaupt, dann eigentlich nur mit ihm. Viele Monate, stundenlange Gespräche und 350 Seiten später, liegt es nun da, unser gemeinsames Werk ENDLICH NOCH NICHT ANGEKOMMEN. Lieber Jochen Siemens, ich danke Dir von Herzen für diese gemeinsame Reise in mein Leben. Niemandem anderen gegenüber hätte ich mich so öffnen können und niemandem anderen hätte ich je so vertraut. Du bist ein großartiger Zuhörer, Beobachter, Autor und mein wertvoller Freund.

Bildteil

Bildnachweise

Der Ullstein Buchverlag dankt allen Rechtegebern für die Abdruckgenehmigungen. Da in einigen Fällen die Inhaber der Rechte nicht festzustellen oder erreichbar waren, verpflichtet sich der Verlag, rechtmäßige Ansprüche nach den üblichen Honorarsätzen zu vergüten.

Seite i: © Thekla Ehling / Agentur Focus
Seite ii, oben: © Privat
Seite ii, unten: © Privat
Seite iii, oben: © Privat
Seite iii, unten: © Privat
Seite iv, oben: © Privat
Seite iv, unten: © Privat
Seite v: © Privat
Seite vi: © Privat
Seite vii: © Jochen Herling
Seite viii: © Privat
Seite ix: © Getty images/ Peter Bischoff
Seite x, oben: © Christian Dalchow
Seite x, unten: © Privat
Seite xi: © Privat
Seite xii: © Andreas Neubauer
Seite xiii: © Privat
Seite xiv: © Kevin Lynch
Seite xv, oben und unten: © Erik Hackenschmidt
Seite xvi: © Privat

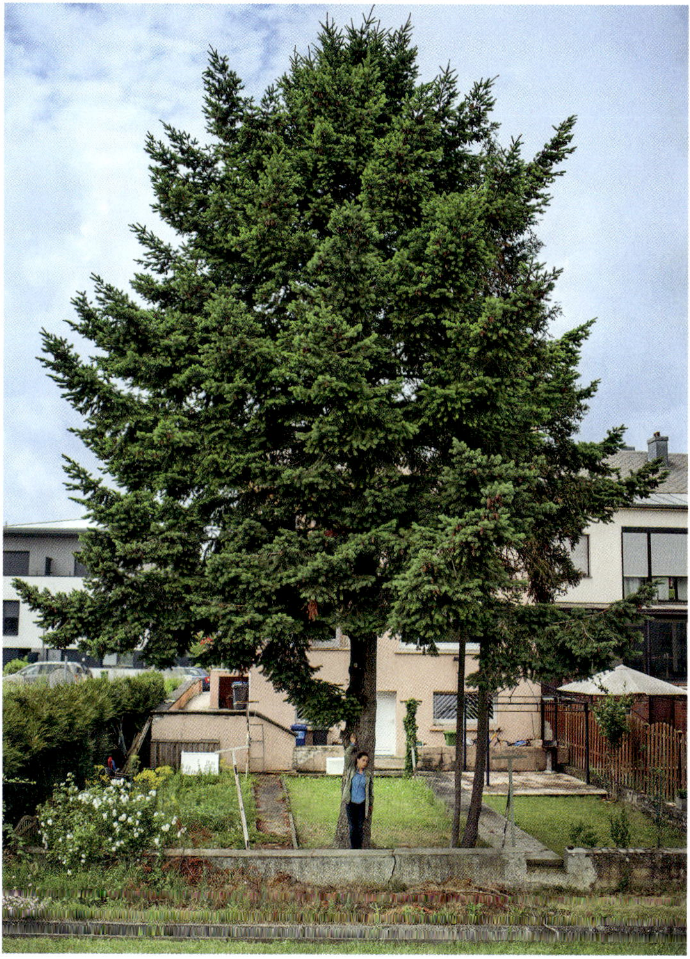

Gepflanzt von meinem Vater, als ich ein Jahr alt war.
Mein Baum im Garten unserer Wohnung
in Beles, Luxemburg

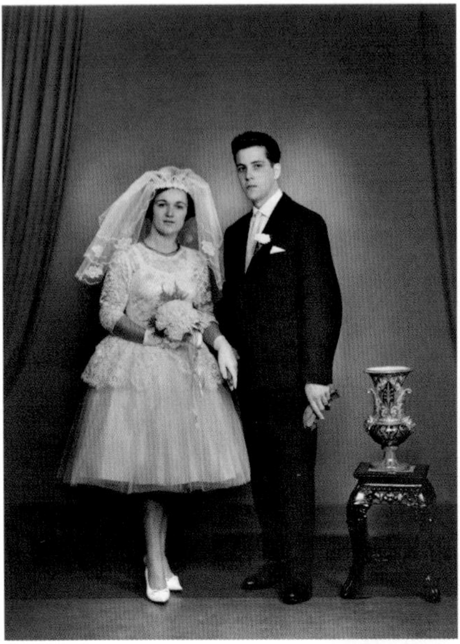

Der Hochzeitstag
meiner Eltern
Rosetta Piccoli
und Albert Nosbusch
am 15. 7. 1961

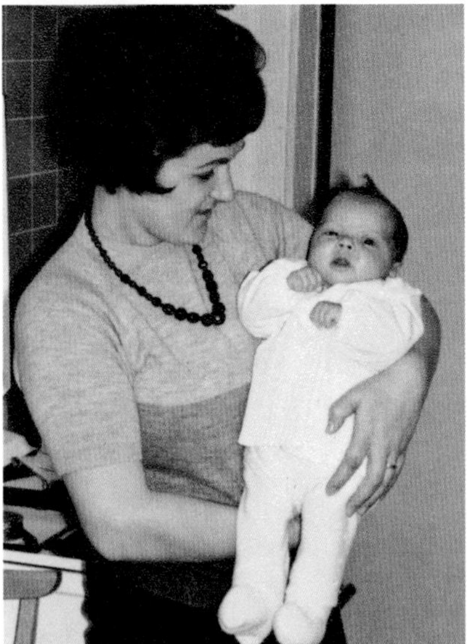

Meine Mutter und ich, 1965

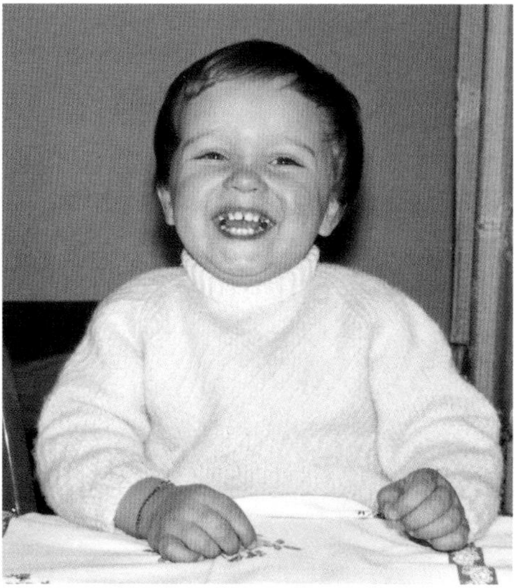
Mit drei Jahren, 1968

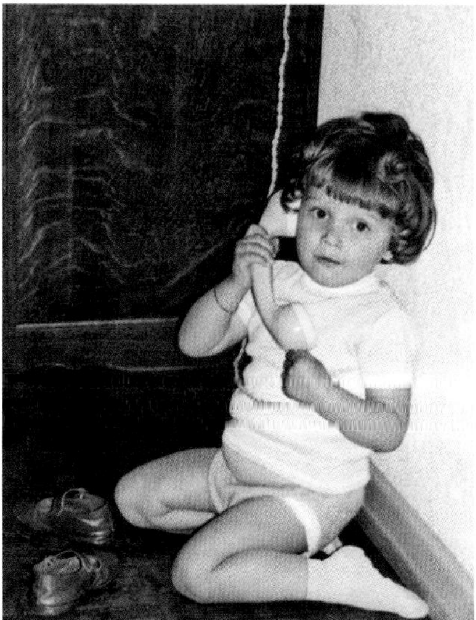
Mit vier Jahren, 1969

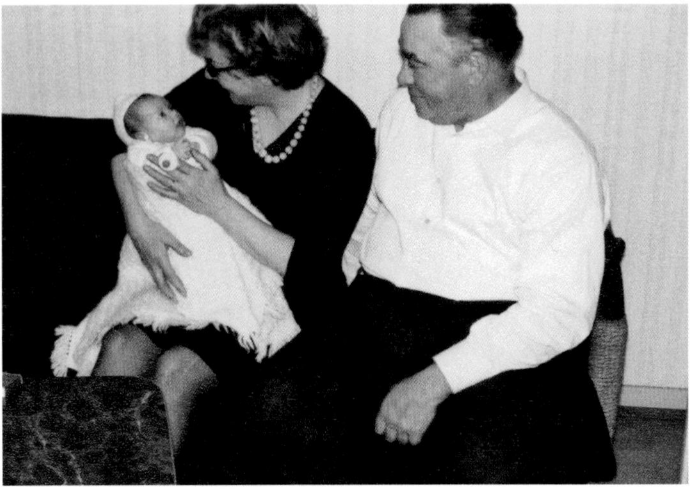

Meine Großmutter Margeritte Becker und mein Großvater Jean-Pierre Nosbusch mit mir, 1965

Meine Großeltern Teresa Dal Pos und Francesco Piccoli, meine Mutter mit meinem Bruder Jean-Luc und mir in Italien, 1970

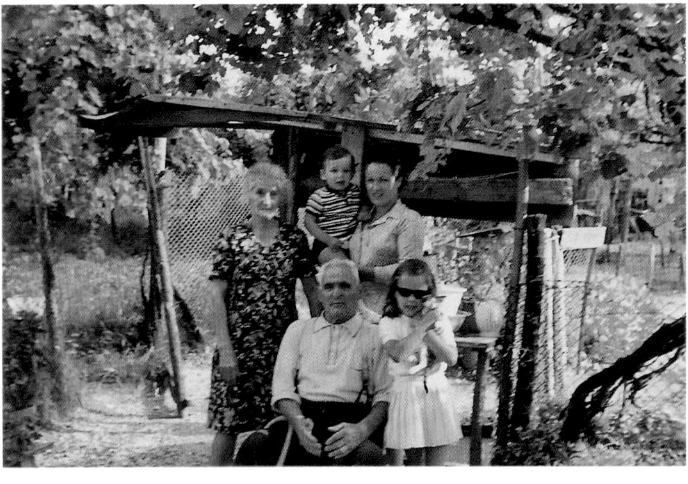

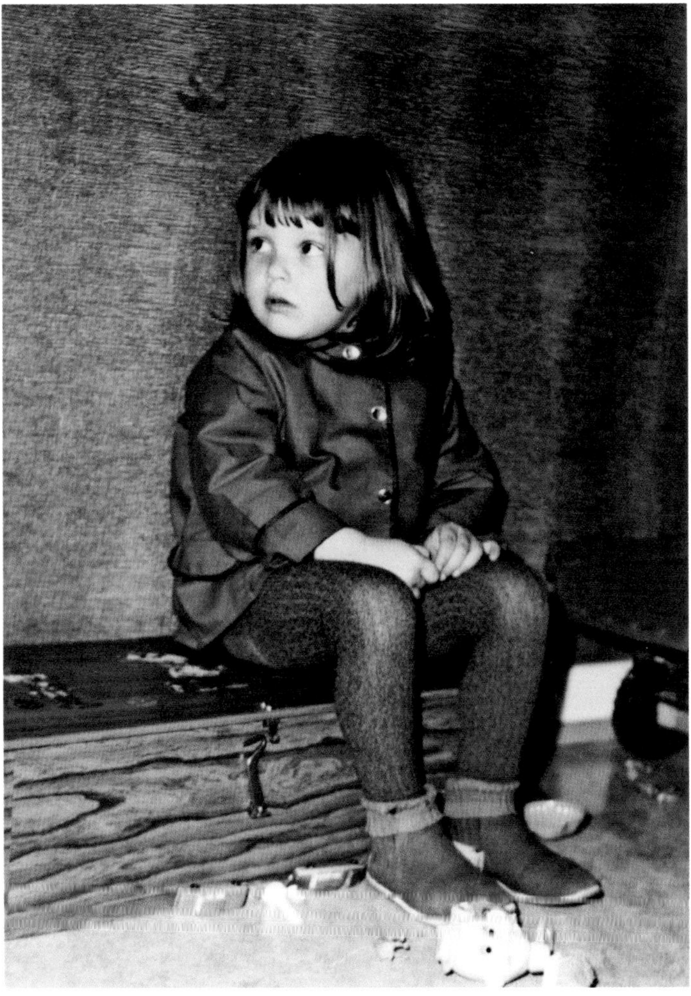

Mit fünf Jahren, 1970

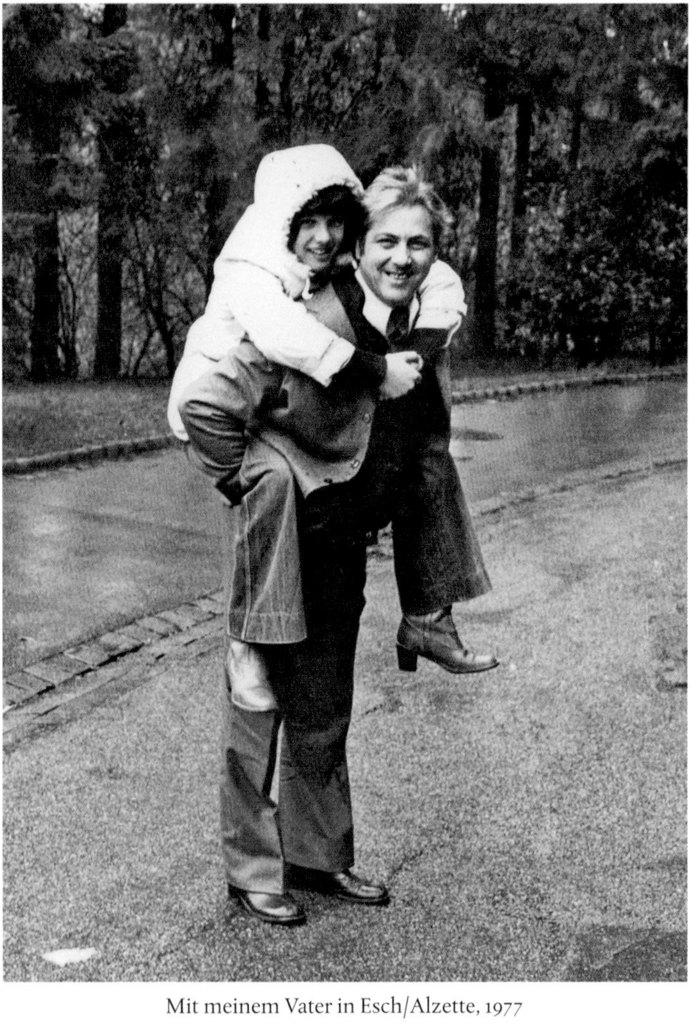

Mit meinem Vater in Esch/Alzette, 1977

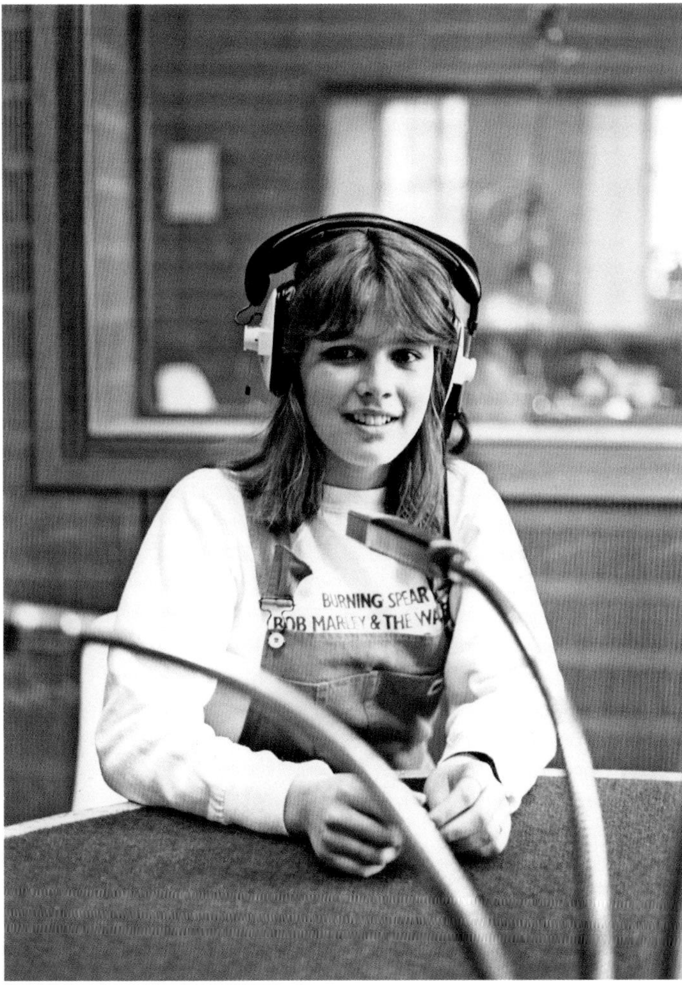

Im Radiosender RTL, Luxemburg, 1978

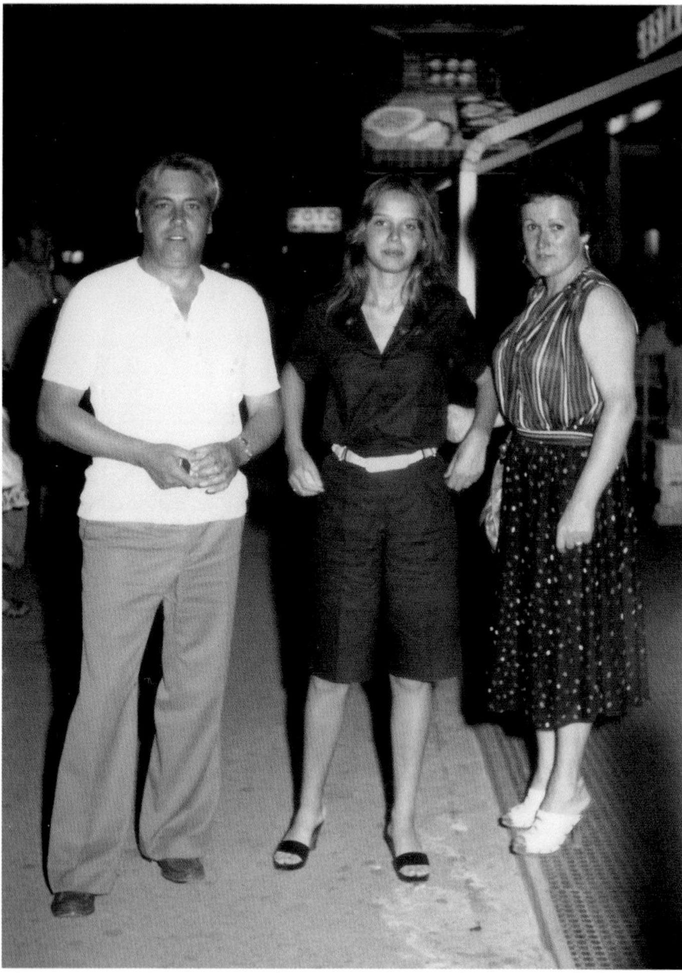

Mit meinen Eltern Albert Nosbusch und Rosetta Piccoli
im Sommerurlaub in Jesolo, Italien, 1979

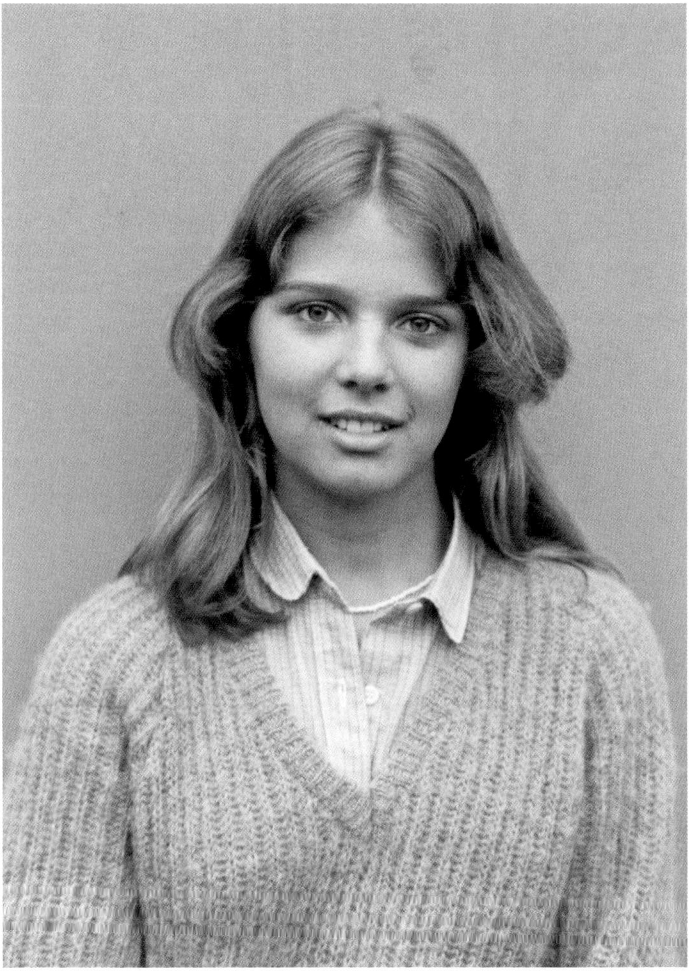

Meine erste Fernsehmoderation
bei der IFA, Berlin, 1979

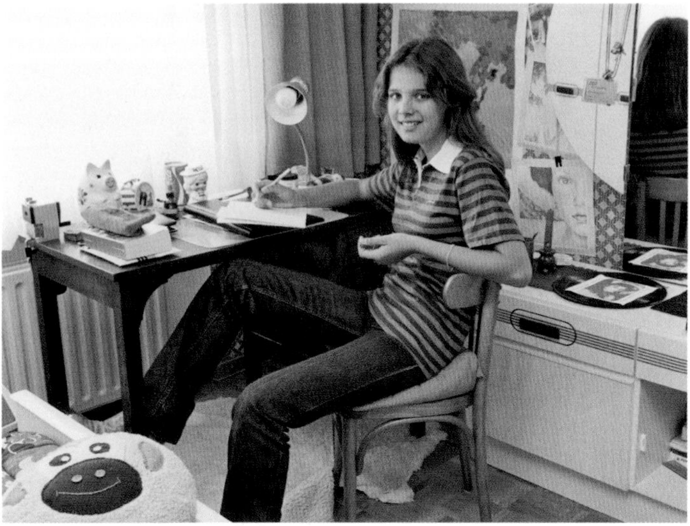

Mein Kinderzimmer, mein Rückzugsort, Ehlange/Mess, 1979

Mit vierzehn Jahren, 1979

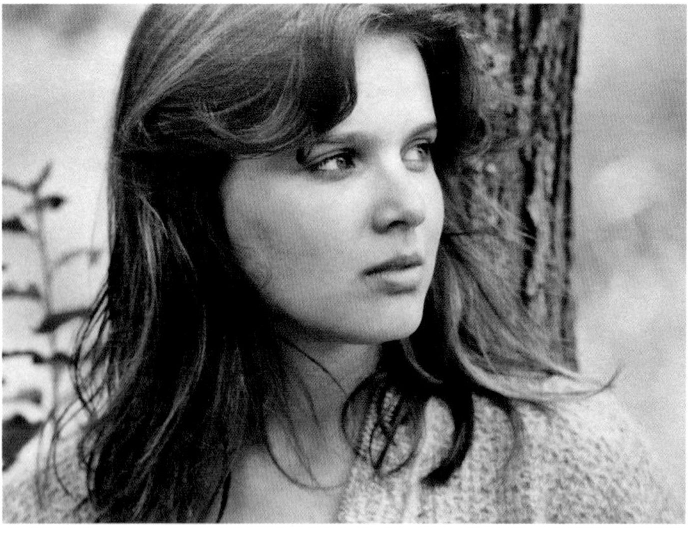

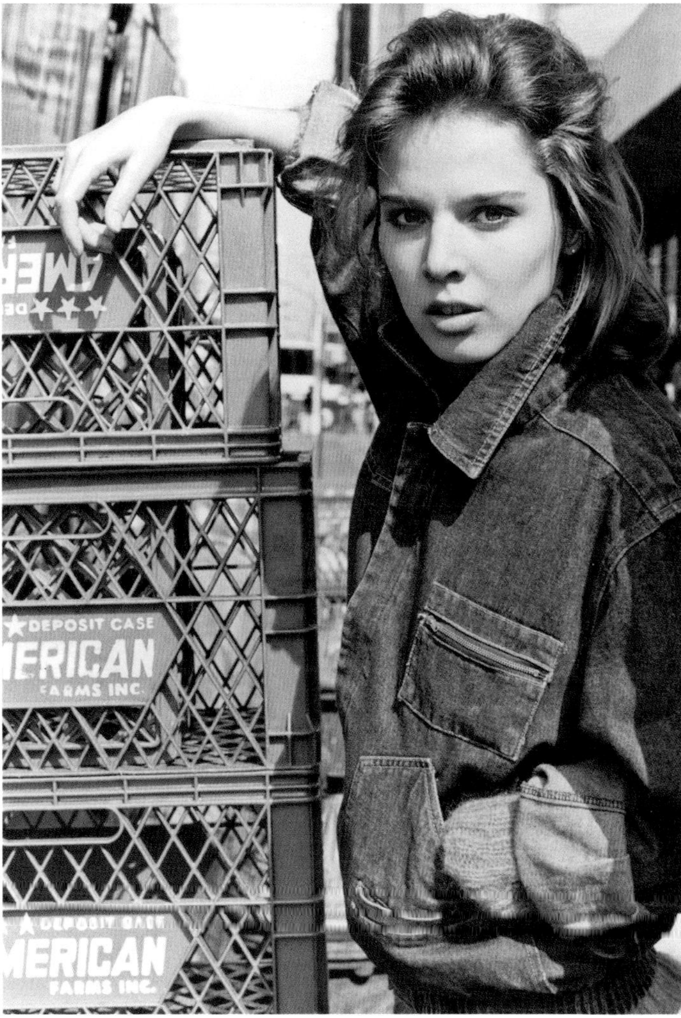

Fotoshooting, New York, 1983

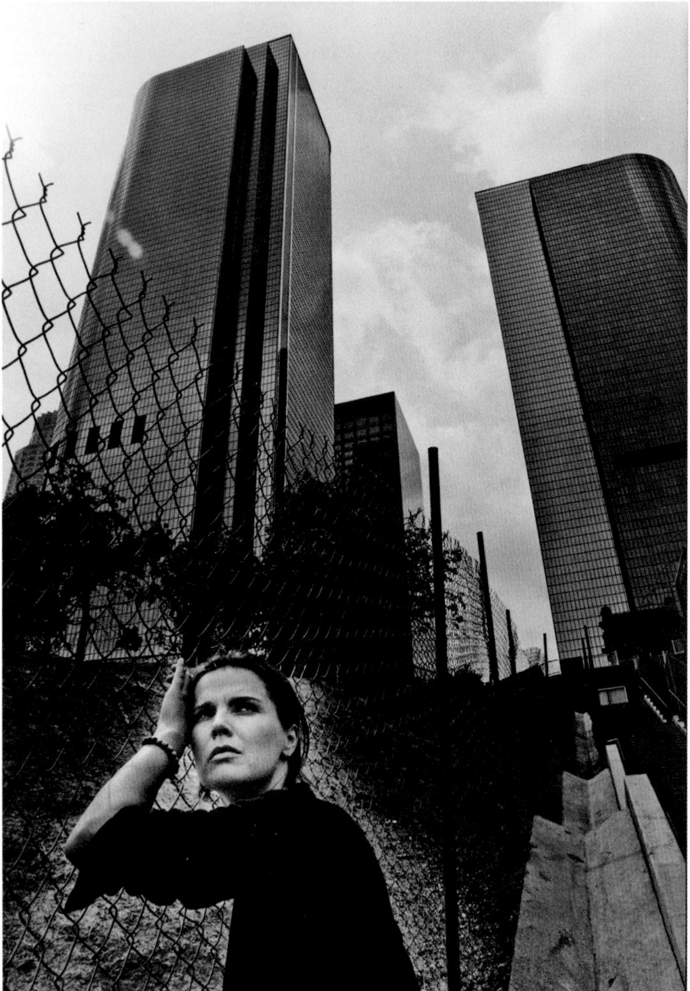

Fotoshooting, Los Angeles, 1992

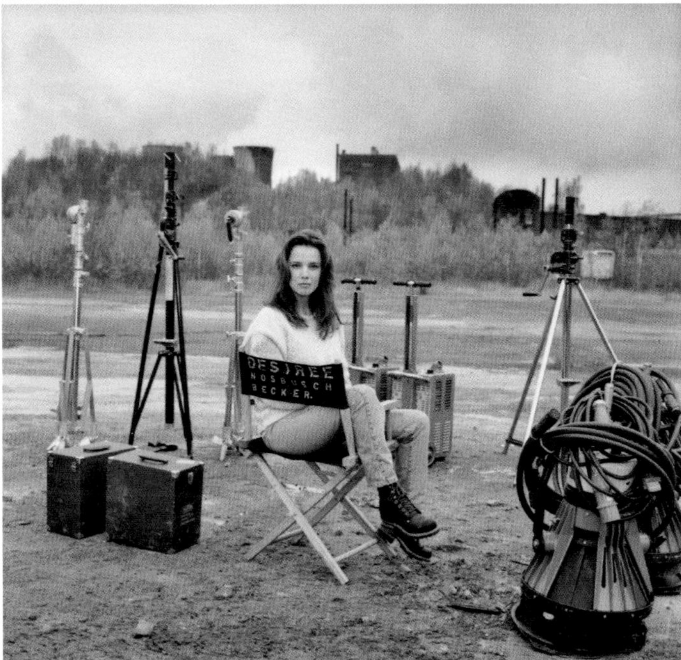

Bei Dreharbeiten an meinem Geburtsort Esch/Alzette, Luxemburg, 1995

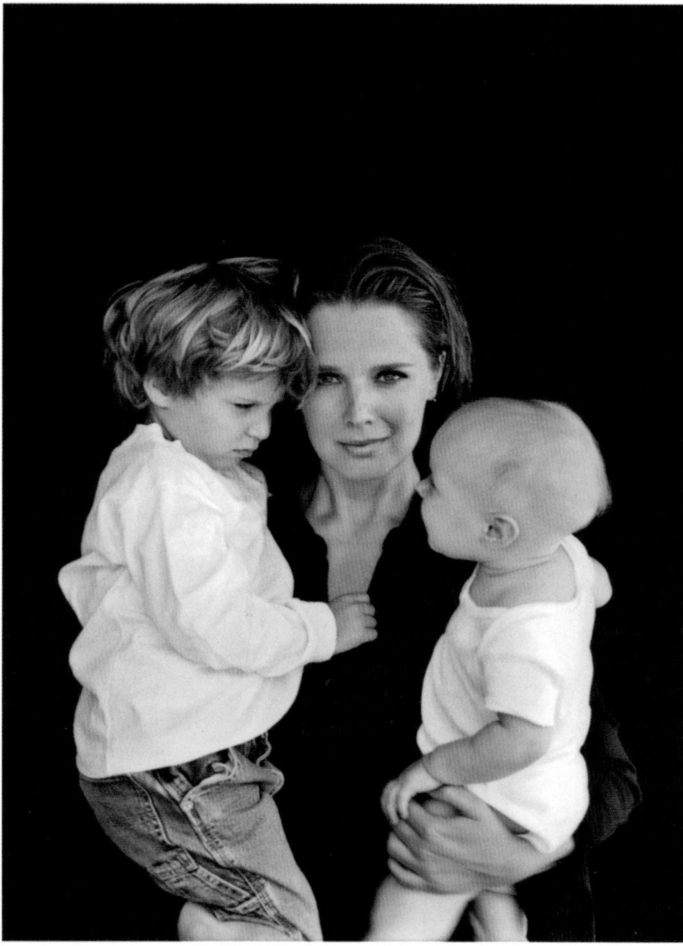

Mit Lennon und Luka, Los Angeles, 1999

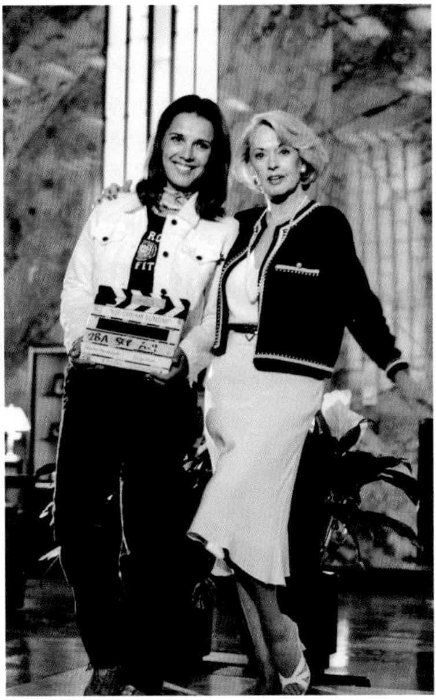

Mit Tippi Hedren bei den Dreharbeiten
zu *Ice Cream Sundae*, Los Angeles, 2001

Als Regisseurin von *Ice Cream Sundae*, Los Angeles, 2001

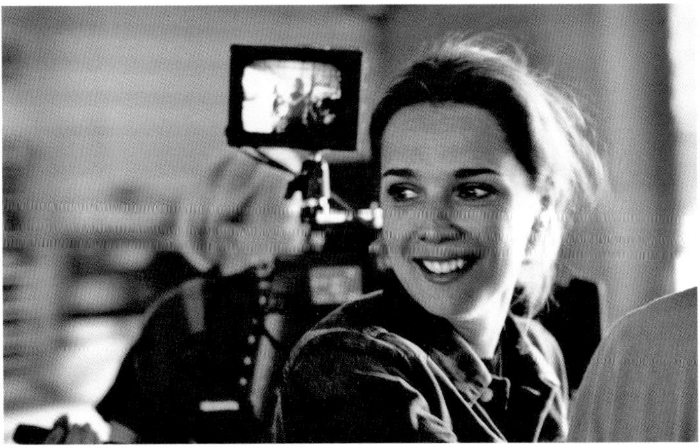

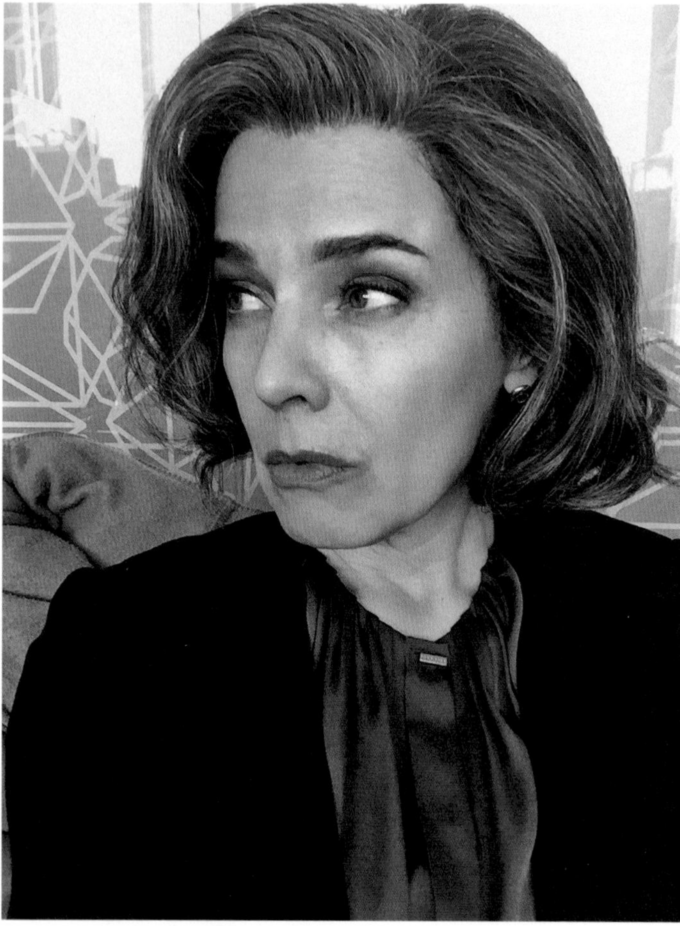

Als Christelle Leblanc, Frankfurt am Main, 2016